国家社会科学基金教育学一般项目"情境教育与儿童创造力发展的实验与研究"成果
（课题编号：BHA120051）

通大教育文库

学前情境教育与儿童创造力发展研究

王灿明　等著

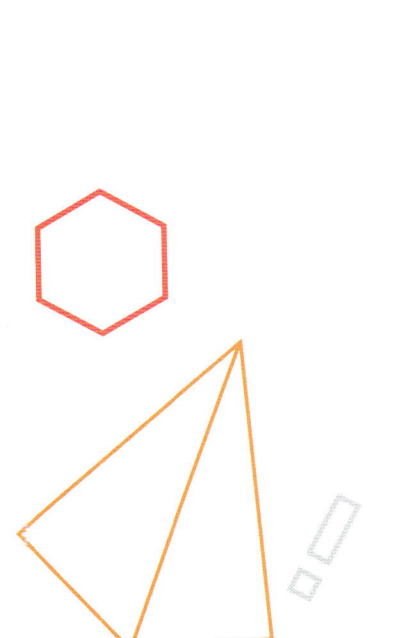

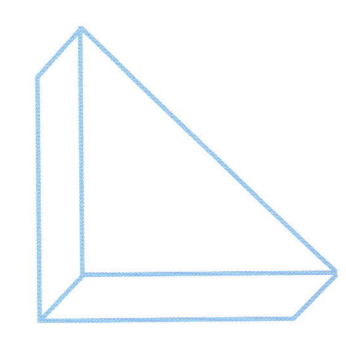

南京大学出版社

图书在版编目(CIP)数据

学前情境教育与儿童创造力发展研究 / 王灿明等著.
—南京:南京大学出版社,2020.9
(通大教育文库)
ISBN 978-7-305-23017-2

Ⅰ.①学… Ⅱ.①王… Ⅲ.①儿童教育-研究 Ⅳ.①G610

中国版本图书馆 CIP 数据核字(2020)第 037564 号

出版发行	南京大学出版社
社　　址	南京市汉口路 22 号　邮　编 210093
出 版 人	金鑫荣
丛 书 名	通大教育文库
书　　名	学前情境教育与儿童创造力发展研究
著　　者	王灿明　等
责任编辑	丁　群
照　　排	南京紫藤制版印务中心
印　　刷	南京凯德印刷有限公司
开　　本	718×1000　1/16　印张 20.75　字数 406 千
版　　次	2020 年 9 月第 1 版　2020 年 9 月第 1 次印刷
ISBN	978-7-305-23017-2
定　　价	69.80 元

网　　址:http://www.njupco.com
官方微博:http://weibo.com/njupco
官方微信:njupress
销售咨询热线:(025)83594756

＊ 版权所有,侵权必究
＊ 凡购买南大版图书,如有印装质量问题,请与所购
　图书销售部门联系调换

中国情境教育儿童学习范式国际研讨会

中国教育学会第二十七次学术年会"对话李吉林"专场

情境教育与儿童创造力发展高层论坛

学前儿童创造力发展与教育前沿论坛

国家社会科学基金课题推进会

学前情境教育研究圆桌会议

王灿明教授为中国发明协会学前创新教育分会首届年会作专题报告

王灿明教授（右2）被授予"建国70周年卓越教育十大创新人物"荣誉称号

前　言

当下情境教育正沿着两个不同路向发展,一是从小学延伸到中学,二是从小学延伸到幼儿园。学前情境教育是依据李吉林情境教育思想,通过师生共同建构的优化情境,激发学前儿童热烈的学习情绪,引导儿童全面协调发展的一种学前教育新模式。它不仅涵盖健康、语言、社会、科学与艺术五大领域,而且涵盖一日生活、区域活动与野外活动,是一种全方位、宽领域和多层次的情境教育体系。

作为情境教育创始人,李吉林深情地说过:"虽然一直在小学,但我心里对学前儿童和学前教育总有挥之不去的情结和向往。学前教育是幼儿成长和发展的关键期,我总希冀着情境教育能在儿童早期就发生作用,使他们发展得更好、更充分。"由于地利人和的区域优势,江苏省南通师范学校第二附属小学幼儿园、南通市实验幼儿园最早将情境教育思想引入学前教育领域,进行学前情境教育探索。"十一五"期间,李吉林主持全国教育科学规划教育部重点课题"情境教育与儿童学习的实验与研究",南通市县的8所幼儿园成为实验基地,承担实验课题研究任务,对学前情境教育与儿童学习做了系统的实验研究。然而,建构学前情境教育理论大厦并非轻而易举之事,其基本概念、理论架构和操作路径尚未得到系统深入的研究,亟待理论工作者与实践工作者携起手来共同探究。

为此,国家社会科学基金教育学一般项目"情境教育与儿童创造力发展的实验与研究"(课题编号:BHA120051)将课题研究分为小学和幼儿园两个层次展开。我们坚持"守正出新,继往开来"的课题理念,认真梳理幼儿情境教育已有理论成果和实践经验,积极借鉴西方创造力汇合理论、具身认知理论和创新神经科学研究的最新成果,并加以有机整合,对学前语言情境教育、数学情境教育、科学情境教育、艺术情境教育、社会情境教育、健康情境教育以及区域情境活动与幼儿创造力发展进行系统的理论研究,并因此调整学前教育活动进行实验研究,实现了定性研究与定量研究的有机融合,呈现出浓香四溢的"满园春色"。

本书呈现了该课题的研究成果,可分为以下三个部分:

第一部分为理论研究,包括第一章至第八章,概述学前情境教育的概念谱系、基本结构与主要特征,分析学前情境教育促进儿童创造力发展的要素、机制与过程,并着重论述学前语言情境教育、数学情境教育、科学情境教育、艺术情境教育、社会情境教育、健康情境教育和情境区域活动促进儿童创造力发展的独特优势、理论基础与操作路径,为开展案例研究和实验研究奠定理论基石。

第二部分为案例研究,即第九章,甄选学前情境教育促进儿童创造力发展的10个典型案例。由于一线教师缺乏实际操作经验和有效操作策略,我们有意识地加强案例研究,为他们提供可借鉴、可复制与可推广的真实案例。总课题组负责人和核心成员深入实验幼儿园进行听课评课,与实验教师共同研讨学前情境教育促进儿童创造力发展实验中遇到的各种问题,在理论与实践的双向互动中不断提升案例的科学性和创造性。

第三部分为实验研究,即第十章,包括学前情境教育促进儿童创造性思维发展的实验研究的总报告和4个分报告。采用等组前后测实验设计,在南通市有关幼儿园开展为期两年的实验研究,结果发现,学前情境教育实验有效促进了儿童创造性思维发展。这也启示我们,加强创新人才的早期培养,必须推进学前情境教育领域"全覆盖",实施学前创造教育的"情境驱动模式",唤醒幼儿教师创造力发展的内生力量。

为了确保高质量完成研究任务,我利用出席首届全国创造力学术研讨会的机会,拜见了时任世界天才儿童研究协会亚太地区联合会主席、中国科学院心理研究所博士生导师施建农研究员。多年来,他专注儿童创造力发展研究,并领衔翻译了美国著名心理学家斯滕伯格主编的《创造力手册》,在创造力研究领域享有盛誉。听完我的简要汇报,他充分肯定学前情境教育促进儿童创造力发展研究的时代价值与创新意义,语重心长地告诫我们:"要想取得突破,就必须下苦功夫。"根据他的意见,我果断地将研究计划调整为"学前儿童创造力发展与教育研究"和"学前情境教育与儿童创造力发展研究"两个阶段,组织优势力量重点攻关,夯实课题研究的理论基石。前期成果《学前儿童创造力发展与教育》已由南京大学出版社出版,本书为课题的结题成果。去年3月,我们如期完成书稿并通过了专家鉴定,却依然"上下而求索",秉持"心至诚,行致远"的学术信念,不断修改、充实和完善,倾情书写一部读者"看得进、信得过、用得上"的著作。本书由王灿明担任主编,王柳生、陈爱萍、张宏云、周云担任副主编,编委包括张艳梅、周云凤、尤冬梅、喻琴、张红俭、刘娟娟、马娟、孙琪。

"不经一番寒彻骨,怎得梅花扑鼻香。"回顾从开题到结题走过的艰难历程,最刻骨铭心的是课题研究遭遇的种种迷惘、窘迫与挫折,幸好得到中国教育学会原副会长、儿童教育家李吉林的真情呵护和悉心指导,才使我们不忘初心,砥砺前行。日本创造学会会长徐方启、中国学前教育学会理事长侯莉敏、中国心理学会副理事长卢家楣、中国发明协会学前创新教育分会会长程淮、美国杰克逊州立大学教育和人文发展学院博士生导师尹建军、东北师范大学学前教育学院博士生导师严仲连、上海师范大学教育学院博士生导师吴念阳、中国人民大学书报资料中心《幼儿教育导读》杂志社社长兼主编熊志刚等专家学者给我们提供了热情关怀和专业援助,南京师范大学教育科学学院博士生导师胡金平、顾荣芳、王海英和黄进教授先后四次走进南通大学,主持相关专题答辩活动,在此一并致以诚挚的谢意!

当然,作为学前教育的一种新模式,学前情境教育尚是一个襁褓中的婴儿,"其声也稚,其形也陋",还有许多理论与实践问题亟待研究,真诚邀请有梦想、有抱负的有志之士加入我们的研究团队。以学前情境教育推动创新人才的早期培养,我们永远在路上!

王灿明
2020年9月

目　录

第一章　学前情境教育与儿童创造力发展论纲 ………………………… 001
　第一节　学前情境教育的基本结构与特征 ………………………………… 002
　第二节　学前情境教育促进儿童创造力发展的理论架构 ………………… 013
　第三节　学前情境教育促进儿童创造力发展的操作路径 ………………… 032

第二章　学前语言情境教育与儿童创造力发展 ………………………… 044
　第一节　学前语言情境教育的内涵、过程与独特优势 …………………… 044
　第二节　学前语言情境教育促进儿童创造力发展的理论构建 …………… 050
　第三节　学前语言情境教育促进儿童创造力发展的操作路径 …………… 054

第三章　学前数学情境教育与儿童创造力发展 ………………………… 061
　第一节　学前数学情境教育的内涵特征与独特优势 ……………………… 061
　第二节　学前数学情境教育促进儿童创造力发展的理论构建 …………… 068
　第三节　学前数学情境教育促进儿童创造力发展的操作路径 …………… 072

第四章　学前科学情境教育与儿童创造力发展 ………………………… 081
　第一节　学前科学情境教育的内涵、目标与独特优势 …………………… 082
　第二节　学前科学情境教育促进儿童创造力发展的理论构建 …………… 086
　第三节　学前科学情境教育促进儿童创造力发展的操作路径 …………… 097

第五章　学前艺术情境教育与儿童创造力发展 ………………………… 101
　第一节　学前艺术情境教育的内涵、目标与独特优势 …………………… 101

第二节　学前艺术情境教育促进儿童创造力发展的理论构建……… 108
第三节　学前艺术情境教育促进儿童创造力发展的操作路径……… 119

第六章　学前社会情境教育与儿童创造力发展……… 124
第一节　学前社会情境教育的基本内涵与独特优势……… 124
第二节　学前社会情境教育促进儿童创造力发展的理论构建……… 127
第三节　学前社会情境教育促进儿童创造力发展的操作路径……… 132

第七章　学前健康情境教育与儿童创造力发展……… 137
第一节　学前健康情境教育的内涵、结构与独特优势……… 137
第二节　学前健康情境教育促进儿童创造力发展的理论构建……… 144
第三节　学前健康情境教育促进儿童创造力发展的操作路径……… 149

第八章　学前情境区域活动与儿童创造力发展……… 153
第一节　学前情境区域活动的内涵、类型与独特优势……… 153
第二节　学前情境区域活动促进儿童创造力发展的理论构建……… 161
第三节　学前情境区域活动促进儿童创造力发展的操作路径……… 169

第九章　学前情境教育促进儿童创造力发展的案例研究……… 173
第一节　巧设留白，智趣横生
　　　　——以大班语言活动《要是你给老鼠吃饼干》为例……… 174
第二节　情境交融，激发创造
　　　　——以大班绘本阅读《亚历克斯和璐璐——天生一对》为例
　　　　……… 179
第三节　借助想象情境　推开创想之窗
　　　　——以大班绘本阅读活动《鳄鱼爱上长颈鹿》系列之《天生一对》
　　　　为例……… 184
第四节　在角色情境中激发创造
　　　　——以大班科学活动《有趣的平衡》为例……… 193
第五节　蜘蛛王国里的探究
　　　　——以中班美术活动《可爱的蜘蛛》为例……… 198

第六节 以境生情 以情促创
　　——以大班美术活动《神奇的沙画》为例 ·············· 203

第七节 让创造之花在艺术活动中绽放
　　——以大班民间艺术活动《花布秀》为例 ·············· 209

第八节 播撒梦想之种,收获创造之花
　　——以中班语言情境教学《飞上天空的绵羊》为例 ·············· 215

第九节 让幼儿在民间艺术情境中体验创造的快乐
　　——以中班音乐活动《卷炮仗》为例 ·············· 221

第十节 "舞者"的精彩创意
　　——以大班美术活动《舞者》为例 ·············· 226

第十章 学前情境教育促进儿童创造性思维发展的实验研究 ·············· 233

第一节 学前情境教育促进儿童创造性思维发展的实验研究(总报告)
　　·············· 234

第二节 美术情境教育促进幼儿创造性思维发展的实验研究 ·············· 248

第三节 民间艺术情境课程促进幼儿创造性思维发展的实验研究 ·············· 259

第四节 语言情境教育促进幼儿创造性思维发展的实验研究 ·············· 275

第五节 情境绘本阅读促进幼儿创造性思维发展的实验研究 ·············· 290

附录 构筑学前创造教育的"理想国" ·············· 310

参考文献 ·············· 313

第一章
学前情境教育与儿童创造力发展论纲

国家社会科学基金教育学一般项目"情境教育与儿童创造力发展的实验与研究"(课题编号:BHA120051)的课题研究分为小学和幼儿园两个层次进行,幼儿园课题将"以情境驱动创造,让创造点亮童年"作为教育愿景,认真梳理学前情境教育已有的理论成果和实践经验,积极借鉴西方创造力汇合理论、具身认知理论和教育神经科学研究的最新成果,对学前语言情境教育、数学情境教育、科学情境教育、艺术情境教育、社会情境教育、健康情境教育以及区域情境活动与儿童创造力发展进行系统的理论研究,并因此而调整学前教育活动进行实验研究,为积极推进我国创新人才的早期培养提供植根本土的理论形态和行动方式。

情境教育是运用优化的情境,开发情境课程,实施情境教学,激发儿童快乐高效的情境学习,全面提高儿童素质的一种小学教育范式。情境教育研究得到原国家教委副主任柳斌的关心和支持,他充分肯定"情境教育是在中国的大地上土生土长发展起来的,是有中国特色的教育思想流派",同时也提醒我们,情境教育是一个开放包容的理论体系,应通过深入研究而不断发展完善[1]。为了贯彻柳斌同志提出的指导意见,在中国教育学会原副会长、情境教育创始人李吉林的亲自策划和直接指导下,江苏情境教育研究所、南通大学、南通市教育科学研究院以及南通市县9所幼儿园[2]的有关专家和老师全身心地投入学前情境教育与儿童创造力发展的研究工作,出版专著2部,并在《光明日报》《教育研究》等中外报刊发表论文52篇,其中1篇被《新华文摘》、5篇被人大复印资料《教育学》《幼儿教育导读》全文转载。2017年11月,"情境教育与儿童创造力发展的实验

---

[1] 柳斌.再谈李吉林老师的"情境教育"[J].人民教育,2009(5):32-33.
[2] 9所幼儿园分别为江苏省南通师范学校第二附属小学幼儿园、南通市实验幼儿园、南通市市级机关第二幼儿园、南通市通州区通州幼儿园、如皋市东皋幼儿园、如皋市健康幼儿园、海门市少年宫幼儿园、海门市能仁幼儿园和如东县级机关幼儿园,其中南通师范学校第二附属小学幼儿园、南通市实验幼儿园、南通市通州区通州幼儿园和如皋市东皋幼儿园为课题实验基地。

与研究"通过全国教育科学规划领导小组办公室的课题鉴定,鉴定等级为"良好",并作为四项优秀成果之一向全国推广。《中国社会科学报》《中国教育报》《新华日报》《江苏教育报》《教育导报》等媒体先后进行了跟踪报道。

本书系该课题的结题成果,分为理论研究(第一章至第八章)、案例研究(第九章)和实验研究(第十章)三个部分,其研究路径是以理论研究引导并推动案例研究和实验研究,以案例研究和实验研究检验并矫正理论研究,以形成理论研究和案例研究、实验研究之间的良性互动。本章为课题研究纲要,旨在对课题研究的基本理论与实践问题进行概述。首先,简要阐释学前情境教育概念,包括其基本内涵、内容结构和主要特征;其次,建构学前情境教育影响儿童创造力发展的理论架构,阐述学前情境教育影响儿童创造力发展的目标指向、主要原理、机制分析以及基本要素;最后,在理论探索的基础上,概括学前情境教育促进儿童创造力发展的操作路径,包括情境建构、优化原则、主要模式以及基本策略。

第一节 学前情境教育的基本结构与特征

李吉林是改革开放以后我国基础教育改革的第一批弄潮儿,情境教育是她基于长期的教育实验研究,并吸纳中国古典文论"意境说"的理论滋养而创建的小学教育范式。情境教育探索最早在小学语文教学领域,后来逐步向其他各科教学、课堂教学向课外活动延伸,逐步发展成为情境教育,在全国形成广泛影响。1998年,江苏情境教育研究所成立,李吉林已到花甲之年,但她仍全身心地投入情境教育研究,从"儿童—知识—社会"三个维度开发情境课程,并遵循脑科学和学习科学原理构建了儿童情境学习范式,成为享誉全国的"教改先锋重大典型"。李吉林"不喜随波逐流",她从"意境说"中找到突破口,将情境本质概括为"情景交融、境界为上",并从中提炼出"真、情、思、美"四大元素[1]。她不仅科学地总结出情境教学的"形真""情切""意远""理寓其中"的特点和"以培养兴趣为前提,诱发主动性""以指导观察为基础,强化感受性""以发展思维为核心,着眼创造性""以陶冶情感为内因,渗透教育性""以训练学科能力为手段,体现实践性"等影响儿童发展的基本因素[2],而且创造性地概括出情境教育的"暗示倾向原理""情感驱动原理""角色转换原理"和"心理场整合原理",将情境教育模式归纳为"拓展教育空间,追求教育的整体效应""缩短心理距离,形成最佳的情绪状态"

---

[1] 李吉林."意境说"给予情境教育的理论滋养[J].教育研究,2007(2):68-71.
[2] 李吉林.为全面提高儿童素质探索一条有效途径(上)[J].教育研究,1997(3):33-41.

"通过角色效应,保证主体活动"以及"突出创新实践,落实全面发展的目标"[1],将情境课堂操作要义系统整理为以"美"为突破口、以"思"为核心、以"情"为纽带、以"儿童活动"为途径以及以"周围世界"为源泉[2],成为一种蕴含民族文化特色的情境教育学派。李吉林具有很高的教育理论造诣,其教育思想主要体现于《李吉林文集》(八卷,人民教育出版社)、《情境教育三部曲》(三卷,教育科学出版社)、《情境教育的诗篇》(高等教育出版社)等30部著作之中。此外,她还在《光明日报》《中国教育报》《教育研究》《中国教育学刊》《课程·教材·教法》《人民教育》等报刊上发表论文350余篇。2008年,李吉林"情境教育"国际论坛隆重召开,来自美国、英国、日本、法国、葡萄牙的学者和中国近百名专家聚首情境教育发源地,共同探讨情境教育的思想体系与发展空间,时任中国教育学会会长顾明远给予极高评价,认为:"长期以来,我们只介绍宣传外国的教育家,把他们的学说拿来推广引用,总说没有出现我们自己的教育家。今天我们终于看到了我们自己的土生土长的教育家,看到了她的教育思想体系[3]。"教育部原副部长王湛盛赞"李吉林是著名的儿童教育家,是基础教育领域里教育家的优秀代表"[4]。2014年,国家教育部将首届基础教育教学成果特等奖颁给李吉林主持的《情境教育的实践探索与理论研究》,专家组一致认为:"李吉林具有持之以恒、实事求是的优秀研究品质,研究成果具有原创性,在研究范式上将实践与理论自然融合,其影响已经走向世界。"2017年11月,中国情境教育儿童学习范式国际研讨会隆重举行,来自中国、美国、法国、德国、澳大利亚的教育专家学者们共同分享情境教育最新成果,并对情境学习范式进行深入探讨。此次研讨会上还举行了李吉林英文著作《儿童母语情境学习的理论与应用》《儿童情境学习范式建构的历程》和《儿童情境学习课程体系及操作》(德国Springer出版集团出版)首发式,情境教育思想在世界教育舞台美丽绽放。

作为著名儿童教育家,李吉林深情地说过:"虽然一直在小学,但我心里对学前儿童和学前教育总有挥之不去的情结和向往。学前教育是幼儿成长和发展的关键期。我总希冀着情境教育能在儿童早期就发生作用,使他们发展得更好、更充分[5]。"她始终关心和指导着学前情境教育探索。由于地利人和的区域优势,

---

[1] 李吉林.为全面提高儿童素质探索一条有效途径(下)[J].教育研究,1997(4):55-63.
[2] 李吉林.谈情境教育的课堂操作要义[J].教育研究,2002(3):68-73.
[3] 刘堂江,康丽.回应世界教育改革的中国声音——李吉林"情境教育"国际论坛侧记[N].中国教师报,2008-12-03(1).
[4] 王湛.由李吉林取得的卓越成就得到的启示[J].人民教育,2009(5):33-34.
[5] 张宏云.幼儿情境阅读案例[M].北京:中国文联出版社,2011:序.

南通师范学校第二附属小学幼儿园、南通市实验幼儿园最早将情境教育思想引入学前教育领域,进行幼儿情境教育探索,其中,朱秀芬主持的"开发幼儿情境课程的研究与实践"荣获江苏省基础教育教学成果一等奖。"十一五"期间,李吉林主持全国教育科学规划教育部重点课题"情境教育与儿童学习的实验与研究",南通市县的8所幼儿园成为实验基地,承担实验课题研究任务,对学前情境教育与儿童学习做了系统的实验研究。"十二五"期间,南通市县的9所幼儿园又相继加盟国家社会科学基金教育学一般项目"情境教育与儿童创造力发展的实验与研究",承担研究任务,实现理论研究与实验探索的深度融合,呈现出浓香四溢的"满园春色"。

一、情境概念的多学科解读

"情境"一词,在不同词典中的意义各不相同。早期对于情境的界定主要关注客观因素,在演变过程中却不断彰显主观因素的作用。比如《韦伯斯特词典》将其界定为"情景、背景或环境",《现代汉语词典》则界定为"情景,境地",两者均用到"情景",体现出某些客观的情形、场景或景象;不同之处在"境地",多指个人在生活、工作过程中碰到的情况,可见情境已渐渐地与动态性的、事件性的主观因素联系起来。《教育大辞典》对情境的释义具有经典性,认为情境不仅包含客观环境(如社会环境),而且包括主观因素(比如个体或者他所处的群体处理事件的潜在观念或者态度、个体在解释自身所处社会环境时的词汇)。这样的阐释大致反映出相当一段历史时期内有关学科的研究动向。在系统梳理相关研究的基础上,这里整理出哲学、人类学、社会学、美学、文学、心理学、教育学等不同学科对"情境"概念的相应解读,并试图通过视域融合而建构出一个内涵清晰、表述规范的核心概念。

(一) 不同学科视域下的情境

1. 哲学视域下的情境

哲学总想解释世界的客观性,但每当遭遇人的主体性这一问题时,哲学家们就难以突破自己设下的瓶颈。面对这类尴尬,马克思把人看成"对象性的存在",认为人依赖于社会,又作用于社会[1]。个体对于现实的感性认识不断改变着客观社会,而感性认识恰恰源自于情境。法国哲学家乔恩·巴威斯(John Barwise)和约翰·佩里(John Perry)提出,个体总是置身于各种各样的时空关系之中,情境的改变帮助个体获得现实认识的更新,并使人与环境的关系处于不断

---

[1] [德] 马克思,[德] 恩格斯. 马克思恩格斯全集[M]. 北京:人民出版社,1972:3.

更新之中[1]。美国学者德福林(Keith Devlin)也提出,情境是个体出于自身需要而不断地去选择周围世界与自己相关的内容,从而构建起与自身相关的世界的一部分,他称之为"个体化的情境"[2]。概括起来,哲学视域下的情境倾向于从主体内部寻找落脚点,强调情境是现实世界投射在个体身上的、个体能够感知到的那一部分,呈现出主体性、与现实世界的不可分性等明显特征。

2. 人类学视域下的情境

人类学对情境的研究,主要反映在文化人类学和人类学习理论之中。文化人类学立足于不同地域文化的引入与输出研究情境,常常用情境来形容某种文化现象可能蕴含的社会背景,在此背景中有个体和个体所拥有的各种习俗,这些因素的相互作用使情境呈现出系统性与复杂性的特征。人类学习理论从学习过程去探究情境内涵,主张知识是人与情境互动的产物,学习需要以一定的情境为条件。所有活动(包括学习)都要在相应情境中进行,由于情境总会发生各种变化,并在情境的多重联系中不断演变,因而学习过程不是单一直线式的,而是在相似情境的不断耦合中曲折前进。可见,人类学对情境的研究,已将个体从环境中拉出来,使得情境研究视角从完全的个人化倾向转变为兼顾主客体两方面的因素。

3. 社会学视域下的情境

美国社会学家托马斯(William Thomas)首次将"情境"从社会学中抽离出来单独使用,在他看来,情境就是指一个人在进行某种行动时所处的社会环境,是人们社会行为产生的具体条件[3]。真正提出"情境社会学"这一概念的是美国社会学家卡尔(Lowell Juilliard Carr)。1945年,他在《美国社会学杂志》上发表题为《情境社会学》的论文,第一次较为系统地阐释了情境社会学的理论主张[4]。目前,社会学对于情境的理解主要有社会互动与社会分析两种视角。社会互动学立足于个体的社会交往行为,强调情境对于个体行为的激发意义。比如美国心理学家勒温(Kurt Lewin)的心理场论,认为个体的某种行为主要是心理暗示或者情境驱使导致的,可以通过调整情境结构,给予行为主体足够的情境渲染使其向着一定目标行动。英国学者阿盖尔(Michael Argyle)也认为,个体是通过自己沉浸其中的、谙习的社会文化内部的个体交互作用方式来塑造其独特

---

[1] John Barwise, John Perry. Situations and Attitudes[M]. MIT: The Center for the Study of Language and Information Publications, 1999: 7.

[2] Keith Devlin. Logic and Information[M]. UK: Cambridge University Press, 1991: 31.

[3] 夏征农, 陈至立. 辞海[Z]. 上海: 上海辞书出版社, 2009: 980.

[4] 杜少臣. 情境社会学:一个理论遗珠[N]. 中国社会科学报, 2018-05-02(6).

个性的,情境是个体采取何种方式与人交往的一个重要原因[1]。社会互动的情境研究,主要从个体与情境的关系出发,一方面个体是与情境相互作用的客体,在情境的影响下改变行为与态度;另一方面,个体是情境的主体,个体也可以在互动中改变与自己心理相关的情境,从而获得交往活动的改变。香港学者黄枝连从社会分析视角对情境进行分析,提出情境具有普遍的存在性,人类身处其中并根据自身的需求,遵循某种社会化行为规范随着时间和空间的转换来调整自己的行为方式[2]。此外,社会学的情境研究还体现在情境主义国际思潮中。情境主义国际是20世纪中后期欧洲兴起的社会文化思潮,其主要代表人物居伊·德波(Guy Debord)认为,"情境"是须臾之间呈现出来的一种生活状态,它受周遭环境的影响,依赖于群体的共同作用而得以创立[3]。这种思潮认为当前的消费异化现象遮掩了个人的生活真相,拜金主义的盛行使得人们渐渐忘记了生活的初衷,需要有一个强有力的革命性变革来粉碎这种假象。在此基础上,情境主义研究者们致力于积极建构人的具体生活情境,以获得更完善的生存状态。无疑,社会学的情境研究已不再简单地关注个体与情境的关系,而是将关注重点放在通过情境的调整而改变个体的行为与态度,具有越来越强烈的社会改造倾向。

4. 美学视域下的情境

美学与情境有不解之缘,美从发生到被创造,再到被欣赏,都受情境影响,美关乎于情境[4]。从美学角度研究情境,主要考虑到主体在感受美的过程中如何进行情感表达,当个体的内心感受获得良好宣泄时所获得的一种独特的艺术境界,称之为情境。因此,"情境"有时候也称为"情景"[5],更为关注过程,即从物理空间向心理空间的转换经过,此时,个体的主观感受得到较高礼遇。较之于国内,西方对于情境与美的关系表述较早来自于德国哲学家黑格尔(Georg Wilhelm Friedrich Hegel),认为情境是美的表达活动中占有重要作用的外界环境,强调情境的背景价值。对此有相同观点的还有法国思想家狄德罗(Denis Diderot),认为情境对于美学研究的巨大作用主要通过其背景意义表现出来,通过来自家庭、工作以及人与人之间的各种关系使人物在性格、利益等方面产生冲

---

[1] Argyle, M., Frunham, A., Graham, J. A. Social Situations [M]. New York: Cambridge University Press, 1981:36.
[2] 黄枝连.社会情境论[M].香港:中华书局,1990:41.
[3] 张颢曦.情境主义国际 尚未结束的乌托邦[J].新美术,2013(2):110-118.
[4] 郑元者.艺术起源与"美"的情境性[J].华南师范大学学报(社会科学版),1998(3):62-67.
[5] 冯契.哲学大辞典(修订本)[Z].上海:上海辞书出版社,2001:1139.

突[1]。总之,中外美学对情境的研究具有较大差异,国内对"情境"的解释更倾向于人的主观感受,更关注情境的艺术感染性。

5. 文学视域下的情境

情境创设是文学创作的经典手段,《诗经》就有"所谓伊人,在水一方"的经典诗句。从文学角度最先论述情境的是南北朝的刘勰,他认为文学创作有赖于情境。情境可以帮助个人获得对景物的感知,激发其情感活动,相应的情感色彩又作为诱因激发个人的感知能力,从而达到"情以物迁,辞以情发"的境界[2]。唐朝诗人王昌龄提出"诗有三境:一曰物境,二曰情境,三曰意境",将情境理解为人生的喜乐哀愁,关注情境的情感体验[3]。当代文学理论对情境的研究十分丰富,有从文本阅读角度提出的以意象、意境、角色、叙事等为变量的情境,有从戏剧文学角度提出的戏剧本体情境观,还有从文学理论教学角度,主张通过回到文学文本、实践与资源现场,创设情境以突出教学的理论与实际效果[4]。不管如何,文学对情境的认知都呈现出物我的交融性,从《文心雕龙》到当代文学理论的情境研究,始终表现出对个体主观感受性的关注,情感在情境中的作用一直未曾缺失。李吉林之所以将"情感"作为情境教育理论建构的"命脉",是与她对古典文论"意境说"的研究与借鉴密不可分的[5]。

6. 心理学视域下的情境

尽管西方心理学中充斥了"情境"这一术语,但其内涵却各有侧重。行为主义起初仅仅关注行为研究,情境主要指向于外部环境的刺激。后来,社会学习理论提出,情境刺激不会自动引起行为,人对情境是有选择性的,只有被人激活,情境才能发挥作用。譬如一本图画书,即使印得再精美,倘若儿童不想看,就不可能发挥作用。班杜拉(Albert Bandur)明确提出,情境可以影响人,但人也能够影响情境,人的行为是人与情境的交互作用所决定的[6]。格式塔心理学针对行为主义的局限性,提倡研究直接经验和行为,以便从整体上把握人的心理,形成了独树一帜的心理场论。如果主体所处的情境发生改变,心理场也就随之而改变。比如,当他独处时是一个场,群处时就变成了另一个场,这时出现的思想和行为转变应是情境改变引起的。作为群体动力学研究的开创者,勒温(Kurt

---

[1] 朱光潜.西方美学史[M].北京:人民文学出版社,1979:258.
[2] 夏惠贤.当代中小学教学模式研究[M].南宁:广西教育出版社,2001:26-28.
[3] 陈伯海.唐人"诗境"说考释[J].文学遗产,2013(6):4-16.
[4] 蒋继华.文学概论教学中的情境创设[J].鸡西大学学报,2010(2):15-16.
[5] 李吉林."意境说"给予情境教育的理论滋养[J].教育研究,2007(2):68-71.
[6] 徐欢,吴国斌.班杜拉社会学习理论的德育价值探索[J].人民论坛,2015(1):208-210.

Lewin)将个体情境扩展到社会情境,致力于团体的氛围、关系和领导作风探索[1]。建构主义认为,学习并非知识的简单接纳,而是基于情境的同化和顺应。由此发现,心理学对情境的认识经历一个从排斥到接受、从物理情境到心理情境、从个体情境到社会情境、从反射作用到互动作用的发展历程。

7. 教育学视域下的情境

"情境"一词被美国社会学家托马斯创造出来后,被杜威引入教育学,提出"思维起于直接经验的情境"的著名论断[2]。杜威强调,个人的思维只有在直接经验的情境中才得以发生,情境既是主观的,也是客观的,多数时候表现为一种交互作用,而教育也应基于情境而展开。在教育学领域,将情境这一概念具体延伸并上升到理论高度的当属中国教育家李吉林,她不仅借鉴中国古典文论,而且遵循马克思主义关于人和环境辩证统一原理,提出:"情境教育之'情境'实质上是人为优化了的环境,是促使儿童能动地活动于其中的环境。这种根据教育目标优化的环境,这种充满美感和智慧的环境氛围,与儿童的情感、心理会发生共鸣而契合,促使儿童在现实环境与活动的交互作用的统一和谐中,获得全面发展。因为这种人为优化的情境,可以做到主体的能动活动与现实环境优化的统一,激发儿童潜能与培养塑造的统一,最终达到素质的全面提高与个性充分发展的统一[3]。"在李吉林看来,情境就是"人为优化的环境",并阐述了人为优化的目标追求和情境优化促进儿童发展的心理机制。如果说中国古典文论"意境说"彰显了情境教育的人文性,那么马克思主义关于人和环境辩证统一原理则提升了情境教育的科学性。

(二)情境的视域融合

从以上分析可以看到,关于情境,不管是哲学、文学、美学、人类学,还是社会学、心理学、教育学,无不在探讨人与人、人与物以及人与环境的关系,随着时间推移,情境越来越倾向于成为各种关系的综合体,它不仅仅体现在环境、人的主观感受性或者某一方面的关系,而且作为一种融合了人、物、景多种因素的复杂系统而存在。

作为一个复杂系统,情境具有不同的结构,在不同条件下所产生的作用也不尽不同。美国学者托夫勒(Alvin Toffler)认为,物品、场地、人物、文化及互动为

---

[1] 刘宏宇.勒温的社会心理学理论评述[J].社会心理科学,1998(1):57-61.
[2] [美]约翰·杜威.思维与教学[M].孟宪承,俞庆棠,译.上海:华东师范大学出版社,2010:55.
[3] 李吉林.为全面提高儿童素质探索一条有效途径——从情境教学到情境教育的探索与思考(下)[J].教育研究,1997(4):55-63.

情境的五个要素,尤其强调文化(亦即社会组织系统的场所)在对其他要素的影响[1]。美国的另一个学者戴伊(Anind K. Dey)认为情境是一种状态,包括学习者物理、社会、情绪和信息等四个要素[2]。我国学者王亚南较早对情境心理学进行研究,将客观的生态、行为的背景、团体的结构、居民的特征以及心理、社会特征和团体气氛概括为情境的五个要素[3]。发展情境论的开创者理查德·莱内(Richard Lerner)将情境界定为"由影响个体发展的各种变量所构成的交互作用系统",物理环境、社会成员、个体发展以及基于时代变迁的情境变量作为其组成要素[4]。中山大学程乐华等也提出情境包括时间、空间、事件和关系[5]。显然,发展情境论视域中的情境超越了我们日常所说的情形、境地、场景、周围环境等认识,没有个体与环境的互动,就没有情境,个体是情境的消费者,更是情境的建构者。教学情境则是基于师生与环境互动而形成的教学系统。基于结构功能主义视角,我国学者张广斌提出,主体、时间、空间和资源为构成教学情境的四个要素[6]。在这些要素中,他特别强调情境资源的开发与利用,这也让我们意识到情境建构不仅仅是一种经验和智慧,更是一种选择和创新。所以,不同学科的研究会侧重于情境的某一结构要素来探寻情境对自己发展的意义,将其看成某个活动、某种事件以及某现象发生与发展的条件。

概括起来,情境有几个共同点:一是情境并不等同于环境,它是主体置身于其中的特殊环境,是主体可以直接感受到的环境;二是情境改变人的行为与态度不是无条件的,它必须具有足够的力度、强度和感染性;三是情境对人产生的影响并非单向的,人与情境具有交互性,情境可以改变人,人也可以改变情境;四是教育情境不同于其他情境,它具有明确的指向性,如何基于教育目标建构"人为优化的环境"是必须考虑的首要问题。因此,我们可以将情境定义为"主体在特定时空中的互动活动",而将教育情境界定为"基于教育目标建构的人为优化的

---

[1] [美]阿尔温·托夫勒.未来的冲击[M].孟广均,等译.北京:中国对外翻译出版公司,1985:30-31.

[2] Abowd,G.D.,Dey,A.K.,Brown,P.J.,et al. Towards a better understanding of context and context-awareness[C]//International Symposium on Handheld and Ubiquitous Computing. Springer Berlin Heidelberg,1999:304-307.

[3] 王亚南.情境心理学的若干问题[J].心理学动态,1996(4):34-38.

[4] 张文新,陈光辉.发展情境论——一种新的发展系统理论[J].心理科学进展,2009(4):736-744.

[5] 程乐华,卢嘉辉.论情境的构成及其动力关系:情境观理论的建立[C]//第十五届全国心理学学术会议论文摘要集,2012:452.

[6] 张广斌.教学情境的结构与类型研究——结构功能主义视角[J].教育理论与实践,2010(5):57-60.

环境,是促使儿童能动地活动于其中的环境"。这是我们分析不同学科的情境内涵所得出的结论,也是建构学前情境教育的认识基础。

二、学前情境教育的基本结构

学前情境教育是遵循李吉林情境教育思想,通过师幼共同建构的优化的情境,激发幼儿积极的学习情绪,引导幼儿全面协调发展的一种学前教育模式。按照实施方法,学前情境教育可分为情境教育活动、情境区域活动、情境日常活动以及情境野外活动。

(一) 学前情境教育活动

为了把握幼儿教师在日常生活和职场中建立起来的创造教育观,本课题专门开展了创造教育内隐观调查,结果表明,"五大领域"和"区角活动"的得分最高[1]。学前情境教育活动是基于情境教育思想,创设以儿童、经验和生活为基本维度,通过优化的情境促进幼儿全面协调发展的各种活动总和。学前情境教育的主战场是学前情境教育活动,它涵盖学前语言情境教育、数学情境教育、科学情境教育、艺术情境教育、社会情境教育、健康情境教育活动,我们将在本书第二章至第七章中依次展开论述。

(二) 学前情境区域活动

学前情境区域活动,又称区角活动(或活动区活动),是通过创设充满生活场景、情境任务、游戏氛围的活动区域,提供丰富的活动材料,引导儿童自由选区,独立探究,自我建构,促进其自主精神和创造精神形成的一种游戏活动。情境活动区可以分为表现性活动区、探究性活动区和欣赏性活动区。学前情境区域活动促进儿童创造力发展的因素包括环境、材料、主客体互动等,围绕这些方面进行情境优化,可以促进儿童创造力发展。其中,游戏活动在区域活动中备受关注,"幼儿在游戏中获得的解放感、自由感,是其创造力发展的重要前提和沃土"[2]。在游戏活动中,儿童是最为自由和放松的。情境区域活动能够通过不同领域的具有启发意义的活动材料帮助儿童获得整体的、综合的教育影响,也使各个领域获得有机整合。详见第八章。

(三) 学前情境日常活动

一位记者非常崇敬地问过一位诺贝尔奖得主:"您在哪所大学、哪所实验室

---

[1] 王灿明,吕璐.幼儿教师创造教育内隐观的调查研究[J].南通大学学报(社会科学版),2015(3):107-113.

[2] 王小英."无为而为"的游戏活动与幼儿创造力的发展[J].东北师大学报(哲学社会科学版),2006(4):149-154.

里学到了您认为最重要的东西呢?"他得到的是这样的答复:"是在幼儿园。在那里,我学会了很多很多。比如,把自己的东西分一半给小伙伴们;不是自己的东西不要拿;东西要放整齐;饭前要洗手;午饭后要休息;做了错事要表示歉意;学习要多思考,要仔细观察大自然。我认为,我学到的全部东西就是这些[1]。"幼儿一日活动富含教育因子,学前儿童的各项能力、良好行为习惯乃至一生所需的各种生活经验都能从这里获得。

学前情境日常活动,又称学前情境生活活动,是通过在一日活动中创设新颖、富于变化的使儿童乐于参与其中的各项情境活动,初步养成他们的生活习惯,学会关爱与合作,增强体质,形成审美情趣,培养想象力和创造力,促进儿童的全面和谐发展。学前情境日常活动包括情境生活、情境运动、情境学习和情境游戏四类活动。要保证学前儿童创造力发展目标的实现,就必须开发学前情境日常活动的相关资源,充分利用一日活动已成为学前创造教育亟待解决的问题。

(四) 学前情境野外活动

学前情境野外活动是通过优选周围世界的典型场景,引导儿童亲近大自然,使儿童在积极探索周围世界的同时,潜移默化地受到思想、道德和审美教育的一种生态活动。"中国幼儿教育之父"陈鹤琴主张"活课程",反对将幼儿园和自然、社会隔离开来,强调将自然与社会中的一切材料作为儿童的学习源泉,这些资源都是儿童最真实、最丰富和最具吸引力的学习环境。李吉林提出"野外情境课程"的概念,认为周围世界是儿童认知的源泉,天地是赐予儿童最珍贵的、最美的、无可替代的滋养[2]。对此,边霞教授予以很高评价,认为野外情境课程"打通了儿童的生活经验与知识学习的通道,满足了儿童的好奇心,激活了他们的想象力"[3]。

探讨学前情境教育促进儿童创造力发展这一时代课题,就应该从情境教育活动、情境区域活动、情境日常活动和情境野外活动来展开研究。只有这样,创新人才的早期培养才能落到实处。

三、学前情境教育的主要特征

学前情境教育具有物象性、耦合性与濡染性等基本特征,正是它们将学前情境教育与其他学前教育模式区别开来。

---

[1] 刘粉莉,陈辉,方秀芬,等.我一生中最重要的东西是在幼儿园学到[N].杭州日报,2010-11-11(A12).
[2] 李吉林.为儿童的学习:情境课程的实验与建构[M].北京:外语教学与研究出版社,2008:369.
[3] 边霞.境界:有感于李吉林的情境教育[J].课程·教材·教法,1999(1):10-12.

(一) 物象性

物象性,指学前情境教育以情境为媒介,通过再现或者创造性再现现实物象而营造广远意境,引导儿童进行创造性思维与创造性表达。

学前情境教育的物象性是由人类认知的具身性和儿童思维的形象性所决定的。德国哲学家胡塞尔(Edmund Husserl)提出,意识是流动的,想要认识它,就得去体验它,而要体验它,就得尝试去描述它,其中一个较好的描述方法就是直观,通过直观手段可以展现出事物的现象[1]。一般说来,通过实物、材料、图片等物象依凭,赋予学前儿童以丰富的表象与经验,对于其创造潜能的开发有着鲜明意义。学前儿童具有不同于成人的思维方式,他们常常以想象的样式和想象中的影像去探索解决问题的方向。想象是以具体物象为基础的,个体的认知发展的规律首先是从具体的物象开始,然后再逐渐过渡进入抽象。儿童的思维总是依赖于事物的外在表现形式,如光的各种现象(也称色彩)、听觉印象以及对一切信息刺激给出反应的感知觉。儿童的年龄越小,越依赖于具体的物象。以物象性为特点的学前情境教育活动,立足于现实的物象性和感知主体的发展性,以多样化的途径营造能够反映自然界和社会现象的情境。以具体物象为依托,学前情境教育关注如何建构感受性情境、符号性情境和数字化情境,详见本章第三节。

(二) 耦合性

耦合性,指学前情境教育以情感为纽带,使影响儿童创造力发展的各种因素在交织中耦合,形成教育过程最优化。美国学者马斯洛(Abraham H. Maslow)提出,创造性是人的"遗传特质",它深植于人性内部[2]。学前儿童创造力发展的实质是其自身的创造潜能在外界帮助下从隐性状态转变为显性状态,其中转变成功与否需要内外因素的耦合,需要发挥环境和教育的作用,但更重视儿童主体性发展。内化与外显的耦合是实现情境优化的主要手段,是学前情境教育的本质规定性,正是这种耦合使儿童的创造潜能得以显现出来。

(三) 濡染性

濡染性,指学前情境教育充分发挥情境的隐性价值,通过营造"美、智、趣"的学习环境和"亲、和、乐"的心理氛围,使儿童在无意识条件下不断获得情感的滋润与能力的发展。情境之于知识的作用就好比汤之于食盐的作用,盐的魅力需

---

[1] [苏联]莫特罗希洛娃.现象学[J].苏宁,译.国外社会科学文摘,1984(3):49-50.
[2] 于淼,罗玲玲.马斯洛人本主义创造观及现象学方法论审视[J].科学技术哲学研究,2010(2):60-63.

要通过汤的融化才能体现出来,同样的,知识的活力与美感需要融入情境才能彰显出来[1]。特有的年龄特征和认知方式决定了学前儿童不同于成人,他们具有强烈的好奇心,天马行空的想象,不拘于现实规则与既定思维的各种涂鸦,出于表达需要不经意创新的肢体动作,对材料的把玩与制作,乃至于独特的游戏方式,这些简单的活动都可能会产生创造。因而,通过"美、智、趣"的学习环境熏陶和"亲、和、乐"的心理氛围濡染,学前儿童的创造力发展就会焕发鲜活的生命力。

第二节 学前情境教育促进儿童创造力发展的理论架构

每一个发育正常的儿童都具有创造潜能,创造潜能的实现有赖于教育。国内外研究都证明,创造潜能是可以得到开发与发展的,之所以大部分人的身上没有展现出来是因为创造主体在发挥这种潜能的时候受到阻碍。依据学前儿童创造力发展的特征,学前情境教育试图寻找减少甚至扫除影响其创造力发挥障碍的有效路径,这就需要对学前情境教育促进儿童创造力发展的目标、原理、作用机制以及基本要素进行了系统的理论研究。

一、学前情境教育促进儿童创造力发展的目标指向

目标是教育活动开展前预定要达到的成效,它为教育教学活动规定了方向,为活动开展提供了评判标准。没有具体目标,就没有行动的导航灯,任何教育教学活动都很难展开。

创造力(creativity)也称"创造性",是"根据一定目的,运用一切已知信息,产生出某种新颖、独特、有社会或个人价值的产品的智力品质"[2]。学前儿童还不可能做出具有社会价值的创造成果,其创造力既区别于科学家、发明家的创造力,又区别于其他年龄段儿童的创造力。作为全球创造力研究的领军者,斯滕伯格(R. J. Sternberg)曾把创造力分成"大创造力"(大 C)和"小创造力"(小 c),其中"大 C"对人类文明和科技进步具有重大影响,比如袁隆平培育的杂交水稻将水稻产量提高到一个全新高度,直接引发了农业科技的一场革命;而"小 c"是指每个人在日常生活的问题解决中的创造潜能,往往就是生活中的一些小创意。因为学前儿童掌握的知识十分有限,解决实际问题的能力根本不可能与科学家、

---

[1] 顾明远.李吉林和情境教育学派研究[C].北京:教育科学出版社,2011:255.
[2] 林崇德.培养和造就高素质的创造性人才[J].北京师范大学学报(社会科学版),1999(1):5-13.

发明家相提并论,很难产生改变人类文明和科技进步的石破天惊的创造,只能是"小创造力"或者"微创造力"[1]。

然而,我们不能因为学前儿童创造力是"小 c"而否定其原发性,事实上,他们所拥有的奇特想象、独到见解以及丰富的语言表达能力常常令人瞠目结舌。美国学者阿瑞提(Silvano Arieti)曾基于精神分析理论的"原发过程"与"次级过程"概念阐释创造过程。在他看来,原发过程就是潜意识的原初冲动,主要表现在个体的意象、内觉和原始认识上,次级过程则是大脑清醒时个体使用逻辑思维的活动方式,主要表现在概念认识上,前者是无意识过程,后者却是意识过程。阿瑞提认为,之所以原始洞穴壁画与儿童艺术中有许多叹为观止的作品,主要是因为原发创造力,而当代艺术创作过多依赖概念与逻辑,就丧失了原初冲动。"没有原发过程只有继发过程的'创造',仅仅是概念的堆砌、逻辑的推理,绝不会产生上乘之作,而只有原发过程却没有继发过程的'创造',也不会被社会所接受,或至多是二、三流的作品[2]。"一流作品需要摆脱逻辑思维,回归原发过程,以更多的可能性激活创新思维,获得创新灵感,而后再次返回次级过程进行调整、润饰与完善,最终才可能诞生堪称伟大的作品。阿瑞提将这两个过程的相互叠加和协同创新命名为"第三级过程"。"三级创造过程论"提出以后,得到学界的广泛关注。马斯洛认为:"原发的创造性极有可能是一种每一个人都有的遗传素质,它是一种共同普遍的东西。在所有健康儿童中肯定都能发现它的存在。它是任何儿童都有而大多数人长大以后又会失去的那种创造性[3]。"他非常珍视原发创造力,并充分肯定每个儿童都具有原发创造力,如何让这种原发创造力能够发扬光大,是学前创造教育亟待研讨的问题。

学前情境教育促进儿童创造力发展的具体目标包括激发其创造动机、培养其创造性思维、塑造其创造性人格和提高其领域创造力。

(一)激发学前儿童的创造动机

创造动机是一种指向于创造性行为的内部活动倾向,它能激发个体参与创造活动的主动性,并使其在活动过程始终围绕目标坚持下去。美国学者斯滕伯格(Robert J. Sternberg)指出,个体是在对某一事物喜好的驱使下去从事某项活动的,创造动机是推动创造性活动开展的重要力量。一方面,动机借助于儿童的兴致使其全神贯注于所从事的创造性活动,获得关于学习的良好情绪体验并将

---

[1] 王灿明,陈爱萍,尤素敏,等.学前儿童创造力发展与教育[M].南京:南京大学出版社,2016:14.
[2] 林可济.对创造性思维的全方位研究[J].自然辩证法研究,1995(3):61-66.
[3] 郑育敏.论游戏与幼儿创造力的培养[J].学前教育研究,2003(10):19-20.

大脑的思维调动起来,最终在自己擅长的领域达到自我实现;另一方面,创造活动又是复杂的意志活动,动机会激发儿童的创造热情,使其在创造活动中不断克服障碍,直至成功[1]。

美国学者宾特里奇(P.R.Pintrich)等将学习动机分为期望、价值和情感[2]。其中,儿童的期望动机主要通过自我效能感表现出来,当他对做一件事有较高的憧憬并有把握自己能做好时,自我效能感较高,此时由于事件成功的诱因比较高,就会更加奋发努力,即便遇到困难也不会轻易放弃;儿童的价值动机体现为他对活动重要性所持的态度,当他认为创造活动很重要并产生强烈的好奇心与兴趣时,活动目标更容易达到;情感动机主要指向个体体验成功的愿望,当儿童对某项活动具有成功的经验时更容易产生情感与情绪反应。因此,激发学前儿童的创造动机,应该更多地培养他们的自我效能感、好奇心、求知欲以及体验成功的愿望。

学前情境教育应该为儿童提供轻松愉悦、自由安全的课堂氛围,以激发学前儿童的创造动机。同时,教师还要在教学过程中不断给予学前儿童以肯定,以唤醒创造动机并激励其维持下去。

(二)培养学前儿童的创造性思维

创造性思维是指创造主体整合自己各种思考问题的路径,以当前的问题为出发点,结合相关知识内容与信息,创新想法与理论的过程[3]。个体的创造力总是以活跃的思维为表征的,创造性思维是创造力的核心。美国心理学家托兰斯(Ellis Paul Torrance)将它分为思维的流畅性、精致性、沉思性、独创性以及标题抽象性等五个维度。思维的流畅性主要体现在其发散水平上,比如个体能在短时间内迅速地提出很多新点子、新策略或者达到目的的新手段;精致性指的是对于新产品、新想法或者某种新技术手段是否有足够详细的描述、扩展和完善;沉思性(也称为抗过早封闭性),主要体现为思维在处理问题时对待外部信息的可容忍度,是否一直呈现出开拓、接纳的态度,能否具有足够长的时间保持探究状态;独创性指的是反应与众不同,能提出独特的、新颖的观点或解决问题的方法;标题抽象性指能够达到问题的本质,分析严密,在把握事物之间的关系与规律方面表现出独特本领。以此为基础,他开发了《托兰斯创造性思维测验》(TTCT),在世界各国得到广泛运用。

---

[1] 王灿明.儿童创造心理发展引论[M].北京:社会科学文献出版社,2005:64.

[2] Pintrich,P.R.,Groot,D.,Elisabeth,V. Motivational and self-regulated learning components of classroom academic performance[J].Journal of Educational Psychology,1990(1):33-40.

[3] 谭小宏.创造教育学导论[M].北京:北京师范大学出版社,2012:114.

学前情境教育培养学前儿童的创造性思维，首先，应注重表象的积累，将蕴含着浓重情感色彩的表象在儿童记忆中储存下来，为其进行创造性思维提供鲜活材料。其次，激励儿童的自由想象。儿童的独特创造往往源自于他们瑰丽的想象，"要开发儿童创造的潜能，发展他们的想象力便是一把金钥匙。儿童的创造潜能往往就是从低级到高级，从幼稚到成熟在无数次的想象中得到开发的"[1]。最后，幼儿的创造性思维离不开美好的情感体验，亲和、平等而融洽的氛围有利于他们与教师高质量的沟通，在思想的不断输出与输入中达到认识的升华，自然而然地激起潜意识层面的原发创造力。

（三）塑造学前儿童的创造性人格

美国心理学家吉尔福特（Joy Poul Guilford）认为，创造性人格是"一个代表创造性人物的那些特征的组织方式的问题"[2]。创造性人格对于促进个体的成长发展与创造性成果的产生都具有重要意义。中国科学院心理所施建农教授提出"智力导流量"这一概念，认为创造性人格一般通过支配个体的智力活动，分配其在活动中投入的比例来改变创造主体的行为，并最终影响到他的创造性结果[3]。因此，创造力水平高的个体，未必能够产生很高水平的创造性成果，其关键在于创造性人格。具有很高的创造力水平，还需要具备很高的创造性人格，才能保障产生很高的创造性成果。正是从这个意义上讲，从小培养儿童的创造性人格是十分重要的。

马斯洛将创造性分为"特殊天才的创造性"和"自我实现的创造性"。他意识到，如果我们总是根据创造产品的社会价值来判断，那么只有少数天才（如杰出的科学家、艺术家、政治家、军事家）才算有创造性的人。这种观念将创造看成少数人的特权，而否定了多数人的创造潜能。他提出，除了"特殊天才的创造性"，还有"自我实现的创造性"，前者指的是某些特殊天才在个别领域所取得的创造成果，后者就是人们在日常生活中所表现出来的创意或创造冲动，"自我实现的创造性首先强调的是人格，而不是其成就，认为这些成就是人格放射出来的副现象"[4]。从这个意义上说，学前儿童的创造力就是"自我实现的创造性"，而不是"特殊天才的创造性"。因此，学前情境教育应更多地关注儿童创造性人格的培养，这是他们日后取得创造成果的先决条件。

---

[1] 李吉林.想象力：儿童的巨大财富[N].中国教育报，2004-05-11(8).
[2] [美]J.P.吉尔福特.创造性才能——它们的性质、用途与培养[M].施良方，沈剑平，唐小杰，译.北京：人民教育出版社，1991：7.
[3] 施建农.创造性系统模型[J].心理学动态，1995(3)：1-5.
[4] [美]马斯洛.存在心理学探索[M].李文湉，译.昆明：云南人民出版社，1987：131.

对创造性人格特质,西方学者做过许多研究。美国学者威廉姆斯(Frank E.Willianms)对这些研究进行了系统概括,认为好奇心、想象性、冒险性、挑战性是组成创造性人格的主要维度。好奇心强的儿童更倾向于对事情的缘由打破砂锅问到底,对事物之间的复杂关系、属性和神秘感充满探究欲;想象性强的儿童能够摆脱具象事物的束缚,不在意各种道理与规则,能够在大脑中将这种虚幻的内容进行视觉加工和形象化;挑战性高的儿童,总是倾向于去琢磨那些分析和理解起来比较困难的问题,以推测事物的不确定的未来走向为乐趣,并且能够将错综复杂的关系整理好,使其显得有条理;冒险性高的儿童,如果遇到与自己意见或者想法不一致的情况时表现出不怯懦、不退缩,有决心为未知结果承担风险,能够在条件不完善的情况下将问题解决。以此为基础,他编制了《威廉姆斯创造倾向测验》,为创造性人格研究提供了一个有较高信度和效度的测验工具。

西方学者对创造性人格的时间一致性进行了不少研究,其结果也令人鼓舞。据谢菲尔(Schaefer)对高创造性青年的追踪研究,许多早期的高创造者即使在5年之后依然可以从成年人中区分出来;其后续研究表明,时隔25年,早期高创造者的创造性人格测验得分还是明显优于控制组[1]。这就证明,创造性人格是相对稳定的,并具有良好的时间一致性。因而,从小培养儿童的创造性人格是有长期效应的。

(四)提高学前儿童的领域创造力

在很长一段时间内,人们都以为创造力是一种跨领域的普遍能力,不同领域的高创造者具有相同的心理特质。近年来这种观点受到质疑,"创造力的领域特殊性观点认为创造力所需的知识结构、特质和技能在不同领域具有较大的差异性"[2]。除非达·芬奇、庞加莱、牛顿那样的通才,要获得世界上所有的知识经验几乎是不可能的,那些在创造发明上取得重大突破的通常都是在某个特定的领域里,"熟悉自己的领域是创造性工作的一个必要条件"[3]。美国学者加德纳(Howard Gardner)将创造力分为一般创造力和领域创造力,艾曼贝尔(Teresa M. Amabile)认为"有关领域的技能"是创造力的重要构成部分,除此之外,还包括"有关创造性的技能"和"工作动机",这里的"有关领域的技能"指的就是领域

---

[1] 邹枝玲,施建农.创造性人格的研究模式及其问题[J].北京工业大学学报(社会科学版),2003(2):93-96.

[2] 蔺素琴,申超男,段海军,胡卫平.创造力的领域性研究进展:从对立到融合的转向[J].心理与行为研究,2016(3):426-432.

[3] [美]罗伯特·斯滕伯格.创造力手册[M].施建农,等译.北京:北京理工大学出版社,2005:342.

创造力[1]。根据艾曼贝尔的划分方法,领域创造力包括谙熟该领域的经验、为该领域所需要的特别技术以及个人在此方面的与生俱来的特殊天赋。

学前儿童由于认知经验和能力有限,其领域创造力主要体现为有关领域的特殊天赋。比如有关身体操作的灵敏度,对语言的独特掌握,在复杂环境下对空间的准确感知等。每个儿童都具有某个领域的天赋,而这些天赋需要我们的发现和引导。在教育界,常常有人宣称"发现了天才",却很少有人宣称"培养了天才"。换句话说,在人们的心目中,天才就是"天生之才",无需刻意的栽培。其实,这是一种认识上的误区,真正的天才既需要父母和老师的慧眼识才,更需要父母和老师的精心培养。

要取得学前儿童领域创造力的发展,就需要关注儿童在各领域中的潜在能力,为他们创造足够多的选择空间和机会。基于不同领域的学前情境教育,包括学前语言情境教育、学前数学情境教育、学前科学情境教育、学前艺术情境教育、学前社会情境教育、学前健康情境教育等,应该开展丰富多彩的领域教学实践,使儿童获得知识的系统性、活动的操作性以及审美的愉悦性,在充满智慧和富有情趣的情境中切实提高儿童的领域创造力。

二、学前情境教育促进儿童创造力发展的主要原理

学前情境教育促进儿童创造力发展的主要原理是基于理论探讨和实验研究概括总结出来的基本认识,它在很大程度上反映出学前情境教育与儿童创造力发展之间的规律性联系。它能有效指导学前情境教育的实践,也经受着学前情境教育实践的检验。

(一) 解放教育原理

解放教育原理是指学前情境教育通过优化各种要素创设开放的情境,使学前儿童在自由活泼、充满张力的互动性场域中得以摆脱身体和心灵的枷锁,走向自由的彼岸。

"教育即解放"是巴西教育家弗莱雷(Paulo Freire)积极倡导的教育理念。他立足于不平等的社会现实,主张以适宜的条件促使民众学会反思,尝试对错误理念进行辩驳,在此基础上实现改革,以获取新的教育形式。解放教育把人看作有能力的主体,既是主动的意识主体,也是破旧立新的行动主体。解放教育思想

---

[1] [美]特丽萨·M.艾曼贝尔.创造性社会心理学[M].方展画,文新华,胡文斌,译.上海:上海社会科学院出版社,1987:80-92.

蕴含着创造教育，主张"要进行创造，必须首先要做到思想上的自由想象"[1]。其实，在弗莱雷之前，中国教育家陶行知早就主张解放教育。他认为每个儿童都有创造力，但它被成见遮蔽了，应该通过释放儿童的头、眼、鼻、嘴、双手以及时间和空间来开展解放教育，这就是通常所讲的"六大解放"。解放教育的实质是民主问题，"只有民主才能解放最大多数人的创造力，而且使最大多数人之创造力发挥到最高峰"[2]。无论是弗莱雷，还是陶行知，都关注如何通过解放人的主体性以达到创新人才的培养目标，对我们是极具启发意义的。

以解放教育原理为指导，学前情境教育立足于解放儿童的身体和心灵，以促进其创造力发展。一方面要切实解放儿童的身体。具身认知研究发现，认知需要以身体做支撑，因为个人心智能力的发展首先需要常识性的知识或者经验作为基础，而这些知识一般是身体和周围环境相互作用的结果[3]。解放儿童的身体包括解放儿童的手、脚、眼、鼻、嘴以及时间和空间等。解放儿童的手、脚意味着给予儿童更多的动手和参与的机会，允许儿童自由行动，鼓励其主动操作。解放儿童的眼睛，主张在给儿童视觉选择的自由的同时，提供给他们一些观察方法，帮助儿童把眼睛"擦"亮。解放儿童的嘴巴，给儿童表达的自由，当儿童有问题时他们应该有问的机会，维护儿童的发问权利。另一方面要真正解放儿童的心灵。这就需要反对教师霸权，推行教育民主，只有当儿童能够把自己接触到的一切都看成获取知识和能力的材料，把自己所在的一切空间都化成了教室课堂，从心灵上获得自由，解放教育才算真正的实现。学前情境教育应该瞄准这个目标，引领儿童走向大自然的田野、山丘和小河，通过大自然与社会生活教育，为学前儿童将园内与园外世界的链接开辟一个新的通道。

（二）体验教育原理

体验教育原理是指学前情境教育在关注儿童当下情感、认知的基础上，营造具有启发性和感染力的情境，帮助儿童将自己的相关经历在感性基础上深刻化，对自己的经历获得深刻的体会与感受，最终让所放飞的思想得以聚焦、深化。

体验是个体在认识活动过程中处理自身与外部世界关系时的一种思考问题方式，它体现为兼顾主体与客体从而实现整体性的特点[4]。体验教育思想的理论基础主要是存在主义哲学思想，这种思想以德国的海德格尔（Martin Heideg-

---

[1] 黄志成.试论弗莱雷解放教育理论的现实意义[J].外国教育研究，2003(7):1-6.
[2] 陶行知.创造的儿童教育[N].大公报，1944-12-16.
[3] Thompson, E., Varela, F. J. Radical embodiment: Neural dynamics and consciousness[J]. Trends in Cognitive Sciences, 2001(1):418-425.
[4] 闫守轩.体验与体验教学[J].教育科学，2004(6):32-34.

ger)、胡塞尔（Edmund Husserl），法国的伯格森（Henri Bergson）、萨特（Jean-Paul Sartre）为代表，关注"人的存在"，只有人的存在才能让所有"在者"获得意义，"把人摆在了突出的地位，且注重人的选择、人的情感对人发展的作用"[1]。存在主义强调个体在认识学习中的"自我体验"，认为个人主要依凭在实践活动中关于事物的内心的体会与感悟，根据个人的直觉去把握对象[2][3]。

以体验教育原理为指导，学前情境教育主要从创设引起学前儿童真实体验和想象体验的情境入手寻找优化儿童思维方式的策略。体验来源于生活，真实体验一般是从周围世界，从对事物的亲身感受开始的。3—6岁正是儿童视觉、听觉、触觉、味觉、嗅觉能力发展的敏感期，幼儿利用感官不断吸收环境的滋养，以适应环境中的社会文化。学前情境教育应将幼儿的真实体验放在重要位置，通过真切而清新的情境，引导他们观察、思考，催生他们的创造冲动。当然，学前教育的有些内容是很难创设真实情境的，比如太空情境或某些童话情境，这就需要借助于想象情境，这些体验也能诱发儿童生命中的创造冲动。

（三）共情教育原理

共情是"个体面对（或想象）一个或多个个体的情绪情境时，首先产生与他人情绪情感的共享，而后在认知到自我与他人有区别的前提下，对其总体状况进行认知评估，从而产生的一种伴有相应行为（外显或内隐行为）的情绪情感反应，且主体将这种情绪情感和行为指向客体的心理过程[4]"。近年来，共情研究得到学界的广泛关注。在学前创造教育研究中，我们曾提出"以共情为中心的社会教育模式"[5]。经反复思考，我们认为共情不仅适应于社会领域，而且适应于其他领域，应该扩展为一种教育原理。共情教育原理是指在学前情境教育过程中，通过角色扮演所建构的情境引起儿童的情感共享、观点采择与行为反应，促进其创造力的发展。

共情（empathy）由美国心理学家铁钦纳（Edward Titchener）率先提出，随着它在心理学领域的传播，其内涵越来越丰富，从最早对情感体验的关注，到后来对认知作用的关注，再到兼顾认知和情感甚至融入更多的概念，如观点采择、共

---

[1] 任泽.存在主义哲学的生命教育思想[J].求索，2013(11)：105-107.
[2] [德]海德格尔.存在与时间[M].陈嘉映，王庆节，译.上海：三联出版社，1999：171.
[3] [德]胡塞尔.想象学概念通释[M].倪梁康，译.上海：三联出版社，2007：326.
[4] 刘聪慧，王永梅，俞国良，等.共情的相关理论评述及动态模型探新[J].心理科学进展，2009(5)：964-972.
[5] 王灿明，陈爱萍，尤素敏，等.学前儿童创造力发展与教育[M].南京：南京大学出版社，2016：200-204.

情关注、幻想等。其中最有代表性的理论为格拉德斯坦(G. A. Gladstein)提出的"共情两成分理论",他将共情分为认知和情感两类:当个体在认知上能够取得对方的接纳与支持时,我们说其处于认知共情状态;而当一个人能够从感情上理解和体验对方时,我们说其处于情感共情状态[1]。共情理论中蕴含的心理投射理论、共情理解方式对于心理治疗、社会交往和教育活动都具有重要意义。美国未来学家丹尼尔·平克(Daniel H. Pink)在《全新思维》一书中提出,当今社会正在从基于逻辑、线性、计算能力的信息时代(Infomation Age)向基于创意、共情、模式识别的概念时代(Conceptual Age)转变。黎加厚教授把"概念时代"译成"创感时代",旨在强调"创新"和"创感"之间的相互协同,创新着重于创造性思维的培养,而创感强调以"六感"(设计感、故事感、交响感、共情感、娱乐感和意义感)为主要特征的高感性培养[2]。将共情作为"创感时代"教育的培养目标之一,启示我们必须关注共情在创新人才早期培养中的重要性。

"利用角色效应,强化主体意识"是情境教育的基本模式之一[3]。学前情境教育主张让儿童以角色体验情境,无论是扮演课本中的角色,还是扮演童话的角色,无论是扮演现实生活中的角色,还是扮演儿童自己憧憬的角色,都可以体验另一种生活态度和行为模式,扩展生活空间和感受。角色转换促使儿童按照自己的角色身份去思维,按课本和同学的角色期待去行动,由于角色扮演所渲染的情绪氛围,全班同学也如临其境,在此情此境中,课本中的抽象知识就摆脱了惰性知识的束缚,变得生动鲜活起来。因此,情境教育致力于建构"有我之境",与其说是对儿童天性和经验的关注,毋宁说是儿童主体地位的回归与强化。

(四)整合教育原理

整合教育原理是指学前情境教育应着力开发主题性大单元情境课程,以艺术或科学领域为主,实现健康、语言、社会、科学、艺术领域之间的内容整合,以更好地促进儿童创造力发展。

在西方教育界,无论是普通教育,还是职业教育,乃至成人教育,都极力推崇整合教育,已形成一股声势浩大的教育思潮。之所以要回归整合教育,是因为学科教育的专门化一旦走过了头,人的完整人格因为被分割而成了片面发展的人,"只有我们冲破这种樊篱、这种阻碍的时候,我们才能真正培养完整健康的人,才

---

[1] Gladstein, G. A. Understanding empathy: Integrating counseling, developmental, and social psychology perspectives[J].Journal of Counseling Psychology,1983(4):467-482.
[2] 黎加厚.全球化与教育信息化创新[J].中国教育信息化,2008(20):21.
[3] 李吉林.为全面提高儿童素质探索一条有效途径——从情境教学到情境教育的探索与思考(下)[J].教育研究,1997(4):55-63.

能建设健康完整和谐的社会"[1]。基于怀特海(Alfred North Whitehead)的过程哲学思想,美国教育家特蕾莎·朗格内斯(Teresa Henkle Langness)系统地提出了整合教育思想,将品格教育、学业教育、艺术教育、调解技能、服务教育有机整合起来。整合教育以品格教育为核心,将各种课程与品格教育加以统整,希望以此培养出新一代"人格健全的好公民"[2]。创造力也不是一种单一的心理元素,它包含了"有关领域的技能""有关创造性的技能"和"工作动机"三种成分[3],我们只有将各种课程与儿童创造教育加以统整,才能培养出创感时代的弄潮儿。

  整合教育在中国得到了积极响应。上海就提出要树立学前教育的大课程观,构建启蒙性、整合性和开放性的课程体系。国内也有专家意识到整合教育对儿童创造力发展的重大价值并开展了较长时间的实验探索。其中,最有代表性的是王小英教授,她提出幼儿创造教育应兼顾创造能力与创造人格培养,开展以文学作品为依托、以表演游戏为主线的"综合性创造活动",将语言、社会、美术、音乐、游戏整合起来。通过两年多的实践探索,取得了显著成效[4]。黄海涛副研究员在山东省四个城市开展了规模很大的科学与艺术整合教育实验,通过三年实验,显著提高了实验班儿童的创造力[5]。这两项实验的设计有所差别,但整合教育思想是明确的,成效也很显著。在情境教育发展过程中,为了追求教育的整体性,李吉林在国内小学教育中率先开发了"主题性大单元情境课程"[6]。我们可以将"主题性大单元情境课程"运用到幼儿园,以艺术或科学领域为核心,将健康、语言、社会、科学、艺术等几个领域打通,整合每个领域中的相似、相近或相关内容,围绕着一定主题开展系列情境教育活动,以实现教育资源的综合运用。

---

  [1] 朱小蔓,[美]特蕾莎.整合教育学习模式:对教育的另一种理解[N].中国教育报,2005-9-23(6).
  [2] 蒋洁祺.整合教育(FCL)背景下的学前英语教育研究[J].绍兴文理学院学报,2013(9):113-116.
  [3] [美]艾曼贝尔.创造性社会心理学[M].方展画,文新华,胡文斌,译.上海:上海社会科学院出版社,1987:80-92.
  [4] 王小英.幼儿创造力发展的特点及其教育教学对策[J].东北师大学报(哲学社会科学版),2005(2):149-154.
  [5] 黄海涛.科学与艺术整合教育中幼儿创造力培养的实验研究[J].当代教育科学,2007(16):38-41.
  [6] 李吉林.情境课程的开发[J].课程·教材·教法,1997(6):5-10.

三、学前情境教育促进儿童创造力发展的机制分析

机制是指具有关联的事物之间的一种相互作用或者影响的关系,体现为事物不断运动而保持活力,并在这种作用中发挥出事物各个部分应有的作用。学前情境教育促进儿童创造力发展的机制包括具身机制、交互机制和动力机制。

(一)具身机制

情境教育既强调"有情之境",又强调"有我之境"。我国古代诗歌专论《毛诗序》曾说:"情动于中而形于言,言之不足,故嗟叹之;嗟叹之不足,故咏歌之;咏歌之不足,不知手之舞之足之蹈之也[1]。"古人早已认识到,当一个人处于亢奋之中时,其内心的喜悦很难以语言和唱歌来表达,往往会身不由己地手舞足蹈起来。具身机制就是基于儿童心理与生理上的强烈联系,探讨身体与世界的交互经验在学前情境教育中的可能作用。具身机制包括具身认知、具身情感和具身行为。

1. 具身认知

具身认知认为,认知是以身体为基础的,身体的感知运动能力帮助个体获得学习经验和认知能力。而身体总是处于物质、心理和一定文化氛围交织作用的情境之中[2],身体是受情境影响的,认知也受着情境的影响。在情境与认知的相互作用中,身体起到了纽带作用。这里的"身体"并非单纯地强调生理的肉体作用,"它是把内心和外界、本体和客体联系起来的知识媒介"[3]。理解具身认知的一个重要维度是基本范畴观[4]。具身认知理论主张,人的认知活动具有等级性,人总是从最低级的认知水平不断向上一级认知水平发展,在此过程中,儿童需要把握从低级到高级的可控制条件,即基本等级[5]。基本范畴观认为,人们是从自己的基本行为出发去获得对事物的认识,比如由于身体对外界环境温度的感知有一个舒适度,人们喜欢用温暖、阳光来形容美好的心情。可见,身体运动技能的提高,能够帮助个体更加有效地理解事物的不同侧面以及事物之间的关系,在基本等级作用下,获得更高级的心理活动。对于学前儿童来说,基本

---

[1] 王晓华.身体、生活世界与文学理论的重建[J].文艺理论研究,2016(4):6-14.
[2] Thompson, E., Varela, F. J. Radical embodiment: Neural dynamics and consciousness[J]. Trends in Cognitive Sciences,2001(1):418-425.
[3] [德]马丁·摩根史特恩,[德]罗伯特·齐默尔.哲学史思路:穿越两千年的欧洲思想史[M].唐陈,译.北京:中国人民大学出版社,2006:216.
[4] 丁冬苗.具身认知的特点及哲学基础概述[J].黑河学刊,2013(1):11-12.
[5] 李小飞,范振强.具身哲学视域下的范畴动态构建观[J].山东社会科学,2010(12):111-114.

层次范畴是其在平时各项活动中使用频率最高的一类知识经验,基本范畴的度量有迹可循。然而情境课堂里的儿童都是来自不同家庭和生活背景中的个体,每个儿童都有他自己的基本层次范畴。要取得情境教育的良好效果,教师必须把握每个儿童的基本层次范畴并在此基础上概括出群体的基本范畴。

2.具身情感

个体情感是在身体基础上得以实现的。美国心理学家詹姆斯(William James)提出"人不是因为快乐而微笑,而是因为微笑才快乐",强调动作对情感体验的作用,认为"情绪是对身体变化的感觉"[1]。汤姆(Gail Tom)等人的研究表明,比起摇头动作,点头动作的被试接受意愿更强[2],在无意识条件下恰当运用头部的垂直动作能够帮助儿童从认知上接受,感情上获得认可。森特巴(D. Centerbar)等人关于趋近—回避行动对态度的影响研究表明,当外界给予个体的刺激是负面并且不利于其发展的时候,如果活动的个体身体摆出了伸展或是伸长手臂的动作时,我们说这是回避型的动作,这时个体接收到的负面信息被负面加工倾向会更明显;相反,如果外界给予正面刺激时,个体须得在手臂弯曲,也称趋近动作情况下才会得到强化[3]。基于此,适当运用身体动作以激起儿童相应的情感体验就显得尤有必要。学前情境教育以情感驱动为原理,在教育活动中,应该关注儿童与教师的身体状态,通过调节身体姿态如前倾、后仰等动作以取得身心协调发展。通过对身体适当施加影响,在身体运动的基础上设置相应情境,以加强无意识和有意识之间的联结。

3.具身行为

威尔逊(M. Wilson)认为,"一切心智(认知)均是'活着的心智',心智不能脱离鲜活的主体而存在"[4]。他认为个体获得心智的最终目的是指导自己的行为。在一定方向指引下,个体进行具身认知主要采取两种方式:感知运动和意象[5]。个体获得对某一事物的完整知觉主要是因为人总是在动着的,人可以走到事物的另一端去认识它的另一面,也具有思维的可逆性,可以进行逻辑关系的简单推理,并且在此过程中,行动发挥着重要作用。行动使得儿童从早期的自我

---

[1] 孟昭兰.情绪心理学[M].北京:北京大学出版社,2005:18.

[2] Tom,G., Pettersen,P., Lau,T., Burton,T., Cook,J. The role of overt head movement in the formation of affect[J]. Basic and Applied Social Psychology,1991(3):281-289.

[3] Centerbar,D.B.&Clore,G.L. Do approach avoidance actions create attitudes[J]. Psychological Science,2006(17):22.

[4] Wilson,M. Six views of embodied cognition[J]. Psychological Bulletin and Review,2002(4):625-636.

[5] 李恒威,黄华新.表征与认知发展[J].中国社会科学,2006(2):34-44.

意识慢慢学会考虑他人的观点,事物作为知觉整体是与我们身体行动相关的。学前情境教育将学前儿童作为活动的主体,提出"回到生活""创设情境"和"活动体验",将儿童的具身行为置于重要地位。儿童创造力发展的具身机制意味着学前情境教育所发挥的默会功能是在其身体知觉与教育情境的共同作用下实现的。

(二)交互机制

人是各种关系的综合体,总是处于和他人、事物和环境的各种互动中。认识到这一问题,对儿童实施情境教育,就需要处理好人与人、人与情境以及人的认知与情感之间的关系,使之实现交互作用并取得最大效能。学前情境教育以情境为链接,从人与人的信息交互、人与情境的行为交互以及人的情感和认知的功能交互三个方面,引导学前儿童主体与优化的教育情境资源形成一个多维互动的动态过程。

1. 人与人的信息交互

关于人与人之间的交互作用,美国学者穆尔(Michael G.Moore)提出交互影响距离理论。影响距离指由物理距离引起的教师与学生在心理或者传播上产生潜在误解的距离[1]。影响距离受互动双方的交流方式和交流变通度影响,当彼此作用的两个人有更多的语言或肢体上的交流,心理距离就会小一点;当彼此互动的方式有更多的变通性,比如交流内容、交流方法与交流途径更为灵活,那么彼此互动时遇到的障碍就会少一些。因此,在处理师幼之间信息交互作用时,我们可从对话和结构两个角度出发,提高教师与儿童彼此回应的程度,教育计划的制订要更多地关切儿童的需要,努力增加互动空间。通过形式灵活、材料多样和情节丰富的情境课程开设,既关注儿童兴趣的激发,又在执行教学计划上具有较大的灵活性,逐渐降低结构化的程度,就可以更好地激发儿童的自主性学习。

2. 人与情境的行为交互

皮亚杰(Jean Piaget)认为,人只有在情境中才能实现真正的学习。个体将进入自己感觉器官的外界信息纳入已有认知图式中,或者改变原有认知图式去适应新内容,并在此过程中不断调整平衡,最终达到认识能力的发展[2]。关于人与情境交互作用的理论提出,人与情境构成了一个融人、物、境于一体的,交叉着各种关系的不断变化与发展的系统。在该系统内,人占据着极其重要的地位,

---

[1] Moore,M.G.Towards a theory of independent learning and teaching[J].Journal of Higher Education,1973(9):661-679.

[2] 王梦炜.皮亚杰的图式学说探析[J].岭南学刊,2000(6):73-75.

因为人是倾向于某种目标的能动要素[1]。作为具有主动性与目的性的人,处理与情境的交互作用需要自主建构和适应情境,一方面给予儿童足够的自主权,引导他们学会利用资源,积极参与活动,自己动手操作,体验求知的欲望、表演的需求和挑战的乐趣;另一方面应认识到情境是复杂多变的,问题解决的答案不是唯一的,要学会从情境中取得线索,培养儿童对情境的敏感性。

3. 人的情感与认知的功能交互

情感和认知加工之间存在着密不可分的联系,情感在认知活动中扮演着重要作用,令人满意的情感体验会促进儿童主动思考,也会通过不断调控和安排新内容帮助儿童更好地开展认知活动。但这并不意味着两者的作用是单向的,儿童对教学内容如有好的认知效果也能促使他们产生积极的学习情感。由于传统教育过多关注认知,情感作用没有得到应有重视,学前情境教育强调以情感为命脉,通过教师、儿童以及教育材料之间的各种情感传递,引导儿童不断体验创造的愉悦,从而形成内在驱动力。基于情感与认知的交互机制,学前情境教育以"美"为境界,注重艺术情境活动,使学前儿童获得丰富的情感体验与精神享受,"在审美愉悦中,培育创新的土壤,让思维进入最佳的心理状态"[2]。

(三)动力机制

动力机制是指通过探究儿童创造力发展的动力来源及其发生机制,帮助活动主体冲破外在的藩篱取得创造力量。学前情境教育促进儿童创造力发展的动力机制包括生命冲动之根源、生成变化之导引以及超越性发展之目标。

1. 生命冲动之根源

法国哲学家柏格森(Henri Bergson)的生命哲学指出,生命在演化动力作用下随时都有自我突破的内在要求,他称之为"生命冲动"。因为生命冲动总是在环境中演变的,环境为其设限,一旦环境有障碍并且生命冲动不足以克服时,演化就会受到阻挠,生命就会出现变异。因而,环境在生命进化中有着重要地位,如果一个生命单位违背了环境给予他的生命得以维持下去的条件,那么它将会面临生存危机[3]。虽然生命对环境的适应性使得生命演化遇到一些波折,但是环境却不能主导生命演化的总体方向,也不能代表演化过程本身。也就是说,环境只是生命演化的外部因素与某种条件下的演变契机,真正主导演化的是生命冲动自身。生命冲动具有自我创新的能力,个体要发展,要改变,要创造,首要前

---

[1] 曾守锤,桑标.人与情境交互作用理论述评[J].心理科学,2005(5):1256-1258.
[2] 李吉林.教育的灵魂:培养学生的创新精神(上)[J].人民教育,2001(9):50-53.
[3] [法]亨利·柏格森.创造进化论[M].肖聿,译.南京:译林出版社,2011:93.

提是他自己准备好了。基于生命冲动之根源,促进学前儿童创造力发展的情境教育首先需要考虑的是激发儿童的创造动机,只有调动他们的"生命冲动",外部力量才能起作用。在具体教育活动中,可以给他们提供真切的能激发真挚感情的生活经验,以此帮助他们产生生命发展的内在需要,在此基础上点燃他们的创造火花。

2. 生成变化之导引

美国心理学家威特罗克(M. C. Wittrock)认为,学习是一个主动的过程,"生成学习模式的本质不是大脑被动地学习和记录信息,而是主动地建构它对信息的解释,并从中做出推论[1]"。生成学习模式将先前的经验和知识作为学习者信息接收、选择和建构的关键要素。按照威特罗克的理解,如果我们精心建构的情境镶嵌着个体长时记忆中的有关经验或知识,就能有效促进生成学习的产生。情境教育提倡"教育回归生活",强调课内和课外结合,学校和社会相通,其实质就是引导儿童在现实生活中学会创造。一旦创造被融进儿童的日常生活,它就不再是一件遥不可及的事情,就破除了创造的神秘感。当然,这并不意味着教育回归生活,儿童就一定能够产生创造,它还需要成人的科学引领。以真实的生活经验为基础,需要成人积极引导儿童寻找和发现生活中的"不合理、不方便、不科学"的"三不"事物,以激发儿童的创造动机。

3. 超越性发展之目标

人本主义心理学家马斯洛(Abraham H. Maslow)在其晚年对需要层次论加以完善,提出比自我实现的需要层次更高的"超越性需要",认为这是驱动那些最伟大的科学家、艺术家的创造动机,是"人的最高本性很可能也是我们的最深层本性"[2]。创造没有界限,普通儿童也有创造性,学前情境教育只有帮助普通儿童特别是学业成绩明显落后的儿童缓解心理压力,提升自信心,才能更好地发挥创造潜力。当个人得到自我实现,我们就称之为"超越性发展"。它既是个体创造力发展的目的,又可以激励个体去不断创造。如果说"让聪明的儿童变得更聪明,不聪明的儿童也变得聪明"曾经是情境教育的理想,那么本课题的愿景就是"让有创造力的儿童变得更有创造力,没有创造力的儿童也变得有创造力"。这就是学前情境教育的超越性发展之目标。

---

[1] 马向真.论威特罗克的生成学习模式[J].华东师范大学学报(教育科学版),1995(2):73-81.
[2] 于森.现象学创造力研究的方法论解析[M].沈阳:东北大学出版社,2012:106.

四、学前情境教育促进儿童创造力发展的基本要素

学前情境教育促进儿童创造力发展的基本要素是推进幼儿创造力发展所必需的情境教育资源,是幼儿创造潜能激活、发展和提高的动因,是创新人才早期培养所必须具备的基本因素。通过首轮实验的回顾与反思,李吉林在20世纪90年代提炼出情境教学影响儿童发展的"五要素",即"以培养兴趣为前提,诱发主动性""以指导观察为基础,强化感受性""以发展思维为核心,着眼创造性""以陶冶情感为内因,渗透教育性""以训练学科能力为手段,体现实践性"[1],在学界产生了很大影响。"五要素"从前提、基础、重点、动因和手段五个维度全面揭示了情境教学促进儿童发展的普遍规律,已成为"理论与实践相结合的经典概念系统"[2]。为了推进"情境教育与儿童创造力发展的实验与研究"课题研究,她又概括出学前情境教育促进儿童创造力发展的"五要素":以培养兴趣为前提,玩中学;以观察多彩世界为基础,美中学;以发展思维为核心,思中学;以激发情感为动因,乐中学;以模拟操作为手段,做中学。前后相距二十年,她构建了两个不同的要素系统,一个针对小学教育,一个针对学前教育,尽管适用范围不同,但"一切为了儿童的发展"的教育理念却贯彻始终,成为情境教育的核心价值观。

(一)以培养兴趣为前提,玩中学

玩中学,指立足于提高儿童的创造趣味,学前情境教育采用儿童喜闻乐见的方式使其带着愉悦心情去学习,在满足他们好玩天性的同时,尽情发挥自己的想象力和创造力。

玩是儿童的生活方式,具有很强的创造性。笔者多年来从事顽童研究,主编《十字路口的顽童》一书在国内产生过较大影响。在研究过程中发现,顽童对科学探究有着浓厚的兴趣,"常常发展到如痴如醉的地步,这完全可能是他们走向事业成功的起点"[3]。国外学者也有类似的研究结论。列娜(J.N. Lienan)做过一项幼儿发散思维与趣味性关系的调查研究,发现高创造性的学前儿童比其他儿童更顽皮[4]。兴趣是儿童创造的原动力,在兴趣驱动下,儿童对事物的特性以及彼此之间的关系表现出极大热情,主动寻求其中的奥秘并不断地参与到活动中去。

---

[1] 李吉林.为全面提高儿童素质探索一条有效途径(上)[J].教育研究,1997(3):33-41.

[2] 成尚荣.李吉林的智慧品格[J].人民教育,2013(Z3):60-61.

[3] 王灿明.走向顽童的精神王国[J].天津教育,2006(2):11-13.

[4] Lienan,J.N. Playfulness and divergent thinking:An investigation of their relationship at the kindergarten level[J].Journal of Genetic Psychology,1965(2):219-224.

通过玩中学培养学前儿童的创造力，可以通过美术、书法、音乐、舞蹈等多种方式，但最重要的方式还是游戏。"幼儿教育之父"福禄培尔（Friedrich Wilhelm Frobel）认为幼儿的游戏是以内部生命和活动力、旺盛的生命力以及实际的外部生活为前提的，如果这个时期缺乏这些具有生命力和生活乐趣的游戏，儿童就会变得迟钝、不活泼。他视游戏为"这一时期人的发展的最高阶段，因为它是内在本质的自发表现，是内在本质出于其本身的必要性和需要的向外表现"[1]。儿童对于游戏的态度，在游戏中所形成的平心静气、坚韧不拔等品质能够体现在他们的一生发展中。福禄培尔将游戏分为身体的、感官的以及精神的游戏，并亲自制定了一个循序渐进的游戏与作业体系，特别是其独树一帜的玩具"恩物"，对世界学前教育的发展产生了深刻的影响。学前儿童由于年龄和经验等因素影响，他们无时无刻不在问为什么，他们似乎关心一切事物的缘起与发生、运行与结束，因而具有广泛的好奇心与兴趣点。学前情境教育关注游戏对儿童创造力发展的意义，一方面学前情境教育借助于游戏，可以增加教育活动的趣味性；另一方面在学前儿童的游戏活动中渗透情境教育的思想，发掘游戏活动中蕴涵的促进儿童创造力发展的元素，并通过优化的情境将其展现出来。

（二）以观察多彩世界为基础，美中学

美中学，指立足于情本体引发的普遍愉悦性，学前情境教育不断发掘教学情境中的美，综合使用艺术的直观、富有美感的语言以及展现美的形象，使儿童在发现美、鉴赏美、感受美的过程中获得广远的思维空间。

美是创造的向导，美的体验能影响一个人的精神思考和行为实践。创造活动离不开美感的作用，它从生理和心理两方面支持个体的创造性活动：在生理方面，美感是一种强度适中的感受体验，其活动效率最高，能支持儿童获得较好的创造活动结果；在心理方面，个体在产生美感体验时会伴有愉悦与快乐，而出现这种情感的个体对自我有着良好认知，表现为自我接纳、自我和谐。创造往往是在自我认同感较高时出现，人是在认识到自身的创造力量时获得对自我的认可。因此，美感能够揭示人的创造性本质，满足人的心理需要[2]。

许多研究者提出通过美的教学方式促进儿童创造力的发展。如华德福教育的创始人鲁道夫·斯泰纳（Rudolf Steiner）提出，在教学中引入艺术，可以使儿童体验到更为多样化的情感和精神生活，寻找隐藏最深的儿童对事物的独特思

---

[1] ［德］福禄培尔.人的教育[M].孙祖复,译.北京:人民教育出版社,1991:33.
[2] 赵伶俐.论美感增力性的生理和心理基础[J].西南师范大学学报（哲学社会科学版）,1999(4):49-54.

考,并将其引导出来[1]。我国创造教育资深学者、中国发明协会中小学创造教育研究分会原会长张武升认为,教学艺术的本质是美,美与科学知识的"真"是相互联系和统一的。真是美的基础,而美又体现着真,凡是美的事物,总是符合事物发展规律,代表事物发展趋势[2]。通过艺术性教学,儿童的注意力集中,情绪兴奋,动机水平高,思维灵活敏捷,表现出较强的创造性。

学前情境教育主张"以美为突破口",将美融入教育活动的每一环节中,一方面使儿童更为专注活动内容,由浅层转入深层学习;另一方面,通过美的感染,使得儿童对所获得的经验体会更为深刻,思考问题和反应的速度更为敏捷,从而促进创造力发展。

(三) 以发展思维为核心,思中学

思中学,指立足于儿童创造性思维的培养,学前情境教育通过情境所蕴含的"真、美、情、思"构建出的广远意境,使儿童在广阔的、无拘无束的思维空间里浮想联翩,获得智慧的启迪和顿悟的发生。

创造性思维是创造力的核心,是创造力的认知元素、思维过程或者思维风格的主要表现形式。美国心理学家吉尔福特按照思维的方向将思维分为聚合思维和发散思维两种,认为发散思维关注儿童不拘一格的求异行为,在不过分强调正确性的条件下引导儿童尽可能地发挥想象空间,而聚合思维侧重于综合所有点子得出某种相对正确的结论,有收敛倾向[3]。任何完整的创造性活动都不可避免地寻求两者的结合,因为创造性活动的最终目标就是更好地解决问题,这就需要综合运用发散和聚合这两种思维方式。

学前情境教育着眼于通过问题解决来发展儿童的创造性思维,通过构建充满张力的情境,引导学前儿童综合观察、思维与想象,将自身所接收到的一切丰富的映象转化为审美意象,唤起他们的创造性思维。首先,学前儿童的思维活动受制于外界环境的影响,教师应积极营造自由的环境氛围,让儿童能够随时随地提出问题。其次,想象是儿童创造力得以发展的肥沃土壤,学前情境教育应注重营造能使儿童沉浸于其中的情境,在寻找答案的过程中,给予儿童足够的信任和宽容,决不阻止他们脱离问题的浮想联翩,因为这恰恰各种奇思妙想的先兆。最后,学前情境教育应聚焦于问题,注意儿童的持续性思考与专注精神培养。创造

---

[1] 桂勇.华德福教育对儿童创造力的培养及其启示[D].武汉:华中师范大学博士学位论文,2013:1.

[2] 张武升.教学艺术论[M].上海:上海教育出版社,1993:25.

[3] Guilford, J. P. Transformation: Abilities or Functions[J]. Journal of Creativity Behavior, 1983(2):75-86.

性思维总是从问题开始的,学前情境教育主张在活动中引导儿童不停地发问,在疑问中展开探究,寻求解决问题的最佳方法,以产生超越障碍的力量。

(四) 以激发情感为动因,乐中学

乐中学,指学前情境教育以情感为纽带,通过营造积极快乐的情境,使儿童在获得良好认知体验的基础上产生创造的持续内驱力。

儿童创造力的发挥,一方面受制于认知经验,认知经验的完善与否决定了儿童有没有完成创造任务的可能,另一方面又受制于情感体验,强烈的爱或者信念会促使个体始终坚持创造活动,并主动自觉地付诸行动[1]。研究表明,情绪是情境、人格、创造力三者相互作用的中间变量,情绪能够对个人的记忆、信息加工方式和工作投入情况进行调节,从而左右创造力的认知路径与动机路径[2]。情感总是直接或者间接地影响着个体的创造力,无论是通过积极的情感实现认知的优化,还是基于情感建立的人际关系,都可以通过信息传递、相互激励或技能互补去影响儿童创造力发展。

学前情境教育注重创设快乐、高效的学习情境,一方面从儿童的生活经验出发,在唤起儿童学习热情的同时将新旧经验融合,在愉悦的学习中获得知识整合;另一方面采用艺术的表达方式创设学习情境,通过图片、儿歌、角色扮演等儿童喜欢的艺术活动,使他们体验想象、创造、表演的多重快乐。无论是教学设计,还是教学过程,教师都要更多地关注儿童的发展,以宽容、期待、激励等饱满的情感状态引导儿童开展创造活动,使儿童感受自由的空气,享受创造的乐趣。

(五) 以模拟操作为手段,做中学

做中学,指学前情境教育通过建构一系列具有操作性的情境,引导儿童的创造性行为,在此过程中产生对自己身体动作以及使用资源功能的新发现,并通过实践,实现自己的想法。

创造性行为就是指具有把创造意向、创造性思维通过实际操作转化前所未有的并具有社会价值的新成果的一种活动。创造力是创造性行为的前提和条件,创造性行为是创造力的外在表现。我们注意到,在日常生活和教育活动中,某些教师常常在有意或无意之间"美化"儿童的创造性行为,把一些原本毫无创造力的普通行为误判为创造性行为。也许这对儿童会产生某种激励,但因为判断不准确,也往往会带来某些误导。如何判断儿童的行为是否具有创造性,被美

---

[1] 曹光法.情感视阈下学生创造力的培养[J].内蒙古师范大学学报(教育科学版),2009(9):60-62.

[2] 艾树,汤超颖.情绪对创造力影响的研究综述[J].管理学报,2011(8):1256-1262.

国多所知名大学作为教材的《创造性思维和基于艺术的学习》中通过儿童的行为表现来描述这些标准：首先，创造性行为是原创的而且发生频率很低，常常是不同寻常的和出人意料的，而不是普通的和可预测的。因此，这种行为的发生率非常低且是原创的。其次，创造性行为是适当的、相关的，这种行为与个人目标是具有关联起来。再次，创造性行为是流畅的，会产生许多新的、有意义的形式。它意味着儿童可以很轻松地产生一个又一个想法。最后，创造性行为是灵活的，它探索并使用非传统的方法解决问题。只有当儿童的思维是原创的、适当的、流畅的且灵活的，我们才能判定其思维是有创造性的[1]。

　　学前情境教育主张"做中学"，关注儿童的实践操作，既可以进行"实体性现场操作"，也可以进行"虚拟性相似操作"和"符号性趣味操作"。所谓"实体性现场操作"是指引导儿童步入生活，面向社会，回归自然，所谓"虚拟性相似操作"是指对真实事物和过程的模拟演示，而"符号性趣味操作"则是指借助于抽象的标识进行的趣味操作。比如学前科学领域的学习，数字图形等复杂内容需要幼儿在实际生活的应用情境中把握，但受各种条件的限制，现实世界并不总是有机会展现在儿童面前，为了尽可能帮助他们突破各种樊篱，就需要根据实物特点，创设与现实生活相似的具有典型性的情境，引导儿童充当不同角色，通过所处场景的想象性挪移，以物代物或者以物代人、以人代人，使其在喜闻乐见的活动中大脑迅速运转，想法不断涌现。随着儿童的成长，信息量的暴涨，在处理认知问题时也不得不考虑图像、声音以及文字等符号的协助。学前儿童还处于感知运动阶段，对于较为抽象的符号掌握存在较大难度，但这并不意味着学前教育中就不应该涉及符号，事实上，符号是每个儿童进行深度学习的前提和保证。为了设计生动有趣的内容，"符号性趣味操作"应选取富有变化的儿童喜欢的形式，在操作中贯穿儿童创造力的培养。

第三节　学前情境教育促进儿童创造力发展的操作路径

　　每一个儿童都存在创造潜能，教育任务就是将这些潜在创造力转化为现实创造力。学前教育具有得天独厚的优势，因为学前儿童受后天影响较少，潜在创造力发挥所依赖的自由表达与探究条件相对更多，哪怕就是在他们表现出来的十分幼稚、不切实际的幻想中都可能蕴藏着巨大的创造潜能，这就我们需要精心

---

[1]　[美]Joan Packer Isenberg, [美]Mary Renck Jalongo.创造性思维和基于艺术的学习——学前阶段到小学四年级(第5版)[M].叶平枝,杨宁,译.北京：高等教育出版社,2012:25-26.

研究学前情境教育促进儿童创造力发展的操作路径。

一、学前情境教育促进儿童创造力发展的情境建构

情境是教育者创设的主客体互动的学习场域。情境是复杂的关系体,要实现对学前情境教育更为科学、全面的把握,就需要对情境加以系统化研究。不同研究者对于情境的分类不尽相同。吴刚教授近年来一直在进行情境教育学派研究,他从教学中营造情境的因素角度将情境分为唤起感觉的情境、符号工具营造的情境以及媒体营造的情境三类[1]。受此启发,本课题将促进学前儿童创造力发展的情境分为感受性情境、符号性情境和数字化情境三大类型,得到有关专家和一线老师的认同。

(一)感受性情境

感受性情境是指通过人的眼、鼻、耳、嘴、手等各种感官,引起其相应感觉来创设的各种情境。比如,借助于图画、场景、实物给人以视觉的刺激,借助于音乐、物语、诗歌朗诵给人以听觉的刺激,借助于花香等气味给人以嗅觉的刺激,以实验、活动、表演给人以动觉的刺激。感受性情境包括实体情境与艺术情境。感受性情境是学前情境教育基本的情境类型。

1. 实体情境

实体情境是指从大自然、大社会中获取素材,优选或创设与儿童生活紧密联系的真实场景。研究发现,自然环境影响儿童的创造力,环境的资源充足与否、清洁与否、美丑状况都关系着儿童创造性想象的发生和消亡[2][3]。社会环境对儿童创造力的发展也有重要影响,在独裁、固守陈规、两性关系不对等的闭塞社会生活的人们,比民主、自由、平等的社会中生活的人们创造力低。因此,并非任何实体情境都有利于创造力发展,只有优美、整洁、丰富和开放的实体情境,才能激起儿童强烈的感受性。

2. 艺术情境

艺术情境是指个体借助于各种感觉器官获得对不同艺术形式的整体感知,包括以视觉为主的绘画和雕塑,以听觉为主的音乐,以视听觉为主的戏剧、影视等。艺术以其天然的感染力吸引着儿童,儿童常常沉浸其中而乐此不倦。通过艺术手段营造的形象、生动和优美的情境,能够激起学前儿童积极的情绪和智力

---

[1] 吴刚.情境教育与优质教学[J].课程·教材·教法,2009(6):23-27.
[2] 董奇.西方关于儿童创造力发展研究综述[J].外国心理学,1985(1):15-18.
[3] 田友谊.环境营造与儿童创造[M].北京:教育科学出版社,2012:94.

活动,培养其创造力、追求卓越和执着精神。

(二) 符号性情境

符号性情境是指通过符号引起儿童主体认知、活动的具体情境,包括语言、图像、标识、象征性符号等。个体的认知从比较低级的感知运动思维发展为较为高级的抽象逻辑思维,情境为感知动作思维向抽象逻辑思维的过渡提供了具象空间。以色列学者弗尔斯坦(Reuven Feuerstein)认为,创设符号性情境可以为儿童提供"中介学习经验"[1],从而促进人的认知。学前儿童的思维具有明显的直观形象性,他们对于最初接触到的各种材料存在理解困难是难免的,适宜的符号性情境可以帮助他们渡过难关。

1. 语言情境

语言情境是通过语言描绘激发儿童相应情绪体验的情境。儿童总是借助于语言来思考问题,随着语言能力的发展与提升,其思维也逐渐开阔、通达,并进一步影响到创造性思维。故事情境就是基于语言创设情境的典型,在已有活动内容之中如果穿插一些具有趣味性与带动个人情绪情感的故事,可以唤醒儿童的创造动机,引导他们参与到创造活动中来。

2. 图像情境

图像情境是以图形或影像符号来直接或间接地传递某种信息,引导儿童灵活运用视觉信息获得认识。儿童的思维具有形象性,图像在信息传递过程中具有较强的暗示性,能够刺激儿童进行积极思维,从而发现图像的隐含意义。无论是七巧板,还是华容道,无论是大头儿子与小头爸爸,还是喜羊羊与灰太狼,都会引发儿童的万千想象和奇思妙想,他们总是通过不断接收图像信息而产生相应的情绪反应,并由此展开丰富的联想和想象,不断改变自己的认知结构,从而获得意象世界的再生与创造。

3. 标识情境

在现代社会,作为标识的符号几乎无处不在。从路口的红绿灯到医院的十字标志,从汽车的号牌到苹果电脑的缺口,标识在日趋复杂的信息社会中显得越来越重要。标识情境就是通过具有典型特征的物理、社会或观念的对象来表征目标信息的具体情境。游戏可谓儿童日常生活中最主要的伴侣,也是其创造力得以表达的理想状态。当儿童沉浸在游戏状态时,是最为放松和自由的时候,这时他们感觉到不受威胁并产生倾诉交流的冲动,想象的翅膀亦得以扇动,创造的潜能获得出口。我们应该将带有象征性的标识情境融入儿童的玩耍、嬉戏之中,

---

[1] 丁邦平.中介学习经验理论与幼儿智力发展[J].学前教育研究,1995(5):6-8.

以潜移默化的方式培养儿童的创造力。

（三）数字化情境

数字化技术正在以空前速度改变着我们生活的世界，信息技术的不断革新反映在教育领域内的巨大变化是，一系列现代化的新的教学资源不断涌现。数字化情境的显著优势是可以在较短时间内呈现具有鲜明特征和震撼效果的场景，使得主体通过视频、音频或者各种可使用的网络素材获得巨量的信息资源。它不仅为学习者带来全新的认知体验，还为其感受性环境的创设提供了新的途径。数字化情境可以分为数字化实体情境和数字化虚拟情境。

1. 数字化实体情境

数字化实体情境是指利用数字化技术创设的能给个体带来有关色彩、形状、大小、空间等方面的整体映像具有光影刺激的情境。这种情境更多地具有场景的相对稳定性，具有较强的渲染效果。数字化实体情境的最高境界是使个体体验过程中达到忘我以至于丧失时空感的真实场景。

2. 数字化虚拟情境

伴随着风险投资的鱼贯而入，主流厂商的虚拟产品开始快速抢占市场，虚拟现实（VR）技术的崛起给情境教育创新打开了一扇新窗口。数字化虚拟情境是指利用虚拟现实技术营造使人身临其境的具有极大转换空间功能的虚拟情境。虚拟现实技术的采用，使得形、声、像、文、光、画、色多方面得以集成，为儿童多样化的体验和更为奇异的想象打开大门。

创造不能在真空中进行，创造力发展离不开适宜情境的支持。数字化情境为学前儿童创造了一个信息丰富、变化迅速的信息环境，如何科学建构数字化情境是学前情境教育亟需认真探讨的重大课题。

二、学前情境教育促进儿童创造力发展的优化原则

在课题研究中，我们常常听到个别专家和老师宣称："情境在幼儿园无处不在，学前教育本身就是情境教育。"其实不然，并非所有存在情境的教育都是情境教育，李吉林情境教育有其独特的理论体系和操作要义。学前情境教育就是依据李吉林情境教育思想，并基于学前教育的实际而精心建构的学前教育模式。我们应将"基于经验的情境教育"与"基于理论的情境教育"区别开来，如果将两者混为一谈，将所有的幼儿园做法默认为情境教育，与其说是对学前教育的鼓励，不如说是对强词夺理、安于现状的纵容，最终丧失的必然是学前情境教育的科学性和先进性。学前情境教育有其基本原理，如果不能深刻理解和系统掌握这些原理，就很难实施真正的情境教育，应警惕"学前情境教育"的概念泛化。

学前情境教育促进儿童创造力发展的优化原则是幼儿园有效实施情境教育必须遵循的基本要求。如果说"情境"是情境教育的基本范畴,那么,"情境优化"就是情境教育的核心命题。如何建构人为优化的情境,让学前儿童的创造力竞相迸发出来,这就涉及情境优化的原则问题。根据学前儿童创造力发展的情境性特征,这里从情境创设的目标、要素、过程以及评价等角度探讨情境优化的基本原则。

（一）目标导向优化原则

目标是所有教育活动的起点与归宿。目标可以分为外在目标和内在目标,其中内在目标更侧重于发自于个体内心想去做的事,外在目标则指向于因其他原因而不得不做的事。外在目标只有与内在目标和谐统一,才能最大限度地激发个体的潜能,创造最大价值。情感就是实现情境教育的外在目标与内在目标统一的纽带,富有情感的思考和情感状态的开放性为儿童创造力的激发提供了便利条件,比如为儿童无约束的思维空间准备路径,为儿童同一时间内能够注意更多的客体大开方便之门,与认知活动之间不断相互调试增加其变通性等等[1]。因此,优化情境的目标导向需要充分运用情境的心理资源和情感资源,在满足儿童创造需要的基础上丰富情境的情感内涵。

（二）要素整合优化原则

系统优化的核心是要素整合。对情境要素的研究,不同学科、不同学者的看法各异,可谓见仁见智,概括起来,主要包括情境主体、情境空间、情境时间和情境互动。因而,我们可以将情境定义为"主体在特定时空中的互动活动"。情境要素对学前儿童创造力发展的影响是一个整体过程,四个要素是有机联系的整体,任何要素的改变都会引起整个情境的变化。其中,情境主体是情境的中枢系统,是情境空间、情境时间和情境互动的纽带,情境的主要生成者是教师,主要作用对象是学前儿童,这就需要整合教师和儿童的力量。教师发挥主导作用,应根据儿童的原有经验、认知水平、需要、动机以及活动内容、对信息的灵敏程度,优选优化适宜学前儿童发展的情境。以情境空间为例,儿童能够清晰感知到的周围包括光、声、空气等,这是情境的物理空间。有研究表明,生活在优美、丰富环境中的儿童,其创造性想象的发展水平远高于生活在单调、机械化环境中的儿童[2]。儿童能够接收来自外界的视觉、语言等多感官的刺激,他们在丰富表象的同时还能展开想象,这是情境的想象空间。只有统整好物理空间与想象空间,

---

[1] 张庆林,曹贵康.创造性心理学[M].北京:高等教育出版社,2004:122.
[2] 董奇.西方关于儿童创造力发展研究综述[J].外国心理学,1985(1):15-18.

才能优化儿童的发展空间,达到优化教育的目标。

(三)过程调控优化原则

情境建构并非结果,而是过程,如何调控过程是情境优化的关键。英国心理学家华莱士(G. Wallas)曾将创造过程分为准备、酝酿、明朗和验证四个阶段,在创造的不同阶段,我们都应该对情境做有针对性的调整。在活动开启阶段,教师应通过创设情境调动儿童的积极情感,激发其参与活动的兴趣,启动其认知活动和创造动机。活动达到高潮时,学前儿童的情感活动和认知活动有效交融,其思维可能会到达顿悟阶段,教师应鼓励他们进行发散性探索,尽快进入创造过程的明朗阶段。在活动结束阶段,教师应提供必要的资源和信息,鼓励儿童排除障碍,产生行之有效的问题解决方案甚至创造性产品,并通过自己或他人的评价,发现缺点以进一步改进,不断提升创造价值。总之,我们既不能单纯地依赖动机的激发,也不能消极地等待创造的结果,只有通过情境建构的手段做好儿童创造过程的全程调控,才能确保创造成果的产生。

(四)情境评价优化原则

如何恰如其分地评价学前儿童的创造力,无论是在评价理论上,还是在教育实践上,都是一个困扰多年的难题。对此,本课题组进行了专门的问卷调查,结果发现:"得分最高的是情境评价,得分最低的是基于统一标准的评价,这一高一低恰好表明绝大多数幼儿教师强烈反对以整齐划一的标准来评价不同儿童,他们承认和关注不同情境对儿童创造力发展的影响[1]。"优化情境评价,需要关注以下三点:一是评价的个性化与多元化。情境问题要具有开放性,不要限制单一答案,鼓励儿童自主选择,勇于表现,给予更多的体验成功机会。唯其如此,儿童才能获得创造信心,创造潜力才能得到发现并受到挖掘。二是评价的主体性与过程性。应注意引导每个儿童在自身基础上获得提高,这就意味着,应该鼓励儿童采取自己独特的成长节奏,以自己喜爱的方式进行自主探究。评价标准应基于儿童自身的发展,评价重点在于创造过程而非结果。三是情境评价应避免负面的"标签效应"[2]。这些标签一旦贴到儿童身上,可能就会暗示儿童按照教师的标准去表现,从而失去真实自我。为了得到某种期待,儿童之间也可能会形成某种竞争行为,增加不必要的心理压力。因而,学前儿童的创造力评价只是一种形成性和诊断性评价,而非终结性评价。

---

[1] 王灿明,吕璐.幼儿教师创造教育内隐观的调查研究[J].南通大学学报(社会科学版),2015(3):107-113.

[2] 杨连友.刍论学校教育中的"标签效应"[J].当代教育科学,2005(13):54-55.

总之，优化学前情境教育的操作，既需要目标导向和情境评价的优化，也需要要素整合和过程调控的优化。唯此，才能更好地促进学前儿童的创造力发展。

三、学前情境教育促进儿童创造力发展的基本策略

学前情境教育如何促进创造力，这个问题在现有文献中很难找到清晰答案。学前儿童情境教育还在探索过程之中，除了本课题在4个实验基地开展的实验研究，尚无其他经验可循。关于学前情境教育活动和情境区域活动影响儿童创造力发展的理论研究，课题组集中攻关，取得了初步成果（详见第二章至第八章）。同时，我们还强化了案例研究。凭借47个真实案例的深入研究，我们发现了学前情境教育促进儿童创造力发展的有效方法，也得到了不少宝贵的教育启示（详见第九章）。现将学前情境教育促进儿童创造力发展的基本策略概述如下。

（一）促进儿童创造力发展的学前情境教育活动

学前情境教育活动遵循李吉林情境教育思想，以儿童、知识和社会为基本维度，通过优化的情境将认知与情感相结合，对儿童进行全面启蒙教育，为其终身发展奠基。学前情境教育活动主要包括学前语言情境教育活动、学前数学情境教育活动、学前科学情境教育活动、学前艺术情境教育活动、学前社会情境教育活动以及学前健康情境教育活动。尽管这些活动涉及的领域不同，但活动要素及其彼此关系的处理都体现在活动目标制订、组织实施与活动评价等方面。

1．学前情境教育活动的目标制订

学前情境教育活动目标是指通过学前情境教育的开展，期望儿童发展得以变化的方向与结果。它既有领域的目标，也有创造力的目标，既有外显的目标，也有内隐的目标。从儿童的创造力发展来分析，大致包括儿童的创造动机、创造性思维、创造性人格和领域创造力四个维度。在总目标的指导下，学前教育活动依据儿童的领域创造力发展特点，又设置了语言、数学、科学、艺术、社会、健康六个板块的具体目标。学前情境教育活动的总目标与各领域的具体目标具有内在一致性，这就需要我们以总目标来统摄具体目标，以具体目标去落实总目标，既认识到具体目标的独立性，又考虑到具体目标之间的相关性，从而形成一个层次分明、彼此协调的目标体系。

2．学前情境教育活动的组织实施

基于儿童创造力发展的学前情境教育活动的组织实施主要包括活动内容选择、活动方案设计以及情境活动实施等环节。

一是活动内容选择。按照学前情境教育的目标要求，为发展儿童的创造力

而选择一系列直接与间接经验,主要包括认知、能力与情感态度内容。其中,认知内容指人在认识活动中获取的知识经验,包括对于自然、社会、人文及其相关活动的知识经验;能力内容指发展儿童的智力、创造力的问题解决经验;情感态度内容指儿童在开展创造性活动过程中产生的看待自然、社会、人文的心理反应及其倾向性,它促使儿童产生参与创造性活动的需求,并帮助他们形成初步的创造性人格特征,影响其创造性行为的结果。

二是活动方案设计。依据情境课程理论,学前情境教育活动方案应围绕儿童、知识和社会三个维度进行设计[1]。如果光从知识维度来设计活动方案,就太重视知识特有的逻辑性和系统性,但如果从儿童和社会的角度设计,又会弱化知识之间的关联性。如果从儿童、知识和社会三者出发设计一系列的主题单元活动,就可以有效地解决上述难题。

三是情境活动实施。情境教育活动实施固然要按照方案进行,但每一个儿童都是独特的生命存在,都有自己的思考与活动方式,因而这又是一个活动方案的"再设计"过程。这就需要教师综合考虑实施中可能遇到的各种现实问题,把握好目标与过程、预设与生成的关系。没有活动预设,活动中的创造可能就会失去方向;而没有活动生成,活动中的创造也可能会失去意义。所以,学前情境活动的实施应有效运用弹性预设与体验生成的策略。

3. 学前情境教育活动的评价

学前情境教育活动评价是指通过考察与分析情境教育活动,以确定其是否适合总目标的要求以及儿童的身心特点。评价既是教育活动的结束,也是下次教育活动的开始,可以为情境教育活动的良性循环提供重要参考。基于学前儿童创造力发展的情境教育活动评价可以从活动方案、活动过程以及活动效果三方面展开。

一是活动方案评价。主要依靠相关领域具有丰富经验的领导和专家进行,评价内容主要是科学性与合理性,比如活动是否符合儿童的认知发展特点与情感表达方式、指导方法是否得当、有没有科学理论依据等。

二是活动过程评价。评价对象包括儿童、教师以及各种互动中介因素,对儿童的评价主要看他们在活动中的反应,比如是否积极进入活动、在活动中自主操作的情况以及呈现在行为上的心理变化等;对教师的评价主要看其态度与行为,比如对活动的收放程度、与儿童的互动程度、面对突发事件的随机反应能力等;对互动中介的评价包括对活动的开展方式、背景环境以及工具材料等。

---

[1] 李吉林.情境教育:促进"儿童—知识—社会"的完美建构[J].全球教育展望,2003(4):37-42.

三是活动效果评价。主要评价儿童创造力的发展情况,可以进行非正式评价,也可以运用相关测量工具,还要重视儿童创造性产品的评价,同感评估技术(CAT)也是一种不错的选择。在此方面,课题组先期进行了认真研究,具体内容可参照《学前儿童创造力发展与教育》一书第十二章[1]。

(二) 促进儿童创造力发展的学前情境区域活动

学前情境区域活动是通过创设充满生活场景、情境任务、游戏氛围的活动区域,提供丰富的活动材料,引导幼儿自由选区、自主探索、自我建构,促进幼儿富有个性的发展以及培养幼儿自主精神和创造精神的一种活动形式。不同于一般区域活动,学前情境区域活动更关注情境氛围的渲染、载体的选择以及儿童的自由游戏与自主探索,以最大限度地促进儿童创造力的发展。

1. 科学投放活动材料,满足儿童的发展需求

活动材料是情境区域活动最重要的物质条件。美国高瞻课程就十分强调为儿童提供学习材料、设备、时间,开展他们所选择的活动,以激发儿童的创造力[2]。科学投放活动材料,首先要为儿童提供丰富而具有层次的活动材料,满足学前儿童多样而富有创意的活动;其次,要有意识地投放有鲜明特征的动态活动材料,激发儿童的参与热情;最后,要研究和掌握不同年龄阶段儿童的创造力发展特点,有针对性地投放材料。

2. 创设良好环境,营造创造力发展条件

杜威说过:"要想改变一个人,必先改变他的环境,环境改变了,他自然也就跟着改变。"[3]环境在很大程度上决定儿童是否愿意选择参加、能否全身心地投入到区域活动中,继而影响儿童的行为。良好物质环境的营造,首先,应对活动环境进行优选优化,充分利用教室、走廊、睡室等场地对主题环境的区间、标识进行设计;其次,精心构思促进儿童创造力发展的鲜明有趣的区域活动版块、操作项目;最后,搜集、筛选、制作最具创造性的不断拓展主题的活动材料。此外,良好心理环境的营造强调教师营造宽松的活动氛围,给儿童提供安全、自由和宽容接纳的人际环境,营造一个更为广阔的想象与自由操作空间,引导儿童通过自主选择参与保持活跃的思维状态,体现创造力发展的延续性和经验的拓展性。

---

[1] 王灿明,陈爱萍,尤素敏,等.学前儿童创造力发展与教育[M].南京:南京大学出版社,2016:291-300.

[2] [美]乔治·莫里森.学前教育从蒙台梭利到瑞吉欧(第11版)[M].祝莉丽,周佳,高波,译.北京:中国人民大学出版社,2014:150.

[3] 华爱华.幼儿园室内区域活动整体方案[M].武汉:武汉出版社,2012:71.

3.优化主体交往的活动方式,构建创造力发展舞台

维果斯基提出的"最近发展区"理论,主张教育要适当地高于儿童的现有水平。学前情境区域活动关注学前儿童的活动体验,主张充分发挥儿童的自由活动和自主选择,但这并不意味着教师成为"甩手掌柜",其"脚手架"作用是必不可少的。如何变教师的指导于无形,需要优化师幼主体之间的交往方式,重点是优化教师指导方式:一方面做好分层指导,针对不同年龄阶段的儿童,对于活动的展开方式给予不同程度的说明;另一方面灵活把握"牵手"与"放手"的关系。在不同的活动情境下,活动的内容、规则以及探索程度都存在差异,对于一些规则性的活动,需要对相关规则的内容进行讲解,教师应"牵手"儿童进行具体指导;而对一些探索性的活动,需要儿童自己去发现问题、提出猜想和实践验证,教师应"放手"儿童,让他们自主探索,产生新的创造行为。

(三)促进儿童创造力发展的学前情境日常活动

日常生活是最真实的情境,情境的变化性决定了日常活动的随机性。儿童的创造力发展需要快乐高效的学习,积极主动的思考,敢于创新的实践和良好情感的陶冶。我们尝试从"学、思、行、冶"几个环节建构学前情境日常活动促进儿童创造力发展的一般过程。

1.学:创设情境,经验铺垫

创造离不开经验,经验又离不开个体与环境的互动。在美国心理学家斯滕伯格看来,智力、智力方式和人格是组成创造力的三个要素,其中智力又有内部、外部和经验三个来源。对创造力而言,个体与环境相互作用的经验是十分重要的。关注儿童基于生活经验的学习,就应该有意识地引导儿童对生活环境进行全方位感知和探索,不断扩充他们的认识经验。学前情境日常活动也要基于儿童的已有经验,帮助儿童获得对周围环境的整体感知。比如,当老师请小朋友演唱歌曲时,为了更好地引导他们感受歌曲中的欢乐气氛,老师可以设计一个小老鼠偷吃泡泡糖的情境,就此引发小朋友的许多有趣的点子,让他们自由联想,比如将小老鼠被棒棒糖黏住时的样子比喻为"滑滑梯""溜冰"等自己生活中常见的事情。老师不要阻止他们的猜想,反而趁机引导儿童模仿小老鼠快乐地滑滑梯或溜冰的动作,儿童参与活动的积极性得到最大程度的发挥,在创造性想象中快乐成长。

2.思:自由探索,思维发散

通过日常生活影响儿童创造力的发展,最重要的是引导他们进行自由探索,并在自由探索中张开发散性思维的翅膀。有学者选取当下国外最有代表性的六个学前儿童创造力实验项目进行案例研究,结果发现"思维能力的训练贯穿于幼

儿创造力干预项目的始终,是幼儿创造力培养的本质追求",呼吁我国学前教育开展基于思维的教学活动,并视之为"培养幼儿创造力的关键手段"[1]。这个结论应该引起我们的足够重视,儿童没有无缘无故的创造性思维,更没有无缘无故的创造,教师应成为儿童创造性思维的火炬手和引路人。在学前情境日常活动中,教师需要引导儿童进行自由探索,产生各种奇思妙想。比如在晨间谈话时,小朋友突然对"神奇的太阳"很感兴趣,教师就可以营造一个《后羿射日》的神话故事,鼓励儿童自由发挥,想象出十个太阳的形象,比如将太阳十"兄妹"演绎成大人、小孩、男生、女生,赋予了人物的各种身份、长相、衣着,甚至发型都各有千秋。在轻松愉快的谈话活动中,儿童通过与教师、同伴自由发挥联想,进行各种有趣的创新表达。日常生活中有许许多多这样的教育契机,教师应该做有心人,及时捕捉并充分利用,以促进儿童创造性思维的发展。

3. 行:创编生成,行动实践

"以儿童活动为途径"是情境教育"五要义"之一,李吉林关注如何在优化的情境中让儿童活动起来,"活动为儿童开拓了宽阔的创造空间,让他们有一种更高的追求,希望自己能表现得更完美的渴望与日俱增"[2]。幼儿园和小学不同,一日生活中充满了各种各样的活动,关键是让儿童有亲自动手的机会,鼓励他们摆弄体验,让他们有自主选择、自主创作的空间,在多种材料的操作组合中拓宽思维,激发想象。比如在一次散步活动时,儿童发现了雪碧瓶可以作为玩具,他们刚开始只会模拟生活经验,去拧开盖子"喝一喝饮料"或者仿照以前的游戏经验,举在手中抛一抛。但随着游戏继续,他们的思维得到拓展,或让瓶子躺在地上滚一滚,或把瓶子当起了保龄球,或将几个分别排开,当作树林,然后穿梭于其中玩"绕树林"游戏。这种完全由儿童做主的操作情境,为儿童的创造性行为训练提供了一个良好契机。

4. 冶:活动渗透,情感升华

学前情境教育关注儿童发展,并不是片面强调创造力发展,创造力培养与知识经验的增长、能力的提升、良好心理品质的陶冶并不冲突。创新是人的情感与智慧交融的结晶,学前情境日常活动要通过真、善、美的情境帮助儿童获得美的情感体验、健康的审美观和价值观,使他们在美的熏陶不断获得美好人格的内化。学前儿童创新情感的培养,应重视以下三点:一是生活处处有教育,教师应

---

[1] 段海军,白红红,胡卫平.幼儿创造力干预项目的国际发展动态与启示[J].学前教育研究,2015(10):3-14.

[2] 李吉林.情境教育精要[M].北京:教育科学出版社,2016:226.

及时抓住日常生活中的现象进行教育,启发儿童随时随地观察、思考、想象和探索;二是改变刻板的活动组织方式,给儿童更多的自由、自主的时间和空间,比如在晨间活动或者离园前的等待活动中,可以提供合适的活动内容与材料,避免无意义的强调秩序;三是提高幼儿教师的创新素养,学会发掘生活中隐藏的教育因素。

(四)促进儿童创造力发展的学前情境野外活动

研究表明,在个体的人格结构中,开放性与创造性关系最密切[1]。李吉林的野外课程对于培养儿童人格的开放性具有明显优势。她继承了庄子以天地自然为"大宗师"的思想,将自然世界作为儿童认知之泉,"那是天地赐予儿童的最珍贵的、最美的、无可替代的滋养"[2]。本课题将学前情境野外活动分为田园生活体验(如郊游、远足、拔萝卜、摘草莓)、野外科学探究(如采集、观测、调查)以及社会实践活动(如走进图书馆、参观敬老院、消防培训演练),正确处理人、自然与社会的关系,自觉遵循幼儿身心发展规律。开展野外情境活动必须提前制定好活动方案,确定活动主题,并围绕主题,通过丰富而真实、动态的自然情境吸引儿童去探究生活、自然、社会以及各种事物之间的联系。野外情境为儿童提供了宽阔而多彩的活动空间,儿童感受"野",体验"趣",无论是观察力和判断力,还是想象力和创造力,都能获得良好发展。比如,对于"为什么夏天人们喜欢穿浅颜色的衣服""如何知道这种衣服更凉快呢"等问题,最好的方式就是带领儿童到野外去感受阳光的曝晒,并通过自身操作获得实际感受。通过整体感知,获得关于阳光、颜色、温度的直观体验后,再引导儿童亲自动手做科学小实验,将深颜色和浅颜色的纸分别塞到小瓶子里,瓶子里放有温度计,并对比日光下两者的温度差。这种方式不仅使儿童获得具身的认知体验,而且能够获得问题解决办法,有利于他们的知识理解和知识迁移。

总之,学前情境教育无论是其内涵结构、理论架构,还是操作路径都体现出一脉相承的内在联系,体现着人、自然与社会的和谐统一。作为幼儿教育的一种新模式,学前情境教育正在异军突起,逐渐成为国内学者和广大教师的关注焦点。作为这一模式的倡导者与践行者,我们应始终着眼于儿童发展,为儿童拥有一个幸福快乐的童年而继续前行。

作者:王灿明　马　娟

---

[1] 钟祖荣.近20年西方创造力研究进展:心理学的视角[J].北京教育学院学报(自然科学版),2012(4):23-29.

[2] 李吉林.情境教育精要[M].北京:教育科学出版社,2016:182.

第二章
学前语言情境教育与儿童创造力发展

儿童是祖国的花朵,是人类发展的希望。放眼世界,几乎所有国家都把开发儿童的创造力放在教育重中之重的位置。创造力是大脑的机能,除遵循"用进废退"的自然规律,还蕴藏"潜力递减法则",即开发得越晚,发展潜力越小[1]。如何抓住儿童发展的关键期,因地制宜地为儿童提供优越的发展条件,使他们成为未来社会的栋梁之才,就需要运用语言情境教育对儿童进行有意识训练,充分发展他们的创造力。

第一节 学前语言情境教育的内涵、过程与独特优势

在学前期,影响儿童思维、想象以及个性形成的重要因素是语言。人们对学前语言教育的要求已经不仅仅停留在掌握呆板、僵死的既有知识之上,而是对儿童实施新颖、独特、带着生命活力的创造教育。但是,"在学前语言领域开展创造教育,给学前语言教育注入新的活力"这个美好的愿景,却因为种种原因显得困难重重。

首先,儿童教育观出现偏差,导致创造潜能发掘受阻。儿童的语言学习有其守成与创新的特点。千百年来流传下来的祖国语言文学值得我们口口相传,同时,在语言学习中积极交往和思维、拓展知识经验、发掘创造潜能更加重要。生活中常常听到这样的声音:"我的孩子三岁就能背几十首唐诗,幼儿园里学的儿歌、故事都会讲""我的孩子已经认了很多字了……"在幼儿园语言教育中,语言课程目标的制定侧重知识、技能发展,对儿童创造素质的培养缺乏明确要求,家长狭隘庸俗的功利思想和教师"知识本位"思想,成为挖掘幼儿创造潜能的阻碍。

---

[1] 李吉林.学习科学与儿童情境学习——快乐、高效课堂的教学设计[J].教育研究,2013(11):81-91.

其次，语言学习内容远离生活，限制幼儿的思维和想象。人类在感知基础上产生和发展思维，感性知识丰富与否甚至可以制约人类思维的发展。幼儿学习是靠直接感知来获取经验，在幼儿大脑中贮存的知识表象越丰富，幼儿的思维发展越活跃。目前幼儿园课程种类较多，不一而足，城乡环境不同，幼儿的生活经验有差别，有些学习内容远离幼儿生活。因此，幼儿园勇于创新，充分挖掘本土资源，因地制宜地筛选、补充切实实用的教育内容，为幼儿的创造力发展埋下火种，是幼教改革亟需面对的问题。

最后，单一封闭的教学手段，抑制创造精神的自然勃发。随着幼教改革的步步深入，教师教育水平整体上有所提高，但是长期以来，语言教学活动中采用单一、注入式教育模式依旧存在。幼儿在语言活动中处于被动参与状态，情感不能完全投入到活动之中，大脑成为容纳知识的容器，所学知识成为死知识，创造火花被人为地泯灭于萌芽之中，这是十分有害的。幼儿心理发展表现出明显的情境性特征，语言教学中创设适宜的情境容易吸引幼儿的注意，把他们带入求知的氛围之中，优化的环境能够满足其情感需要，让创造性思维的火花不断闪现。

学前语言情境教育的兴起为走出传统语言教育的困境、加强儿童创造力的早期培养打开了一片新的天地。

一、学前语言情境教育的内涵

（一）洪堡特的语言创造性理论

学前语言情境教育是通过优化的语言环境，对儿童进行积极审美情绪的濡染，促进其认知、能力和个性协调发展的学前教育模式。它把儿童认知作为研究对象，从教育学、心理学理论视角挖掘儿童认知规律，诉诸教育实践之中，使儿童智能、情感和学习品质全面提升。

德国语言学家威廉·冯·洪堡特（Wilhelm Von Humboldt）指出："语言绝不是产品，而是一种创造活动[1]。"创造力是人们生产新颖独特产品的能力，但语言创造力却不是以产品的方式呈现，除非文字记录，语言不会以物质方式留存下来，语言的创造性体现在各种各样的活动中。在活动中人们接受大量信息，内部语言越来越丰富，促使思维高速运转，人们运用语言进行交际时，随着环境和场景的不断更新，人们的语言内容也会随之变化，创造语言的能力在实践中日益提高。

---

[1] [德]威廉·冯·洪堡特.论人类语言结构的差异及其对人类精神发展的影响[M].姚小平，译.北京：商务印书馆，1998：56.

洪堡特的语言创造性理论为我们实施幼儿语言创造教育指明了方向。一方面，创设有利于语言创造的环境，为幼儿创造性使用语言准备条件；另一方面，运用适当的教育手段，激发幼儿用语言表达情感和进行交往的热情和愿望，让幼儿的创造性思维得到持续发展。学前儿童语言学习有着明显的年龄特征，婴幼儿从理解"词"和词所代表的具体表象开始，逐渐能够用词语和短句表达自己的需求，离开具体形象的事物，词语是抽象的、幼儿无法理解的。而真实的活动场景、模拟的生活情境能够把幼儿带入学习内容中，帮助幼儿积累丰富的表象知识，同时用儿童的语言表达自己的思想，这些语言往往是鲜活的、独特的，带有儿童成长的印记。

（二）学前语言情境教育的结构

对于学前儿童来说，两周岁是其口语发展迅速的时期。到了四五岁，随着逻辑思维能力的提高，手指精细动作的完善，伴随口语的书面语言已然成为儿童认识世界以及表情达意的重要途径。在实施学前语言情境教育的过程中，我们要紧紧抓住这些重要的时间节点，借助情境倾听、情境表达、情境阅读和情境前书写等教育活动来发展其语言经验。

1. 情境倾听

情境倾听是把直观的艺术形式与具体生动的语言描绘结合起来，形成情境交融的艺术氛围，吸引幼儿全神贯注地倾听，大脑活动积极适时做出回应，能在无意识状态中掌握倾听技能，并运用倾听技能进行创造活动。幼儿情境倾听习惯的养成贯穿在幼儿语言学习的方方面面，包括日常生活中倾听情境的创设、专门的语言情境教学活动和各种游戏情境中。结合幼儿语言发展核心目标以及创造性发展要求，情境倾听目标可设定为：通过适宜的情境创设，吸引幼儿认真倾听对方讲话，能理解日常用语，初步学会欣赏性倾听、目标性倾听、辨别性倾听、创造性倾听和批判性倾听。

2. 情境表达

学前语言情境教育倡导情境育人，让幼儿在宽松、自由、快乐、创造的氛围中受到情境的濡染和熏陶，给幼儿充分表达和表现的机会，从而满足表达愿望，发展全脑思维。学前语言情境教育通过以下目标的实现发展幼儿语言运用能力，即通过优化的语言环境，激起幼儿高涨的表达需求，能够主动用语言清晰流畅地说出自己对事物的简单认识和看法；学习和欣赏大量文学作品，让儿童头脑中积累的文学形象愈加丰富，在文学语言的模仿和学习中，喜欢仿编和创编活动，发展文学想象、创意表达和审美能力。

3. 情境阅读

幼儿的阅读始于读图,幼儿阅读的材料是图画书。围绕着图画这一特定情境,可以根据画面背景猜测故事发生的时间、地点、人物和事件,根据故事内容进行游戏、表演、讨论和操作。生动活泼的教学手段运用于整体故事情境之中,使幼儿自然而然地对文字产生兴趣,帮助幼儿体验文学作品蕴含的情感基调,想象、猜测、预设、假想重要的情节线索,主动提出自己的设想,用创造性的词语、句子表达自己的情感,增强幼儿语言的逻辑性、思维的发散性和对语言文字的敏感性。

4. 情境前书写

幼儿期是读写萌发的关键期,创设自然的、真实的、有趣的、可互动的读写环境至关重要。情境前书写能力的培养是利用周围丰富的教育环境资源,对幼儿进行书面语言和文字的熏陶,鼓励幼儿用图画、涂鸦等方式表达自己的生活感受,积累前书写经验;创设典型的故事情境,引导幼儿进行创意想象的书写,创意编构的记录,用自己的方式进行创意交流的记载。如自制故事图书、散文、诗歌的创编以及生活趣事的记录等,幼儿在情境中感受美,参与情感体验,用自己特有的文字扩展经验,思维和想象得到充分发展。情境前书写旨在通过情境阅读活动,帮助幼儿学会非文字阅读和简单的文字阅读,发展幼儿思维的流畅性、精致性、开放性以及独创性。

(三) 学前语言情境的建构

学前语言情境教育通过言语交际、文学想象、符号操作、游戏活动等情境的建构,发展幼儿的语言核心经验和创造性想象能力。

1. 言语交际情境

洪堡特的语言创造性理论告诉我们,人们在言语交际的过程中,不断地、创造性地使用语言,语言的创造性就会自然地表现出来。生活中,教师应蹲下身子和幼儿平等对话,了解他们的所思所想,鼓励其主动和周围的人互动;利用区域活动让他们在交往情境中学会倾听他人的言语,模仿学习他人的语言表达方式,获取感兴趣的多种信息,头脑中对事物表象积累日渐增多,倾吐思想情感的愿望日趋强烈,真情实感就在交往中不断流露出来,思想碰撞中智慧的火花时时闪现。

2. 文学想象情境

文学想象情境是建立在理解文学作品所表达的思想和情感脉络上,熟悉作品题材和语言排列规律,借助图画、音乐和语言情境,把幼儿带入文学作品特定的场景里,并以此为铺垫展开想象,通过故事扩编、结尾续编或者诗歌、散文的仿编活动,进行艺术的再造想象,深化其语言、内容和思想的心灵感悟,增强语言艺术的理解力,从而使其运用多种形式进行语言操作的能力得到充分发展。

3. 符号操作情境

符号操作情境是为幼儿创设一个内容丰实、温馨舒适的阅读环境,让幼儿能够接触到随处可见的文字标记、整齐美观的各类图书,营造一种轻松愉悦的阅读氛围,发展和满足幼儿书写愿望的物质材料,让幼儿通过环境熏陶自然而然地感悟图书和文字的对应关系,对其产生无尽的想象和探索热情,促使幼儿主动读"图",并用较完整的语言和特定图形文字肆意发挥想象,显现独特的思维方式。阅读情境包括自主阅读情境、分享阅读情境、亲子阅读情境、文字模仿情境、自制图书情境等。

4. 游戏活动情境

作为幼儿园基本活动的游戏情境,能够充分满足幼儿语言表达的需要,让幼儿在交往中得到各种练习说话的机会,在语言运用的过程中思维得到相应发展。角色游戏情境中,幼儿可以在扮演角色的时候模仿他们的语言,体验角色在特定文学作品情境中拥有的情感,凭借儿童丰富的想象把游戏内容向前推进。而倾听和表达能力的发展离不开听说游戏,幼儿在"听"和"说"的情境中训练发音和吐字,思维的机智性、灵活性得到锻炼。

生动有趣的、能够带给儿童美的视觉冲击力,又能引其遐思的语言活动环境,自然激发幼儿全身心投入其中。它把语言领域的学习内容镶嵌到具有艺术美感的教育情境之中,引导幼儿从各个视角去观察了解事物,用自己的语言描绘所见所闻,心灵受到美的洗礼,情感更加真挚细腻,思维愈发开放,想象如脱缰野马恣意飞腾,学前语言情境教育的丰富内涵尽显。

二、学前语言情境教育的过程

学前语言情境教育汲取情境教育的思想精华,以贴近幼儿生活经验的审美环境熏陶,调动幼儿多感官积极参与语言活动,发展幼儿的多元智能,培养其乐于求知、乐于求新的学习品质。

(一)带入情境,激发动机

学前语言情境教育根据幼儿注意持续时间短、对象的强刺激性等特点,在新课的导入环节,可以利用情境表演,让幼儿获得真切的情感共鸣,也可以让幼儿通过观察实物、图片,产生探究欲望,或者是利用问题悬念,激发浓厚的学习兴趣。适宜的情境创设,把艺术的直观和教师饱含深情的语言描绘相融合,自然而然地把幼儿带入美的情境,产生积极的活动情绪,引发强烈的问题意识和探究需求,全身心地投入语言活动中去。

（二）优化情境，理解感悟

学前语言情境教育通过生活模拟、语言描绘、图画再现、角色扮演等情境构建，或把真实的生活展现在儿童面前，或出示具体可感的实物进行诱导，或利用生动形象的图画还原作品场景，或选择戏剧表演加深切身体验，多感官、多层次的感受，使幼儿的情绪始终处于亢奋的最佳心理状态。丰富形象的渲染、真切实感的体验，让幼儿能够自然地进入"美、智、趣"的情境之中，用纯洁美好的心灵去理解、感悟语言文学作品的语言美、韵律美、情感美，创造性想象的火花既新颖独特又层出不穷。

（三）凭借情境，主动创造

在教学过程中，师幼互动离不开质疑和发问，特别是幼儿主动发问，是培养幼儿问题意识的良好契机，而生生互动体现在各种语言操作活动中，是同伴互相学习，能够引发头脑风暴的有利时机。学前语言情境教育借助优化的情境，帮助幼儿不断丰富知识表象，引导幼儿在已有知识经验的基础上进行创造活动，通过文学作品编构、开展奇特操作、设计情境表演、参与小组辩论赛等方式，让左右脑都能积极参与活动，思维发展优势明显。

（四）拓宽情境，迁移经验

教育活动"重在转化，贵在拓展"[1]。教育活动结束，应当让幼儿带着问题开始新的探索活动。只要做个有心人，语言情境教育活动能够随机展开，我们可以把它融入主题活动的各个领域中，利用生活活动得以知识迁移和活动延伸，更是家庭教育活动不可缺少的教育内容。学前语言情境教育紧紧把握全语言教育思想，合理利用语言教育资源，不失时机地开展情境性语言活动。

三、学前语言情境教育促进儿童创造力发展的独特优势

人类语言的发展跟思维密切相关，训练孩子的头脑，最好的手段就是语言。幼儿思维的直观性和无意注意为主的心理特点，决定了环境对幼儿影响的至关重要性，"形真、情切、意远、理蕴其中"的情境教育，将在幼儿的心中播下真、善、美的种子，为幼儿创造力发展注入催化剂，从而使得到充分挖掘和发展。

（一）优化语言环境，催生创造动机

对于幼儿来说，积极的情绪能够调动其活动的积极性，起正向推动作用，而积极情绪的参与正是主动学习的关键。语言情境教育让幼儿被充满美感和教育性的环境包围，营造自主、自由、宽松、温馨的学习氛围，他们在"境中听""境中

---

[1] 袁爱玲,何秀英.幼儿园教育活动指导策略[M].北京：北京师范大学出版社,2006:128.

言""境中读""境中写",利用各种感官对事物进行直接体验,有足够的空间完成自己的构思,语言稚拙却呈现出精彩纷呈的奇异想象,它既克服传统的单一、注入、抽象、低效的语言教育弊端,又能让幼儿在情境中体验、情境中想象,让一个个创造萌芽破土而出。

(二)优选学习内容,激发创造性学习

学前语言情境教育的内容呈现生活性、美感性和刺激性的特点。一是内容贴近幼儿生活,便于幼儿在新知识和大脑中积累的已有旧知识间组合、生成,在已有的知识经验上开出新的花朵。二是内容富有美感性。幼儿心理具有泛灵性的特点,一切触动心灵的外在事物都能引起幼儿情感活动,陶冶幼儿的心灵。三是内容蕴含刺激性。在内容的选择上具有灵活性,能够刺激儿童去独立思考,并且可以进一步扩展和延伸。形式多变又有一定伸缩性,富有挑战性又有想象空间的学习内容是适宜的,可以引发幼儿思维发散,培养其敢于面对困难的学习品质。

(三)优质语言活动,发展创造性思维

洪堡特把绵延连续、跳跃更迭的语言活动作为其本质特征和创造性的标志。杜威把为儿童提供一种能使他们感兴趣的连续活动作为刺激其思维的前提。不同类型、形式各异的情境教育活动帮助幼儿掌握并拓宽语言核心经验,他们被带入意境美、心灵美、有创意的氛围中,产生强烈的表达愿望,引发无尽的想象。这种伴随情感的学习活动,让幼儿在连续不断的情境中接受各种挑战,找到尽可能多的解决方法,知识和情感得到不断提升和扩展,为幼儿想象力、直觉和创造精神的培养奠定了基础。

第二节 学前语言情境教育促进儿童创造力发展的理论构建

学前语言情境教育是通过优化的语言环境,对儿童进行积极审美情绪的濡染,促进其认知、能力和个性协调发展的教育模式。它把儿童认知作为研究的对象,从教育学、心理学理论视角挖掘儿童认知规律,诉诸教育实践之中,使儿童智能、情感和学习品质全面提升。

一、学前语言情境教育促进儿童创造力发展的机制

学前语言情境教育促进儿童创造力发展的机制是指学前情境教育影响儿童创造力发展的过程、方式和机理,主要包括创造性思维启动机制和创造性人格养

成机制。

（一）创造性思维启动机制

自组织理论源自20世纪60年代普利高津(Ilya Prigogin)的耗散结构论,接着协同学首创者赫尔曼·哈肯(Hernann Haken)也认为打破原有平衡状态,让系统变得开放,完全有可能产生新的结构形态,这是人类自身系统产生的创造力,其中系统开放、远离平衡态以及非线性机制对学前语言情境教育与创造力发展也有重要意义。

1. 构建开放的表达情境,开启封闭的思维空间

协调现实化创造理论的代表人物泰勒(I.A.Taylor)认为,创造作用体现在创造性人格、问题解决的过程、对人的心理和情绪有积极刺激作用的环境、气氛、结果的呈现等方面[1]。学前语言情境教育根据创造性思维培养的需要,创设美、智、趣的语言教育环境吸引幼儿参与,其创造意识的培育由师幼共话来实现。通过创设开放性的教育空间,让幼儿的学习与家庭和社会链接,幼儿从学校的封闭空间走出去,不断接受来自外界的信息,大脑收到大量具体表象以及直接经验的刺激,表达欲望越来越强。如借助比赛的形式开展语言游戏,事前幼儿自己收集游戏素材,协商筹备游戏活动中需要的物质材料,同伴共同制定需要遵守的游戏规则,然后以集体或小组形式开展游戏,这个过程幼儿经历容忍暧昧、头脑风暴,思考问题会更加全面、周密,而小组合作可以建立多向通道,增加各种信息的来源,给每个幼儿提供参与活动和表达的机会,发挥每个幼儿的独创性。

2. 设计非线性问题情境,发展思维的联动性

摆脱了循规蹈矩的线性思维,非线性思维表现为思维开放而不合逻辑性,相信灵感,具有怀疑一切、打破陈规而独辟蹊径的创见性。学前语言情境教育通过创设问题情境激发创造想象和联想,寻求独特的、发散的解答。如想象讲述活动"有趣的线条",教师出示画在纸上的各种线条图,提出开放性问题:"小朋友,今天老师带来了一幅会变的图画,请你猜一猜图上画的是什么?"随着舒缓轻柔的音乐,幼儿进入想象,有的说像树林、海滩、高山、牛奶洒在地上等。接着老师开始转换线条图的摆放方式,时而倒着放,时而竖着放,引发幼儿新的想象:"你又看到了什么? 有什么新发现?"在幼儿眼中,竖看线条像拔河的绳子、弯弯曲曲的小路、匹诺曹的大鼻子……因为呈现方式的新颖有趣,幼儿想象空间更加开阔,内容随之奇诡多变。

---

[1] 庞海波.论创造性思维的自组织机制[J].心理科学,2000(2):250-251.

3. 创设非平衡态活动情境，发展创造实践能力

教师竭尽全力地诱发学生从不同侧面去思考问题，这样他们的思维会步入非平衡态。这里所说的"非平衡态"指的是儿童不盲从权威，不满足已有的见解和答案，对现实持有怀疑态度。要打破平衡态，幼儿需要在非高压、非控制的氛围中得以自由发展，如日常生活中抓住可持续发展契机，鼓励幼儿主动提问，并独自摸索探求问题破解的方法途径。戏剧表演活动中，改变过去成人包办过多、机械模仿的组织形式，鼓励家长和幼儿自编、自导、自演童话剧，发展幼儿听、说、做、演等多方面、多层次的创造实践能力。

（二）创造性人格养成机制

马斯洛（A.Marslow）主张，培养儿童的创造力应从创造性人格培养入手。儿童的创造性人格最具普遍性的特征是开放性人格特征，表现为好奇心、爱探索、乐于接受新事物等。学前期是幼儿创造性人格塑造的奠基时期，开发幼儿创造潜能的关键是激发幼儿"强烈的创造动机"和"肯定的自我意识"，即"好奇心"和"自信心"[1]。

1. 激发好奇心，鼓励幼儿主动表达

学前语言情境教育应根据幼儿的年龄特点和学习特点，借助生活活动、游戏活动和专门的语言教学活动激发幼儿好奇心，保护幼儿的求知欲。例如在野外活动情境中，鼓励幼儿认真观察周围环境中花、草、树木的季节性变化，悉心倾听他们的只言片语，捕捉其中蕴藏的问题和思维火花，并适时开展追问，共同寻求事物发展的根源，鼓励他们找到问题解决的多种途径，从中筛选适宜的方案，积累更多生活经验，培养幼儿不怕困难、接受挑战的精神。在语言活动区中准备故事绘本、动物头饰、磁性操作板、纸和笔等丰富的材料，让他们自主阅读、表演和绘画，进行形形色色的创意表达。此外，合理利用各种教育资源，帮助幼儿开阔眼界，丰富各种知识表象，满足幼儿情感需求，树立自信心，不断激发幼儿的创造动机。

2. 把握容错原则，树立幼儿语言自信

幼儿在语言发展过程中，常常伴随着用词不当，语序混乱不完整、不连贯等种种问题，这是因为幼儿语言学习的过程是模仿和创造相互作用的建构过程，在与成人、同伴的交往过程中，幼儿年龄小，掌握的语词不够丰富，无法满足表情达意的需要，因而在交流过程中，幼儿在大脑中会迅速收集、组织语言，让头脑中积

---

[1] 王小英.学前儿童创造人格的构成与塑造[J].东北师大学报（哲学社会科学版），2003(2)：125-128.

累的类似的表象记忆在新的情境中得到激荡、整合和重组,产生具有儿童特点的鲜活的、富有色彩的,同时在成人眼中不合语法规范的语言。如果成人对幼儿的语言错误进行过多不合理的纠正,不仅不会产生明显的效果,而且会扼杀幼儿的语言创造力,破坏他们业已形成的对语句结构排列规律的认识,造成语言敏感性的钝化,以后对语言整体性的理解形成障碍,是得不偿失的。因而,成人应把握容错原则,创设自然、真实的语言交往环境,鼓励幼儿大胆使用语言或文字表达思维过程。

二、学前语言情境教育促进儿童创造力发展的原则

学前语言情境教育促进儿童创造力发展的原则是幼儿园有效实施语言情境教育必须遵循的基本要求。学前语言情境教育以发展幼儿的创造性思维为核心,以激发幼儿的积极情感为纽带,把幼儿带入真、善、美的世界,应遵循审美熏陶、主体活动、模仿创造、生成延展原则。

(一)审美熏陶原则

苏霍姆林斯基认为,教师只有充分调动学生学习积极性,让他们满怀热情地投入其中,学习才会成为身心愉悦之事[1]。学前语言情境教育通过创设"美、智、趣"的教育环境,激起幼儿内心的整体美感,从而产生主动参与语言活动的愿望和动机,诱发强烈的好奇心和表达欲,既可以很好地激发幼儿的学习兴趣,得到美的情感熏陶,又能够让幼儿在轻松自然的氛围中获得语境与语用之间关系的感悟力,从而更好地掌握语言核心操作能力。

(二)主体活动原则

人的生存和发展离不开活动。杜威(John Dewey)把促进儿童思维发展的原因归结为能引发儿童的兴趣并保持持久热情的活动。皮亚杰(Jean Piaget)认为儿童与外界的积极互动能够促进他们成长。从幼儿的心理发展来看,活动能够激发幼儿强烈的好奇心,有利于培养幼儿发现问题和解决问题的能力,挖掘创造潜能,帮助幼儿形成良好学习品质。学前语言情境教育通过语言教育活动、游戏活动和生活活动,让幼儿通过动手、动脑、动嘴等操作活动形式强化感受,训练感觉,培养直觉,从而形成主动探索、富有独创精神等创造性人格特征。

(三)模仿创造原则

儿童的语言不是先天形成的,而是通过变通式的仿造来学习语言,儿童喜欢模仿,用积极主动的模仿活动满足自己对语言的需要,模仿的内容来自于幼儿的

---

[1] [苏联]苏霍姆林斯基.给教师的建议[M].杜殿坤,译.北京:教育科学出版社,1984:88.

生活环境,在与周围的人们进行语言交流的时候,他们会主动学习别人的语言表达方式,或模仿其语言范型结构、功能,用于在新语境中表达新的内容,如诗歌、散文的仿编活动;或用模仿来的语言范型结构进行调整拓展,如变换语序,表达的意思相同,再如句子拓展、故事编构等。学前语言情境教育通过为幼儿提供优化的语言环境、丰富的语言材料,使其感悟、理解和再造想象。

(四)生成延展原则

学前语言情境教育提倡思维系统的发散性,表现为教学内容和形式的生成性、教学空间的灵活性。在时间上打破幼儿园各年龄段集体活动时间限制,延伸至全天进行语言输出与输入的活动;在空间上打破过去整齐划一的"小学化"桌椅摆放方式,根据课程进展要求转换布局,让语言学习活动步入游戏化、情境化的轨道;让自然资源、人力资源和社区资源为我所用,打破过去正规教学的局限,让幼儿在广阔的空间里获取、丰富语言经验;方法上注重教学问题思路的发散性,教师抛弃专制主义思想观念对幼儿创造性、思维多向发散的压抑,通过提出开放性的问题引导幼儿运用想象和联想,寻求独特的、发散的解答,鼓励幼儿积极向教师提出问题、假设和陈述,逐渐形成师幼民主共享的开放式活动氛围。

第三节 学前语言情境教育促进儿童创造力发展的操作路径

《3—6岁儿童学习与发展指南》明确指出:"幼儿的语言学习需要相应的社会经验支持,应通过多种活动扩展幼儿的生活经验,丰富语言的内容,增强理解和表达能力。"学前语言情境教育在幼儿语言教育和创造教育之间搭建了一座桥梁,借助"美、智、趣"的环境,引发幼儿用各种语言表情达意的积极性,培养良好口语交流能力,促进其全面发展。应通过情境倾听、情境表达、情境阅读和前书写等活动,促进幼儿左右脑协调发展,培养幼儿的创造性思维和创造性人格。

一、基于幼儿创造力发展的情境倾听操作路径

倾听是儿童进行语言交流的前提条件,培养情境倾听能力是语言情境教育的目标之一,通过有意识地创设情境,引导幼儿学会认真倾听,在听懂的基础上初步学会目标性倾听、欣赏性倾听、辨别性倾听,使其有意注意、积极语言应对和思维缜密性、灵活性得到积极锻炼。

(一)进入文学情境仔细聆听,进行创造性想象

儿童的创造性想象离不开有意识倾听,生动有趣的文学作品内容贴近幼

生活,能够引起幼儿强烈的情感共鸣,深受他们喜爱,能够引起他们的深切关注,从而集中精力去认真聆听。教师选择符合幼儿年龄特点和欣赏水平的童话、故事、儿歌和散文,采用适宜的情境教育手段,牢牢抓住幼儿的注意力,激发幼儿美好情感共鸣。在静静聆听文学作品的时候,那些美好形象会如一汪清泉在幼儿心中流淌,周身弥漫着情境交融的愉悦感。如大班散文诗欣赏《梦姐姐的花篮》中,《摇篮曲》优美舒缓的旋律,课件中色彩鲜明、可爱灵动的人物形象,教师轻缓柔美的朗诵,把幼儿带到了音、诗、画的优美意境中,他们的心灵随之震荡,情不自禁地发声跟诵。接着教师提问:"在这静静的夜里,还有谁甜甜地睡着了?梦姐姐送给它什么花?它又做了什么梦呢?"有孩子说:"小狗正睡得香,梦姐姐飞来了,送给小狗灰色的花,于是,小狗梦见很多肉骨头,吃也吃不完。它的灰色房子在大海边,它每天去大海,一边唱歌,一边游泳。"也有孩子说:"小鲤鱼轻轻地闭上了眼睛,梦姐姐从蓝色的天空飞来了,在它的身边放下红色的花朵,它就梦见朋友们带它去跳龙门了。"还有孩子说:"蛇把身体盘成一圈,歪着头睡觉,梦姐姐慢慢伸出手,把蓝色的花朵洒在它的身上,它梦见自己长出翅膀飞到了蓝天上。"幼儿在富有美感的艺术情境之中边听、边看、边想,心灵受到艺术的熏陶,产生无尽的美好想象。

(二)投入游戏情境认真细听,促发积极思辨

语言智力游戏能够让幼儿在玩的过程中了解规则的重要性,因为规则往往蕴藏于游戏儿歌、谜语之中,只有有意识地仔细倾听才能游戏,快速应变能力得到发展。如听说游戏《颠颠倒》,幼儿听清了才能发现动物的外形张冠李戴的问题,进而在时而快、时而慢、时而响、时而轻的节奏中体验儿歌的幽默诙谐,在创编儿歌的过程中强化语词排列规律,增强创造性使用语言的能力;听说游戏《对暗号》则是培养幼儿耐心倾听和分辨语言的能力等,诸如此类的听说游戏还有很多。活动中幼儿置身于游戏情境之中,他们对游戏产生了浓厚兴趣,因而主动、认真地倾听教师讲解游戏规则,积极投入游戏活动。

辩论是谈话活动的升华。幼儿抽象思维伴随着语言发展而逐渐萌芽,他们不是一味地顺从他人的想法,开始表达不同的意见,这样的讨论只有通过认真倾听对方的话题才能得到积极回应。如小小辩论会上出现"龟兔第三次赛跑会怎么样?""看电视好还是读书好?"这样的话题,在双方展开辩论的过程中,幼儿知道辩论应该以理服人,如果想战胜对方,必须认真倾听对方的辩词,辨别并找出对方辩词中的"漏洞",然后反驳它。这时孩子们要注意倾听别人说了什么,从而补充队友的发言以反驳对方。如阅读绘本故事《一根羽毛都不能动》后讨论:"这样比赛公平吗?怎样比赛才算公平?"幼儿通过讨论知道这样比赛不公平,因为它们都是用各自的长处和对方的短处比,只有大家水平相当的比赛才公平。通过带着问题的讨论,能够培养幼儿对所听内容进行分析和评价的能力,通过辩论活动可以激发幼儿质疑思辨,对幼儿思维的独特性和自信心培养十分有益。

(三)融入生活情境注意倾听,拓展发散思维

幼儿有着极其灵敏的听觉能力,生活中千奇百怪的声音能够瞬间引起他们的注意,若教师能够适时引导,很容易帮助他们打开思路,恣肆发挥想象。如幼儿听到窗外汽车喇叭声,猜测开汽车的是谁,他会做什么?听见飞机飞过的声音,会兴奋地叫起来,模仿飞机的样子,想象在飞机上会看到什么……而野外观察活动能够触发幼儿对周围美好世界的探索欲望,发展其丰富的想象力。如教师带领幼儿开展寻找春天的活动,幼儿在草地上发现了一个个蒲公英,教师摘下一朵轻轻一吹,蒲公英变成一把把小伞随风飘去,幼儿也兴奋地玩了起来。教师轻轻地问:"蒲公英会飞到哪儿去呢?"幼儿的思绪随着教师的问题飘散开来。有的说蒲公英飞上了天,和白云做伴了;有的说蒲公英飞到了花心里,等着花蝴蝶的到来;有的说蒲公英飞到了小鸟的家……他们情不自禁地沉湎在想象情境里。

二、基于幼儿创造力发展的情境表达操作路径

泰勒(K. Taylor)认为,那些因境而生、随性而发的表达行为反而富有创意,他称之为"表达式创造力",它最适合的人群是儿童和青少年。由此可见,情境是引发儿童创造力发生的必要条件,也成为学前语言教育的"内核"之一。

(一)设置问题情境,激发创造智慧

皮亚杰强调为幼儿创设一个自己学习和发现的环境,可以克服为幼儿提供现成知识和现成答案的做法。皮亚杰的提问方式具有"反逆性"的特点,有助于幼儿在顺应和同化新信息的同时获得认知的发展。在情境教学中,提问方式不同,往往产生不同的教育效果。① 究因性提问。让幼儿围绕"为什么"在答案寻找中层层解开故事线索,如故事《桃树下的小白兔》中教师这样提问:"为什么山羊用粉红色的花瓣做书签?""为什么小蚂蚁用粉红色的花瓣做小船?"一连串"为什么"让幼儿不断思考。② 假设性提问。文学作品的迁移活动,教师往往设置假想情境,提出假设性问题,帮助幼儿从作品内容中跳出来,展开丰富的想象,如诗歌欣赏《假如我是一片雪花》,教师最后抛出问题"假如你是一片雪花,你想飘向哪里? 做什么?"引发幼儿无尽想象。③ 归类性提问。归类性提问的方式比较多,以《梦姐姐的花篮》为例,教师从多种角度提出问题,有引发回忆和想象的提问:"做梦了吗? 做的是什么梦?"有激发活动兴趣的问题:"什么样的孩子是梦姐姐最喜欢的?"有借助教具一口气抛出多重问句拓展思维空间的:"在这静静的

夜里,还有谁甜甜地睡着了?梦姐姐送给它什么花?它又做了什么梦呢?"这些问题情境的创设针对性强、角度多变、层层递进,激发幼儿不断去探究、思考和表达。

(二)提供表达机会,进行讲述活动

儿童的语言反映出他们对世界的不同理解,在优化的充满美感和种种挑战空间的环境,能够激发幼儿表达欲望,促进其思维发展。

第一,设置讲述情境。启发幼儿讲出图片中主要和次要的内容及相互关系,发挥幼儿的创造想象,使其跳出画面外拓展出新的讲述内容,能用连贯的语言,编成新颖有趣的故事。以连环画《小猫的故事》为例,第一幅图是一只小猫跳过窗台,撞翻了花盆。第四幅图是小猫手捧一捧花送给小狗。有了开头和结尾,中间发生了什么事情呢?幼儿带着问题展开想象,用图画、标记补充出第二、三幅图的内容,并且编出有趣的故事,在班级故事会中分享故事,让幼儿能够理清故事发展的逻辑顺序,语言发展的完整性、思维性得以体现。

第二,设置问题情境。教师通过开放性问题情境创设,让幼儿有意识地对阅读内容进行反思、预期、质疑、假设,培养幼儿独立思考的学习品质。如让幼儿根据自己的理解和想象,把一套无序号的图片进行排序并且编出故事情节,图片的排列方式灵活多变,幼儿编构的故事也千差万别。通过排图讲述能够训练幼儿的判断、推理、想象和故事编构能力。

第三,设置故事情境。让幼儿根据一定的主题和背景图,自己选择各种材料拼贴出各种各样的画面,然后大胆想象,编出生动有趣的故事。也可以和同伴合作拼图并创编完整的故事。

第四,设置活动情境。挖掘幼儿已有生活经验,鼓励他们借助不同材质的材料,独立创作连环画,然后发挥想象、独立构思、独立构图,编构新颖独特的故事内容,体验自由创作单幅或多幅连环画的乐趣。

(三)创设表演情境,促进全面发展

表演活动是早期的戏剧创作实践活动,体现了从语言到动态形象的表达过程,极具创造性。在表演游戏中,幼儿自主选材、自制节目单、动手装扮自己、大胆地想象和创造。用多样化方式来进行语言、动作的表现,甚至是改变情节的发展,哪怕是反常规的方式。而丰富的表演情境、多人的积极参与、不断合作交流的特点为幼儿认知建构创造了有利的条件,而经典的童话故事可以编排成童话剧搬上舞台,让孩子深刻体验世界文学作品的广泛传播和至情至性。如小班幼儿表演的童话剧《小壁虎找妈妈》、中班孩子表演的《小羊和狼》以及大班幼儿自编自演的《白雪公主》,幼儿在参与表演编排的过程中强化主体情感体验,在不断创造中发展语言、丰富认知,从而得到全面和谐的发展。

三、基于幼儿创造力发展的情境阅读操作路径

李吉林说过:"学前是幼儿成长和发展的关键期,早期阅读对幼儿的成长和发展具有很大的价值,它能开启智慧、丰富知识、发展个性[1]。"情境阅读将早期阅读与其他领域的学习活动有机地整合在一起,完全契合幼儿整体学习特点,从而让幼儿在潜移默化中学会阅读、学会表达和学会创造。

(一)优化自主阅读情境,在情感愉悦中享受乐趣

幼儿自主阅读,贵在自主,是没有成人的精神把控,幼儿出于内心需要,自觉自动地进行阅读活动的过程。学前期儿童已经能够准确把握画面、文字符号之间的对应关系,感悟图画书给视觉和心灵带来的丰富内容,从而喜欢看图书。而开放的环境和自由自主的阅读氛围,带给幼儿愉悦的心灵感受,阅读再也不是被动接受的事情,它会成为内心的需求,童年生活中不可或缺的部分。幼儿或自己随意翻看图书,或和同伴一起分享一本图书,或倾听教师、家长有表情地朗诵故事,那优美舒缓的音乐、安静温馨的氛围,带领幼儿进入无边的想象中,意境美好深邃,直到弥散在幼儿的心灵世界里。而那充满悬念和挑战性的故事书,深深地吸引幼儿的注意,引导他们去不断猜测、大胆质疑、积极讨论和猜测想象。

(二)优化分享阅读情境,在合作共进中拓宽视野

现在的儿童多为独生子女,物质生活优渥,喜欢以自我为中心,年龄越小这个现象越明显,在他们中间开展合作阅读,共同分享阅读的乐趣并非一件容易的事情。这就要求我们进一步优化分享阅读情境,如发动家长间开展"读书漂流"活动、亲子阅读研讨活动,使家长间形成阅读指导经验共享,以便使亲子分享阅读活动轻松高效,生趣盎然;集体阅读过程中,渗透阅读技能训练,引导幼儿观察人物形象和周围环境的关系,细心观察人物的表情、动作,猜测其语言和心理活动,让幼儿大胆说出心中的疑问。例如在《影子和我》阅读活动中,幼儿提出"为什么教室里没有影子?""影子会吃饭吗?""影子为什么是黑色的?"等一些源于故事又超出原本故事内容的问题。幼儿在阅读活动中,能够主动提出质疑,共同解决问题,在合作共进中拓宽视野。

(三)优化亲子阅读情境,在温情相伴中多元发展

亲子阅读对每个孩子都有深远的意义。早在20世纪60年代,亲子阅读盛行于新西兰,后传入美国并被世界各个国家所接受,可见对儿童具有深远的教育意义。亲子阅读是在和家人面对面的氛围中进行阅读,方便易行,能够对幼儿产

---

[1] 李吉林.情境教育三部曲(三)[M].北京:教育科学出版社,2013:411.

生良好的教育影响，不论是合作式、对话式还是互动式亲子阅读方式，都能够让幼儿在看、说、想的过程中增强图书理解能力和丰富其想象力，让孩子愈发喜欢阅读。但是，亲子阅读活动不能时断时续，需要家长保持持久的耐心，读完一本图书，合上书让孩子再回忆一下，说说自己喜欢哪一部分、为什么喜欢、有什么疑问、提出来考考父母，这些活动都能够激发幼儿探究欲。随着年龄的增长，亲子阅读内容可以让幼儿自主选择，通过自主阅读并主动提问，其理解性阅读能力明显增强。

四、基于幼儿创造力发展的情境前书写操作路径

从教育的角度看，创设真实、丰富、有意义的书面语言环境，引导幼儿通过图画、符号以及类似文字形式学习前书写，能够帮助幼儿积累丰富的早期书写经验，培养幼儿创意书写能力。情境前书写旨在为幼儿创设真实、温馨的阅读环境，激起幼儿在读"图"及用富有个性的文字表达思想的兴趣。在读写过程中整合学习内容，建立主题网络，鼓励幼儿不断丰富前书写形式，适时提供鹰架支持，培养幼儿的创意书写能力。

（一）联系实际生活，激发幼儿前书写兴趣

幼儿的读写活动是依据幼儿内心情感表达的需求自然而然形成的，其中个体与环境的互动是幼儿读写活动得以保持的原因。幼儿的学习源于生活，幼儿的读写行为是在整体的有意义的生活情境中发生、发展，一方面通过阅读生活中的图画、类似文字来进行意义理解，另一方面用画图、假想文字、简单线条来表达自己的理解，这是受周围环境的熏陶，自然而然产生的阅读和书写的兴趣。生活中出现的文字，幼儿看得多了就认识了，可以模仿写出来了。成人可以有意识地引导幼儿注意观察周围环境中出现的种类繁多的标志、商品海报、广告文字，引发幼儿产生好奇心，从而主动去探索、比较、发现和记录，进一步丰富书面语言核心经验。教师创造各种前书写机会，让幼儿用前书写的方式进行交流和表达，如行走路线示意图、制作节日贺卡、植物观察记录表、制作故事小书等，满足幼儿用书面语言表达情感的需要。

（二）建立主题网络，丰富幼儿前书写形式

幼儿的读写活动是在整体活动情境中产生的，随着主题课程的推进，幼儿读写内容已经不仅仅局限于语言领域，而是语言、科学、艺术、健康和社会五大领域的相互整合。前书写形式多变，有数字、图画、文字甚至是表格。就发展幼儿情境前书写能力来看，建立主题网络可以不断推进阅读和书写活动，促进幼儿创造性思维发展。例如，某幼儿园大班幼儿对蚂蚁洞产生了浓厚兴趣，教师就因势利

导,鼓励幼儿用前书写方式记录对蚂蚁洞的认识过程,如创意书写一:哪里有蚂蚁洞?为了把事情说清楚,孩子们想到用箭头和线条表现事情发生的顺序,在老师的引导下用类似 QQ 表情表达自己的情绪。创意书写二:怎样找到蚂蚁洞?幼儿想到的方法是用食物引诱蚂蚁从洞里出来,可是食物的种类很多,用哪种食物最好?经过和老师协商,幼儿制作了"蚂蚁喜欢的食物统计表",填写表格的方式可以是数字、符号、文字和图画,幼儿比比看看一目了然。创意书写三:蚂蚁的洞穴是怎样的?在教师鼓励下,孩子们对蚂蚁洞的样子、蚂蚁们繁忙的生活场景展开联想和想象,并且诉诸笔端,画出各种不同的构想,有的蚂蚁洞像地下迷宫层层环绕,把粮食紧紧护住不被偷走;有的蚂蚁洞像高楼上上下下,蚂蚁们快乐地生活……幼儿的想象新颖奇特,记录方式丰富多彩,为我们构筑了一个充满童趣的蚂蚁王国。

(三)提供鹰架支持,培养幼儿前书写能力

"鹰架"就是建筑行业中常见的"脚手架"。"鹰架理论"又名"支架式教学",是根据维果斯基"最近发展区"理论提出的,指教师为幼儿提供足够的外部支持来促进幼儿自主经验建构的过程。运用支架式教学能够激发幼儿前书写兴趣和探索欲望,提高情境前书写和创造实践能力。

第一,搭建情境支架,利用环境熏陶。教育活动中为幼儿自主创意书写做好物质准备,着力创造并帮助幼儿维系富有情境的读写环境,使幼儿的读写经验紧密联系生活,兴趣盎然地去听、去说、去读、去写。如丰富的材料准备,包括各类书籍、挂图、头饰以及音像材料等。

第二,搭建图谱支架,帮助理解创编。在文学作品学习和欣赏过程中,那些篇幅短小、意境优美、句子结构类型重复固定的儿歌、绕口令和散文诗教学,教师们常常选择图谱法,将作品形象以图加文的形式制作成生动、形象的图谱,帮助幼儿有序理解作品。在熟悉作品内容的基础上,幼儿可以模仿图谱结构进行仿编和创编活动,如《打醋买布》《家》《假如我有一双翅膀》《云彩和风儿》等都可以运用图谱支架。

第三,搭建游戏支架,鼓励创造实践。自主游戏能够激发幼儿强烈的表达欲望,创造动机也更加明显。如在教师引导和鹰架支持下,幼儿自行设计游戏规则,如以图加文的形式设计小剧场、节目单和座位安排,幼儿自己协商,制定计划书,总结前书写经验,享受创造快乐。

鹰架支持使幼儿读写活动得以组织、发起、维持、继续,创造力得到充分发展。

作者:尤冬梅

第三章
学前数学情境教育与儿童创造力发展

长期以来,学前数学教育不太重视幼儿自主获取数学经验,对幼儿数学兴趣与思维的培养、解决问题能力的培养,存在着"把幼儿看成接受与储存知识的容器,统一教授数学知识、机械训练计算技能、超前进行数学运算"现象,导致以传授知识为主要目的的数学集体教学形式几乎占据了整个学前数学教育的全部。教师的示范、演示、讲解、总结等从知识到知识、从概念到概念的教学手段,让幼儿囫囵吞枣地掌握某个规律、某种方法,与幼儿的思维方式、学习方式产生很大的冲突,使幼儿获得的知识与经验有些孤立、片面、僵化,不知其然更不知其所以然,只会解答教材上的数学题目,却不会解决实际生活中的数学问题,更感受不到学习数学的兴趣和意义,思维发展受阻,创造力被扼杀。

"情境"已成为当代基础教育的一个关键词,情境数学教育提倡借鉴情境语文教育的规律,但也必须遵循数学学科自身的规律,不能一味生搬硬套。我们认真学习与深刻领悟李吉林情境教育理论,应在学前数学情境教育方面进行大量实践与研究。本章主要从学前数学情境教育的内涵、目标、构成及促进儿童创造力发展的优势、策略与路径等方面进行探讨。

第一节 学前数学情境教育的内涵特征与独特优势

"数学的重要特质就是'思维的体操',幼儿在数学学习中探索、发现、总结和应用的全过程,就是其思维不断发展的过程。""数学需不需要情境?如何在数学教学中创设情境?数学情境教学和语文情境教学有什么相同之处,又有什么不同?"[1]学前数学情境教育的必要性与可行性在哪里?学前数学情境教育与儿

---

[1] 李吉林.情境教育三部曲(三)[M].北京:教育科学出版社,2013:191.

童创造力发展之间的关系如何？诸多问题引发了学前教育工作者一系列思考与行动。实践过程中，我们努力处理好"儿童的特点"与"数学学科自身的特点"两方面的关系，深刻理解"数学情境"的内涵要义，做到既关注现实生活情境又关注学科特质，杜绝"去数学化""为情境而情境"等现象，让学前数学情境教育在促进幼儿创造力发展方面发挥重要作用。

一、学前数学情境教育的内涵

对学前数学情境教育内涵的分析与理解，是开展与实施学前数学情境教育的前提与关键。

（一）学前数学情境教育的界定

数学是研究数量关系和空间形式的科学。数学具有较强的逻辑性和抽象性，是最适合培养幼儿创造性思维的学科之一。幼儿园五大领域中科学领域涵盖了数学教育的学习内容，本研究具体指向"科学"领域中的"数学认知"教育。

"情境"一词有多重释义，由于《汉语大词典》把情境解释为"情景，环境"[1]，人们常常将它与"情景""环境"一词通用，要么用来指称某一活动的客观情形或场景，要么用来指称周围环境或条件。20世纪70年代末，李吉林将外语情景教学移植到小学作文教学实验之中，在那段时期，"情境"几乎等同于"情景"，主要是指某些故事、某些事件发生的场所或戏剧表演的片段。一段时间以后，她发现西方的"情景"与中国的"情境"概念之间存在着一定差异，她从刘勰所著的《文心雕龙》中发现了"情以物迁，辞以情发"这一论述，由此找到了"以物激情—以情发辞—以辞促思"的作文教学思路，"情境交融"成了"情境"区别于"情景"的根本特征。"情境教育之'情境'实质上是人为优化了的环境，是促使儿童能动地活动于其中的环境。这种根据教育目标优化的环境，这种充满美感和智慧的环境氛围，与儿童的情感、心理会发生共鸣而契合，促使儿童在现实环境与活动的交互作用的统一和谐中，获得全面发展。因为这种人为优化的情境，可以做到主体的能动活动与现实环境优化的统一，激发儿童潜能与培养塑造的统一，最终达到素质的全面提高与个性充分发展的统一[2]。"李吉林认为，情境的实质是"人为优化的环境"，是富有教育内涵的生活空间和多向折射的心理场，也是走进真实世界的

---

[1] 汉语大词典编辑委员会，汉语大词典编纂处.汉语大辞典[Z].上海：上海辞书出版社，2007：4314.

[2] 李吉林.为全面提高儿童素质探索一条有效途径——从情境教学到情境教育的探索与思考（下）[J].教育研究，1997(4)：55-63.

开放系统和理寓其中的靶向情境。[1]"情境"将枯燥抽象的数学学习变得有趣和生动起来,让幼儿有身临其境的感觉,形成良好的求知心理和环境氛围,激发幼儿以最佳的心情和状态主动投入到活动中,感受到师生情感的碰撞与交流,使他们从中获得自信和情感的体验与满足。

数学具有抽象概括的特征,而幼儿的思维又具有具体形象的特点。学前数学情境教育中的"情境"是人为优化了的环境,不单指此刻情境,也有连续情境;它包括主体的外部环境和内部环境,涵盖了物质情境、心理情境、现实情境、模拟情境、教师创设的情境、幼儿自主生成的情境及师生共同建构的情境等,具有直观性、趣味性和丰富性等特点,蕴含着丰富多彩的数学内容和教学思想;让单调枯燥的数学活动变得富有诱惑力,使幼儿的思维始终处于积极的工作状态,激发其主动参与探索、发现和认识过程,感受到学习数学的乐趣;让幼儿逐步掌握数学概念和基本知识,提高解决问题的能力。

数学情境教育是情境教育的一个领域。它是以情境创设为载体,以思维训练为核心,以情感交融为纽带,以能力培养为宗旨的一种数学教育模式。数学情境教育立足于幼儿数学感性经验的积累与培养,潜移默化地渗透数学目标,使幼儿通过直观形象的情境、具体生动的材料和丰富有趣的游戏,借助实际操作,链接生活经验,体验数学学习的快乐,促进其认知、能力、情感的提升和问题解决能力、创造力的发展。学前数学情境教育强调特定恰当的氛围、适宜优化的情境、热烈丰富的情绪、自主愉悦的发现、积极主动的合作和自由大胆的交流,让幼儿自主与材料及环境产生互动,从中领悟到数学的真谛和魅力。

(二)学前数学情境教育的结构

学前数学情境教育把"数学认知"与"情境"相融合,引导幼儿在真实或模拟的生活情境中理解数、量、形的关系,寻找数学学习的快乐密码。学前数学情境教育包括集体数学情境教育、区域数学情境教育、日常数学情境教育和野外日常数学情境教育。

1. **集体数学情境教育**

根据幼儿好动、好奇的特点,针对不同数学板块或内容创设以大情境统领整堂课、以小情境突破重难点、以变化的情境引发思维等适宜的情境,以课堂集体教学的方式展开相应的教育活动,让幼儿在环环相扣的、富有挑战性的情境中大胆探索、记录与分析,在与材料不断的操作和研究中,体验游戏情境中学习数学的乐趣,建构与提升相关的数学经验,使创造性思维得以发展,各种能力得到锻炼。

---

[1] 王灿明.情境:意涵、特征与建构[J].教育研究,2020(8):79-87.

2. 区域数学情境教育

基于幼儿游戏需要、兴趣背景及主题目标而生的丰富而有层次的数学情境区域活动,引导幼儿在与各种各样材料的亲密接触中,学习用数学的方法和数学思维去玩游戏,自主选择,自由探索,动手动脑,发挥潜能,运用已有数学经验和知识去解决问题、探索规律、解释现象,培养学习数学的兴趣和热情,完成有关任务,促进幼儿创造力的发展。区域数学情境的模拟与练习、选择与游戏,让幼儿感觉到数学并不难,数学就在身边,数学富有挑战性,从而保持比较持久而积极的思维状态;区域数学情境中有价值的问题、有趣的刺激引发幼儿进行深入的思考、主动的交流,最后获取诱人的结果,发展幼儿的创造性思维。

3. 日常数学情境教育

日常数学情境教育注重以幼儿的生活现实和已有经验为基础,让幼儿置身于日常生活数学情境之中,"浑然不觉"地亲近数学、体验数学,自然而然地探究周围环境与事物的大小、形状及数量的多少,发现生活中跟数学有关的小问题,敢于提出问题并尝试去解决,感受到数学就蕴含在日常生活的点点滴滴中,揭开数学高深、神秘的面纱,萌发对数学的兴趣。幼儿在园日常生活中的每一个环节,如劳动、散步、参观、旅行、盥洗、午睡等都可渗透数学情境教育;家庭中也可以抓住日常生活的每一个细节、每一件小事,以亲子合作为主要方式,鼓励、引导幼儿在与父母的交流与沟通中共同找寻、探索生活中的数学,发现其中的奥秘,从而促进幼儿的创造性思维发展。

4. 野外数学情境教育

李吉林提出:"在一个封闭环境里长大的孩子,和一个在开放的世界里成长的孩子,绝对是不一样的。而后者必然胜于前者。因为周围世界是儿童认知的源泉,这个源泉应该让它汩汩地向课堂流淌。天地是赐予儿童最珍贵的、最美的、无可代替的滋养[1]。"创造是自由自在、无拘无束的思维的驰骋,只有提供足够遐想的空间才有可能激起幼儿创造的火花。学前数学情境教育遵循"活教育""开放教育"的思想,将幼儿学习的空间延伸到幼儿园外的大自然、城市街道、工厂商店、农村郊区、小树林等场所,把枯燥、抽象的数学内容与丰富、直观的户外、旷野游戏相融合,让幼儿在与大自然、社会的亲密接触中观察感知、积累经验、获得认知,进而激发其创造性思维,促进其综合能力的提升。

(三)学前数学情境教育的目标

确定学前数学情境教育的目标,既需要贯彻《幼儿园教育指导纲要(试行)》

---

[1] 李吉林.为儿童的学习:情境课程的实验与建构[M].北京:外语教学与研究出版社,2008:369.

和《3—6岁儿童学习与发展指南》,也需要遵循情境教育理论。《幼儿园教育指导纲要(试行)》(下文简称《纲要》)中关于幼儿园科学教育的目标涵盖了幼儿园数学教育的目标:有好奇心,能发现周围环境中有趣的事情;喜欢观察、动手操作和实验,积极寻求答案;初步理解事物的数量关系,能用比较、分类、测量等简单方法探究事物;愿意与同伴共同探究、互相交流、分享各自的发现;喜爱动植物,亲近大自然,关心周围的生活环境。《3—6岁儿童学习与发展指南》(下文简称《指南》)中反映了学前数学教育的价值导向,即要让幼儿喜欢数学,主动地应用数学;明确提出了幼儿园数学教育三个方面的目标:初步感知生活中数学的有用和有趣;感知和理解数、量及数量关系;感知形状与空间关系。李吉林情境教育理论强调:"儿童是真正的学习的主体,要将儿童的情感活动与认知活动结合起来,通过美与智交织的优化的情境,促使儿童主动投入、快乐沉浸其中,在乐中学、趣中学、动中学、做中学,通过自身的感悟、操作、体验,从而得到充分的发展[1]。"因此,我们将学前数学情境教育的目标定位为以下几点:

1. 在优化的情境中感知、理解事物的数、量、形及其关系,建构与积累粗浅的数学经验;

2. 发挥日常生活情境的作用,初步养成取放活动材料的习惯,增强规则意识;

3. 与老师共同创设真实、适宜而有效的情境,运用数学的思维方式,创造性地解决生活和游戏中遇到的数学问题,积极主动地表达自己的发现;

4. 产生浓厚的数学学习兴趣,满足好奇心和求知欲,体验数学的有趣和有用;

5. 大胆尝试情境性探究,获得安全感、成功感等积极的情感体验,培养思维的灵活性、新奇性和独创性。

二、学前数学情境教育的特征

学前数学情境教育注重在优化的情境中引导幼儿发现问题、进行逻辑推理以及验证训练,让幼儿主动去思考、去猜想、去领悟数学的基本概念,进而促进幼儿创造力发展。我们将李吉林情境教育的原理进行学科化、具体化、操作化,凸显出学前数学情境教育的基本特征。

(一) 真实性

生活中的事物千变万化,"真情实境"才能让幼儿对周围的事物感兴趣并真

---

[1] 李吉林.情境教育三部曲(三)[M].北京:教育科学出版社,2013:204.

正地认识世界,探寻秘密,理解事物之间不变的关系及其原因。数学情境创设既要关注幼儿的现实生活,又要关注幼儿的已有经验,在内容的选取和筛选上也要做到"真",尽可能运用来自幼儿生活的、熟知的现象和关键性事件,如身边有趣的现象或是要解决的问题,只有幼儿真正感受到学习内容对自己生活的意义,他们才会主动去尝试、去探索、去体验。因此,我们要重新审视学前数学情境教育,挖掘和利用数学内容中的"真"情境,创设贴近幼儿日常生活的"实"情境,引发幼儿内在的学习和游戏需要,从而使幼儿积极主动地投入到操作、探索活动之中,实现"自由、自主、愉悦、创造"的游戏精神和目标。

（二）动态性

动态性是指情境数学教育的内容、方式、材料和表现形式要随幼儿兴趣、创造力的发展水平以及情境的需要而不断变化,力求新颖、奇特、生动、贴切,对幼儿产生吸引力,激起他们的关注和兴趣。一般来说,小中班幼儿比较关注"好玩、有趣、新奇"的事物,如动物、游戏、童话等,一般可以把教材中的相关内容创编成一个个简短、有趣、情节性强的故事,使幼儿在不经意间对这些故事产生浓厚的学习兴趣,有效调动其探索的愿望。而大班幼儿则对"有用、有挑战性"的事物和任务更感兴趣,我们要侧重于创设有助于幼儿自主学习、合作交流的情境,在现实和模拟的生活情境中激发幼儿的数学学习兴趣,促进幼儿利用生活经验自主建构,把静态的、结论性的数学知识演变为幼儿与其自我经验相联系的动态建构过程,理解数学知识的内涵,感受数学的魅力。

（三）开放性

开放的、多角度的活动,能引导幼儿多方解决问题,创造性思考问题。学前数学情境教育中幼儿的日常生活和大自然中有关数学的内容丰富而开放,能促进幼儿借助实际情境和观察、操作、验证等方法,激发探究兴趣和欲望,培养良好的学习态度;合作互动、小组交流、集体分享等开放的组织方式会催生幼儿的创造力,保护幼儿的好奇心;带领幼儿走出封闭的课堂,走进大自然、大社会,开放的探索时空让幼儿有机会充分运用各种感官感知数学的奥秘,创造性地表达自己的意愿,提出与众不同的想法与创意,独立分析与解决问题,促进思维独特性、多样性的发展。另外,学前数学情境教育中平等的师幼关系,能给予幼儿安全、自由感,促进幼儿不同经验、不同思维方式之间的共存与共享,促进教师与幼儿共同成长。

（四）适宜性

人类更容易记住带有背景的知识和经验,情境性的知识更感性,更有辨识度,更容易让人识记。当一个人有浓厚的学习兴趣,有学习的兴奋感,他才可能拥有大量的创造机会。幼儿在特定、适宜而优化的情境中，能产生相应的情感，并在情感的催化下主动投入鲜活、生动的活动中，专注于活动，思维一直处于爬坡状态。幼儿年龄小，以具体形象思维为主，他们更需在情境中学习，更需变被动机械学习为主动积极探索，更需要多种感官的参与，所以，我们要提供丰富的现实背景，创设来源于生活和符合数学本身的、连续、真实、有材料支撑的情境，适当辅以音乐的渲染，借助图画等符号的表达，提供角色担当的机会，让幼儿精神愉悦，产生想象与驱动，获得智慧启迪，萌芽创新种子，培养幼儿动手、动脑和创造能力。

（五）过程性

幼儿的数学学习过程是与其思维发展过程一致的，我们应摒弃以往过分注重幼儿获得某一数学结果的弊端，走向更多关注幼儿的学习过程和学习方式，关注幼儿数学思维的发展，让幼儿在体验中学习，在玩乐中学习，在自然中学习。如中班"种花"游戏中，幼儿要对如何"种花"进行一番思考：怎样才能让花朵正好达到游戏中规定的数量要求，让自己能够收到更多的花朵。不同思维水平的幼儿有不同的表现和操作策略，我们不仅要关注幼儿的操作是否正确，更要关注幼儿是用什么方法、哪些步骤来完成操作，关注幼儿的思维发展处于何种水平，幼儿能否从同伴的成功经验中学习新方法，教师如何进行适宜的指导和有效的干预。

三、学前数学情境教育促进儿童创造力发展的独特优势

学前数学情境教育的目的不仅是为了帮助幼儿获取浅显的数学知识，更重要的是提升数学经验，增强解决实际问题的能力，发展数学思维，促进幼儿创造力发展。实践证明，学前数学情境教育在促进幼儿创造力发展方面具有得天独厚的优势。

（一）有利于激发幼儿的创造动机

数学是最适合培养幼儿创造性思维的学科之一，学前数学情境教育注重将数学的知识镶嵌于优化的情境中，将数学的目标隐藏在特定的情境中，将数学的特点渗透到连续的情境中；幼儿成为学习的主人，在有趣、有效、有情、有动的情境中通过直接感知、亲身体验和实际操作，不断强化对数学的感知，对接受的信息进行加工、组合与再造，主动探索并解决问题，愉快、积极地进行各类思维活动，灵感的火花、创造的热情得以不断涌现。学前数学情境教育把数学知识、数学文化和探究精神融为一体，符合幼儿的主观需求，能帮助幼儿运用已有的知识经验对新知识进行同化和顺应，有利于激发其创造动机。

(二)有利于培养幼儿的创造性思维

"创造性思维是指以解决问题为前提,用独特的思维方法,创造出具有社会价值的新观点、新理论、新知识、新方法的心理活动过程[1]。"创造性思维是一种高阶思维能力,对幼儿而言,就是在学习、游戏及生活中不受传统的、单一的思想观念限制,不拘泥于呆板、单一的方法,不受固定和常规模式的制约;遇到具体问题能灵活变通,活学活用,思路开阔,设想较多。学前数学情境教育中鲜明直观的形象、具体生动的场域或跌宕起伏的悬念,促使幼儿有意无意地与以前相关的形象或场景产生联动、跳跃式的某种联系或关联,不断产生新的认知冲突从而生成新的认识,随之展开思维和想象活动,主动构建知识经验,为幼儿积累数学经验、发展创造性思维打下良好基础。

(三)有利于提升幼儿创造性地解决问题的能力

当人们解决问题时,问题中的事件和物体将以空间位置、距离、时间、刺激物之间的关系呈现出来。幼儿时期可塑性大、记忆力强、思维活跃,具有强烈的好奇心和求知欲,是发展创造力的黄金时期。情境有利于引导和促进幼儿创造力的发展,幼儿对事物固有功能的改变以适应新情境的需要,对他们能否创造性地解决问题至关重要。对幼儿而言,应用已掌握的数学知识去解决自己面临的问题时,真正的数学才算产生。学前数学情境教育秉承主体性、发展性、探究性的教学理念,根据数学学习内容的复杂性、学习过程的未知性、学习系统的开放性,创设适宜且富有挑战性的情境,充分挖掘情境中生活、社会、角色的内涵,重视幼儿的主体性活动,寻找解决问题的多种方案与新的路径,从而提升幼儿创造性解决问题的能力。

第二节　学前数学情境教育促进儿童创造力发展的理论构建

多年来,李吉林和她的团队从脑科学中寻找理论支撑,发现丰富的环境、积极的情绪是数学情境教学获得高效的关键因素。学前数学情境教育在促进儿童创造力发展方面有着不可替代的作用和优势,本节简要分析其主要机制和关键要素。

一、学前数学情境教育促进儿童创造力发展的主要机制

学前数学情境教育促进儿童创造力发展的机制是指数学情境教育影响儿童

---

[1] 王灿明.儿童创造教育新论[M].上海:上海教育出版社,2015:76.

创造力发展的过程、方式和机理。学前数学情境教育中教师要有目的地将幼儿引入具有一定情绪色彩的、生动形象的情境,引起幼儿自主探索的兴趣,激发其创造性体验,帮助他们理解有关数学内容,并使其心理机能得到发展。学前数学情境教育促进儿童创造力发展的主要机制有目标隐含机制、自主建构机制、探究推理机制及实践验证机制。

(一)目标隐含机制

目标隐含机制是指教师把教育意图巧妙地隐藏起来,让幼儿的数学学习不再被明显的、硬性的目标所牵制,同时改变枯燥乏味的形式,使幼儿潜移默化、轻松自然地感知数学的有用与有趣。教师要对每个数学活动所隐含的目标心中有数,将幼儿整体发展与层次性、个别化要求相结合,将数学学科特质与其他各领域相融合。如小班数学活动《有趣的响罐》中,大小不一、各不相同的瓶子和盖子呈现在幼儿面前,激发起他们操作与探索的愿望。其中隐含的活动目标是根据大小一一对应匹配瓶子和盖子,但教师将这一数学目标适度隐藏,不明确提出活动的要求与用意,只让幼儿感受到琳琅满目的操作材料,幼儿在多次灌豆子、盖盖子、摇响罐的游戏中渐渐理解了大小配对的基本规律。

(二)自主建构机制

自主建构机制是指引领幼儿通过自己的行为、语言甚至表情与外界事物、材料产生联系、作用或互动,用多种感官和多样化方式去感受世界,满足好奇心和探究欲望,帮助幼儿通过操作、交往、体验、观察和反思等途径,自主地获取经验,建构完整的人格和智慧的发展。如大班数学活动《小熊请客》中,教师先引导幼儿按照故事情节的要求,把点心分别分给 2—5 个客人;再请幼儿扮演"小熊"和"客人"的角色,自主进行"分点心"的操作活动。幼儿非常投入,仔细认真地根据客人数量的变化给客人分点心,专注耐心地点数不同客人点心的数量,潜移默化地感知客人的多少与点心个数的变化规律,用自己喜欢的方式记录下分点心的方法与过程,自主探索、自我建构与获取经验的能力不断增强。

(三)探究推理机制

幼儿已有的数学经验和生活基础都能成为有效的教学资源,我们要加以挖掘与利用。"数学的学习就必须不断地引领儿童去思考、去探究。我们创设的情境,应具有鲜明的探究特点,有利于儿童思维的发展[1]。"探究推理机制是指幼儿在具有鲜明探究特点的数学情境中,通过实物操作、自主探究与有效思考、推理,找到解决问题的办法,促进创造性思维发展。如大班数学活动《小小售货员》

---

[1] 李吉林.情境教育三部曲(三)[M].北京:教育科学出版社,2013:193.

中，幼儿在亲切而又熟悉的"小商店"情境中，对小商店的所有商品进行摆弄、分类、排序、计算，对货物的数量、品种及摆放陈列方式进行不断更新或优化组合。"小商店"这一幼儿熟悉的情境促进了幼儿游戏的深入，发展了思维，体验到"小小售货员"的辛劳与快乐，潜移默化地理解了相关的数学知识，兴趣越来越浓，经验越来越丰富。

（四）实践验证机制

实践验证机制是指为幼儿提供与现实生活和工作任务相关联的问题和生活情境，并贯穿幼儿数学学习的始终，在亲身实践中验证猜想、迸发灵感，在自主操作中主动探究、回归生活，积累与提升相关的数学经验，从而解决生活中的实际问题，发展多方面的能力。如大班数学活动《小小建筑师》中，一方面提供生动形象、一目了然的"学习单"或"任务单"，鼓励幼儿根据任务单上物品的数量、形状、大小标记，到相应的物品仓库自取建筑高楼大厦所需的水泥、黄沙、砖头、木材等原材料；另一方面引导幼儿图文并茂地绘制个性化的所需物品，交给送货员直接送到工地。幼儿各司其职，全身心投入其中，乐此不疲地往返于仓库与工地之间，对建筑工人的工作、楼房的结构和建筑材料的特性就有了更深入的了解。

二、学前数学情境教育促进儿童创造力发展的关键要素

创造力是善于运用前人经验并以新的内容和形式来完成工作任务的能力，它以创造性思维为核心，是敏锐的观察力、丰富的想象力、较强的操作能力和学习能力的有机组合。学前数学情境教育影响儿童创造力发展的要素是推动幼儿创造力发展所必备的数学情境教育资源，它们不仅可以诱发幼儿的创造性思维，而且能够培养他们的创造性人格。学前数学情境教育促进儿童创造力发展，不仅需要从日常生活中引出问题域，在多维活动中激活求知欲，而且需要在优化载体中彰显体验性，在操作过程中发现相关度。

（一）在日常生活中引出问题域

幼儿的思维是从疑问和惊奇开始的。问题域指提问的范围、问题之间的内在的关系和逻辑可能性空间。日常生活中数学无处不在，问题也会时时产生，如操作材料的归类方法、点心分发的小窍门、班级师生的数量、桌椅各不相同的样子、灯具及其开关的个数或特征，等等。学前儿童认知发展规律和数学学科自身特点决定了学前数学情境教育要让数学与幼儿的日常生活——数学之源相通，因此，我们在设计、实施学前数学情境教育的过程中，要善于选择和运用有效载体，帮助幼儿确定可探究问题的范围，学会用数学思维去观察、思考、分析日常生活中遇到的问题，从多个角度找到解决问题的办法，体验"殊途同归"的惊喜，训

练和提高其创造性思维,形成勇于探索、勇于创新的精神,体会到数学学习的价值与乐趣。

(二)在多维活动中激活求知欲

"幼儿时期的好奇心常常表现为探究反射、爱提问、喜欢玩新的游戏等,体现出强烈的求知欲和探索欲[1]。"学前数学情境教育视幼儿为学习、游戏、生活、发展和创造的主体,强调幼儿是有独立人格与意识、有创造能力的活生生的个体,重视幼儿的自我教育能力。在幼儿对基本方法大致掌握之后,我们要创设问题情境,诱导求异意识,在多维活动中激活幼儿的求知欲,引导幼儿从多方面考虑问题,接通他们与已有经验的联系,让幼儿的思维得以任意发散,在认识客观世界的同时认识自我,并对自我与客观世界的关系有初步了解,促进其自我发展。

(三)在优化载体中彰显体验性

"完整的人,当然是包含了创造精神、创造能力和创造意向的人[2]。"具有多彩情境的大自然,幼儿每日置身其中的日常生活以及各种适宜的操作材料,都是学前数学情境教育的有效载体。我们可以让幼儿置身大自然或人为优化了的生活环境,观察发现大自然的美,挖掘现实生活中的数学元素并能动地参与其中,观察现象、发现问题、尝试操作、充分探究、建立联系、丰富经验、多方寻求答案、努力解决问题、积累数学经验,体验教育环境中人与自然、人与生活世界的和谐统一,让形象思维伴随与促进抽象思维,从而培养幼儿对数学的热爱之情,发展观察力和创造力,最终达到素质的全面提高与个性充分发展的统一。

(四)在操作过程中发现相关度

幼儿数学知识的获得是通过与材料的相互作用来发现和建构数学关系的,我们结合活动要求和幼儿年龄特点,为幼儿提供充足、新颖、多变的操作材料,让幼儿在直接感知、实际操作中获取相关的数学经验,发挥操作材料的最大效应。如小班数学游戏"给小动物喂食物",一开始是在桌面上提供橡皮泥制作的各种颜色的食物,让幼儿根据小动物嘴巴颜色的不同匹配相应颜色的食物,孩子们玩得不亦乐乎,但时间长了之后,孩子们便不那么感兴趣了。这时,我们在保持游戏目标不变的情况下,及时变换游戏材料,将小动物从桌面搬到了墙面,制作了颜色各异的动物大嘴巴,以各种颜色的海洋球作为食物,让幼儿在一定距离内将海洋球投掷到小动物嘴中,游戏材料和空间的变化让幼儿对此游戏产生了浓厚兴趣。

---

[1] 沈之菲.激活内在的潜能:学生创新素养的评价和培养[M].上海:华东师范大学出版社,2012:9.
[2] [美]道治,[美]柯克,[美]海洛曼.幼儿园创造性课程[M].吕素美,译.南京:南京师范大学出版社,2006:3.

第三节　学前数学情境教育促进儿童创造力发展的操作路径

我们尊重幼儿的身心发展特点和规律，了解幼儿的已有经验，对幼儿的学习兴趣、情绪情感和当下需要进行分析，精心建构适宜的、智慧的、有情趣的数学教育情境，助推幼儿的实践与操作，观察幼儿的行为表现，运用有效的教育策略，促进幼儿创造力的发展。

一、学前数学情境教育促进儿童创造力发展的情境建构

情境是诱发幼儿数学探究的重要因素，"真正的数学情境教育要创设有生活因素融入、文化(审美)因素加盟、学科教学任务承载的情境，恰到好处地兼顾儿童的特点和数学学科本身的特点，为儿童的思维发展服务，从而使课堂走向有效、生动、深刻"[1]。学前数学情境教育离不开有效的情境建构，在实际工作中我们探索了以下几大策略。

(一)运用故事进行情境建构

蕴含着数学学习内容的、生动有趣或富有新意或悬念重重的故事情境，能有效激发幼儿的学习兴趣，让幼儿在最短的时间里主动进入学习状态，带着积极情感走进故事，在答疑解惑中学习数学。如在大班数学活动《二等分》中，首先与幼儿一起回忆讲述《两只笨狗熊》的故事，使幼儿了解公平地进行二等分的正确方法；接着，引导幼儿大胆地在三角形、圆形、正方形、长方形等不同形状、大小各异的蛋糕模型上折一折、画一画、剪一剪，自主探索二等分的方法；并用实物投影仪帮助幼儿学会比对二等分的两部分是否一样大，验证操作方法与结果，提升相关经验；接着，把正方形、长方形蛋糕模型进行四等分，折叠后画上痕迹线并交流自己的思考过程；最后，以故事中两只小熊的身份给幼儿带来了两个真正的大蛋糕，让幼儿进行八等分并品尝蛋糕，共享成功的快乐。

(二)借助问题进行情境建构

"数学情境"是含有数学知识和数学思想方法的情境，也是数学知识产生的背景，它不仅能激发儿童提出数学问题，也能为数学问题的提出和解决提供相应的信息。紧扣教学内容，有意识地预设相关提问，可以让幼儿在问题情境中观察、操作、验证，帮助幼儿形象地理解问题，科学地解决问题，发展创造性思维。

---

[1] 生家琦.情境数学：我们的行动与思考[J].人民教育,2013(15/16):47-49.

如大班数学活动《羊村大营救》中，教师设计了这样几个问题："喜羊羊被灰太狼捉去藏在一个秘密房间里，你准备怎样营救喜羊羊？有什么不一样的好办法？"幼儿身临其境，对喜羊羊的遭遇表示同情，并驱使他们快速想办法解救喜羊羊，他们计划着、商量着，既有分工又有协作，在动手实践、合作交流、研究探讨中，终于找到了数字中的许多规律，最终顺利完成了营救任务。

（三）借助资源进行情境建构

资源是情境建构的有效载体，我们收集身边的乡土资源、生活资源、民间文化资源等，并加以分类整理，建构幼儿了解、熟悉而又逼真的情境，让幼儿感知、理解和学习数学，体验到数学的无处不在。如中班数学活动《南瓜爷爷的新邻居》中，我们提供了许多本地的蔬菜图片，如南瓜、茄子、黄瓜、大白菜、胡萝卜、红辣椒，为幼儿营造了一个丰富而鲜活的"微型菜园"，引导幼儿进入他们平时生活其中的农村情境中，对"南瓜爷爷"新邻居们提出的要求和条件进行分析、归类，发挥"班级资源库"的作用，饶有兴趣地借助现有资源，用自己的方法解决一个个问题，潜移默化地获得相关的数学经验，智慧的火花不断萌芽，创新的灵感不断被激发。

（四）贴近生活进行情境建构

贴近幼儿生活进行情境建构，就是把幼儿熟悉的生活元素融入数学情境，唤起幼儿的已有经验，让他们在真实的或模拟的情境中学习、运用数学，引发好奇心、诱发求知欲，用数学的思维解决问题，理解基本的数学思想和方法，养成敢于质疑、自信表达、大胆创造的习惯。如大班数学活动《快乐大抽奖》中，遵循"改造生活情境为教学情境，需要和学生实际、教学目标、教学条件相结合起来"的原则[1]，有意识地建构了三个贴近幼儿生活的、常见的、层层递进的数学情境：从魔盒中摸球、转动大转盘验证、抽奖开奖大升级，一步步引领幼儿发现抽中的概率与同一颜色球的数量有关；同时还提供了人手一份的小转盘，让幼儿都有操作和交流的机会，帮助他们初步理解概率及其在生活中的运用，拓展幼儿的思维，学会关注周围的环境及其变化。

（五）依托实物进行情境建构

为了更好地贯彻数学教育中的直观性原则，我们依托实物演示创设情境，使抽象的数学知识变得具体而直观，或者呈现看得见、摸得着的实物模型使幼儿一目了然、兴趣盎然，充分调动幼儿的学习主动性，发挥其聪明才智及发散思维，收到事半功倍的效果。如大班数学活动《圆柱体》中，各种各样的纸卷芯、薯片罐、

---

[1] 陈大伟.幸福教育与理想课堂八讲[M].上海：华东师范大学出版社，2013：111.

水杯、茶叶罐等实物,引导幼儿动手拆开裹在这些实物上的包装纸,自主观察、操作、测量、验证,并在与一次性纸杯的比较中对圆柱体的基本特征有初步了解;接着,引导幼儿将许多大小、高矮、粗细一样的圆柱体摆放成正方形,再把一块厚厚的软玻璃放在上面,让幼儿一个一个小心翼翼地站在软玻璃上,当幼儿全部站在软玻璃上时,"圆柱体力量大"的现象体验让他们惊叹不已、印象深刻。实物情境更富有真实感、启发性,更能引起幼儿共鸣,与幼儿的生活联系得更紧密,让幼儿从情境中获得灵感、拓宽思路,进行思考和辨析,产生情感上的满足,感受到数学本身的魅力,进而成为推动进一步学习的动力。

(六)挖掘游戏进行情境建构

"游戏是幼儿的基本活动,是创造性的自我活动和本能的自我教育,它给儿童以欢乐、自由与满足,又能培养儿童的意志力和自我牺牲的精神[1]。"学前数学情境教育活动中,我们相信情境的作用,相信游戏的力量,相信幼儿是自信而又有能力的自我学习者,共同建构富有趣味的游戏情境,调动幼儿多种感官参与,使幼儿在游戏中获得认知、感知发现、碰撞思维,满足幼儿好奇、好动的欲望,调动他们参与的积极性和主动性,培养和发展创造力。如在大班数学活动《区分左右》中,我们设计了"听指令摸身体左右部位""根据左右标记送胸卡""凭借图片找实物""转动骰子破解密码"等游戏,让幼儿在游戏情境中辨别左右、分清左右、巩固左右、拓展左右的认知,把分散的信息进行加工、聚合,形象地感知、理解、体验数学,寓教于乐,提升经验。

(七)扮演角色进行情境建构

角色担当与角色转换在学前数学情境教育中具有重要作用,幼儿扮演自己向往的角色、童话中的角色或现实中的角色,如小小建筑师、环保小卫士、售货员,全身心地进入情境、扮演角色、投入到数学学习中,增强了角色意识和参与活动的主动性。我们及时提供幼儿喜欢的角色道具、材料或与幼儿共同制作相应的角色用品,鼓励幼儿扮演自己喜欢的角色并进行个性化展示,细致地观察和捕捉幼儿的闪光点并及时进行激励,使幼儿体验到数学的有趣和成功的乐趣。如在小班数学活动《打电话》中,幼儿在了解了打电话的礼仪及步骤之后,出示小猫、小狗、小兔等动物头饰,让幼儿扮演自己喜欢的角色,用角色的良好情绪、优美动作、动听声音等,轻松愉悦地进行交往和打电话,巩固了 5 以内数的点数和相关的数字认读。

---

[1] [苏联]B. H. 阿瓦涅索瓦等.学龄前儿童教育[M].杨挹敏,等译.北京:教育科学出版社,2004:200.

（八）再现动画进行情境建构

借助 flash 多媒体、电脑动画等来建构活泼、新颖、有趣且富有思考价值的数学教育情境，借助优美动听的音乐或有趣恰当的旁白，吸引幼儿的注意力，让幼儿产生一种与环境相适应的愉悦情绪，在好奇心的驱使下探索新知、启迪思维、满足创造需要。如在大班数学活动《区分左右》中，首先由教师在课件上演示标记"→"（从左向右）、"←"（从右向左）；接着让幼儿在一排小动物中找出队长"小猴"并送上胸卡"→3"；然后教师在课件画面上输入带有铃声的密码，打开密码锁，帮助小动物顺利进入游乐场；最后师幼随着动画中的欢呼声、音乐声共同庆祝，分享快乐与成功。整个活动轻松愉快，白板课件的制作与运用，让幼儿直观形象地了解了"→""←"的标记及其意义，轻松自然地学会了区分"左右"，巩固了对"左右"的认识，有效提升了相关经验。

二、学前数学情境教育促进儿童创造力发展的操作路径

《指南》指出："幼儿的思维特点是以具体形象为主，应注重引导幼儿通过直接感知、亲身体验和实际操作进行科学学习，不应为追求知识和技能的掌握，对幼儿进行灌输和强化训练。"通过多年实践探索，我们总结出"重引导—多动手—巧变化—善融合"的学前数学情境教育操作路径。

（一）在"引"上预设，萌发创造动机

在学前数学情境教育中，我们以引发幼儿的学习兴趣为出发点，萌发幼儿的想象和创造动机，促进左右脑协调发展，发展创造性思维和创造性人格。

1. 角色导引

幼儿天生就对周围环境充满好奇心和求知欲，如果任务的提出在适宜情境中引发，就能调动幼儿的内在认知需要，引发幼儿关注的话题，幼儿深入其中并承担一定角色任务，他们的探究兴趣和操作动机被激发。如在小班数学活动《打电话》中，将"打电话，祝小动物生日快乐"作为预设的集体活动内容，一开始就带幼儿进入贴近生活实际、符合年龄特点的"打电话"这一情境，在不经意间引出小猫、小狗、小兔等幼儿喜欢和熟悉的小动物角色，激发幼儿的兴趣和好奇心，使之很快地进入他们熟悉而又充满神秘的动物世界中进行深层次的探究活动，链接、迁移幼儿已有的有关5以内数量感知与数字认读的零星经验，帮助他们进一步梳理与提升了相关经验。

2. 问题导引

在中班数学活动《5以内的序数》中，在问题情境"数字娃娃是怎么排队的？箭头表示什么意思？小红旗的方向有什么用？"等激发下，幼儿通过看一看、猜一

猜、摸一摸、听一听等多种方式理解序数的意义;接着在"逛公园"情境中,幼儿通过亲身体验,知道了序数是会变化的,要认真仔细地观察小旗的位置、箭头的方向、行走的路线;最后,幼儿带着自己的新经验,争先恐后地找到了小动物新家的地址并奔走相告。整个活动中不断出现的具有挑战性、开放性、趣味性的问题,让幼儿掌握了学习与游戏的主动权,引发幼儿的思维、探究、发现,激发幼儿的学习兴趣,贯彻"最近发展区"原则,激励幼儿积极参与活动,让幼儿"跳一跳,够得着"。

3. 氛围导引

当幼儿与接纳、支持他们的成人互动交流时,他们会把自己视为有能力、有价值的人。在充满真诚、和谐、尊重的氛围中,让幼儿感受到来自权威的信任、期望和鼓励。我们及时肯定和鼓励幼儿的创造性行为,强化他们的创造动机。如中班数学活动《5以内的序数》中,教师结合教材内容的特点和中班幼儿的学习方式,创设贴近幼儿的生活情境和环环相扣的操作情境:帮小红旗找朋友、为气球找号码、给小动物找家、接受小礼物等,营造和渲染一种平等、宽松、富有探究性的氛围,让幼儿主动而积极地投入数学学习之中,激发幼儿的操作动机和兴趣,并通过观察不断积累丰富的表象,在实践感受中逐步巩固认知,体验发现与成功的乐趣。

(二)在"动"上尝试,激发创造潜能

幼儿通过操作、发现、探索学到的知识才是最牢固的、不容易遗忘的。人是在与世界的交互作用中认识世界并反观自身的,幼儿在适宜的数学情境中始终与材料互动、与同伴互动、与教师互动,他们的思维才能得到启发,不断产生一些新点子、新愿望、新情节,从而在幼儿的大脑中植入创造性思维的习惯,激发创造潜能。

1. 动手操作

在中班数学活动《比高矮》中,我们从软砖的形状、颜色不同上挖掘操作软砖的多种可能性:首先,按照从高到矮、从矮到高的顺序合作给软砖排队,幼儿发现了软砖摆放方式与总高度之间的关系,为下一环节的活动做了铺垫。其次,将特定颜色软砖按照一定顺序排在最前面,让幼儿在游戏情境中不断尝试,感知摆放方式不同会使软砖变得更高或更矮。再次,分组合作搭建楼房,比一比哪一组能用相同数量的软砖叠加出最高的楼房,幼儿主动探索每种不同软砖如何摆放才最高。最后,改变三角形软砖的摆放方式让楼房变得更高,并巧妙发挥圆柱体红旗标记的作用,将整个活动推向高潮。幼儿在排一排、比一比、摆一摆、记一记的过程中感知软砖的特性,建立自己特有的经验。学前数学情境教育使幼儿的动作过程、思维发展、语言表达三位一体,极大地促进了幼儿创造力的发展。

2. 动嘴交流

"让幼儿充分活动"是学前数学情境教育的显著特点,参与是情境学习的核心要素。在日常生活、游戏情境中进行的实物操作和练习越多,幼儿所获得的数学体验和经验就越多,也就越容易理解抽象的数概念。我们将幼儿的很多数学操作活动与他们的生活情境、游戏情境相结合,变被动接受知识为主动操作获取知识与经验,留给幼儿尝试、讨论、想象的时间和空间,鼓励他们边实践边交流,边操作边讲述自己的操作过程和结果:取得成功时,与同伴共同分享,有利于激发新的创造热情;遇到困难时,大家相互激励,有利于增强克服困难的勇气和毅力;有了新的发现时,集体讨论梳理,有利于触类旁通、举一反三,获得新的方法与经验……让数学成为幼儿看得见、摸得着的数学,让数学成为幼儿喜欢的、有用的数学。

3. 动脑思考

"我们将数学目标融入完整的、真实的、亲切的、有材料支撑的情境之中,使幼儿将数学学习的目标要求转化为幼儿的操作需要,使原本枯燥的操作活动成为有趣的游戏活动,鼓励幼儿经常换一种方式思考问题,体验和感知材料,激发内在动机,获取相关的数学经验[1]。"如我们设计的大班"种花"这一游戏,融入加减运算练习的任务和目标,满足不同思维发展水平幼儿的现实需要。这时,幼儿已经不是在完成操作任务而是在进行真正的游戏,避免了为操作而操作的应付,幼儿对这样的游戏乐此不疲、开心放松,他们的思维更活跃、更富有创意。在此,数学经验不是教师教给的,而是幼儿通过自己的动手动脑而获得的。

(三)在"变"上思考,触发创造思维

情境创设要有利于培养幼儿的思维能力和开拓创新能力。"变"是指创设适宜多变的情境,提供新颖多变的材料,采用灵活多变的探究学习方式,把幼儿的思维活动与观察、操作、想象、表达相结合,始终保持对数学学习的热情,并引导幼儿逐步理解相关数学问题的一般规律和本质属性,触发创造思维。

1. 情境之"变"

为幼儿创设的数学教育情境应生动有趣,富于变化,并巧妙地将所要学习的内容融入具体的生活情境之中,同时也和学习的内容密切相关,让全体幼儿卷入其中。小班数学活动《小兔春游》中,活动一开始,孩子们戴上臂饰,一个个仿佛真的成了一个个活泼可爱的"小兔宝宝","兔妈妈"神秘而又亲切的语调和表情

---

[1] 管旅华.《3—6岁儿童学习与发展指南》案例式解读[M].上海:华东师范大学出版社,2013:190.

又不断吸引着孩子们;以"春游"为主线,创设了四个情境:"开车前往大森林""根据标记找朋友""草地野餐大家乐""山洞躲雨比多少",当新的活动开始时,"小兔宝宝"的角色身份立刻让幼儿迅速全身心地投入活动中,他们在不同的情境中愉快探究,充分运用多种感官,丰富和拓展新经验,在自然的状态下潜移默化地理解、掌握了一一对应和多少的关系,使数学学习不再枯燥乏味,在师幼互动、同伴互动中孩子们始终情绪高涨,开心积极,体验到游戏的惊险有趣;老师的及时提醒和有效暗示,巧妙地引导幼儿进行有目的、多角度、深层次的研究,扩大了注意的场景和范围。

2. 材料之"变"

认知心理学告诉我们,新经验或新信息的输入不仅可以改善个体原有的认知结构,而且可以激活长时记忆中储存的知识信息,促成各种观点之间的联结,进而产生创造性的思想和行为。独具匠心、富于变化的教学具设计及操作材料的提供,使幼儿更直观生动地认识与理解教学内容,更好地在情境中积累与迁移相关数学经验。如中班数学活动《比高矮》中,形状各异的彩色软砖充当了幼儿的小椅子,让每个幼儿很快进入了一个愉悦的游戏情境,幼儿通过亲身感知与操作探索,对软砖的形状、颜色、长高宽等不同的特征有了自己的认识,为下一个活动环节做好了铺垫。接着,引导幼儿利用软砖重新塑造与组合,如将两块长方形组合使其与三角形竖放的高度区别开,将三块方形软砖组合成为一个长方体,保证每个软砖各个方向的高度有所区别,便于幼儿在比高矮的过程中发现其高度上的明显差异。同时,教师将软砖的相同大小的面贴合,使组合软砖成为一个新的个体。开放多变的材料组合方式让幼儿乐于操作,好奇心得到满足,在一物多用多变的情境中培养创造力。

3. 方式之"变"

大班数学活动《小熊寻宝》中,根据大班幼儿的身心发展特点,预设了几个不同的活动方式,使幼儿在三番五次的动手操作中、在不断变化的童话情境中、在与同伴友好平等的交流中获得了许多创造机会,在情境中迁移和拓展数学经验。第一个环节,引导幼儿仔细观察"小熊"心爱的神奇玩具——七巧板,并大胆尝试拼搭出自己喜欢的物品。第二个环节,创设了变化莫测、充满悬念的故事情境,鼓励幼儿勇于接受挑战,帮助"小熊"度过了一个个危险,解决了一个个困难。在此过程中,幼儿一会儿观赏画面、一会儿动手操作、一会儿交流讨论、一会儿合作探究,投入专注地完成了既定目标。最后一个环节,幼儿与"小熊"共同将七巧板恢复原状,找到宝物,庆祝取得的胜利,回味这一次的快乐之旅。活动方式的改变,让幼儿有了更多的操作与尝试机会,并始终饶有兴趣地参与到每一个环节之中。

(四) 在"融"上着力,生发创造乐趣

情境教育之"情境"是"有情之境",是"儿童活动之境"[1]。学前数学情境教育中注重将活动目标、情感情绪、想象思维巧妙融入活动的各个环节中,力求做到教师"有意",幼儿"无意",使幼儿在不经意间产生健康、积极、愉快的情绪体验,自然而然地习得经验,提高教育教学效果。

1. 融入目标

将数学目标有意隐藏与巧妙融入有趣的游戏、操作活动中,能让幼儿自主学习、自由探索、发现问题,并以自己独特的视角和策略去解决问题、找到答案,培养创造意识和实践能力。如中班数学区域活动《开心农场》中,两名幼儿轮流根据骰子上的数字或点子数量,在自己的菜地上种下相应数量的蔬菜。当一方的菜地空格全部种满蔬菜后,就可以收获所有蔬菜并换取一棵大的蔬菜,之后再继续进行游戏;获得两棵大蔬菜后则可领取一个游戏小星星。该游戏渗透了"闯关""升级"等现代电子游戏中的流行概念,将 10 以内数物匹配、按数取物、点卡制作等目标巧妙融入游戏,引起幼儿共鸣,他们在游戏中享受着"种菜"的过程,期盼着最后的"星星",而不是带着任务去"学数学",潜移默化地感知了 10 以内数量,学习正确地按数(或点子)取物,完成了数学经验的建构,并愿意与同伴轮流、合作游戏。

2. 融入情感

学前创造教育是融入情感的教育,幼儿的情绪情感具有很大的情境性,容易受到具体事物、具体情境的支配。情感性是学前数学情境教育不可缺失的要素之一,学前期的幼儿是教育的主体,更是发展的主体、体验的主体,他们的创造力具有个性化、多元化的表现。学前数学情境教育活动中注重尊重幼儿的主体地位,寓教学内容于具体形象的情境之中,让幼儿在愉悦的心理状态下入情入境,感受与探究数学,培养兴趣、促进思维、理解规则,逐步形成创造性人格,有效促进幼儿创造力的发展。如大班数学活动《小熊寻宝》中,有趣的故事、合理的情节、神奇的魔法、与生活相链接的模拟情境、开放的操作环境、平等的心理氛围,让幼儿与小熊同呼吸、共命运,想小熊之所想、急小熊之所急,投入而又专注地帮助小熊共同完成了"拼条毛毯来取暖""想个办法过小河""共同找到百宝箱"等一项又一项任务,接受了一个又一个挑战,使幼儿的实践能力和创造能力得到了历练和提升。

---

[1] 李吉林.情境课程的操作与案例[M].北京:教育科学出版社,2013:8.

3. 融入想象

想象能使幼儿的思维有更广阔的背景与时空,幼儿在自由驰骋的想象中能与动植物共情、与日常生活用品对话、与世间万物交流。如大班数学活动《小熊寻宝》中,小熊带着神奇的七巧板进入深山寻找宝物,这一情境让幼儿跟随小熊探险与寻宝的足迹一步一步向前迈进,通过动手尝试、动脑思考,知道了七巧板的不同组合和众多变化,让幼儿对图形的认识与巩固变得自然亲切。随后,幼儿分组进行一次次实践操作,自由拼搭七巧板、组合图形变毛毯、想方设法过小河、还原解锁百宝箱、获取分享新礼物……整个活动中,提供给幼儿的仅仅是简单的故事情境、寥寥的几张图片、人手一份的七巧板和操作盘,更多的是引导幼儿积极思维、大胆想象、主动发现,自由自主地尝试与操作,在故事欣赏、图形拼搭、交流讨论过程中感受七巧板的千变万化,体验到数学活动的乐趣。

荷兰数学教育家弗雷登塔尔(Hans Freudenthal)认为:"数学学习的过程就是'再创造'的过程[1]。"情境,使学前数学教育充满了生活气息和游戏意味,让幼儿由被动的"接受者"变为主动的"探索者",在感知与操作、展示与分享、建构与积累、表达与创造中遨游于自由发展的数学天地,快乐幸福地成长。

作者:周云凤

---

[1] 秦琦.自我感悟:小学数学生态课堂的应然选择[J].江苏教育研究,2016(29):49-51.

第四章
学前科学情境教育与儿童创造力发展

学前儿童处于好奇心、求知欲最旺盛的时期,也是人的创造力发展的最佳时期。他们的创造潜能如果在这一时期不能被激活、被唤醒,那就可能如绚烂的火花得不到氧气一样,慢慢消失在儿童的成长路上。

激发幼儿的创造欲望,培养他们对学习的兴趣,富有想象、善于思考、爱幻想、爱探索的品质,兼具灵性与积极的理想,这是幼儿教育的理想。教育者那么努力,社会、家长又在儿童教育上花费了大量心血,现状却不容乐观。已有研究表明,我国幼儿创造力的发展呈下降趋势[1]。如何让儿童在积极愉快的氛围中主动地学习科学,喜欢科学,从而激发创造的热情?情境教育为我们打开了一扇大门。

中国情境教育创始人李吉林认为,科学情境教育能让儿童"在丰富的活动情境中,积极地带着问题进行假设,通过实验、观察、分析进行求证和归纳概括,得出结论。由此培养儿童尊重事实态度的科学态度,让儿童感受科学的奇妙、科学的伟大,继而培养他们对科学的热爱、探究的热情和科学的精神,将科学知识应用于生活的热情,培养实际操作的能力"[2]。而在此过程中,创造的热情被激发,创造性思维得到提高,创造性人格得以形成。学前科学情境教育以科学的儿童观为基础,顺应学前儿童身心发展规律,滋润幼儿情感的幼芽,鼓励主动的探索和实践,点燃智慧的火花,开启创造的大门。

---

[1] 翁亦诗.幼儿创造教育[C].北京:北京师范大学出版社,2001:325.
[2] 李吉林.为儿童的学习——情境课程的实验与建构[M].北京:外语教学与研究出版社,2008:317.

第一节　学前科学情境教育的内涵、目标与独特优势

我们不得不清楚地认识到，一些老师的教育理念或多或少地有着"小学化"的倾向，用成人思维去组织幼儿活动，甚至打着"安全第一"的口号，剥夺了儿童走进自然、动手操作、实践创新的权力。让我们来看这一幕：午餐后，老师带着儿童在散步，有一位儿童在花坛边发现了一条小虫子，一些儿童停下脚步开始围观，带班老师匆匆赶来，一看地上那条黑乎乎的小虫，眉头一皱，命令道："快跟上，午睡时间到了！"儿童不情愿地站起来跟着老师走了。多么好的情境教育契机啊，一个建立于幼儿兴趣点之上的自然情境下的探究活动，就这样活生生地被这位教师扼杀了。午睡时间就差这五分钟吗？其实幼儿园是可以有弹性作息时间的，它要追随幼儿的需要进行灵活的安排。

知识都是产生于特定的情境中，牛顿的万有引力定律产生于一颗苹果从树上掉下来的情境，人类在具体的情境中发现、发展，脱离了具体的情境，知识就是符号，没有了意义。学前科学情境教育正是儿童置身于鲜活、具体、真实的情境中，同时伴随积极的情感，自主构建科学知识的过程。它将科学知识镶嵌在具体的情境中，顺乎学龄前儿童的科学探究的认知规律，激发科学兴趣，提高科学素养，促进科学创造力的发展。

每一个儿童都是富有创造力的生命体。遵循学前儿童的学习特点，发展幼儿的创造性思维，著名儿童教育家李吉林提出的情境教育具有独特优势，学前情境教育为幼儿打开了一扇快乐的学习科学的大门。

一、学前科学情境教育的内涵

学前科学情境教育亦称为情境型科学教育，是指通过创设一种探究的情境，引领儿童关注周围世界中的科学现象，在优化的情境中激发幼儿的好奇心和问题意识，在愉悦的情绪中调动已有经验主动建构科学经验，充分发展幼儿的创造性和探究精神，形成受益终身的科学学习态度和能力的一种科学教育模式。

我们将科学情境教育的教育价值更多指向为促进儿童创造力发展，是因为在师幼共同创设的真实、生动、鲜活的情境中，学习氛围轻松自然，儿童情绪愉悦，鼓励幼儿发现问题—做出假设—搜集证据—验证猜想—得出结论，这是幼儿主动建构知识、提高科学思维的过程。环境促进幼儿科学思维的广度、深度发展，激发创造潜能，培养创造性人格。

二、学前科学情境教育的目标

学前科学教育是科学启蒙教育,而早期的科学教育对一个人的科学素养起到决定性的作用。根据《幼儿园教育指导纲要》中关于科学的目标,结合《3—6岁幼儿学习与发展指南》,我们不难看出幼儿科学教育目标的定位是幼儿能有积极的求知态度,敢于尝试,过程中乐于交流,并获得相关的经验。而幼儿园传统的科学教育内容偏重教给儿童一些科学知识,忽略儿童获取知识的自身构建,长此以往,儿童被动地学习,慢慢地就会对科学现象失去探索的欲望,创造力就会被抹杀。

学前科学情境教育的着眼点在于根据创造学的基本原理和儿童创造心理的发展规律,在科学教育中渗透情境教育的理念,在自由安全的心理氛围中激发幼儿积极的求知欲和探索欲,使科学的学习变得生动愉悦,从而促进幼儿创造力的发展。

基于以上的认识,学前科学情境教育目标确立为以下几点:

(1) 在适宜优化的情境中大胆猜测,在探究过程中能多维度地比较、猜测、验证,激发创造意向,积极描述、表达、交流探索的过程和结果。

(2) 在开放的情境中,乐于发现探索,敢于挑战、解决问题,发展思维的独创性,获得全新的创造性体验。

(3) 在积极的心理暗示和情感体验中,提升幼儿科学探索的主体性,形成真实、独创、质疑、乐于交流的学习态度与价值观,培养幼儿思维的灵活性、新颖性,促进他们创造性人格的发展。

三、学前科学情境教育促进儿童创造力发展的独特优势

创造力是人类智慧花园中最耀眼的花朵。人类通过自己的奇思异想和不断探索,凭借自己的创造力,不断突破人类的极限,制造出了飞上太空的航天飞机,潜入海底的载人潜水器,呼啸奔腾的高铁,实现了人类像鸟儿一样飞翔,像鱼儿一样遨游,像马儿一样飞奔。虽然现在科技日新月异,但这些并不是人们创造的顶峰,而从小培养儿童敢于想象、敢于挑战、敢于尝试、敢于失败、善于总结,人脑的"超剩余性"就会开发得越多,一切就皆有可能。

在幼儿科学教育中重在科学素养的培养,在学习过程中对自己已有经验进行整合,建构新经验,并将它用于解决生活中的问题,回归生活。基于儿童创造力发展的科学情境教育的核心目标就是体验科学给人们带来的好处,并尝试简单的设计和制作,获得解决实际问题的基本思路和方法,培养积极的科学创造

品质。

（一）置身情境，唤起创造潜能

儿童是活动的主体，是活动的主动学习者，只有激发了儿童的主观需求，儿童才能全身心地投入学习。科学情境教育将知识镶嵌在特定的情境中，符合儿童的主观需求，儿童一进入情境，便会产生热烈的情绪。由于好奇心的驱使，主观能动性马上被调动起来，他会心存疑问，急切地想要通过操作、实验了解为什么。而连续的情境又不断促使活动的过程变成一种持久吸引儿童以极大好奇向知识领域不断探究的活动。因此，运用情境教学能充分发挥儿童学习的主动性，激发幼儿的好奇和探索欲。好奇会促使幼儿好问好学，我们会发现学前儿童会有很多的为什么："为什么天是蓝的？""为什么船不会沉下去？"但是，这种好奇心如果不保护得当，比如教师组织的单调的活动、烦躁的应答、无意的训斥等，儿童的这种可贵品质就会慢慢消失，以致对周围事物不感兴趣，对一些现象比较木讷。我们要保护好幼儿的好奇心，智慧地加以引导。而科学情境教育则是在适宜的情境中，暗示、鼓励幼儿主动探索和解决问题，幼儿的好奇心得以满足，创造性行为就会自然产生。李吉林认为："情境教学正是守持儿童立场，把儿童带入情境，持久学习的兴趣[1]。"在快乐的学习中，把创造的权利还给儿童，他们才能全力以赴、勇往直前，儿童学得主动，才能使他们享受到学习的快乐，最终培养出思维独特、灵活性强的创造性人才。小班案例《送蜜蜂嗡嗡回家》中，循着"蜜蜂嗡嗡去哪儿了"这条主线，连续的情境激发了儿童的好奇心，给予他们想象的空间，儿童的学习兴趣始终高涨，并在寻找过程中听辨各种动物的声音，最终想出了各种送蜜蜂回家的好办法。

（二）活跃思维，培养科学创造力

在我国创造力研究领域，科学创造力研究非常活跃，成果很多。"青少年的科学创造力是青少年在学习科学知识、解决科学问题和科学创造活动中，根据一定的目的，运用一切已知信息，在新颖、独特且有价值地（或恰当地）产生某种产品的过程中表现出来的智能品质或能力[2]。"儿童在科学活动的过程中，也无时无刻不在思维，好奇心的驱使，实验探究的过程，结果的记录，交流的分享，小组活动中的协调与分配。在相应的情境中，积极的思维帮助儿童通过材料或事物的具体操作，慢慢概括总结出较为理性的概念，借助具体形象思维使抽象逻辑思

---

[1] 李吉林.为儿童的学习——情境课程的实验与建构[M].北京:外语教学与研究出版社,2008:263.

[2] 胡卫平,俞国良.青少年的科学创造力研究[J].教育研究,2002(1):44-48.

维得以培养,创造性思维也会异常活跃。大班案例《让照片站起来》中,教师创设了布置新家的情境,为儿童提供纸、铅笔、盒子、吸管、夹子等材料,儿童一个个都成了小小设计师,对增强照片站立稳定性的方法产生了探究兴趣。在不断尝试中,在与同伴的合作中,想出了各种各样让照片站起来的方法,并由此得出科学结论:接触的面越宽越大,照片就站得越稳;支撑的点越多,照片也站立得越稳。

情境中直观的形象或是场景,使儿童有意无意地与以前相关联的形象或场景产生联动的、跳跃式的某种联系或关联,儿童的脑海中将这些信息进行加工组合再造,想象活动也会随之展开,思维会异常积极主动,最终促进了儿童科学创造力的发展。

(三)融情入境,培养可持续的创造品质

第一,敢于想象——以境激情。儿童只有敢想才敢做,对于科学活动来说,想象能力十分重要。科学思维不仅仅是抽象逻辑思维,还有具体形象思维。所以,创设"亲近幼儿""宽松开放""趣味挑战"的情境,使儿童进入一种"我要学"的状态,最大限度地激发学习的内部动机。适宜的情境为幼儿打开想象的大门,而一旦进入了这扇"大门",儿童的灵感就像被"金钥匙"打开,他的思维就如泉水般汩汩流淌,他大胆地想象、勇敢地假设,创造性表现也会得到充分发挥。

第二,善于思考——以境思之。儿童的学习是在与环境、材料的互动中不断感知,进而获得新的知识和经验。儿童有了自己大胆的想法之后,他必须付诸实施行动。在适宜、开放的情境中,幼儿积极摆弄材料、记录实验结果,很有可能他会不断地"试误",所以每次失败后他必须积极地思考、多角度地思考,要对自己提出若干个"为什么",并调动已有经验来确定下一个实验方案。所以在操作、实验的过程中,他一直灵活、主动地进行思考,最终获得成功。

第三,敢于质疑——以境问之。创造就是不盲从、不轻信,要有所发现、有所创新。而有所发现、创新,是从质疑开始的。创新思维蕴藏在质疑中,在质疑中思维碰撞,产生灵感与顿悟。科学哲学家卡尔·波普尔(Karl Popper)主张怀疑和批判的精神,正所谓"大疑则大进,小疑则小进,不疑则不进"。学前儿童对一切事物都充满好奇,科学情境教育能保护对事物的好奇心,并自然地在情境中摆弄、探索,寻找答案并生成更多的"为什么",培养求异思维的同时,产生创造的可能。故情境教学以观察与情感熏陶为基础,着眼于儿童的发展,为儿童学习拓宽了思维空间,促进了幼儿求异思维的发展,培养了幼儿的求异品质。

第四,自我导向——以境促引。自我导向的学习指幼儿自主导引学习的活动。儿童科学情境课堂中,教师以科学的智慧创设的情境、提供的合理材料、及时的鼓励等行为,使儿童大胆地基于以前的活动经验,知道自己该做什么、怎么做,或者需要什么、不需要什么,摆脱对成人的依赖,拥有引导自己行动或行为的能力。在学前科学情境教育中,儿童的自我导向能力逐步得到培养且极具价值,这是儿童创造力发展所需要的重要品质。

(四)激发情感,培养创造性人格

情境教育重视过程中儿童的主体性活动,在创设的有情有境的氛围中,挖掘情境中生活、社会、角色的内涵,激发主体的活力,从角色的担当、体验、感受,引发一系列再现科学主题中的角色活动,幼儿入情入境,角色变了,幼儿的思维、情感活动就会自然地按照角色的需要产生。此时儿童的活动情境就是"有我之境",能够促使他们自觉地、主动地投入科学探究活动之中,提升解决问题的能力。如案例《朵拉探险》中,儿童化身朵拉,带上工具,身临其境实地去探险,认识了森林里的一些动物如水獭、环尾狐猴的基本特征,学会看地图、画地图,学会了遇到困难积极出谋划策。所以,在儿童科学活动中,如果想让儿童摆脱填鸭式、灌输式的学习,让儿童积极愉快地学习,利用角色效应是有效的手段之一。儿童内心会产生逼真的角色转换,他的情感在角色担当中激发,他们的创造性意识在角色情境中被充分地挖掘、利用、整合。同时就主体性而言,幼儿从"被动地等待接纳"的角色转换成了"我要学习"的主动角色。在实践能力、解决问题的能力得以提升的过程中,创造性人格得以发展。

第二节 学前科学情境教育促进儿童创造力发展的理论构建

幼儿时期是创造力发展的关键期,但长期以来的重说教轻实践,严重影响了幼儿创造力的发展。我们教育的对象是学龄前儿童,这个年龄段的儿童具有自身显著的特征:他是稚嫩而丰富的个体,他处于具体形象思维活跃的时期,他有着无限开发的潜力。特别是幼儿科学教育,把严谨的科学原理或是科技实验,转化成具体的、感性的科学活动,并不是一件易事。因为教师常常会忘记我们的对象是儿童,用成人的思维去主导活动,结果可想而知,幼儿缺乏丰富、鲜明、直观的情境,不能激发兴趣、感受活动乐趣,就难以开启思维与创造的大门。

一、学前科学情境教育促进儿童创造力发展的机制

学前科学情境教育促进儿童创造力发展的机制是科学情境教育影响儿童创造力发展的过程、方式和机理。情境教育是幼儿科学教育的金色阶梯,它为幼儿打开科学的大门,点拨其思维火花,激发创造热情与灵感。学前科学情境教育促

进儿童创造力发展的主要机制包括生活链接机制、情感诱发机制、自导建构机制和安全自由机制。

（一）生活链接机制

生活链接机制指在科学情境教育中要把生活作为儿童学习的媒介，引导幼儿在"真情实境"中愉悦地习得经验。

李吉林主张："给儿童一个真实的世界，使符号学习与多彩生活相链接[1]。"新课程也呼唤科学世界向生活世界的回归。如走进大自然，探索自然科学的秘密：春天百花盛开，花红柳绿，蝴蝶蜜蜂穿梭其间，蚯蚓蚂蚁在树下悄然忙碌；夏天，树叶更加茂盛，为大家挡住炎炎烈日，知了在树上欢快地歌唱；秋天，天高地宽，瓜熟蒂落，落叶缤纷；冬天，皑皑白雪，美丽的冰凌，冬眠的动物。四季轮换，生动而又美丽。走进大社会，感受社会万象、道德规则：各种交通标记、走路的规则、买卖的交易、各行业的流程等，这些场景是真实的，是活生生的，是感性的，儿童可以观、可以闻、可以听、可以摸甚至可以吃，这是多么吸引人的世界啊！

人类在生活中的伟大发现有很多，"瓦特因为外祖母家的水壶盖被沸水掀动而发明了蒸汽机""伽利略在浴盆里洗澡时发现浮力定律"……生活中有趣的现象比比皆是，而每一个有趣现象的背后都隐藏着一个科学知识。所以在科学情境教育中，我们创设的情境，一要注重联系儿童的现实生活，只有在活动中讲究"真情实境"，才能让儿童对周围的科学现象或事物感兴趣并真正地探寻秘密和认识世界，体验到周围世界的神奇，感受到身边处处是科学，从而形成积极的科学态度和能力。二要注意与他的生活经验相连接。选取的内容要"真"，尽可能来自儿童所熟知的生活现象，如身边有趣的现象或是要解决的问题，基于儿童生活经验之上的科学学习，会给儿童带来亲切感和熟悉感，激发解决问题的欲望，会不自觉地引导幼儿向更深层次去发现、探究。如小班案例《雪花》中，实施的时间是冬季，创设的情境就是下雪后的森林，小动物们出来玩雪的场景，探索内容就是"感知雪的特征，雪是怎样融化的"。活动中，在真实的冬季，在真实的"雪景"中，儿童扮演成各种小动物，闻、看、摸各种白色的与雪接近的材料，仔细比较观察、积极探究、体验探究乐趣。

（二）情感诱发机制

情感诱发机制指在科学情境教育过程中始终伴随情感的内驱力，在获得积极的情感体验时催生更积极的探究行为。

人的认识与情感是水乳交织的。儿童创造力的发展正是有了火热的情感推

---

[1] 李吉林.情境教育的独特优势及其建构[J].教育研究,2009(3):52-59.

动,才有不言放弃的坚持,促进儿童创造力发展。科学情境教育是催化剂,它催生情感,继而自然而然地产生"主动投入"的那股劲,而且这股"劲"力大无比。原本抽象、枯燥的知识一下子变得鲜活、生动起来。凭借情感的纽带作用,情感与认知、感受、体验共鸣,激发创造性思维。教师创设的情境不是单纯形象的呈现,它浸润、弥漫着情感,只有激起了学习者的情感,才是一个有"情"之境,使儿童非常乐意接受,产生积极的情绪反应,能激励、唤醒、鼓舞幼儿的科学探究情感。而投入的情感对儿童积极的科学态度、科学品质、创造能力的培养和养成有着重要作用。

如中班案例《寻找蛋宝宝》的活动中,黑猫警长请小朋友当小警察一起破案——寻找鸡妈妈丢失的蛋,对向往已久的角色体验,一下子激起了儿童的情感,他们热情高涨,根据提示苦苦寻找线索,一个个仿佛成了破案高手,活动中儿童的情感一直在沸腾,最终通过指示图,"小警察"找到了鸡妈妈的蛋宝宝,此时他们欢呼雀跃,积极主动的探索精神和科学创造力都得到有效培养。

(三) 自导建构机制

自导建构机制是由自我导向和自我建构共同构成,指儿童在具象的科学情境教育下产生自我导向学习,在与原有的知识冲突中建构知识。

在积极的科学教育情境中,幼儿具有主动的学习状态与内部动机是紧密相关的。内部动机最显性的表现就是专注于活动本身,在活动中投入、主动,思维一直处于爬坡状态,是幼儿创造力发展的重要因素。幼儿学习应该是主动的、建构的发现学习,而不是被动的、机械的接受学习。当学习主体有了专注的态度、灵活的思维,那他就有创造的无限力量与可能。

"以幼儿为本"的科学情境教育,在人为优化、与幼儿贴近的情境中通过内部驱动的作用产生了积极的态度倾向,激发了幼儿的内部学习动机,形成自我导向的心理情境,促进儿童自主性发展,突出儿童的中心地位,从幼儿被动机械学习转变到积极主动学习。科学情境教育情境中又蕴含悬念,不断产生新的认知冲突从而生成新的认识,又促进知识的主动构建,主动性得到集中体现,创造力发展也更为充分。

如在中班科学活动《神奇的北极熊》中,教师创设的让"蓝色小熊"变成白色"北极熊"的问题情境,一下子将幼儿的好奇心调动起来了。在第一次尝试中,蓝色小熊没有如愿变成白色的北极熊时,蓝色小熊有些难过但却又带有鼓励的言语,一下子把儿童有些低落的情绪又激发了起来。带着帮助"蓝色小熊"的责任,儿童大有一种"不达目的不罢休"的决心。在第二次尝试中,他们积极寻找着辅助材料,使劲儿摩擦小熊后,白色的泡沫粒一下子"蹦"到了小熊身上,同时也初步了解了什么是静电,摩擦能产生静电的道理。第三次尝试,他们去教室的各个角落寻找可以摩擦起电的材料。在这个活动中,这个"魔术小熊"的一些故事语言刺激着儿童,探究过程水到渠成,活动始终处于自我导向的学习状态,充满思维的灵动,创造火花时有迸现。

(四)安全自由机制

安全自由机制指伴随科学情境教育中开放的探究场景、材料、过程等,编织出各教育主体间的安全自由的心理氛围。

创造犹如一匹野马,任思维无拘无束地驰骋;创造犹如一只飞鸟,任思维自由自在地飞翔。要想激起创造的火花,激发创造性思维和创造性行为的产生,幼儿需要获得足够的心理安全感和足够自由遐想的空间才有可能。

首先,开放的师幼关系带给幼儿心理安全感。师幼之间不是领导者和被领导者,而是"观察与等待""合作与对话者",尊重、信任、鼓励是师幼氛围的主旋律,教师是幼儿思维的引导者、创造的欣赏者。只有这样,幼儿才愿意充分表达自己与众不同的见解,体现其解决问题中的独创性、多样性。其次,开放的教育情境给予儿童充分的心理自由度。在开放性的人际关系氛围中,情境教育提供了可供幼儿自由选择的区域活动内容。提供多元的材料,丰富而有层次性,尊重幼儿的个体差异,供不同发展水平的幼儿选择。在知识的建构过程中,幼儿互动也是多元的,有同伴互助、小组交流、集体分享,开放性的组织方式也会催生幼儿的创造力。

如在中班主题《好吃的食物中》中,科学区里首先创设了开放的美食场景,鲜艳的色泽、诱人的气味一下子吸引了儿童的眼球,激起了幼儿探究的欲望。教师提供了各类水果、食物(土豆、番薯、面条、饼干等)、碘酒、雪碧、苏打粉、醋、可乐、茶叶水等材料供幼儿选择,幼儿可以根据自己的兴趣,选择不同的材料进行水果横切面的观察、淀粉遇碘会变色、小苏打粉遇醋产生气泡等实验。在这个主题中,探究环境、探究材料、探究过程都是开放的、可供幼儿自由选择的,幼儿的操作方式也是开放的,没有教师的硬性干涉,他们根据自己的已有经验,在与材料的互动中、在与同伴或老师的互助合作中自由探索,创造力在此过程中自然地得到了培养。

二、学前科学情境教育促进儿童创造力发展的要素

学前科学情境教育促进儿童创造力发展的要素是推进幼儿创造力发展所必需的科学情境教育资源,是幼儿创造力形成和发展的动因。多年来的实践探索让我们深刻地认识到,多维的教育情境有助于激发幼儿的创造动机,真实的探究

体验有利于激发幼儿获得创造快乐,和谐的师幼关系有益于启迪幼儿的创造潜能。

(一)多维的教育情境,激发创造的可能

幼儿的科学学习是在与材料及周围环境的互动中建构自己的知识,富有情境的科学活动,因其本身的直观、生动、有趣、感性而吸引儿童,产生探索的热情和主动性,幼儿在与环境的互动中迸发灵感,调动多元感官参与,继而发现线索,动手实践,找到解决问题的方法。

1. 生活情境

"知识的本源在于它的社会性、建构性,学习科学始终强调学习活动是人与世界的互动[1]。"幼儿年龄小,生活情境是最贴近他们实际的情境。在生活情境中,他们自然、放松、感到安全,教师以他们的兴趣为出发点,创设贴近儿童生活实际的情境,激发他们参与活动的兴趣。比如,在大班科学活动《小小筛子本领大》中,教师创设了农民伯伯分粮食的生活情境,鼓励儿童帮助农民伯伯用各种筛孔不同大小的筛子分一分,儿童在轻松愉悦的"分粮食"情境中,获得了分离物与筛孔大小之间的关系这一经验。活动结束后还意犹未尽,教师又适时地抛出:"有一位农民伯伯不小心将米、面粉、赤豆、花生四种粮食混在了一起,请我们小朋友回去之后试一试怎么分,成功后我们去告诉这位农民伯伯。"这一加深难度的生活情境,使科学活动得到了延伸与继续。

2. 问题情境

幼儿好奇心强,在他们的小脑袋里,装着许多个"为什么",创设妙趣横生的问题情境,能唤起幼儿的求知欲望,不自觉中来到未知的问题氛围中。问题情境的创设引导幼儿明确探究目标,确定探究方向,引发幼儿的积极思考与探索。在急于解决问题的动机中,他们不自觉地运用已有知识、概念去假设、尝试、记录、分析,从而解决问题,体验成功的喜悦。问题情境的创设在一堂科学集体活动中,它是连续发生的,利于活动的深入开展,是紧密地为教学目标服务的,是与幼儿的生活紧密相关的。如科学活动《小小筛子本领大》中,设计的引入问题是:出示农民伯伯打翻的黄豆和芝麻的混合物,请小朋友帮忙将它分开。接着儿童自由选择镊子、筷子、筛子等东西尝试,发现了用筛子分东西又快又方便。把不同东西分开是生活中经常接触到的事情,基于幼儿原有经验的问题情境,直切主题、明了生动。接着,情境问题不断地加深难度,三种粮食的混合物混在一起了,怎么办?筛孔大小和粮食的大小有什么关系?四种混合物混在一起了,又有什

---

[1] 李吉林.学习科学与儿童情境学习[J].教育研究,2013(11):81-91.

么办法又快又准确地分开？循着"帮助农民伯伯"的这条情感主线，逐步探究下去。

3. 模拟情境

情境教育倡导创设优化的环境，感受美的情境，想象自己成为某个向往的角色，使儿童沉醉其中，流连忘返。这个原则不仅适用于语言、美术等领域的活动，同样也适宜严谨的科学领域活动中。如大班科学活动《动物气象员》，儿童根据自己的经验，借助多媒体的动态观察，知道了动物反常变化与气象之间的规律，他们模拟中央电视台"天气预报"的场景，借助播报的背景音乐，给大家播报天气。他们仿佛置身其中，来到了电视台演播室，自己成了一名真正的播报员，他们模拟播音员抑扬顿挫的声音进行天气播报。此时，热烈的课堂气氛又促进了儿童的思维活动，有人建议要给观众朋友们一些温馨提醒，如雨天路滑，谨慎开车；天气晴好，适宜洗晒，涂好防晒霜等，他们玩得不亦乐乎。儿童在模拟情境中学以致用，回归生活，不断创新，这是原本封闭的课堂想也想不到的活跃的场景。通过模拟的情境，知识与社会相连，与世界相融，课堂变大了，世界近了，知识更丰富了，知识被灵活运用了，真正体现了知识的价值。

4. 故事情境

故事是深受儿童喜欢的，他们会随着故事的发展走进故事，想象自己成了其中的一员，有趣的故事往往能很好地调动儿童探究的欲望。如果能将故事情节贯穿活动的始终，将故事情境与科学探究过程紧密结合，更能引发儿童自主的探索活动。如中班案例《喜洋洋的镜子屋》，灰太狼要抓喜羊羊的这一故事情境一下子抓住了儿童的兴趣点，他们人人对灰太狼义愤填膺，纷纷为喜羊羊出谋划策，第一次想出了用哈哈镜放大喜羊羊吓走灰太狼；第二次想出来用两面平面镜对照，镜中出现多只喜羊羊，又一次吓跑灰太狼；通过尝试第三次得出两个平面镜靠得越近变出的喜羊羊越多，彻底吓跑了灰太狼。每一次吓走灰太狼的成功喜悦，都为下一次探究活动奠定了积极的情感驱动，他们在故事情境中，自主尝试，感受着吓跑灰太狼的乐趣。整个活动过程轻松自然，思维、知识、情感在故事情境中融为一体，达到了"润物细无声"的教育境界。

5. 主题情境

幼儿园的主题教学是根据时下的季节、热点话题、幼儿的兴趣点设定相应的主题，师幼在一定时期内围绕一个主题开展活动，分预设性和生成性两类。在主题活动这一宽松的大背景下，为幼儿的思维自由驰骋营造广阔天地，为儿童对某一现象或事物连续深入的探究提供可能，具有连续性、发展性、深度性的特点。幼儿在主题情境的活动空间里，充分活动起来。从对现象的初步感知，向对其中现象有深入了解,而这些现象又是相互交叉联系的,便于儿童乐此不疲地、连续地、主动地去建构自己的知识经验。如中班《秋天的秘密》的主题活动,天气渐凉,落叶缤纷,中班儿童在户外观察到了落叶,他就会有这样的问题:为什么秋天树会落叶?为什么有的树却不落叶?树上的果实成熟后掉下来会怎么样?天气越来越凉了,小蚂蚁、小蜗牛去哪儿了?这一系列在秋天这一情境下产生的问题,会让他们主动地找寻资料,相互联系着思考,积极进行连续的观察记录操作,通过自身活动,认识世界,学习本领。

6. 野外情境

李吉林认为:"天地是赐予儿童最珍贵的、最美的、无可代替的滋养[1]。"大自然是活生生的课堂,以其丰富而真实、动态的情境不断吸引着儿童去发现、去探究,自然现象、动植物的秘密、事物之间的联系,儿童"野"在其中,"趣"不可言。如风雨雷电、四季变换、蜗牛蚯蚓、落叶缤纷,甚至动物间的弱肉强食等现象构成了大自然多姿多彩的"野""趣"情境。如《春天的约会》《秋天的秘密》《可爱的小动物》《冬爷爷的礼物》等主题活动中,野外的情境都为儿童的观察、理解、操作提供了活生生的教材、教具、学具等,儿童在其中,认知、情感、动手、创造能力都得到了全面的发展。

7. 游戏情境

游戏情境是指以游戏为手段,教育活动本身存在着自主自由的氛围,过程中充满了互动和童话般的意境。众所周知,对于学前儿童来说,游戏就是他们的工作,他们天生就是游戏的高手。科学活动《有趣的磁铁》中,"蝴蝶找花"的游戏情境,吸引着儿童不自觉中漫步在田野,去找花(其实是吸花),在游戏中了解了磁铁吸铁性物质的特性,知道了磁铁隔着物体也能吸铁的特点。在科学游戏情境中,情境就是游戏与主动学习的有效媒介,他们不仅仅是玩,更主要的是通过主动的积极学习,建构自己的知识经验,在这个放松愉悦的过程中,儿童的自由天性得到尽情发挥,创造性思维得以培养。

(二)真实的探究体验,获得创造的快乐

科学教育不仅仅是获得知识和经验,更是儿童全身心投入体验的成长过程。基于儿童创造力发展的科学情境教育运用移情的原理,渗透着教育者的目的和智慧,在富有情趣的情境中,着眼发展性和创造性,强调儿童的体验性,促使儿童主动积极的活动,在活动中获得充分发展。

---

[1] 李吉林.为儿童的学习——情境课程的实验与建构[M].北京:外语教学与研究出版社,2008:369.

1. 情境性体验

情境教育之"情境"是"有情之境",是儿童"活动之境"。科学活动时,在这优化的大背景中,儿童投入其中,感受充满热情的氛围,调动多感官参与情境的互动,直观体验到科学活动的趣味,获得情感体验的同时收获智慧。在情境性体验中教师要注意创设适宜的情境,适当地参与引导,鼓励幼儿大胆交流与表达,这样才能使幼儿的情境体验更为丰富,使幼儿"以情悟之""以境思之""愉悦验之"。

2. 过程性体验

在情境教学中,幼儿的主动探究充分尊重了儿童的身心发展特点是以具体形象思维为主、注意力不容易集中等特点,儿童不仅获得积极的情感体验,更在此过程中建构自己的知识经验。这个过程与情境紧密相随,伴随着儿童积极的活动和愉快的体验。

3. 游戏性体验

儿童身心发展的特点决定了幼儿园教学的基本活动形式是以游戏活动为主。但是情境教育下的儿童游戏并不是单纯的娱乐,而是在适宜情境中的游戏活动,在学习过程中感受游戏的愉悦。教师在活动时要注意选择的游戏是在相应的情境下产生的,儿童对游戏规则要明确,完成一个游戏后要及时小结,以便幼儿获得更直接的游戏体验,为进一步探究保持热情。

4. 创造性体验

在科学情境活动中,教师要鼓励幼儿跳出原有的思维固化模式,敢于尝试,敢于挑战,从中获得全新的创造性体验。教师要尊重儿童的主体地位,提供多向性的、可组合的游戏材料供儿童操作,鼓励儿童敢于面对失败,重新再来。

(三)和谐的教师角色与儿童角色,启迪创造的潜能

科学情境教育中要培养儿童的创新精神,不仅需要宽松积极的探究环境,更需放松的心理环境,而亲和的人际关系显得尤为关键。以往教师按预设的教案,和儿童一问一答,教师的权威对儿童的心理造成一定的压力,使儿童不敢放松学习,无法产生热烈、愉快的学习情感。而情境课堂中,亲近、和谐、乐助的师幼关系,使儿童敢于大胆提问、大胆质疑,敢于面对失败、不断"试误",他们感到无所拘束。在这种氛围中,儿童会敞开自己的心扉,感受到被接纳、被尊重、被信任,思维自然就会活跃起来,创新火花也就有了迸发的环境。

1. 情境的创设者

研究表明,人类更容易记住带有背景的知识和经验,情境性的知识更感性,更有辨识度,更容易让人识记。幼儿年龄小,以具体形象思维为主,他们更需要在情境中学习。教师和幼儿共建一个有连续性的、真实的、有材料支撑的情境,辅以音乐的渲染,借助图画等符号的表达,提供角色担当的机会,让幼儿在优化的情境中愉悦精神、无限想象,产生积极的驱动,产生对儿童智慧的启迪,让潜在的创新种子悄悄萌芽。如班级科学发现区的"纸张大力士""积木叠罗汉""神奇传声筒"等,提供丰富的材料供幼儿实验探究;在科学活动《糖果的旅行》中,儿童都变身为一颗颗甜甜的糖果,去探索人体消化系统的秘密;在野外探索活动中,儿童唱着《小树叶》来到附近的滨河广场观察落叶的变化,捡起不同形状的落叶,并带回教室做春枯叶与绿叶的小实验,绿叶春出的汁水又是很好的美工活动的染料。

2. 等待者与创造者

科学情境教育的环境是美感的、智慧的情境,优化的环境激起儿童的学习兴趣,产生主动学习的需求,儿童积极摆弄材料进行探索活动,他们就是创造者。在创造过程中,教师不要随意破坏这种积极热烈的氛围。当然,教师作为活动组织者,并非放任不管,此时最适宜的活动就是观察,亦可简单记录一些数据作为后续指导的依据。在以幼儿为主体的自主探究活动中,幼儿产生错误的操作或行为是正常的,他们就是在不断的错误中获得经验和创造奇迹的。此时儿童是创造者,教师就是一名等待者,他让儿童有机会去犯错、认识错误并且自我纠正,获得创造性体验。作为一名智慧的等待者,他提供了不断试错、自我纠正、自我成长的空间和权力,同时也培养了儿童爱质疑、多向思维的创造品质。

3. 合作者与对话者

以前在科学活动时教师总是先出现范例或是简单提问一下,便急于告知儿童答案,这种教育方式对儿童的设计制作、解决问题的能力培养都很不适宜。教师应放手让儿童去做、去尝试,允许失败,有了失败的经验,儿童才会和教师有话可讲,保证师幼之间平等的对话。后现代课程提倡教师应成为"平等中的首席",成为内在于情境的领导者,而不是外在于情境的专制者。教师是儿童情境的一部分,产生在两个平等的个体或群体之间的合作与对话这种行为,它顺应了儿童在学习中的主体性地位,对教师的权威地位提出挑战,这样需要教师由外在的领导者转化为内化的领导者,将教师的主导性"隐藏"起来,使儿童感受到轻松自由。在适宜的探究情境中,儿童舒适自然,他的兴趣被激发,同时他又感觉到了师幼关系的平等、被尊重,就会流畅地表达自己的见解,才会有思维的求异性,创新精神才会最大限度地被激发,并从中获得教师有益的指引。在合作的探索与平等的对话中,教师的语言往往又强化了情境,渲染了情境,使探究活动更为持久与深入。

三、学前科学情境教育促进儿童创造力发展的过程

有的老师也知道创设情境,但局限于表面或者是基于教师自己的立场思考,忽视幼儿的年龄特点,不知道他们的兴趣点所在,不清楚幼儿已有的经验,这种"为情境而情境"的片面做法,只能使情境教育走向形式主义歧途。秉承情境教育"与生活链接"的基本理念,契合情境教育"形真、情切、意远、理寓其中"的特点,结合情境教育"以情激智"的基本策略,学前科学情境教育的一般过程为:情境营造—情境浸入—情境操作—情境延续,一步步点燃创造欲望,激发创造热情,培养创造思维,提升创造能力。

(一)情境营造,点燃创造欲望

《纲要》指出:"幼儿的科学教育是科学启蒙教育,重在激发幼儿的认识兴趣和探究欲望。"对周围的环境充满好奇心和求知欲是幼儿与生俱来的,如果任务的提出在适宜情境中引发幼儿关注的话题,在此"情"此"境"中就能调动幼儿的内在认知需要,激起他们探究的兴趣。如在小班科学活动《雪花》中,一开始的故事《下雪了》就带儿童进入问题情境:雪到底是什么呢?小猫、小狗、鸡妈妈到底谁说的对呢?寥寥数语,就激发了儿童的好奇心,把他们带入一个充满神秘的世界,点燃了他们的创造欲望。

(二)情境浸入,激发创造热情

新的《幼儿园工作规程》指出:"教育活动的过程应注重支持幼儿的主动探索、操作实践、合作交流和表达表现,不应片面追求活动结果。"当儿童走入情境中后,教师创设的情境应再现相关角色的活动,给予他们自选角色的机会,全身心地浸入情境角色之中,引发幼儿亲历角色的心理历程,这一历程恰好带领着儿童积极探索和主动合作,勇敢表达。如科学活动《雪花》中,从小猫、小狗、小兔对雪花不同理解的故事情境中引入,儿童分别扮演小动物的角色,去摸、去闻、去尝,角色特有的体验,让他们置身于鲜活的情境之中,保持了探究的兴趣,激发儿童的创造热情。

(三)情境操作,培养创造性思维

情境性的知识便于识记。幼儿科学教育提倡"做中学",只有让幼儿亲手实验来证明自己的某一个科学猜想或是验证一个科学现象,才能让儿童真正感受科学的奇妙和科学的乐趣。所以,为幼儿提供一个完整的、真实的、有材料支撑的模拟操作情境,在这样的情境中操作学习,促发他们亲手实践,直接体验,通过探索去认识周围的世界,创造性思维和科学创新能力就会不知不觉地得到提高。如结合"三八"妇女节生成的大班科学活动《隔音耳罩》中,幼儿在"过节送妈妈隔

音耳罩"的情境中,通过尝试,知道材料不同(棉花、橡皮泥、报纸屑作为夹层材料),隔音的效果也不同。随后在科学角的实践操作,儿童揉橡皮泥、贴双面胶、连扭扭棒,认真做起了隔音耳罩。与生活相链接的模拟情境培养了爱心,锻炼了儿童的才干,实践能力在模拟情境中得到历练和提升。

(四)情境延续,提升创造能力

当儿童进入情境之后,他们以角色自居,在美好的氛围中充分发挥自己的聪明才干,如果一下子切断情境,无异于将儿童的热情生生地用一盆冷水浇灭,而如果延续课堂上的情境,将其带到生活中、区角中,探索的热情将得到进一步激发。如科学活动《隔音耳罩》中,如能引发出"想要做个更美的耳罩送给老师(奶奶、外婆、姑姑等)"的心愿,情境得以延续,实践使知识得到运用,儿童乐此不疲,科学探究、科学小制作得以延伸与丰富,创造能力得以进一步提升。

四、学前科学情境教育促进儿童创造力发展的原则

学前科学情境教育促进儿童创造力发展的原则是基于儿童创造力发展目标,幼儿教师有效实施科学情境教育必须遵循的基本要求。如果经验不是自身获得的,而是填鸭式硬塞给幼儿的,那么,处于萌芽状态的想象力与创造性就会渐渐被抹杀。在学前科学教育中融入情境教育的手段、方法,遵循情感性、创生性、最优化、体验性原则,将幼儿的情感与科学认知、探究相结合,合力成为幼儿学习的最佳心理驱动,使挖掘潜能的通道在情境中打通,最终获得积极的科学学习情感、态度,从而促进创造力发展。

(一)情感性原则

仅有知识技能的传授,而无情感意志的培养,可能教育出来的人就变成了机器。"历代各领域所有著名的创造性人才,独立性和热情是他们最显著的个性特征[1]。"传统的灌输式学习恰恰就是抽走了生动、感性、丰富的情感线索,过分强调知识点的获得。科学情境教育就是把情感性作为活动不可缺失的一个维度,在情境渲染下,催发出情感与思维、知识有机融合,迸发智慧的火花,并培养创造的才能。

(二)创生性原则

创生性是由人的创造性思维和创造性劳动产生的。如果让传统观念束缚了教师的手脚,捆绑了教师的思维,那么儿童创造力的发展毫无希望可言。因此,教师要突破自己以往的教学思路,敢于尝试、敢于改变、敢于创新。教师通过创

---

[1] [法]卢梭.爱弥儿[M].李平沤,译.北京:商务印书馆,1978:97.

新的教学思维、教学手段、教学方法,发现解决问题的新方法,引导幼儿进行发散思维,获得多元的思维思路,最终也促进自己的创造力发展。所以,教师与儿童的创造力发展密不可分,两者具有一定的相关性。

(三) 最优化原则

幼儿的大脑不是一个等待填充的容器,而是一个随时会被点燃的火炬。"大脑最佳的学习状态出现于心跳、呼吸和脑波流畅的同步之时,此时,身体是放松的,而头脑注意力集中,并准备接受新的信息[1]。"科学情境教育由于有适宜的环境、优美的音乐、轻松的氛围、巧妙的引导而引发儿童主动学习,打开儿童思维的"大门",进入最佳学习状态。当引发儿童的挑战或渴望的内部动机时,他会"热爱、献身、工作与游戏的结合、专注活动本身",对儿童创造力发展的影响是最有力、最持久的[2]。

(四) 体验性原则

努力改变"教师教,幼儿记;教师讲,幼儿听"的现象,科学情境教育提倡儿童在情境中学习,在情境中探索。儿童在适宜的氛围中,充分调动自己的五官,动手、动脑、动口,在摆弄材料中、在与材料的互动中,发现创造,建构属于自己的经验。

第三节　学前科学情境教育促进儿童创造力发展的操作路径

幼儿园科学教育是儿童科学的启蒙教育,如果追求幼儿习得一些不符合他们年龄特征的高深的科学知识,不仅不能培养幼儿对科学的热爱,严重的反而会使幼儿产生消极的学习态度。借鉴李吉林情境教育思想,学前科学情境教育把认知、探索和幼儿的情感活动相结合,培养幼儿的创造性思维,使得幼儿的兴趣持久,让创造力像绚烂的花朵一样绽放。

一、情境激趣,引发探究

兴趣是最好的老师,兴趣使人积极快乐地从事各种活动,它推动着幼儿产生获取知识的欲望,推动着儿童排除各种干扰进行探究,建构知识经验。教师创设与幼儿经验相链接的生活情境、故事情境、野外情境、主题情境,并在活动过程中

---

[1] [美]珍妮特·沃斯,[新西兰]戈登·德莱顿.学习的革命[M].顾瑞荣,陈标,许静,等译.上海:上海三联书店,1998:295.

[2] 袁爱玲.学前创造教育课程论[M].北京:北京师范大学出版社,2004:122.

不断优化情境,幼儿活动其中,保持持久的兴趣、好奇心和探究欲望。如在小班科学活动《雪花》中,在问题情境的激发下,儿童通过闻一闻、摸一摸感受雪的特征。接着在"太阳出来了"这个情境中,雪神奇地融化了,通过亲身体验,儿童知道了雪是会融化的,雪是水变成的。最后,带着自己的经验,儿童"兴冲冲"地为小猫、小狗、鸡妈妈揭开了谜底,他们争相告诉小动物们雪是什么。在这个案例中,不断深化的故事情境,激发了儿童的兴趣,引发了他们主动积极的探究,而在探究过程中也体验到了探究乐趣。

二、移情唤情,持久探究

情感性是情境中不可缺失的要素之一。情感对学习行为有维持、调节作用,伴随着认知过程,两者同步、协调发展,相互促进、交互统一,就能产生良好的学习效果。幼儿处在充满美和智慧的情境中,通过心理暗示,情感、心理发生共鸣,继而产生学习和探究的欲望,促进自身的能动活动连续、持久地发生,点燃创新火花。

移情是在情境迁移中唤起幼儿的科学情感。教师在组织科学活动过程中可利用"情境迁移"的方式使幼儿入情入境,感受多角度的全景"情绪场",对科学现象有多角度、多维度、多层次的整体体验。如在大班科学活动《我和风儿捉迷藏》中,找风、听风、摸风、躲风,情境整合成了一个完整的连续的"风儿游戏场",使幼儿对风形成了立体认知,培养乐于探究的科学情感。移情也是"感情迁移",在感情迁移中唤起所扮演角色的情感。儿童扮演角色,顺应了儿童情感活动和认知的活动的规律。儿童在扮演角色的过程中,进入角色的知觉,身临其境,体验角色的情感,完成角色所要承担的任务。如在中班案例《喜洋洋的镜子屋》中,儿童体验着喜洋洋战胜大灰狼的决心以及成功吓跑灰太狼后的喜悦,不断激发出新的探究兴趣。中班案例《寻找蛋宝宝》的活动中,儿童担当警察的角色,为完成警察的任务,他们全身心地投入,全面地活动起来,积极根据提示苦苦寻找线索,活动中儿童的情感一直是高涨的,最终"小警察"找到了鸡妈妈的蛋宝宝,他们为此欢呼、沸腾!而在此过程中他们也认识了左拐、右拐、直行以及调头的标记,培养了积极主动的探究精神和创新思维。

三、及时情境,捕捉利用

生活包罗万象,其中有丰富的科学知识和科学现象。而儿童认识世界,总是由近及远从身边开始的,我们要引导幼儿细心观察,唤起他们的有意注意,从身边的点滴放眼至广袤无垠的大自然、大社会。幼儿园一日活动皆课程,在真实情境中的观察积累会深刻地留在幼儿的大脑中。我们要引导幼儿捕捉课堂、大自然、生活中一切及时的情境,在幼儿大脑中形成丰富的表象,积累想象的素材,并引导幼儿观察,积累表象,展开想象,强化感受,及时提供开放的操作环境、心理环境,验证自己的想法,激活幼儿的创造潜能。

散步时,我们来到临近的"滨河广场",小朋友们不约而同地发现了有几条浮在河面上的死鱼,由此引发了"鱼为什么会死"的讨论。根据幼儿的生活经验,有的儿童认为有可能鱼生病死了,也有的认为可能是水太脏了。由此,我和儿童一起生成了一个活动《鱼儿喜欢什么样的水》。通过对水质的探究,知道什么是酸性水,什么是碱性水,什么样的水质适宜鱼儿生存。在情境实验中,刚刚发展起来的推理逻辑能力和好奇的想象力相结合,不断引领他们探究、解答问题,激发了创造的潜能。

户外游戏时,有一部分儿童聚集在花坛边观察一条雨后的蚯蚓,因为"雨后"情境的特殊性,我并没有要求这群儿童加入我们的游戏,而是放手让他们去看,甚至去摸,并允许他们把蚯蚓带回教室,放在小盒子里并在里面放入了一些泥土。儿童兴奋极了,提了好多问题,一有空就去观察,找蚯蚓的"眼睛",找蚯蚓的"脚",观察蚯蚓的爬行方式。这些经验的积累会帮助他们进行组合,创造出新形象,如美工区里多了卡通蚯蚓画,表演故事时,蚯蚓的动作不再呆板,这些都是在情境中积累的表象加工而成的新信息,是创造的源泉。

四、团体互动,以情启智

幼儿创造教育是融入情感的教育。幼儿在团体中的学习是能得到情感陶冶的。瑞吉欧教育认为:"儿童通过共享、交往、合作、冲突等行为构建关于世界的知识,并用一个儿童的思想促进另一个儿童的思想[1]。"情境教育认为,学习科学需要"对话",从而不断丰富自己。

情境探究包含了社会的交往性,这里的"对话"更多的是指在探究活动中幼儿与同伴或是在小组间的对话。我们要鼓励幼儿之间的对话,使两者产生认知冲突,并积极地去协调、解决。对话让幼儿的情绪热烈、思维活跃。对话是智慧的碰撞,是情感的共鸣,是彼此的启发,是经验的共享,可以帮助幼儿多角度地去思考问题,在求异中达成共识,团体互动加速了幼儿创造力的发展。

在中班科学活动《垃圾分一分》中,教师创设了"家"的情境,请幼儿帮忙整理垃圾,要求是扔进两个不同的垃圾箱(可回收、不可回收),这时,幼儿的已有经验

---

[1] 袁爱玲.学前创造教育课程论[M].北京:北京师范大学出版社,2004:196.

就受到挑战了,同伴之间也会有不同意见,到底哪些垃圾是可回收的,哪些垃圾又是不可回收的呢？活动中,一部分儿童试图纠正同伴的错误,并说出自己的理由:一次性筷子可以消毒后再做成木头用具,它是可回收的;香蕉皮会烂掉,它是不可回收的等。小组活动结束后,还有一个小组成果集体分享环节,这时其实是更多儿童的对话了,小组之间也会有不同意见,又开始了新一轮的同伴互助"纠错"学习,争执不下时,也可以和教师"对话",教师以同伴的身份加入他们的讨论,共同建构新的认知经验。

自然是五彩缤纷的,科学是多姿多彩的。学前科学情境教育为幼儿快乐学习科学,孕育科学情感,培养积极的科学态度和创造力开启了一个有效模式。亲切的、美感的、智慧的情境贯穿于教育活动的整个过程,它将色彩斑斓的科学世界展现在儿童天真好奇的眼前,激励着他们观察、想象、探索、验证、归纳、概括,为他们在严谨的科学世界里获得感性的体验与快乐。

作者:张红俭

第五章
学前艺术情境教育与儿童创造力发展

"创造力是按照一定的目的意图,运用已掌握的信息,生产出新颖独特、适用可行的新产品的复合能力[1]。"学前儿童创造力具有很强的变动性、自发性与可塑性,培养创造力应该依据其身心发展规律,尽可能让他们的创造力得到充分发展。

儿童教育家李吉林认为,一切美的事物都会被儿童吸引,使儿童沉浸其中,身心感到无限的惬意、快乐[2]。美激发了儿童创造的欲望,促进儿童创造性思维发展。艺术情境教育打破传统的艺术教育模式,让儿童在审美的、艺术的情境中感受生活美,萌发审美情趣,从而极大地激发儿童的创造潜能,促进创造力发展。

第一节 学前艺术情境教育的内涵、目标与独特优势

改革开放以后,我国学前艺术教育发展迅猛,取得了令人瞩目的成就,但也存在着不少问题。一是把艺术教育当作一种技艺来传授,艺术教育活动缺乏情境,忽略儿童对艺术活动的兴趣和情感的需求,显得枯燥无味;二是教育内容模式化,强调儿童对人、物和自然的模仿再现,缺乏主动探究,思维受到限制,艺术活动本身的创造性被隐匿;三是过分强调艺术学科的系统性,采取灌输式的教育形式,忽视儿童的所感所想,由于儿童对艺术活动缺失审美情趣和能力,进而创作美的能力也逐渐丧失;四是艺术情境教育活动的组织方式注重模仿,忽视创造,过分突出教师主导,忽视儿童的主体作用。学前阶段是儿童从个人走向群体、从家庭走向幼儿园的社会化过程,儿童在这一阶段的认知,具有人类早期认

---

[1] 张文新,谷传华.创造力发展心理学[M].合肥:安徽教育出版社,2004:9.
[2] 李吉林.李吉林文集(卷五)[M].北京:人民教育出版社,2006:303.

知的特点。人最初的学习与教育源于直接经验,生活即教育,决定了儿童学习的情境性[1]。儿童处于"理性睡眠期"(卢梭语),他们对世界的认知往往不是凭借科学理性,而是依赖审美感性。学前儿童认知的情境性、审美性,决定了他们对艺术的酷爱和对情境的喜好。在这样的背景下,学前艺术情境教育应运而生。

一、学前艺术情境教育的内涵

(一)概念界定

学前艺术情境教育作为一种新的艺术教育模式,是指在李吉林情境教育思想指导下,借助艺术美情境和运用艺术审美手段,将儿童引入审美情境中,主动地感受美、表现美、体验美、创造美,在无限自在的世界里心灵得到美的熏陶,心智得到濡染而聪颖,灵性得到伸展而飞腾。

学前艺术情境教育不是"学前艺术教育"和"情境教育"的简单相加,理解学前艺术情境教育的内涵,应准确把握艺术、艺术活动与学前艺术情境教育之间的关系。艺术是人类恒久的精神遗产,是人类情感的表达样式,是人类认识和表现世界的特殊文化符号,是美学的主要研究对象。艺术活动使儿童的创造性得到充分发挥,尽情抒发他们内心的感受,进而得到精神上的满足,体验成功的愉悦。儿童思维具体形象、想象天真丰富、情感自由奔放、创造大胆富有个性,使他们的艺术创作活动更加生动有趣,充满着稚拙美。学前艺术情境教育较之于艺术教育,除了"学前"的特点,还有"情境"的规定。学前儿童处于"理性睡眠期",而情境的"真、美、情、思"的特质则强烈地体现着感性的质态和形态,这就决定了学前艺术情境教育的本质为感性教育,它总是在"悦志愉神""悦耳愉目"的外显作用下,致力于发展儿童的想象力和创造力。学前艺术情境教育是在情境中针对儿童开展的艺术教育,是在体验、观察和模拟生活的情境过程中建构艺术知识。对儿童来说,艺术更多的是内心的一种体验、一种艺术审美愉悦的自我表露和相互交流,将情境渗透艺术教育,将艺术与情境相融入,让儿童产生丰富的联想,给予儿童以真的启迪、善的熏陶和美的享受。

(二)学前艺术情境教育的基本特征

艺术情境教育强调艺术情境的创设与利用,即让儿童在教师精心选择或创设的与艺术教育目标和内容相一致的情境中主动学习与发展。因此,游戏化的情境、自主性的创造和审美性的体验就构成了学前艺术情境教育的基本特征。

---

[1] 严清.从教育装备的演变看儿童学习的情境性规定[J].江苏教育研究,2014(19):3-7.

1. 游戏化的情境

兴趣是儿童乐于学习、积极创造的动力。高度的内部动机是高水平创造的巨大动力。游戏是创造性的源泉,他们用泥沙、石头垒砌城堡,用青竹、板凳代替马车,想象使主体由内向外自由驰骋,显现出十分丰富的改变自己和世界的创造潜能。为此,我们努力创设与教材相关的优化情境,让儿童在情境中主动学习,不仅使教学变得生动有趣,而且给儿童以美的享受。如中班音乐游戏《魔法师和木头人》,创设了令孩子向往、带有神秘色彩的游戏情境:魔法师由老师扮演,幼儿在老师的带领下变魔法,儿童扮演木头人进行表演,摆出各种不同的造型;之后,儿童更换角色,扮演小魔术师,拿着魔法棒变出各种卡通人物,热情高涨,达到了良好教学效果。

2. 自主性的创造

儿童的创造是自发、自由、自然和极富乐趣的活动。教师的任务就在于发现儿童独特的创造性,并鼓励儿童大胆地想和做。要从儿童最熟悉、最感兴趣的事件入手,及时发现、挖掘、利用资源展开活动,使儿童在充分感知、理解的基础上,迸发出创造的欲望,拓宽儿童的艺术视野。

3. 审美性的体验

艺术情境教育促进儿童审美能力的发展,表现为"以美启真""以美储善""以美促美"。在审美情境中儿童潜移默化的、以内隐的方式激发情感共鸣,获得艺术教育的影响,提升了儿童的审美能力。我们应当创设机会让儿童积极主动地参与各种艺术活动,使他们能够在音乐和美术活动中享受到无穷的创造乐趣,并将这种乐趣进一步提升,成为儿童终身发展的需要。幼儿审美直观、形象,他们大多对具体直观、生动形象的事物感兴趣、产生美感。教师要注重引导儿童充分地感受艺术形象中线条、形状、色彩、构图、旋律、节奏、体态、造型等形式的美。音乐活动中考虑幼儿审美特点,选择经典音乐作品,如《小兔子乖乖》《拔萝卜》和《小老鼠上灯台》等,让儿童运用自己的已有经验开展审美活动,发现生活中的美,熟悉美的规律,表现美的艺术。孩子们边唱边表演,身临其境地融入角色之中,儿童在审美体验中得到美的熏陶和感染。审美能够促进人灵性的发展,而灵性对人的创造才能的培养有着"直观""顿悟""灵感"的特殊联系,从"灵性"到"创造",审美正是其中介。

二、学前艺术情境教育的构成

艺术情境教育的最终目的不是传授艺术知识,而是唤醒创造力量。我们可以儿童对艺术客体的感知方式为标准,将学前艺术情境教育分为学前音乐情境教育、学前美术情境教育和学前综合艺术情境教育。

（一）学前音乐情境教育

学前音乐情境教育是施教者充分运用音乐自身的旋律、节奏、调式、结构等元素，创设让儿童大胆表现美进而积极创造美的一种空间，满足儿童的表现欲望，使儿童情感得以宣泄，自由个性得以发挥，从而萌发创造意识的一种教育活动。

1. 学前情境歌唱活动。在生动的情境中，用嗓音进行艺术表现，训练感受音乐的能力，积累一定的音乐语言经验，主要是旋律、节奏。活动内容包括用自然美好的声音有感情地唱、创编歌词、创编动作、即兴歌唱说话等。

2. 学前情境韵律活动。借助创设的情境，启发儿童用身体进行艺术表现、提高身心协调活动的能力，积累一定的音乐语汇和艺术动作语汇。内容包括动作协调性训练、随机的即兴表演、韵律和舞蹈动作的模仿、有引导的动作创编等。

3. 学前情境欣赏活动。儿童在教育者创设的音乐情境中，运用多种方式表达自己对音乐的感受，发展其倾听和表现音乐的能力。内容包括倾听周围环境中的各种音响、欣赏音乐作品的内容、风格和基本表现手段，运用不同符号表达音乐感受等。

4. 学前情境音乐游戏。在活泼有趣的游戏情境中开展的一种有规则的、以培养儿童的音乐能力为目标的游戏活动。依据游戏主题内容，将音乐游戏分为有主题与无主题的音乐游戏两种类型；依据游戏的形式分类，将音乐游戏分为表演游戏、歌舞游戏与听辨反应游戏。

5. 学前情境打击乐演奏活动。通过多媒体情境和故事情境，让儿童用打击乐器表现艺术形象，增强其对乐器特色和音乐节奏的感受力，培养娴熟的协调技能和良好的合作意识。内容包括认识乐器、配器，为乐曲或歌曲安排合适的节奏型，学习指挥等。

（二）学前美术情境教育

学前美术情境教育是施教者充分利用造型、线条、色彩等视觉艺术要素，通过多样性绘画、生活型手工、体验式欣赏等，让儿童从现实生活到内心想象的过程中自由构图，最大限度地解放儿童的手、脑、眼，从而有效提高儿童创造力的一种审美活动。

1. 学前情境绘画活动。在创设的故事情境中，儿童用多种多样的工具和材料，通过艺术语言构造出新形象，从而表现其思想情感的一种活动。其具体内容主要包括折纸添画、棉签画、指点画、印章画、彩色水笔画、油画棒画、蜡染画、水墨画、纸版画、吹画、滚画、剪贴添画等。

2. 学前情境手工活动。教师在创设的生活情境中,引导儿童徒手或借助简单工具,运用加工、变形手段或具体形象的造型活动。具体包括纸工、泥工以及其他材料手工活动。

3. 学前情境美术欣赏活动。指借助多媒体情境,教师引导儿童接触和欣赏美术作品,并感受作品内容和形式蕴含的美,培养儿童对美的评价能力,激发其情感的一种教育活动。欣赏对象主要包括绘画、民间工艺、雕塑与建筑等。

（三）学前综合艺术情境教育

在儿童眼中,世界是圆融统整的,艺术也是融合统一的。新《纲要》指出,各领域的内容互相渗透,从不同角度促进儿童知识、技能、情感、态度等方面的发展。综合艺术情境教育认为艺术门类之间是互相联系、互相渗透的,所谓"凝固的音乐是建筑,流动的建筑是音乐,静止的舞蹈是雕塑,活动的雕塑是舞蹈",生动表明了艺术之间是相互贯通的。我们应该在儿童的艺术情境教育中实现不同艺术门类的综合,如音乐与美术的综合、舞蹈与美术的综合,建构学前综合艺术情境教育。目前,对学前综合艺术情境教育的理论和实践探索仍处于起步阶段,亟待强化和完善。

三、学前艺术情境教育的目标

《指南》指出,让儿童感受和欣赏艺术美,鼓励儿童在艺术活动大胆表现,培养艺术表现与创造能力。依据《指南》、新《纲要》及幼儿年龄特点和认知水平,我们制定了学前艺术情境教育的目标,并将其与幼儿教育五大领域中艺术领域目标整合起来。

艺术情境教育目标的特殊性在于以美为境界,以探美活动为路径,以臻美技法为抓手,创设旨在促进儿童全面而有个性地发展的情境,鼓励儿童在开放、安全的心理氛围中大胆自主地创造性表现,发展儿童的动觉与听觉潜能,培养儿童对艺术的兴趣、感受力和审美情趣。优化活动情境,引导儿童在愉悦的艺术美情境中主动感受美、体验美、表现美。发挥艺术情境教育的独特作用,促进儿童健全人格的形成和创造能力的发展。

（一）学前音乐情境教育目标

1. 让儿童在审美情境中感受音乐的节奏、旋律,形成浓郁而强烈的音乐审美动力和审美渴望以及表达音乐情趣的能力。

2. 感受、发现、欣赏周围环境和生活中美好的人、事、物,进一步学习使用其他各种艺术手段表现,体验音乐作品的独特风格。

3. 愿意用歌声、韵律、动作、节奏等多种方式表达与表现对音乐作品的理解和感受,发展听辨、观察、思维、想象、合作等能力。

4. 能主动参加音乐活动,运用各种方式创造性地将自己的认识与情感表达出来,发展儿童自主学习意识和创新能力。

(二)学前美术情境教育目标

1. 在生动有趣的情境中让儿童感受作品的艺术美,激发儿童参加美术活动的兴趣。

2. 在与周围自然和社会环境接触以及对艺术作品的欣赏过程中,积累丰富的感性经验体验美,萌发儿童审美情趣。

3. 依据事物的发展与变化进行审美创造,大胆想象表现自我与生活。

4. 积极主动地参与美术活动,综合运用多种美术工具与材料进行创作,进一步提高动作的灵活性与协调性,充分体验美术活动带来的乐趣。

(三)学前综合艺术情境教育目标

1. 在综合艺术情境教育中,打破原有知识体系中关于音乐、美术等分门别类的界限,初步形成儿童对艺术的整体性认识,提高儿童综合艺术能力。

2. 在综合艺术情境教育中,让儿童充分感受五彩缤纷、充满奇妙幻想的艺术世界,增强审美意识,萌发审美情趣,有效促进儿童的感知、情感、想象和创造力的发展。

3. 在综合艺术情境教育中,融入儿童的主体经验,激发儿童参与艺术活动的兴趣,逐步成为幼儿"自己的文化",不断提高儿童艺术表现力和人文素养。

4. 在综合艺术情境教育中,增强艺术各学科及与其他学科的有机融合、沟通,鼓励儿童在自我探究、体验与反思中主动学习,能与同伴合作创造,并感受创造成功的喜悦。

四、学前艺术情境教育促进儿童创造力发展的独特优势

艺术情境教育使儿童有机会探索、操作各种材料,在一个多元、丰富的环境中获得良好的艺术感知和创造体验。学前艺术情境教育对于促进儿童创造力的发展具有独特优势,因为它凸显情境功能,有利于迸发情感和灵感;注重创造过程,有利于培养兴趣和习惯;强化审美体验,有利于激活创造性思维;优化艺术手段,有利于发展创造性人格。

(一)凸显情境功能,迸发艺术情感和灵感

艺术是开启心灵的钥匙。对于儿童来说,艺术能激发快乐情绪,陶冶情操。艺术源于生活,所以艺术要与生活情境相融合。儿童只有置身于熟悉情境才能充分调动已有经验、拓宽新的经验。情境具有生动的表现力,通过直观、丰富多

彩的形象，把许多看不到、摸不着的事物场景和现象进行再现。数字化背景下，创设情境往往采取多媒体技术，多媒体技术是一种有力的手段，把抽象的艺术形象化，虚幻的艺术直观化，进而调动儿童多种感官积极参与，培养感受能力。如在开展艺术活动《大风吹》中，教师制作了多媒体课件，把艺术强弱变化与色块变化联系起来。在视听觉的不断变化中，儿童直观形象地体验，解决了艺术教学中的重难点问题，提高了儿童学习的主动性。孩子们根据自己的想法和喜好，独立、大胆地表现艺术：有肢体动作展示、有表情的变化、有绘画的再现，活动中充分激发了孩子们自主探究的热情。再如开展艺术欣赏活动《小树叶》时，教师利用多媒体课件再现情境：随着音乐的起伏，一片一片金色树叶依次飘落下来，有的一边打转一边飘落下来，有的是流线型地滑下来，有的先往上飞再往旁边飘去……在这样的情境中，幼儿对"秋叶""秋韵"的情感得到升华："我爱秋姑姑，她的叶子每一片都不相同，好漂亮。""我爱秋妈妈，秋叶飘飘的时候，许多果实也成熟了，就像她的一个又一个孩子。""我要永远住在秋天里，做个永远美丽的秋娃娃。"同时，儿童的灵感也得到进一步的诱发：运用各种秋叶，使用不同手法，拼贴出风景、建筑、人物、动物、植物、食品、玩具等丰富多彩的、独具一格的图案，表现了强烈的创造欲望。

（二）注重创造过程，培养创造兴趣和习惯

艺术情境教育具有开放性，让教师在"最近发展区"内开展活动，针对孩子的心理、性格特点和兴趣进行艺术活动，让孩子乐于做他们想做的事，在轻松愉快的活动中发挥孩子的创造性想象。

学前艺术情境教育逐渐淡化传统的着重技能技巧训练的艺术教育，注重培养儿童发现美、欣赏美、创造美的习惯，注重培养孩子对艺术的兴趣，这才是真正的快乐和享受。我们不是用艺术教育来培养一个个"艺术家"，而是要培养一个个"艺术人"，即能够用审美的态度来享用和创造生活的、摆脱了庸俗功利欲求的人。学前艺术情境教育需要幼儿教师的高度重视和积极参与，制定合适、合理的目标，并在教学中采取丰富多彩的、适合儿童年龄特点的方式进行，同时整合社会、家庭、幼儿园的艺术教育资源，开拓儿童的艺术视野。

（三）激活创造性思维，强化审美体验

创造性成果依靠创造性思维，发展创造性思维是培养创新能力的关键。创造性思维要有引擎与动力，即创造意识。一个没有创造意识的人，也不可能有所创造。因此，要从小培养儿童的创造意识。而艺术活动依靠想象，想象也是儿童从艺术活动中得到快乐的重要途径之一。艺术活动具有丰富的想象力和创造力，是儿童比较喜爱的活动。通过创设情境使孩子成为艺术活动的主动参与者和欣赏者,并从艺术活动中享受到乐趣。如艺术活动《小老鼠和泡泡糖》,歌曲表现了小老鼠偷吃泡泡糖时脚被粘住的情境,但在逃跑过程中又被泡泡糖的弹性反弹回原处。在教学过程中,有的孩子说:"是小老鼠在滑滑梯呢!"有的孩子说:"是小老鼠在溜冰呢!"……孩子的想象脱离了作品本身,却与孩子的生活经验紧密相连。这时,教师启发引导孩子学做小老鼠快乐地滑滑梯或溜冰的动作,整个活动把孩子们的创作推向了高潮,同时孩子们也体验到了想象和创造带来的快乐。

(四) 优化艺术手段,发展创造性人格

儿童创造力的培养能否成功,创造性人格起着动力作用。美国心理学家托兰斯曾经询问 87 名教育家,要求每个人列举 5 种创造性儿童的人格特征,结果表明创造性人格包括:好奇心强;思维和行动具有灵活性、独立性和创造性;想象力丰富,善于探索各种关系;顽强、坚忍,对错综性的事物感兴趣,爱用多种思维方式探究复杂的事物;喜欢虚构、耽于幻想。[1] 这些教育家对创造性儿童有细致深入的观察,对我们实施创造教育有较强的指导价值。

美是开启儿童情感、智慧的一把金钥匙,艺术美是陶冶情操、活跃思维、培养想象力以及提高各方面素质的最好形式。同时,艺术以它强大的感染力使儿童在潜移默化中形成友善、热爱生活、热爱大自然、与大自然和谐相处的良好品德,产生"以美育德"的教育效应。美的教育手段为儿童在艺术教育中感觉美、联想美、追求美、领悟美提供了多样化的情境创设途径。通过形式多样的活动以及生动丰富的教育路径,拓宽了儿童创作的空间,有效培养了儿童良好的创造性人格。

第二节 学前艺术情境教育促进儿童创造力发展的理论构建

创造的儿童是快乐的,我们必须抓住学前期这一关键期,实施艺术情境教育。艺术情境教育是依据教学目标,针对各年龄段儿童的特点,运用音乐、表演以及图画等直观手段,创设相应情境,以充分发展儿童的各种感官。当儿童进入此情境时,便迅速形成强烈的情绪体验,积极进入活动状态。艺术情境教育中教师可从改善艺术教育的生态环境出发,提高儿童的艺术创造力和艺术情趣。

---

[1] 王灿明.儿童创造教育新论[M].上海:上海教育出版社,2015:154.

一、学前艺术情境教育促进儿童创造力发展的要素

学前艺术情境教育促进儿童创造力发展的要素是推进幼儿创造力发展所需要的艺术情境教育资源,是激活和发展幼儿创造潜能的必备因素。根据理论研究和实验探索,我们可以将学前艺术情境教育促进儿童创造力发展的核心要素归纳为积累艺术经验、体验创造愉悦、彰显个性表达、注重领域整合。

(一)积累艺术经验

学前艺术情境教育活动的构建是以儿童的艺术经验为基础的。艺术活动,不是知识符号的学习,不是理性精神的培养,而是审美能力和审美意识乃至审美人格的提升。艺术是感性的,艺术依赖体验和感悟的积累,即艺术经验的积累。在儿童的艺术经验中,他们对于艺术的兴趣往往是进入艺术活动并且进一步积累艺术经验的引擎。儿童是艺术经验的主人,也是艺术活动的主体,我们以培养儿童兴趣为前提,诱发儿童的主动性。培养兴趣正是情境教学促进儿童发展的第一要素,它也是儿童发展的前提[1]。我们努力在教学活动中为儿童创设"美、趣、智"的活动情境,缩短活动内容、材料和儿童之间的距离,有选择地以真实生活场景的展现,音乐、美术、语言等艺术手段的运用,形象地将师生带入一定情境中,以生活化的、美的、和谐的情境感染儿童,让儿童主动学习、自主探索、大胆表现。艺术情境教育的题材十分广泛,教师要带领儿童接触生活,走近自然,促进儿童积累更多的艺术经验,以促进创造力的发展。

1.注重将原生态的生活积淀转换成审美的艺术经验

生活中有许多美好的事物,虽然它们不是艺术却提供了想象的可能,教师要善于抓住各种教育契机进行艺术情境教育,引导孩子发现美、欣赏美。如在《可爱的脚丫》中,根据中班儿童的年龄特点,选择与其生活经验相互联系的有趣的、能引起儿童创造性思维的活动内容,把孩子的艺术想象和表现带到生活经验中去联想,让他们在回忆、思考和操作中,运用各种感官去感知,运用语言去表达,说说脚丫的作用,画画脚丫的特征。这些艺术活动与生活经验紧密联系,大大激发了孩子们探索艺术的潜能,使他们不仅获得了丰富形象的艺术感性认识,而且养成了积极主动地探求新知的艺术表现能力。

2.注重将想象世界的事物转换成灵动的艺术经验

在儿童的头脑中,想象世界与现实世界混沌一体,是很难区分的。他们会在活动中快乐地构建想象的虚幻世界。比如在"小狗抬轿"的游戏中,他们边唱边

---

[1] 李吉林.情境教育三部曲(二)[M].北京:教育科学出版社,2013:58-62.

表演,把自己想象成森林里的小狗抬着花轿,花轿上坐着一只森林之王——老虎,游戏中孩子生动地表演老虎的神气和小狗的伤心。作为教师,我们要相信孩子,支持孩子,让儿童在"快乐的艺术探索世界"中无拘无束地创造。

3. 注重将适度留白空间转换成遐想无垠的艺术经验

中国画考究留白,既体现艺术美又拓展作品的意境,给人产生无限的遐想。同样,在学前艺术情境教育中也需要适度留白,即把思考的时间、学习的空间留给孩子。在艺术区域活动中,精美的材料固然能吸引孩子,激发儿童活动的兴趣,然而,我们更应该注意到材料自身能否会促进孩子自主学习和探究,能否发展孩子的创造力。事实上,一些经济适用的、低结构的废旧材料,如:许多纸箱在孩子们的眼中会变成一座有趣的迷宫;一把小小折扇会成为孩子童话剧表演中的道具;一块漂亮的蓝印花布可能会被孩子"变"成一条裙子、一顶帽子。为此,适当留白给予儿童的是更为充分的艺术表现的机会,它解放了孩子的大脑、眼睛和时空,留下的是充分的想象和创造的空间,帮助儿童打开了艺术创造之门。

(二)体验创造愉悦

艺术崇尚创造,创造能够最大限度地带来成功的满足和自我实现的愉悦。在学前艺术情境教育的实施中,应尽可能发掘艺术活动本身的创造性,让儿童能动地而不是被动地投入艺术审美活动,在艺术审美的创造中体验无穷的愉悦。

1. 渲染情感氛围,积极表现感悟

情境教育中的情境是"有情之境""创造之境""美感之境""儿童的活动之境",是有情趣的网络式的师生互动的广阔空间。艺术是形象的,是最富美感的,是最生动的文化,教师要不断丰富儿童的情感体验,以饱满的情感投入欣赏美、感受美、创造美的活动中。美国作家芭巴拉·荷伯豪斯(Barbara Moorhouse Hobart)认为,积极的情感态度能使人更专注地投入艺术活动中,形成某种艺术的领悟和享受,并由此提升个人的思想,创造自我表达。[1] 艺术作品是客观存在,而人的欣赏审美则烙上个人的经验色彩和表达个性,其中情感起着关键作用。情感是艺术作品的核心,儿童的艺术教育既是感受作品中包含的情感,又要抒发儿童内心的情感。在艺术情境教育中,教师应根据不同课程的目标与要求,渲染相应的情感氛围,让儿童无形中进入特定的情感氛围中去感受、欣赏、想象和表达。

2. 激发审美情趣,大胆主动创造

艺术的主要功能是审美,没有美就没有艺术。应让孩子从感受美开始,进而

---

[1] [美]芭巴拉·荷伯豪斯,[美]李·汉森.儿童早期艺术创造性教育[M].邓琪颖,译.南宁:广西美术出版社,2009:4.

理解美和借鉴美,再去创造美。通过艺术活动,激活创造兴趣。在特定的艺术情境中,相似的任务既引起儿童再现或创造出相关的艺术能力,又引发儿童进入、体验、提高、发展与评价等心理历程,儿童的主体意识就在其间逐步形成并得以强化。

通过艺术活动让儿童体验审美愉悦,艺术教育是培养儿童审美能力的情感启蒙教育。教师在教学活动中,应考虑儿童知识、经验以及心理发展的特点,选择儿童喜欢并贴近他们生活的、色彩鲜艳和画面生动的艺术品,引导儿童欣赏,并让儿童通过自身探索学习,培养其审美能力。如在《寻找春天》《发现蚂蚁搬家》活动中,儿童通过艺术活动表现心灵美、艺术美,创造美的形象,教师及时给予肯定和指导,使儿童获得满足感和成功感。

(三)注重领域整合

艺术来自生活,艺术与幼儿园教学各领域有着不可分割的联系。同时艺术作品和领域也是相互联系的,不同的艺术作品和领域固然有着各自的特点,作用于人的不同的艺术审美心理区间,但它们都是人类"美的历程"中走向心灵自由的成果。儿童的世界是圆融的,是无界的,走向综合的艺术审美活动是儿童艺术观照的常态。

1. 发挥中介作用,渗透多个领域

艺术教育发挥着中介作用,与各领域的内容相互渗透,学前艺术情境教育与其他教育领域都有着密切的联系。学前艺术情境教育作为中间环节把各领域相融合成一体,打破传统教育模式,从儿童的兴趣出发,创设宽松、自由、多维的艺术情境教育模式,将艺术情境教育活动的内容与科学、语言、社会等各个领域加以有机整合,使其相互渗透,有利于儿童对活动的介入和参与,为儿童提供开放的、自由表达的机会,使儿童在美化和趣化的活动情境中,积极大胆地创造表现。因此,学前艺术情境教育是一种整合式教育。

2. 打通艺术分类,指向共同目标

学前艺术情境教育与各领域之间紧密联系,教育目标都是促进儿童的全面发展。在情感和态度上,着眼于儿童对生命的热爱和生活的情趣;在能力培养上,重视儿童自主探究和独立大胆的表现;在知识与技能掌握上,强调与儿童生活经验、情感的联系。学前艺术情境教育与各领域教育之间互相渗透。艺术是融通的,学前艺术情境教育注重挖掘语言、音乐、美术等共性因素,并加以联系、沟通,从而提高儿童对美的感受力,促进其全面和谐发展。

3. 协调多种感官,促进整体发展

领域整合的效果除了关注艺术客体的综合,还要关注儿童作为艺术审美主体的感官协同。这就需要施教者在设计活动时着眼于儿童审美感官的协调,在活动中要善于调动孩子的口耳鼻舌身协同运动、联动发展。比如音乐欣赏活动《虫儿飞》,选材源于一首成人歌曲。为了使单调的音乐鲜活起来,我们首先创设情境,借助 Flash 多媒体画面夜晚、星空的图像介入,同时,结合教师轻柔的语调,让儿童走进活动室,就能立即产生一种与环境相适应的情绪——抒情、恬静,以此来激发儿童的情感,启迪思维,尝试将整首歌曲进行整体改编,注重趣味性、活动性、综合性和游戏性,体现了目标、内容与方法的有效整合。

(四) 彰显个性表达

创造是人类与生俱来的一种潜能,其本质就是开拓、突破、创新。在艺术活动中,我们要丰富儿童的审美经验,张扬孩子个性,大胆地表现自己,让其感受体验成功的快乐。同时让儿童懂得不仅要欣赏自己,而且还要学会欣赏同伴,培养其良好的个性品质。

1. 时间机会和空间支持

儿童的创造性思维不是凭空产生的,它离不开形象的支持,也离不开充裕的时间空间。教师除了应充分利用感官积累创造素材,还要为儿童创造"时间机会"和"空间支持"。通过创设艺术生活情境和活动情境,拓宽了儿童的艺术学习的时空。教师通过各种活动,为儿童创造充分运用看、摸、闻、听等各种感官去接触外界事物的机会,并在头脑中储存大量的表象,使其由依赖实物思维变成依靠头脑中的表象来思考,让他们的思维变得更活跃,为其进行艺术表现和艺术创造提供条件。在艺术活动中,教师应关注儿童的个性差异,努力为儿童创设一个开放式、多层次、供儿童自主选择的活动环境,促进儿童创造力获得充分发展。

"把自由还给儿童",这是激发儿童创造力的最佳方式。在艺术情境教育活动中,教师始终以一个合作者、引导者、支持者的身份引领儿童积极主动学习,培养其自主探究表现的能力。如在大班《花布秀》艺术活动中,教师设计了两次创意操作,引导儿童自主选择大小不一的花布,用花布大胆创意,自主打扮自己。第一次运用尝试学习理论,在自主尝试的基础上,引导儿童摸索创意打扮的方法;第二次引导儿童自主运用多种创意打扮的方法,鼓励儿童自主选择同伴,合作相互打扮,在自主活动中促进了儿童创造性思维的发展。

2. 合作交流和赏识评价

在艺术活动中儿童的表现富有真实性,一个眼神、一个动作,乃至一幅作品,都能显示孩子对周围环境的认识,表现自身价值,让儿童获得心情愉悦。赏识和好评会带给儿童积极的心理体验。但孩子往往是以自我为中心的,他们对于自己的作品非常欣赏、陶醉,而对于同伴的作品往往处于一种浏览的状态。我们在艺术情境教育活动中,应做好师生之间、生生之间的赏识评价,引导孩子们相互交流、相互协商,增强儿童之间的合作意识,这对培养儿童良好个性起着重要的作用。儿童是纯真的,他们对周围的一切充满好奇和兴趣,教师有责任成为儿童艺术活动的支持者和伙伴,为他们创设更为开放、自由、富有特色的情境,多给孩子们合作、交流的机会,引导孩子们喜爱艺术,勇于表达自己的感受,积极鼓励儿童张扬个性。

3. 特色创意和个性成长

儿童是教学的对象,是一个个鲜活的生命个体。尊重个性,就是尊重生命。应针对教师自身以及儿童之间的个体差异,积极开展个性化研究。每一位老师选择在自己的优势领域,如美术、音乐、语言等开展不同形式的个性化教学,彰显自己的教学个性、教学风格。以观察记录、个案跟踪记录的形式积累原始研究资料,促使教师在研究过程中进一步提升教育理念,转变教育行为。在艺术教育活动中,从儿童心理特点出发,注意观察、捕捉每个孩子的信息。经常更新教育内容,使每个孩子从"要我学"变成"我要学",并提倡个性化地表现自己,培养儿童求异思维及创造意识,促进每个儿童在不同水平上获得不同程度的发展。

二、学前艺术情境教育促进儿童创造力发展的机制

学前艺术情境教育促进儿童创造力发展的机制就是艺术情境教育影响儿童创造力发展的过程、方式和机理,它比较充分地体现出艺术情境教育的结构功能与幼儿创造力之间的关联性。学前艺术情境教育促进儿童创造力发展的主要机制包括境象濡染机制、生活拟真机制与发散延展机制。

(一)境象濡染机制

境象濡染机制就是凭借多彩的艺术活动构造特定的景象、意境,幼儿主体在这特定境象中产生高度的心理相容,在无对抗条件下受到感染,从而凭境贯通、遇境适变,焕发出创造意识和创造情感。

境象,亦即"景象、情境"之义;濡染,即"浸润、熏陶、感染"之义。艺术活动给人带来审美愉悦。美的内涵是抽象的,但是美的形式是具体的,相对于儿童而言,只有鲜灵具体的境象濡染才能使其心灵受到一种震动,感受到一种力量,从而促发创造动因,唤起表现欲望。境象濡染机制的核心要素是将"抽象艺术"化作"具体画面",将内容形象化,符合儿童对形象乐于接受、易于理解的认识特点。试举两例:

其一,小班音乐生活游戏《可爱的小老虎》。我们结合音乐生活游戏,创编了故事,设计了生动的 PPT 图画情境:森林里有一只小老虎,他走呀走呀,来到一

个大花园,他看见花园里的花美极了,小老虎怕吵着睡着的花儿,于是踮着脚尖轻轻地走过去看花儿。看着看着花儿渴了,就踮起脚尖轻轻地去拿水壶了,他抱着重重的水壶一摇一摆地去浇花。花儿喝足了水长大了,小老虎开心地跳着。儿童听故事看图画,再把故事配上音乐,这样从听觉、视觉、运动感知觉等多通道感知运动,充分调动儿童学习的兴趣,让原来比较枯燥乏味的"脚"部动作变得生动有趣。

其二,中班音乐活动《卷炮仗》。首先设置情境,激发儿童的兴趣。教师手举标记牌,儿童随活泼欢快的音乐学各种小动物,并看牌子变换队形。然后播放轻缓的音乐,让儿童充分想象。儿童跟随音乐,根据歌词理解音乐中的含义,自由想象卷炮仗的情境。其次发现音乐节奏特点,尝试根据节奏走队形,音乐慢的时候走得慢,音乐快的时候走得快。在运动过程中步点需踩在音乐的节奏上,这对儿童是一种全新挑战。在教学过程中教师注意循序渐进,先让儿童熟悉音乐歌曲,把握住旋律,然后在椅子上练习,儿童很快便把握住要点,和着音乐自然地走成了螺旋形。这时教师进一步提高难度,启发儿童根据歌词、音乐的变化创编动作,让儿童体验各种舞步是如何与音乐节奏、情绪特点相吻合的,同时还引导儿童创编配合相应步伐的手部动作,重点放在造型上面,鼓励孩子们创造出更多更好看的造型,表现出炮仗爆炸后纸屑四处飘散、落地后的动作。

(二)生活拟真机制

生活拟真机制就是将缤纷多彩的自然生活、社会生活、科学生活,通过直接感受、拟真模仿、角色体验路径将知识与生活链接起来,在符号与自然之间架设一座桥梁,为幼儿的创造性思维发展提供丰实的感性素材。

知识的源头无疑是生活。正如李吉林所说,生活展现情境是指把儿童带入社会、带入大自然,从生活中精选某一活动场景,作为儿童所要观察的对象,并伴有教师生动语言的描述,鲜明地展现在儿童面前,激发儿童观察的兴趣,领悟观察的要点[1]。

在实施学前艺术情境教育时,一日生活环境、教学活动中设置的艺术情境,能更好地促进儿童创造性思维能力发展。如大班艺术活动《美丽的风筝》,首先教师带领儿童去参观风筝博物馆,欣赏各种风筝,同时节假日还要求家长带着孩子去广场放风筝,这样孩子对风筝有直观的视觉感受,激发孩子对风筝的兴趣,能够根据风筝多样的外形,学会用对称的方法创造性地装饰风筝,整个活动孩子都充满了热情。从材料的收集和选择,到风筝的制作和放飞,从发现问题到解决

---

[1] 李吉林.情境教育三部曲(一)[M].北京:教育科学出版社,2012:28-43.

问题,从失败到成功,孩子始终在轻松愉快的氛围中学习,在主动学习中探索,在自由探索中发现,活动中孩子体验到了从失败到成功的快乐和满足。

又如大班美术活动《青花瓷》,从民间工艺品青花瓷入手,引导儿童从青花瓷的图案排列上进行探索。我们根据大班儿童的年龄特点和认知水平,提供丰富的操作性强的排序材料,启发儿童自主操作,在探索中思考。通过观察发现排序特点和规律,能尝试创造新的排列规律,促进儿童创造性思维水平的提高。

从以上两例不难看出,艺术离不开生活,又高于生活,是对生活的进一步升华,汲取了生活中的美,让孩子从小在充满艺术气息、氛围的环境中生活、学习,能促使儿童全面协调发展,促进儿童创造能力的培养。在艺术教学活动中,从儿童的生活经验出发,艺术问题生活化,把生活经验艺术化,在生活与艺术之间筑起一座兴趣之桥。同时我们的教师有一双善于发现的眼睛,把传统民间美术、民间音乐资源再开发、再创新,并渗入儿童一日生活,使孩子对民间音乐、民间美术产生浓厚兴趣,传统文化在新一代中得以传承和发扬。

(三) 发散延展机制

发散延展机制就是把头脑中已有形象经过重新组合形成某种新形象的过程。发散延展强调的不是固化、滞涩的思维,而是倡导开拓想象空间、促进多向思维,让幼儿想得开、想得多、想得远、想得奇,这是为创造能力奠基的最为宝贵的思维品质。

爱因斯坦曾说过,知识是有限的,而想象是无限的,想象力比知识更重要。儿童期是想象力发展的重要时期,但想象内容浅显、想象空间狭窄、想象维度有限,艺术却可以通过形象让儿童轻松抵达每一个角落,极大地提升想象发展的空间。

教师在创设艺术活动情境时既要提供丰富、生动的学习材料,又要提供在实践中运用的机会,有效促进儿童知识、技能与体验的衔接,促进侧向思维和求异思维的发散,促进教学活动与一日生活的渗透。教师设计的活动过程要注重新旧知识链接,让儿童重温旧经验,获得新经验,并且有利于儿童凭借丰富的素材和信息,主动探究、发散思考、大胆想象,强化创造意识。

儿童艺术活动中的绘画、手工、歌唱、韵律和欣赏等活动,每一种教育形式都能给孩子提供自由想象的天地。以美术多样性为例,创意材料有树叶、厚纸、废物、铅笔屑等,乡土特色手工有蓝印、风筝、木偶、剪纸等,绘画类别有命题画、想象画、线描画、中国画、点彩画、故事画、诗歌画等,这些丰富而生动的表现手段给孩子无限的想象空间,发展了儿童创造性想象。再如音乐活动中有创改编歌词、创编舞蹈动作及创编节奏型等。只要儿童用心去感受,他们总会在旋律中发现自然界的音响,走进童话世界,这既是艺术家们运用想象进行创作的结果,也是孩子们发挥和发展想象的过程。

三、学前艺术情境教育促进儿童创造力发展的过程

促进儿童创造力发展的艺术情境教育模式主要包括四个步骤:设置艺术情境,激发创造内驱→丰富艺术情境,助推创造生成→再现艺术情境,引领创造多元→迁移艺术情境,提升创造品质。这里列举的过程并非是一个线性推进的机械模式,在实践中它是非线性的、开放性的、多样化的。

(一)设置艺术情境,激发创造内驱

艺术情境教育通过创设儿童喜欢、感兴趣的情境吸引儿童,以直观形式引导儿童主动了解艺术活动中所学内容。在儿童身心处于放松愉悦的状态下,情境教育能发挥更大作用。

1. 将优化情境置于艺术教育之首

生动的艺术情境悄悄打开儿童的心扉,激起儿童的创造兴趣,让儿童在最短时间里进入最佳学习状态。人为创设的艺术教育情境、活动情境、校园情境都是教师有意创设的,情境的设置贴近儿童生活,使儿童的生活空间富有教育内涵,富有美感,充满智慧和儿童情趣。在创设表演情境中,师生共同扮演角色,充分发挥教师的主导作用和儿童的主体作用,儿童被引入有趣的情境之中,在欣赏和师生共同表演的过程中主动感受;在游戏情境的创设中,让儿童在趣味的游戏中快乐体验音乐;在生活场景的创设中,将生活中的实际场景,融入音乐和美术活动中,让儿童在再现的生活场景中理解,从而激活儿童艺术创造的灵性。

2. 将激发创造兴趣贯穿于艺术活动始终

儿童对艺术活动表现出很大的兴趣,这种兴趣既容易转移,又容易波动。把浅层兴趣进行延伸,提高到一定高度上是艺术教育的目的。将激发兴趣贯穿于整个艺术活动之中。活动开始,教师的动机是鼓动孩子的积极性和自信心;在基本活动部分,兴趣激励要着眼于思路的激活,智慧的启迪,创新活动的触发;活动结束,让儿童欣赏,学会评价,并把活动延伸到教学活动外和儿童对新的艺术活动的向往。

(二)丰富艺术情境,助推创造生成

情境教育把儿童认知活动和情感活动完美结合起来,以"情"为纽带引领儿童入情入境,用情感链接教师、儿童与艺术,相互牵动,相互影响,让潜在的智慧因情感激发,将儿童大脑深处的思维、想象、记忆等认知活动唤醒,并处于最佳状态。

1. 引入丰富的艺术活动内容，感受美

情境教育采用各种艺术手段，使其具有丰富的感染力。在选择学前艺术活动内容时，做到改编、创编传统教材与新教材相结合，生成课程与预设课程相结合。根据班级实际情况、季节以及时事特点，创编富有乡土与生活气息的艺术活动内容，如大班韵律活动《海上迪斯科》、中班音乐欣赏《快乐的小猴》、小班《红绸舞》等，孩子在生动形象的音乐游戏情境中，尽情彰显他们独特的艺术创造力。

2. 运用多通道感官自主探索，体验美

儿童创造是自由、自发、自然和充满乐趣的活动。教师多给孩子创设摸一摸、闻一闻、试一试的机会，给儿童多通道运用感官体验的时间，让儿童充分与材料接触，了解材料的特性，探索操作方法，并体验将它们运用到作品中的不同效果。例如大班美术活动《剪纸乐》，教师引导孩子讨论手拉手的两个小人怎么剪。孩子们有的想到在纸上画出两个小人再剪下来，有的能想到用对称的方法剪，孩子们带着自己的想法去尝试。试完之后，大家一起来总结失败和成功的经验，再给孩子们第二次操作机会。在此基础上，提出设计新纹样的要求，启发孩子设计爱心、三角形、彩虹、小草等纹样。成功了的孩子们是那么开心，那么得意。没有成功孩子也知道了正确方法，老师鼓励他们再次尝试，不要放弃。最后让孩子们把作品分组装饰老奶奶的家，一起给老奶奶过生日，在愉悦气氛中结束活动。

（三）再现艺术情境，引领创造多元

《幼儿园教育指导纲要（试行）》中指出，培养儿童对艺术活动的喜爱，并积极主动、大胆创造，表达自身的情感与审美体验。学前艺术情境教育注重寓教于乐，让儿童在有趣的情境中，运用多种感官自主学习、充分体验，从而构建新的知识经验。

1. 独立创编和同伴合作相结合

儿童有一定的生活经验和情感体验的积累，一旦遇到适宜的情境，就会运用已有经验，加工聚合分散的信息，从而建构新的动作图式。儿童的创造在形式上有个人独立创编和同伴合作创编，在表现上无论是个人还是小组合作展示，教师都必须根据艺术教育内容灵活设计与运用。如带领儿童创编具有浓郁民族特色的舞蹈《抬花轿》《小树和丫丫》《大头娃娃》；创编表现现代风格的舞蹈《学做解放军》，还有趣味横生、童趣盎然的舞蹈《老鼠运蛋》等。还可扩展儿童舞蹈的表现手法，让儿童通过韵律活动、时装表演等展现儿童亮丽的姿态，充分显示舞蹈在艺术活动中的重要地位。

2. 情境激励和情境展示相联动

在情境中儿童往往能投入地扮演各种角色，教师要遵循儿童发展性、差异性原则,采用启发引导、鼓励支持、多元评价的方式,细致观察和捕捉儿童的闪光点,让儿童自主建构知识、培养能力、开发潜能,不强求儿童接受自己的看法,引导儿童用多种方式来表达自己的审美感受,引导儿童独立思考,让孩子多观察、多表现,鼓励每个孩子说出自己的想法,让孩子充分发挥自己的想象力。在这当中,教师及时进行激励,使儿童的主体性得到彰显,并体验到成功的乐趣。在相互交流、切磋与合作学习的过程中,儿童逐步形成团结、合作、严谨、锲而不舍等创造性的人格特质。

(四)迁移艺术情境,提升创造品质

艺术是启迪情感、交流情感和表达情感的有效手段,也是儿童情感教育的有力工具。儿童在情境中有了充分的艺术感知和欣赏,对艺术知识有了一定的认知积累后,其创造欲望会如同火山般喷发,这主要是让儿童在有趣的情境中快乐创造、尽情表现、共同分享,迁移到一个更加真实、快乐的学习情境中。学前艺术情境教育具有移情作用,使儿童在艺术活动中能够陶冶情操,并从关注活动的内容、产生积极的态度倾向到激起热烈的兴趣投入活动。随即,自身的情感就情不自禁地迁移到艺术情境的相关对象上。随着情境拓展,儿童的兴趣不断地高涨,最终积极的情感融入儿童的个性之中。

1. 以"情"激趣,追求美的境界

在艺术活动中,教师要培养儿童对艺术活动的兴趣,就要让儿童在趣中学、在美中体验,着力培养儿童的审美情趣,让儿童享受艺术活动的乐趣。在儿童充分感受美的基础上,借助作品的吸引力,创设相应的教学情境,使艺术情境与艺术形象相呼应,让儿童对艺术形象产生心理感应,在活泼、积极的氛围中,大胆想象,自由表达内心感受,碰撞出智慧和美妙的心灵火花。例如,在中班音乐欣赏《小乌鸦爱妈妈》中,教师创设了乌鸦的家的情境,让儿童在欣赏优美抒情的乐曲旋律中,体验、感受乌鸦妈妈生病时,小乌鸦叼来虫子喂妈妈的美好情感,从中领悟"妈妈爱我,我更爱妈妈"的亲情,感受人间真爱。由于这首歌所表达的情感与儿童的生活经验、情感特征相吻合,当儿童表演唱时,歌声里饱含着深情。歌曲带给孩子的审美感受与道德体验完美地整合起来。类似这样的艺术活动,使儿童经常处于一种审美环境中,审美心理得到陶冶、滋润,审美素质就这样一步步地养成。

2. 以"美"育德,孕育美的心灵

美感总是通过人的视觉、听觉与触觉具体感受的。没有儿童感知的兴奋,就不可能有美的感受。美的感受进一步发展为美的意趣和情操,由"悦耳愉目"到"悦志愉神",从观赏客体美转化为建构主体心灵美。通过优选美的教学手段与

运用美的语言,去表现、强化教材所蕴含的美;在艺术活动中,以"美"愉悦儿童身心,培养儿童的审美能力、审美意识,丰富儿童的精神世界,把想象和艺术技能训练结合起来,努力在自我表现的艺术活动中,开发儿童的创造潜能。例如音乐律动《喂小鸟》,表达了鸟妈妈与鸟宝宝之间浓浓的爱,如何让儿童体会感知作品中所要表达的情感?教师在活动一开始设置谈话活动"我的好妈妈",请儿童说一说妈妈为自己做过的事,儿童说了很多妈妈为自己做的事情,也觉得自己的妈妈很爱自己,自己也很爱妈妈。有了这样的情感铺垫,在《喂小鸟》的音乐中儿童自然而然地体会到鸟妈妈与鸟宝宝之间的爱,这是情感迁移。在内心充满爱意的前提下,儿童根据音乐进行动作的创编,有的扮演鸟妈妈,有的扮演鸟宝宝,鸟妈妈急急忙忙飞回家里喂小鸟,鸟宝宝在家里不吵不闹等待妈妈回来。儿童以情感去感受,再将情感表现在作品中,所有的表演都是那么自然,都因为有了爱而生动形象。儿童把音乐作品中的情感大胆表现出来,这便是儿童创造的过程,也是主体心灵升华的过程。

第三节　学前艺术情境教育促进儿童创造力发展的操作路径

苏霍姆林斯基说过,在每个人的内心深处都有一种强烈的愿望,就是希望自己是一个发现者和研究者。在儿童的精神世界中,这种需要特别迫切[1]。席勒提出,从感觉的受动状态到转变思维和意志的能动状态,需要通过审美自由的中间状态方可实现[2]。可以说,儿童天生就是一个创造者,生下来就对周围的世界充满好奇,充满强烈的探索欲望,他们以对美的热情与向往来拥抱外在世界并构建着自己的心灵世界,音乐和美术是开发儿童创造力的金钥匙。在学前艺术教育中运用情境教育,能够有效促进儿童创造力的发展。

为了激发儿童的创造潜能,需要打破以往的艺术教育常规模式,创设审美艺术情境,包括游戏情境、实体情境、模拟情境、语表情境、音乐情境、故事情境、多媒体情境,教师通过创设与活动内容相适应的具体场景和氛围进行教学,萌发儿童审美感和情趣,促进儿童创造力的发展。

一、创设美趣的活动情境,诱发儿童的创造欲望

艺术是充满美感的,应当让儿童在艺术学习中充分感受和体验这种美。儿

---

[1] [苏联]苏霍姆林斯基.给教师的建议(上)[M].杜殿坤,译.北京:教育科学出版社,1980:57.
[2] [德]席勒.美育书简[M].徐恒醇,译.北京:中国文联出版公司,1984:21.

童在审美感受中获得满足，身心会无限舒畅和愉悦，产生主动探究的状态，从而完成从感受美到创造美的飞跃。我们将艺术的美与儿童的天真童趣相融合，师生共同创设一个美趣的艺术活动情境，让儿童的创造力得到充分发挥。

（一）教学情境有效化

学前艺术情境课程从美着手，强化教学美感性。教学内容、教学手段、教学语言以及教师仪态都渗透着美，建构一个多维的审美心理场，在审美愉悦中培养创造精神。如《花布秀》活动中事先收集各种裙子、旗袍、马甲、短裤、围兜、肚兜、头巾、帽子等用花布制成的服饰，创设"美丽的花布"服饰展。活动中让儿童操作各种花布，教师也用简单折叠的方法做成儿童喜爱的孔雀开屏、小鱼、帽子等多种造型呈现在桌上备用，让儿童在美趣的艺术情境中感知欣赏。再如《彩蛋娃娃》活动中收集各种彩绘蛋工艺品实物、图片进行布置，结合立夏节气，创设秀彩蛋、斗蛋比赛等趣味活动，引导儿童彩绘装饰自己的蛋，让儿童在美和趣的活动情境中积极大胆地创造表现。

（二）区域创设艺术化

我们应关注儿童艺术能力的"最近发展区"，以开放的眼光看待儿童年龄特点与个体差异，系统有序地推进课程游戏化，开拓出既符合儿童已有发展水平又具有未来挑战性的成长空间，在开放性的区域游戏中发挥儿童的创造性。如在"快乐大舞台"区角投放蓝印花布，开展"服装表演秀"，准备手偶、木偶，让儿童自主创编表演。在"民间创意坊"区角悬挂折扇，将民间工艺伞倒挂，用儿童染的蓝印花布，做成可爱的风车垂挂窗台，将儿童创意制作的五彩小扇、夸张的脸谱、绘画装饰的风筝、可爱的彩蛋、小葫芦等呈现在区角的每个角落，营造民间艺术美感。丰富的区角游戏深深吸引着儿童，他们乐此不疲地玩着，快乐地创造着、表现着。

（三）主题墙饰特色化

环境对儿童的熏陶和影响是潜移默化的，环境创设是情境课程中不可或缺的一部分。应利用幼儿园的走廊、墙壁、楼梯、班级主题墙，精心营造浓厚的民间艺术氛围。如大厅上方悬挂的金龙、青花瓷盘，墙壁上悬挂的各种充满民间风情的镜框画，前走廊用中国花格装饰，后走廊吊有蓝印花布装饰的蒲扇、海星与气球，还有充满民族特色的万花筒、工艺伞，这些都让儿童置身于无所不在的艺术氛围。各班开辟"民间艺术展"，推介各种民间艺术。如班级创设"我是中国龙，我的中国梦"的主题墙饰，与儿童讨论自己的梦想，并将自己心中美好的梦想画在彩色卡纸上，剪下做成一片一片的龙鳞，插在龙身上，让自己的梦想随着中国龙腾飞。教师引导儿童用生活中的毛线绕在废旧的拼板上，再贴上儿童创意装饰的青花瓷盘，下面垂挂红红的中国结，完成创意吊饰垂挂教室。将民间艺术融入环境，让儿童对民间艺术有进一步了解，使儿童在环境中获得丰富的审美体验，从而提高儿童对民间艺术作品蕴含的美的感受力与鉴赏力。

二、提供多元的操作材料，拓宽儿童的创造思维

儿童的活动受其思维活动的支配和调节。在培养孩子的创造性时，应从语言与思维、想象与创造的必然联系方面谈思维和创造性的培养；而无论是语言活动还是想象和创造活动，儿童往往都需要感性的支持。因此，给儿童提供多方面的感知材料，设置典型的艺术情境，举办各种参观活动、欣赏活动、展示活动，让真实的操作在材料的支持下获得成功，就显得非常重要。我们注意将艺术的色彩、形象、声响等镶嵌在他们丰富的记忆中，帮助儿童发展观察力，在观察中探究、想象、描绘，从而拓宽思维空间，为创造提供契机。引导儿童认识作品、理解作品、创造作品，提供儿童锻炼的机会，让儿童不拘泥于传统的观念与形式，提高儿童多种解决问题的能力，从而发展儿童的创造力。

儿童的思维源于感知，在操作中发展，要想把儿童培养成为充满创造力的人，就应让儿童主动尝试摆弄各种事物、体验快乐，在实际操作中注意不断积累经验。《纲要》提出，艺术教育要引导儿童用不同工具和材料动手操作，并个性化地大胆表现出来。因此，对操作的材料讲究丰富多样、分层投放，能有效拓宽儿童的创造思维。

（一）提供材料丰富多彩，引发儿童创意制作

教师提供给儿童操作和创造的材料远远比呈现民间艺术成品更重要。教师在儿童民间艺术学习中的作用主要不是解释和教导，而是启发儿童动手，引发儿童自主创造。每次活动中，注重给孩子提供多种美术操作材料，让儿童有自主选择、自主创作的空间。如手工活动《有趣的印染》中，每组准备正方、长条、三角、圆等形状不同的宣纸，颜料有单色、双色，让儿童自己选择创意，印染制作手帕、丝巾等。《彩蛋娃娃》中，儿童带来煮熟的鸡蛋、鸭蛋、鹅蛋、鹌鹑蛋，老师准备了水彩笔、颜料、毛线、彩纸、剪刀等多种材料，儿童在多种材料的操作组合中拓宽思维，创意制作。

（二）投放材料分层有序，启迪儿童创新设计

根据活动需要和儿童的能力发展特点，在材料投放中做到分层投放。如艺术活动《花布秀》，第一次操作中，提供给儿童的仅是桌上每人一块的花布，重点让孩子通过一块花布尝试摸索用裹、打结、折叠等创意打扮的不同方法，然后第二次操作中，再提供每组一篓子的小边角料，以及发夹、小簪子、草帽、喜糖盒等生活中的小物品，让儿童开拓思路，产生新的启示，组合创造更多的设计造型。

三、营造和谐的心理环境，呵护儿童的创造萌芽

"情"的问题在情境教育中得到了充分强调，无"情"就不能称为情境教育。在学前艺术情境教育活动中，情感不仅作为手段，而且成为教育的目的。情感参与认知活动，能充分调动儿童的主动性，并与儿童建立良好的师生关系，注重创设具有情感性、参与性的艺术环境，以充满艺术美的环境熏陶儿童。注重实践和情感体验，培养儿童良好的民间艺术情感，传承和弘扬优秀的民间艺术，培育民族精神，促进儿童与教师的共同发展。

在艺术活动过程中启发儿童进行个性化表现，由此产生愉悦感。但是，儿童的生理尚不成熟，思维正在发展，实践磨炼较少，因此在创造活动中，无论是创造意志的自觉性、果断性和自制性，还是其坚持性都还比较差，当遇到困难时，缺乏面对的勇气，容易动摇、退缩、放弃。因此，在活动中更需要一个和谐的心理活动情境，营造宽松的氛围，教师激励、赞赏、接纳儿童的创造。

（一）尊重与欣赏

在教育教学活动中，教师要把尊重和欣赏儿童放在首要位置，让儿童克服自卑心理，增强自信心，激发他们的创造热情。在活动中，我们发现儿童的创造火花是稍纵即逝的，首先要用尊重与欣赏的眼光看待儿童个性化的表现，多鼓励、多表扬；其次需要教师有敏锐的观察力，捕捉每个儿童的创造性表现；最后，要用积极性语言来评价儿童，不能以"画得像不像、好不好"来衡量儿童。要让儿童在尊重与欣赏中产生积极的情感体验，从而引导儿童体验创造过程的愉快，享受成功的喜悦。

（二）合作与互助

合作与互助可以相互启发智慧，启发灵感，让儿童感受来自群体的力量，在良好互动情境中共同提高，享受群体成功的快乐，培养乐于创造的热情。首先要引导儿童学会相互倾听，相互分享，听听别人的想法、需求，分享自己的好主意和帮助。然后要引导儿童学会合作互助，根据活动需要可以两人一组进行绘画、同桌一组进行竞赛；可以教师安排，亦可以自主结伴，充分让儿童在友好、团结、和谐的氛围中产生热烈的创造情绪。

四、走进绚丽的文化世界，搭建儿童的创造乐园

美丽的大自然和多彩的社会生活是儿童成长的摇篮，是艺术教育的源泉。

学前艺术情境教育倡导走进真实生活,将他们带到大社会和大自然中去,开展艺术主题综合活动,拓宽儿童视野,为儿童创造力的培养创造良好的条件。

(一)构建生活课程

生活课程是以大自然、大社会为起点,让儿童亲近自然、接触社会,并获得直接经验,萌发审美体验的活动课程。新一轮课程改革强调教育应回归生活。本土文化的研究,特别是课程与教学如何利用本土文化的研究正越来越为人们所重视。在幼儿园课程中渗透民间文化,能够形成有利于儿童发展的园本特色。

(二)开发节日课程

节日课程是指幼儿园结合民俗节日开展的促进幼儿认知、行为及情感发展的教育活动课程。中国作为一个有着五千年文化积淀的古国,有着悠久的历史文化内涵,劳动人民的智慧以多种形式被传承下来,如民间工艺、民间风俗等。传统节日是民间艺术的重要内容,蕴含着中华传统美德。许多节日儿童都是在家中度过的,我们应该和家长经常联系,互相沟通合作,形成教育合力,如让家长利用节日带领儿童观看和参加各类节日文化活动,使传统节日教育产生良好的教育效益。在节前教师也应组织儿童共同布置节日环境,让儿童与环境互动、有效对话,同时创造性地开展各种庆祝活动。如端午节组织大手小手齐包粽,中秋节做月饼开展义卖活动等,让儿童在欢乐的艺术氛围中,亲身感受传统节日的独特魅力,使儿童从小浸润并受益于民族独有的文化情怀。

(三)挖掘亲子课程

亲子课程是幼儿园与家庭共同构建的,以亲子关系为基础,强调父母与孩子在情感上实现双方互动,增进亲子关系,促进亲子交流的一种辅助日常教育活动的课程。家长资源的有效利用能够丰富亲子活动课程实施的途径,拓宽活动形式。在家长参与开发、设计的亲子活动中,家长参与积极性更高、效果更好。如举行中秋亲子赏月晚会、亲子绘画比赛、亲子才艺表演、亲子手工制作课程,为儿童创造提供了机会和条件。

作者:周 云

第六章
学前社会情境教育与儿童创造力发展

儿童创造力的已有研究侧重于个体的认知创造力，忽视日常的社会交往、社会活动和社会适应中的创造力。其实，结识新伙伴、适应新环境是儿童社会性不断完善的过程，这个过程需要儿童不断适应、探索、合作、发现，也是其创造力不断发展的过程。学前儿童的创造力具有较强的可塑性、形象性、情境性、开放性和随意性，我们可以从社会认知、社会情感和社会行为维度对学前社会情境教育与儿童创造力发展关系展开讨论。

第一节 学前社会情境教育的基本内涵与独特优势

在教育快速发展的形势下，学前教育研究者开始反思教育中所出现的各种问题。一是"迎合家长心理"现象。有一部分家长更多关注的是孩子的知识储备和智力发展，在"不输在起跑线上"的思想引领下，让孩子去参加各种智力和技能补习班，而在孩子的社会性发展方面却很少关注，导致现在的孩子出现诸多的社会性问题，如骄横有余而宽容不足，怯懦有余而自信不足，张扬有余而内敛不足，自私有余而共情不足，虚荣有余而脚踏实地不足。这些问题，都揭示出学前儿童社会教育的重要性，教育者虽然意识到这些问题，但在实施中总是会遇到家长的质疑甚至阻挠，在现实面前往往退缩。二是"社会性认识偏颇"现象。部分教育引领者虽能冲破各种障碍，勇于为学前儿童的社会性发展而努力，却找不到明确的教育方向。学前儿童的心理发展特点决定了他们的"心口不一"，也就是他们对教育者灌输的道理都能理会，却不能真正领会，往往对某些道理倒背如流，但在实施方面却是另一回事。很多教育者对学前儿童社会教育只是流于知识说教，并没有寻找到让儿童主动将这些社会性知识内化的有效途径。基于学前儿童的年龄特点，社会情境教育必须从传统的教育方式中解放出来。我们尝试将情境教育与社会教育相结合,力求让学前社会教育变得至真、至美、至趣。其实,部分学前教育者已经在社会教育中运用到了情境教育,只是没有人将这种教育理念进行系统研究,许多知识还处于零散的状态,我们尝试着将这些零散的经验和中外教育家的研究成果以及教学实践中的经验结合起来加以研究和运用,在不断探索中追求学前社会教育的新突破。

一、学前社会情境教育的内涵

学前社会情境教育是基于李吉林情境教育理论而建构的一种新的学前社会教育模式。它是指通过优化的生活情境,激发学前儿童的交往兴趣,提高他们的社会适应能力,获得良好社会性发展的一种教育活动。学前社会情境教育由社会认知情境教育、社会情感情境教育和社会行为情境教育构成。

(一)学前社会认知情境教育

学前社会认知情境教育是指为儿童创设具有吸引力的特定情境,让他们通过观察、交往、思考,对他人的心理状态、行为动机、意向等做出推测与判断。根据儿童的心理特点,利用情境吸引儿童的注意力,激发他们的好奇心,情境所特有的动感刺激丰富了儿童的想象力,从而使他们在观察、交往、想象和思考的过程中了解道德行为规范,敢于对情境中各类显性或隐性的问题提出自己独特的发现和见解,具有自信心和初步的竞争意识,敢于挑战权威,在相应的情境中对自我和他人有正确的认识,对个体的行为以及与他人之间的交往关系是否合乎道德规范有基本正确的判断力,并通过"角色转换""体验情感"等懂得自觉遵守基本的社会行为规则,培养人际交往兴趣。

(二)学前社会情感情境教育

学前社会情感情境教育是指为儿童创设优美的自然情境,结合已有的社会认知和社会行为,通过情境熏陶、角色体验、榜样展示,正确认识自己和他人。社会领域的学习具有潜移默化的特点,儿童社会态度和社会情感的形成,不是教师直接"教"的结果,而是通过儿童在实际生活和社会活动中,积累有关的经验和体验而形成的。通过教师的言语提示,组织儿童亲身体验,主动融入情境,进而接近并喜爱周围的人和环境,理解不同的人在不同的情境中的想法、观点和情感,为产生共情奠定基础。

(三)学前社会行为情境教育

学前社会行为情境教育是指为儿童提供优化的情境,通过亲身体验、实际操作,在正确的社会认知和健康的社会情感指导下,做出利于他人和社会、符合社会道德规范的良好行为。行为主义对亲社会行为的情境因素做了三种假设:依赖本能、榜样作用和服从互动的社会标准，社会情境的设置可以从这三个假设出发，利用环境渲染、榜样示范、交往互动，使儿童在特定情境中结合社会认知，进行交流、合作、互助和分享，能够不断提出问题，主动迎接由情境所挑起的各种挑战，在困难面前勇于尝试解决的办法，敢于提出不同的意见并付诸行动，尝试用适当的方法去验证自己的想法，在潜移默化中修正自己的行为，并创造性地优化自己的行为。

二、学前社会情境教育促进儿童创造力发展的独特优势

（一）游戏情境有利于创造性思维的发展

传统的社会教育中，主要是依靠教师传授社会知识，儿童充当聆听者、学习者，对社会认知的掌握基本上是依靠理解和记忆，而作为学前儿童，他们的思维还处于具体形象阶段，他们的理解能力有限，因此，我们必须以直观的教学手段帮助儿童理解认知内容。首先，情境中变幻的色彩、动态的形象、接近生活的场景和趣味横生的游戏，可以激起儿童强烈的兴趣，激发他们的内在动机，使他们能够轻松愉悦地获得所需知识。其次，在情境教学中，平等民主的师幼关系是儿童快乐创造的动力，营造生动活泼的教学氛围，尊重儿童的思想、情感、意志和行为方式，从儿童的身心发展特点出发，从情境的创设到游戏的整合，建立良好的师幼互动，从而促成亲密的师幼关系，在健康的心理环境下，教师为儿童提供抒发感情、做出积极行为的情境，轻松创造交往机会，启发儿童联想，激起扮演社会角色的愿望，诱发儿童产生新的社会认知，促发创造性思维的产生。

（二）问题情境有利于合作创造力的提高

"创造活动本质上是一种以创造主体提出问题和解决问题为中心的认知过程。"[1]创造过程就是问题解决的过程，儿童对什么都好奇，提问不惧权威、不受束缚。基于此，有效地设置开放性的问题情境，给儿童一个微型的社会环境，让儿童有一个社会交往的实习机会，鼓励儿童自主选择、自由结伴、讨论合作，启发和培养儿童合作创造的意识和习惯。良好社会行为的核心是人际交往中的合作和分享，而情境所赋予他们的各种合作机会是创造性行为的源泉，儿童在相互交往中不断磨合，在分享和合作的过程中获取创造性经验，提出问题解决方案，通过语言表达、艺术创作等形式具体表现出来，让儿童在愉悦的情绪和活跃的思维状态中，提高合作交往的技能。在温馨的交往环境中，儿童通过讨论、比较、探究和实践，提高合作创造力。

---

[1] 谭小宏.创造教育学导论[M].北京：北京师范大学出版社，2012：43.

（三）体验情境有利于创造性人格的培养

"早期的智力开发、情感培养和意志训练对人格的形成和发展产生潜移默化的深刻影响。如果忽视或耽误了早期教育，将会给人格的发展带来难以弥补的损失，也会影响创造性人格的形成。"[1]在儿童世界里，最基本的了解世界的路径是体验。体验是儿童自己来验证事实，感悟生命，留下印象。体验情境强调认知活动和情感活动相结合，让儿童感到真实，并在大脑记忆中留下深刻印象。体验情感包含老师与儿童之间、儿童与活动之间、儿童与儿童之间的情感。教师可以通过自身的或儿童身边发生的真实情感与儿童建立和谐融洽的情境创设，使儿童置身于其中，设身处地为他人着想，体验他人正在体验的情绪、情感，从而产生移情，在心灵深处产生强烈的共鸣并做出反应，在交往中学会换位思考，从而学会理解、接纳、关心、尊重他人，产生情感共鸣，促使儿童的情感活动与认知活动相结合。儿童的想象力丰富，对事物强烈的好奇心促使他们更广泛地去注意周围世界。因此，儿童的思维是否活跃和流畅是良好创造性品质的保证，体验情境可以提升儿童认知的灵活性，激发儿童创造的激情，有利于创造性人格培养。

第二节　学前社会情境教育促进儿童创造力发展的理论构建

学前社会情境教育促进儿童创造力发展的提出并非空中楼阁，它有坚实的理论基础。基于社会教育学、儿童心理学、创造心理学以及情境教育理论的研究，并根据儿童的年龄特征，可以初步构建出学前社会情境教育促进儿童创造力发展的心理机制、一般过程和主要原则。

一、学前社会情境教育促进儿童创造力发展的机制

学前社会情境教育促进儿童创造力发展的机制是指社会情境教育促进幼儿创造力发展的机理，是通过教育实践检验而被证明为行之有效的原理。根据理论研究和实验探索，学前社会情境教育促进儿童创造力发展的机制包括暗示引导、角色转换、情绪体验和榜样学习。

（一）暗示引导机制

暗示引导机制是指通过情境暗示，提供创造线索，引导儿童对社会问题有更深层次的理解，从而找到独特的解决方法。个体有可暗示性，这是心理学和暗示

---

[1] 张庆林,曹贵康.创造性心理学[M].北京:高等教育出版社,2004:122.

学共同研究的结果,接受暗示是个体的本能,保加利亚学者洛扎诺夫(Georgi Lozanov)创建的暗示教学法正是运用了这种本能。在暗示学界,有学者甚至将"可暗示性"和"可教育性"等同起来。个体处于一定的社会环境中,必然会受到各种社会关系的影响,环境是人创造出来的,而环境反过来会影响个体的行为。其中,环境的暗示作用是颇具影响力的因素。所以,在情境教学中,利用情境的暗示功能,通过各种暗示为儿童提供发现问题、分析问题和解决问题的线索,由暗示串起的线索能充分挖掘潜藏的智慧,某一个提问、某一幅图画、某一句话、某一个视频、某一个故事都有可能让儿童受到启发。加上教育者及时的引导,使儿童沿着情境所提供的线索摸索和探究,从而找到解决问题的方法,这个过程是解决问题的过程,也是一个充满乐趣和满足的创造过程。

(二)角色转换机制

角色转换机制是指通过扮演某种角色,体会角色的情感与思想,提高共情能力,从而通过体验角色心理来调整自己的行为。莫雷诺的心理剧(Psychodrama)属集体心理治疗,十分强调自然环境中的活动或行为,包括角色训练,涉及认知、愿望、欲望、选择和行为等方面。过去,对于社会交往和社会适应方面的能力培养,主要是通过教师的主动传授和儿童的被动接受。教师是主角,儿童是"知识接收器",教师习惯以说教方式对儿童灌输个人优秀品质内容以及社会行为规范,强调"该怎么做,不该怎么做""要做什么,不要做什么"。通过口头规定来培养儿童的交往合作能力和社会适应能力。在很多情况下,儿童对这类知识一知半解,在实际操作的时候无法将这些规则付诸实施。在这种情况下,是很难挖掘出儿童的创造潜力的。社会情境教育主张儿童为活动主体,他们既是特定情境中的"演员",又是各种活动的"导演",教师是参与者、合作者和支持者,教师参与儿童的各种活动,而非控制儿童的活动,以游戏中某种特定的身份出现,跟儿童是并列的个体,是游戏中的角色之一。情境的创设更利于角色转换的完成,儿童很容易受环境的渲染和暗示,社会情境教育通过预设生活情境,让儿童置身其中,在对情境的体验和实际操作过程中懂得必须遵守的规则,懂得与人交往,懂得调适自己的行为,从而提升人际交往和社会适应能力。

(三)情绪体验机制

情绪体验机制是指通过亲身体验获得知识和技能,通过情绪体验激发创造动机。美国学者大卫·库伯(David Kolb)认为,体验学习就是情境学习的过程。情绪伴随角色而来。当儿童认同了自己的某种角色之后(无论是自身的现实角色还是虚拟的社会角色),都会有各种不同的情绪体验。从学前儿童的心理特征来看,他们还没有能力很好地将自己跟外部世界区分开来,在他们的世界里,人物、动物、事物等都是有生命、有思想的。因此,随着儿童角色的转换,他们的情绪体验也随之变化。基于此,我们就可以利用社会情境的形象性和直观性让儿童很快进入情境状态,引发儿童再现教材角色或相关角色的活动。利用移情作用,让儿童形成身临其境的感受。随着想做—愿意做—尝试做—会做的过程而形成积极的态度倾向,以积极的情绪投入活动,随着活动的延伸,儿童的情感逐渐变得愉悦和自信,只有在这种正面的情绪指引下,才能激发儿童的创造天赋。

儿童的情绪体验,必须通过相应的动作和语言表现出来。随着情绪的变化,他们的动作和语言不断发展,加上生活范围的扩大,独立性的增强,儿童在正确的指引力带动下会对周围事物产生浓烈的兴趣。出于好奇以及自身独立的各种情绪,使他们渴望参加成人的某些社会实践活动,他们从内心真正有了参与社会活动的需要。对于儿童来说,每个人都有好奇心,只有对客观事物抱有强烈的好奇心,希望去了解它,然后才有可能发现可以改变的方面,好奇心是探索和创造的原动力。社会情境教育正是利用儿童们的这种好奇心和想象力,帮助儿童通过实际情境中的"试错"行为,在不断尝试中求得解决方法,而创造力就在这一过程中得到发展。

（四）榜样学习机制

榜样学习机制是指通过榜样的模范作用,强化正确的思想和行为,儿童通过模仿,将正确行为内化为自身的行为。美国心理学家班杜拉（Albert Bandura）的社会学习理论重视榜样的作用,认为:"人在社会环境中进行学习从而形成自身的人格特征。因此,设置一定的社会情境,树立一定榜样,使儿童有意无意间进行模仿,可以有效促进儿童品德的形成和发展。"[1]儿童有喜好模仿的特点,社会情境教育利用榜样效应,通过图片、视频、故事、表演等各种情境,让儿童置身其中,情境中人物的喜怒哀乐影响着儿童的情绪。如果在社会情境中将具有积极意义的人物巧妙地安排,通过模仿、体验、表现,实现与角色的统一,在潜移默化中将"该怎么做、不该怎么做"的意识,通过亲身体验,深植于儿童内心。

事物的发展是一种螺旋式上升的过程,儿童的发展同样遵循这个规律。社会情境教育具备这种促使儿童沿着发展规律前进的能量,通过一种全新的方式激发儿童的创造力以及创造力的升华,使他们在愉悦的情绪体验当中沿着正确的发展方向前进,真正实现了让儿童自愿、自主、快乐的自我教育过程,达到教育的理想境界。

---

［1］ 张文新.儿童社会性发展［M］.北京:北京师范大学出版社,1999:274.

二、学前社会情境教育促进儿童创造力发展的过程

心理学研究发现,幼儿园小班或更小儿童的创造实际上是一种无意想象,而中班以上的儿童的创造主要是一种有意想象,可以说学前儿童就是借助想象来创造的。儿童喜爱幻想,富于想象,他们在想象中进行创造,在想象王国里不断成长。儿童正是借助于强烈的好奇心和创造想象,才在游戏、绘画、音乐、语言、制作等活动中表现出创造性来。

(一)情境的引入激发创造动机

一切创造都源于兴趣,有兴趣才会有创造。情境的创设从儿童的学习兴趣出发,联系儿童已有的生活经验,将贴近生活的情境引入活动,引导儿童进入创设好的情境,使儿童产生亲切感,因贴近生活形成关注而产生学习动机,从而积极参与。当他们专心致志或者挥动小手向教师暗示"我要参与"时,证明学习已成为儿童的内在需要,他们摆脱了被动应付的状态,激起探究的乐趣,获得愉悦的情绪体验。这种快乐是属于全体儿童的,在这种热烈的内驱力推动下,群体为求知而快乐,他们相互之间为愉悦的合作和对交往中的探究过程而兴奋、激动,达到了一个广阔的境界。教师欣赏的微笑和点头,更使他们获得满足,使他们得到一种精神享受。教师在此情境中也获得了欣慰、喜悦的情感,处于积极状态下的思维也激发了创造性发展,进一步激发儿童的创造动机,并使创造动机稳定、持续地得到强化。

(二)情境的深入提高创造能力

随着情境的深入,儿童在探究性交往中,获得形象的感染、情感的体验、智慧的启迪,学习动机在其间不断强化。所有这些都有效地促使儿童掌握社会知识,获得交往技能和良好的社会适应,情境教学由于本身具有的"形真、情切、意远、理蕴"的特点,巧妙地把儿童的认知活动与情感活动结合起来,从而达到平衡。儿童之所以能进入情境,是因为情境从多种感官上进入师生共处的、忘我的,甚至几乎是无意识的状态。这对促使儿童精神饱满地、生动活泼地继续学习是十分重要的。在这特定的与社会性相关的情境中,可以有效地训练感受,培养直觉,发展创造,通过对社会情境的进一步解析,使儿童从感官和直觉上理解社会性交往知识,拓宽了他们进一步认识世界的通道,并且成为他们思维、想象和创造的重要基础。

(三)情境的拓展提升创造情感

教学不是一种单一的活动,在社会情境教学过程中,我们不只是满足于单一的情境创设,而是通过情境的深入,使儿童自主进入仿真的生活场景,在体验中

学会合作，通过多种教学手段，使得儿童领悟情感。在此基础上，引导儿童进入更深层次的情境，最大限度地促发儿童的想象力，使他们在自主活动的过程中获得社会交往和合作的经验，并在合作过程中获得共情，为创造性人格的形成打好基础。

三、学前社会情境教育促进儿童创造力发展的原则

学前社会情境教育促进儿童创造力发展的原则是瞄准儿童创造力发展的目标，教师有效实施社会情境教育必须遵循的基本要求。根据理论研究和实验探索，我们将学前社会情境教育促进儿童创造力发展的主要原则归纳为主体性原则、游戏性原则和体验性原则。

（一）主体性原则

主体性原则是指在学前社会情境教育中，必须以儿童为活动的主体，强调情境设置的生活性和社会性，强调教育内容的参与性和开放性。

教育改革背景下的新的师生关系应该是引导者、支持者和活动主体者的关系，儿童是整个活动的主角，教育者的技巧在于如何引导和支持儿童去主动学习。情境的创设必须从儿童的生活经验出发，以他们熟悉的社会生活为原型，既来源于生活又略高于生活，然后进行童化、趣化的改编，既要避免过于复杂，使儿童不知所措，又要避免过于简单，使儿童失去继续探寻下去的兴趣。比如童化的生活图片和视频、趣化的现实故事、角色参与的模拟表演，通过提问和引导，吸引儿童融入情境，在主动学习中学会分享、合作，完成发现过程，提高分析问题和解决问题的能力，在发现过程中提高合作创造力。

（二）游戏性原则

游戏性原则是指在学前社会情境教育中，必须以游戏为活动的基本方式，强调情境设置的直观性和生动性以及教育内容的趣味性和探究性。

学前儿童的思维具有直观性，特别是低龄儿童，抽象呆板的知识很难让他们接受，要想让儿童树立正确的价值观和规则意识，仅靠单调的、单向的知识传授远远不够，如果能将生动直观的情境，比如富有色彩的图画、视频，情节生动的故事、儿歌融入趣味横生的游戏，就可以激起他们的参与兴趣和探究动机，从"授之以鱼"到"授之以渔"，通过情境游戏，使他们在潜移默化中获取生活经验和学习能力，并在探究过程中发展创造性思维。

（三）体验性原则

体验性原则是指以体验为活动的线索，强调情境设置的暗示性和情感性以及教育内容的启发性和独创性。

《3—6岁儿童学习与发展指南》明确指出,应该给儿童实际操作和亲身体验的机会,要想让儿童正确了解自己、他人和社会,正确处理好相互之间的关系,具有自身的人格魅力,共情是不可或缺的能力。社会情感是只可意会不可言传的内容,给儿童创设富有暗示性和情感性的心理环境很有必要。比如以活动情感为背景的音乐、根据活动需要随时变化的多媒体、爱憎分明的故事和情节性表演,配以解读性语言、夸张的肢体动作,让儿童在感受角色心理的过程中学会换位思考,获取共情能力,在体验过程中获得创造性人格发展。

第三节　学前社会情境教育促进儿童创造力发展的操作路径

《指南》明确指出:"结合具体情境,指导儿童学习交往的基本规则和技能;结合具体情境,引导儿童进行换位思考,学习理解别人;结合实际情境,提醒儿童注意别人的情绪,了解他们的需要,给予适当的关心和帮助;创设情境,让儿童体会没有规则的不方便,鼓励他们讨论制定规则并自觉遵守。"《指南》对社会领域的教育建议中先后四次强调"情境",可见,情境创设在学前社会教育中起着至关重要的作用。如何通过优化情境的创设来培养儿童的创造力呢?本节从社会认知情境教育、社会情感情境教育和社会行为情境教育三个方面阐述促进儿童创造力发展的操作路径。

一、社会认知情境教育促进儿童创造力发展的操作路径

社会认知情境教育可通过创设游戏情境、讨论明理是非和创造交往经验促进儿童创造力发展。

(一)创设游戏情境

学前儿童好动、好学、爱模仿,正处于自我意识形成的初期,往往以自我为中心,缺乏交往能力,并经常产生冲突。创设舒适宽松的游戏情境,呈现鲜活生动的游戏场景,有利于激发儿童的好奇心和兴趣,引发儿童的自主游戏。如在小班社会活动《找朋友》中,设置"哑剧"表演的游戏情境,以这种独特的表演形式导入活动,通过音乐、动作、无声的表演,让孩子们觉得新颖有趣,调动其参与活动的积极性,儿童根据老师的表情和动作猜测老师在干什么,引出游戏"找朋友",用欢快的背景音乐激发孩子找朋友的热情,找到好朋友并能和好朋友坐在一起,孩子们的内心快乐和满足感不言而喻。第二个小游戏"碰一碰",孩子们热情高涨,通过身体接触、体态表现等方法,体验到好朋友在一起玩游戏的快乐,获得愉快

的身心体验。创设游戏情境只有抓住儿童的关注点,才能达到发展儿童创造力的效果。

(二)讨论明理是非

随着情绪的稳定和依恋的转移,学前儿童对同伴的需要越发明显。孩子们的性格、兴趣取向、现有能力、心理需求等差异使他们形成了不同类型的交友模式。专一型儿童比较依恋固定的玩伴,兴趣取向、认识判断等行为会受到同伴的影响;受欢迎型儿童往往乐于接受同伴的请求或共同游戏的邀请,这一类型的孩子很少带有攻击性行为,在同伴间的人气很旺;攻击型儿童性格暴躁,爱打人、骂人,破坏别人的活动;忽略型儿童胆小、怯懦,不愿加入小朋友的活动,也不去攻击别人,但小朋友往往会忽略他们的存在。后两种交往类型的孩子就是不善于交往或交往手段不恰当的孩子。入园一段时期后,部分儿童已有相对固定的玩伴、朋友,有时朋友之间会表示出很亲昵,但从一日活动的观察中发现有部分儿童不能正确表达自己的情感,有捏朋友的脸以示喜爱的,有趴在朋友身上表示友好的,有使劲推人表达不满的……基于这些现象,有必要引导儿童用简单的语言和适宜的方式表达自己内心真实的感受,在各种感官的刺激中,感知适宜的交往方式,讨论什么样的行为更容易被接纳,什么样的语言更有益于交往。如在小班社会活动《找朋友》中,利用游戏让儿童感受找朋友过程中的不开心,让儿童懂得和好朋友在一起时,哪些行为会让朋友感到不舒服、不开心,哪些行为会让朋友感到开心、快乐,相互交流内心的感受,学会正确的交往方式,增进同伴间的亲密情感。儿童的是非观原本非常简单,也很直接,通过一定情境让他们去思考如何才是正确的是非观,一次次校正自己的是非观。种种游戏及社会认识情境的布设让儿童在情境中明白一些最基本的是非观,让儿童逐步明白如何是善、如何是恶、如何是美、如何是丑、如何是真、如何是假。儿童有了人生中最初的世界观,创造力的世界才能往正确方向发展。

(三)创造交往经验

创造新的交往经验是社会教育活动的目标之一,教师通过适时合理的方式,延续、扩展儿童对学习内容广度和深度的兴趣。在新的游戏情境中,儿童尝试检验讨论结果,可以分组展开练习,谈谈自己的感受,充分利用大自然、社会文化等资源,拓展情境的生活场景,儿童在今后的交往过程中,除了用身体动作还能用简单的语言结交新朋友,创造新的合理的交往经验,并通过一次次创造逐步完善经验,提升儿童的交往经验,增强儿童的社会意识。如在小班社会活动《找朋友》的最后一个环节中,设置了"找新朋友"的游戏情境,既巩固了儿童与同伴交往方面的知识与技能,又让儿童获得了愉快的身心体验,这样的做法符合儿童年龄特点及心理需要。纵观整个教育活动，将游戏情境包含在社会学习活动中，真正达到了以游戏为基本活动的教育方式，使儿童在轻松愉快的活动中展现自我，拓展创造才能，并使儿童获得情感上的新体验。

二、社会情感情境教育促进儿童创造力发展的操作路径

社会情感情境教育可通过创设体验情境、交流换位感受和创造美好情感促进儿童创造力发展。

（一）创设体验情境

儿童社会情感的形成不是老师灌输的，而是在现实生活中，累积相关经验和体验而形成的。教师通过文学作品或榜样示范，组织儿童亲身体验，感受不同的事物在不同情境下的想法和观点。大班社会活动《摇摇晃晃的桥》中，结合日本绘本读物《摇摇晃晃的桥》中的两个动物形象——狐狸和兔子，让儿童体验角色内心活动，故事的主角狐狸和兔子本来势不两立，在一次追逐中，不料被困悬在河中央一座摇摇晃晃的桥上，狐狸在这头，兔子在那头，互为天敌的他们，此时此刻，会有什么表情和内心活动呢？儿童进入他人角色的发展促进儿童认知水平和社会理解水平的提高，为换位思考奠定认识基础。

（二）交流换位感受

学前儿童的思维以直观形象性为主，体验情境可以让儿童直观、深切地体验角色的情感变化，儿童把已有生活经验和情感体验迁移到情境中，把自己想象成故事中的某个角色，说角色想说的话，做角色想做的事，设身处地为角色着想，体验角色的情绪。社会活动《摇摇晃晃的桥》中，儿童正为狐狸和兔子找到一个平衡点——桥而兴奋时，河堤上的石头落入水里，桥成了跷跷板，在讲述时教师随机设疑，调动儿童观察画面，大胆提问："如果你是狐狸，你会怎么做？""如果你是兔子，你会怎么想？"让儿童分组体验情境中狐狸和兔子换位前后的感受，狐狸和兔子在不知不觉中转变成一种相互依赖的关系。此刻，他们缺一不可，原本势不两立的双方，因为生命交织在一起，所处的位置发生变换，必须学着去换位思考，儿童置身其中，体验狐狸和兔子的情绪情感，他们的情感得以升华。

（三）创造美好情感

传递美好，感受快乐，鼓励儿童将这种美好传递给更多的人，让他们也有这样的感受与收获。社会领域的学习具有潜移默化的特点，学前儿童社会态度和社会情感的形成，不是教师直接"教"的结果，而是通过儿童在实际生活和活动中，积累有关的经验和体验而形成的。在社会活动《摇摇晃晃的桥》中，通过故事情境让儿童换位思考，体验愉快的情绪，感受友情的快乐，增进了同伴间亲密的

情感,充分地体验情境和换位感受后,鼓励儿童表达他们的创造性想法,抒发内心的美好情感。故事美好的结局,配上优美的轻音乐,加上老师有感情的讲述,形成了一种有效的情境,儿童在体验结局美好的同时,加深了对美好情感的理解。

三、社会行为情境教育促进儿童创造力发展的操作路径

社会行为情境教育可通过创设问题情境、优化秩序意识和创造行为规则促进儿童创造力发展。

(一) 创设问题情境

儿童社会认知发展的一个重要内容就是社会规则认知,儿童的行为规则意识应该在童年时期形成,教师有选择地设置生活中常见的或典型的问题情境,激发儿童解决相关问题的欲望。中班社会活动《我会等待》中,为儿童设置问题情境"箱中取球"——箱口只能容纳一名儿童的手伸进去。于是出现了预料之中的拥挤不堪、混乱无序,此时的教师不直接给儿童解决问题的答案,而是旁敲侧击地引导、启发儿童自己去发现问题的答案,通过用照相机抓拍拥挤拿球、排队拿球、依次送球的镜头,在情境再现的过程中理解、认同等待行为,体验等待的重要。这其实是顺应了卢梭的"自然后果法",让儿童在体验不遵守等待规则的各种不良后果的过程中理解必须学会等待才能很方便地达到自己的目的,为接下来的按规则拿球设置好铺垫,也使儿童在两种情境的比较中进一步理解有序等待的重要性。

(二) 优化秩序意识

儿童开始观察、审视问题情境中的行为缺陷,提出解决问题的种种假设,逐个尝试,不断优化调整解决方案。中班社会活动《我会等待》中,通过问题情境中的亲身体验,儿童感受到无序拿球的吵、闹、乱,教师的一句"大家想办法,怎么解决这个问题呢?"孩子们你一言我一语,大家各抒己见,讨论部分是对儿童零散思维的一个总结,让儿童从体验、感受上升到理论高度,使他们初步形成社会性认知,了解到等待和不等待带来的不同体验。接着,由"拿球"这一个点,扩展到幼儿园里很多地方都必须学会等待这个面,让儿童了解等待重要性的同时也拓展了儿童的思维,使他们养成举一反三的思维习惯,创造力在这个思维过程中会随之产生,优化了儿童的秩序意识。

(三) 创造行为规则

在情境中,儿童在教师的引导下,逐渐找到解决问题的途径,在找到问题情境的解决方案后,体验到规则的重要性。在社会活动《我会等待》中,游戏情境的

引入改变了教学内容的呈现方式,使容易让人厌烦的规则约束变得生动有趣起来,这种方式更能让儿童接受。他们在玩的过程当中通过亲身体验和实际操作,自然而乐意地接受了规则要求,使"要我等待"变为"我要等待",自主理解、接纳、遵守规则。当教师对儿童表现出来的遵守规则行为及时给予肯定和鼓励时,会激起他们的好胜心和表现欲望,在实践过程中,他们也会发现一些现成的规则不一定在每一种场合下都适用。情境的再现、暗示和启发,会激发儿童的创造动机,让他们在原有的规则基础上生发新的规则来适应活动需要,在现实生活中,也会创造出符合场景的新行为规则。儿童创造行为规则的实际操作、亲身体验、相互讨论和合作都为他们的创造性思维做好了准备,不断地讨论、交流,反之也促进了儿童在交往的社会性发展。

作者:刘娟娟　高爱军

第七章
学前健康情境教育与儿童创造力发展

随着创新社会的到来,创造力对一个国家的科技进步、经济建设乃至人类命运共同体建设都起到越来越重要的作用。在未来世界,创造潜能发挥得越好的国家,越有可能拥有主导权。正因为这样,习近平同志一再号召青少年崇尚科学,追求真知,锐意创新,努力掌握创新方法,不断提高创新本领。现在,培养学生的创新实践能力已被教育部列为我国学生的"核心素养",创造教育正从学前教育的"边缘"迅速走向学前教育的"中心"[1]。本章借鉴情境教育理论,对学前健康情境教育与儿童创造力发展的有关理论与实践问题进行专题研究,试图为我国学前儿童健康教育建构一种全新模式。

第一节 学前健康情境教育的内涵、结构与独特优势

教育部在新颁布的《幼儿园工作规程》中明确提出,修订新《规程》的一个重要出发点就是"为了促进幼儿身心健康"。学前儿童的身心健康是一切活动的基础与前提,是指向儿童全面发展的根本。然而,有些教师受传统教育理念的影响,重智轻体,没有把健康教育活动放在重要位置上,在健康教育活动的组织中,存在机械化、教条化的做法。比如,在户外体育锻炼中,偏重于动作技能的演示与练习,而忽略了动作发展的自主性;在心理健康教育中,更是习惯于说教灌输,而不注重儿童的情感体验。诸如此类的问题,已严重影响并制约了儿童的当下幸福与今后的全面发展。

一是忽略锻炼,削弱了儿童肌体的适应能力。在炎热的夏季或者寒冷的冬季,教师往往因过度保护,将幼儿留在空调房,刻意地回避并减少必要的户外锻

---

[1] 王灿明,陈爱萍,尤素敏,等.学前儿童创造力发展与教育[M].南京:南京大学出版社,2016:1-59.

炼,致使儿童的肌体得不到锻炼,适应能力下降。在季节交替之际,常会因对外界温差的不适,造成感冒发热,甚至不能参与集体活动。

二是包办代替,阻碍了儿童的动作发展。在一些健康活动中,教师为了活动的顺利开展,尽早完成活动任务,对一些动作慢的幼儿总缺少耐心与等待,常常越俎代庖地代替他们做一些力所能及的事情,使得部分儿童失去动手锻炼的机会,动作得不到发展。

三是谨小慎微,剥夺了儿童的探险权利。儿童的天性就是喜欢探险、猎奇,然而一些教师教育观念保守、陈旧,不是为了满足儿童的探险天性,去增强儿童安全意识,提高安全防范能力,而是选择一些简单的钻、爬、投掷等活动量很小、没有挑战元素的健康活动,致使儿童因缺乏探险活动,性格变得胆小懦弱。

四是只褒不贬,降低了儿童的抗挫能力。在心理健康教育中,教师为了让幼儿始终有个愉快的心情,回避一些不良情绪对心理发展的负面影响,在活动评价中,总是只表扬,而不批评,致使一些儿童只听好话,不听坏话,没有基本的抗挫能力,在健康活动中,遇到困难当即放弃。

学前健康情境教育建构将直面健康教育中存在的问题,遵循情境教育的规律,进行科学研究和设计,推动儿童身心全面和谐的发展。

一、学前健康情境教育的内涵

(一)学前健康情境教育的界定

世界卫生组织明确提出,健康不仅仅是指身体机能方面没有疾病或不虚弱,还包括身体的、心理的和社会适应等三方面的完善状态。《指南》也鲜明地指出,真正的健康就是指个体在身体、心理和社会适应等各方面所呈现出来的良好发展状态。学前健康教育指的是教育者依据学前儿童身心发展过程中存在的特点,通过有效手段,有计划、有目的地提高学前儿童对健康内涵的认识,从而改善学前儿童对待健康的认识与态度,培养学前儿童日常的健康行为,进而保持并促进学前儿童身心朝向健康方向发展的系列教育活动[1]。

关于情境教育,儿童教育家李吉林通过40年的实践探索,进行了这样的界定:"用艺术的直观,结合语言描绘,来巧妙创设情境,通过这个优化了的情境,将儿童内在的学习情绪充分地激发起来,更好地促进儿童的认知活动[2]。"近年来,李吉林通过提炼多年的研究成果,又赋予"情境教育"新的内涵,即"择美构

---

[1] 顾荣芳.学前儿童健康教育论[M].南京:江苏教育出版社,2014:88.
[2] 程振理.苏派教学思想及其课堂导学艺术探究[J].考试,2012(1):12.

境,以境生情,以情启智,情感与认知结合,引领儿童在境中学、思、行、冶,促进其素质全面发展的教育教学模式"[1]。其中的情境既可以是真实可见的生活情境,也可以是通过语言、音乐、图片等来进行营造的"有情之境"或"活动之境",这种情境就是给儿童添翼,用情感扇动想象的翅膀,让儿童的思维飞起来,让儿童的心飞起来。

学前健康情境教育亦称情境型健康教育,是指将健康教育的内容镶嵌于一个有情有趣的网络式师幼互动的广阔空间,儿童能动地活动其中,大胆想象、主动探索,从而获得身体、心理和社会适应能力等方面的和谐发展。学前健康情境教育是依据马克思主义关于人的活动与环境相一致的哲学原理、李吉林的情境教育原理构建起来的,是学前儿童健康教育的一种新模式,其目标、内容和教育方式区别于传统健康教育,在儿童创造力培养上具有独特优势。

(二) 学前健康情境教育的目标

目标是一切活动的起点和归宿,更是活动有效开展的主要依据。健康教育的目标指向于人的身体、心理和社会适应方面。学前健康情境教育就是以其情境的特殊作用,更好地促使儿童形成愉快心理、探险欲望、求异思维,为创造力的产生奠定基础。

《指南》指出:幼儿年龄还小,身心各方面的发育还比较稚嫩,需要我们成人给予悉心照顾与合理看护;为了给予幼儿充分的探究、学习机会,成人要学会放手,充分培养幼儿的独立自理能力。为了保证幼儿的身心朝向一个健康、积极的方向发展,成人首先要提供营养均衡的食品,保证充足的睡眠和适度的体育锻炼来促使其身体的正常发育;其次,应有意识地为幼儿营设一个温馨、安全、充满友情与关爱的情境,让幼儿在被肯定、被欣赏的情感体验中,产生愉悦心理;再次,要加强幼儿的自我防护意识,不仅要注意日常起居中的卫生习惯,更要关注生活环境中的一些安全隐患,养成受益一生的健康生活习惯,同时提高能力。如果我们在健康教育中,能创设更丰富的情境,那儿童就会在活动中产生更愉悦的心理以及坚强、勇敢等冒险精神,有利于推动儿童创造力的发展。

1. 身体健康,具有强健的创造机体

健康的身体是儿童进行活动的先决条件,任何一个有身体疾病的人,都不可能有充沛的精力参与活动。毛泽东同志对身体机能的重要性就做过这样的论述:儿童"首要关注的是身体之发育,而其他诸如知识之增进、道德之养成等则可

---

[1] 王亦晴,丁玲,王玉娟.情境教育的实践探索与理论研究[J].江苏教育研究,2015(1):16-20.

以放在次要位置"[1]。在学前健康情境教育中，教师一定要把增强儿童体质放在工作的首位，结合儿童日常生活中最真实、自然的生活情境，给予他们锻炼机会，通过适度运动，提高身体素质，使身体能适应各种自然环境的变化与挑战，为创造活动提供基本的身体条件。

2．动作协调，具有敏捷的创造思维

儿童的创造总需要借助于一定动作，无论是小肌肉精细动作还是其他大动作的协调运作能力都是他们进行创造的有利条件。在学前健康情境教育中，教师要提供一切契机，给予儿童动手操作的机会，让他们在操作中协调动作，并通过现场实践来发挥想象，扩散思维。即便是一些基本的走、跑、跳等基本动作的练习，也要鼓励儿童在活动中求异、求快，用动作的协调性促进创造思维的流畅性。组织一物多玩的游戏，让儿童通过操作实践，来畅想与众不同的游戏玩法，促进创造思维的发展。

3．行为果敢，具有充足的创造自信

合理的冒险对于儿童的健康成长至关重要。良好的个性品质，如好奇心、探究性、冒险精神、自信心和果断性都有助于发挥创造性，而谨小慎微，循规蹈矩，只能产生墨守成规者。所以创造人格中一个"敢"字很重要，敢想、敢说、敢做才有创造。在学前健康情境教育中，教师应注意培养儿童的大胆探险精神，鼓励儿童大胆进行一些探索活动，同时通过情境让儿童获得成功的冒险体验，感受冒险带来的成功乐趣，增强创造信心，促进创造行为的产生。

4．情绪稳定，具有坚定的创造意志

创造力作为创造主体内在素质系统中的一种高阶能力，在实际生活中绝不是孤立存在的，而是和其他素质紧密联系、相互影响。愉快而稳定的情绪有助于儿童意志品质的形成。儿童的情绪越是稳定，从事创造性活动的自觉程度越高，越会积极主动地应对、消解创造过程中可能出现的情绪暴躁。在学前健康情境教育中，支持与鼓励的情境可以陶冶儿童的创造意志，为进行创造活动奠定良好基础。

（三）学前健康教育的情境建构

人为优化的情境使儿童流连忘返，儿童在这样的情境里情智交融，创造火花不断被激活、点燃。学前健康情境教育通过以下方式来建构、优化情境。

1．以材料丰实情境

儿童的身体锻炼活动离不开实物操作，教师要提供充足的材料用来丰富情

---

[1] 瞿葆奎.教育学文集・体育集[C].北京:人民教育出版社,1988:143.

境,让儿童在情境中有物可玩。投放材料的时候,要注意适度原则,既不能过多,让儿童选择材料无所适从,也不能过少,让儿童苦于"无米之炊"。尤其是晨间户外锻炼中,为儿童提供的材料一般最好多于儿童人数的50%,让每个儿童都享有自由拼装组合的机会。

2. 以竞赛活跃情境

争强好胜是儿童的天性,通过竞赛,可以把他们内在的斗志激发出来,更好地发挥潜能。比如在"玩草圃"体育活动中,采用竞赛的方式,比比谁的玩法与众不同,儿童在争强好胜的心理驱动下,大胆想象,创新玩法,有的把草圃举起来当风筝四散跑,有的坐在上面孵小鸡,有的双手举着当蝴蝶翅膀飞。通过竞赛,儿童的思维活跃了,创造的积极性也在情感的驱动下,得到最大限度的发挥。

3. 以游戏贯穿情境

福禄培尔(Fredrich Froebel)认为,游戏是儿童的本能,从游戏中得到的欢乐"犹如鲜花从丰满的花蕾中开放那样从内部崩发出来"[1]。在学前健康活动中,游戏是一种最常见的情境,在游戏情境里,儿童思想放松,兴致很高,每个儿童都以自己最为专注的状态投入活动,获得身体和心理的锻炼。为培养儿童的一些探险精神、坚强毅力,我们可以设置一些挑战游戏贯穿于活动,让儿童在富有趣味的游戏情境里主动克服胆怯心理,形成大胆、坚毅的创造性人格。

4. 以操作体验情境

在健康活动中,儿童通过操作发展动作,促进动作的灵活性和协调性。在操作情境中,教师除了必要的动作示范外,应该把学习的主动权交给儿童,让儿童自主操作,与材料、同伴充分互动,或相互交流操作经验,或尝试通过商量合作,解决操作中遇到的问题。放手让儿童操作,可以让儿童更多地体验到活动的乐趣,并借助实际操作来发展创造性思维。

5. 以视频再现情境

音画结合的视频情境以其动感的画面和优美的音乐刺激儿童的视觉和听觉,儿童置身这样的情境,情绪热烈,反应灵活。在学前心理健康教育中,如果光凭教师一言堂的灌输可能干涩乏味,不能引发儿童共鸣,但如果赋予适宜的视频情境,儿童就会通过观看视频,感同身受,并合理迁移。这些通过视频再现的情境,可以从网络上直接下载,也可以拍摄某一生活片段,或者通过若干图片的整合,录制成新的视频,再通过后期剪辑而成。

---

[1] [德]福禄培尔.人的教育[M].孙祖复,译.北京:人民教育出版社,1991:259.

二、学前健康情境教育的结构

健康所呈现的是不断生长、不断改进的开放状态,而非定格的封闭状态。健康是个体对自我的规划、改善,是完全的自由、自觉及自主。所以,我们追求的健康是自然生命的机体健康,更是充满精神追求的心理健康。健康具有整体性、动态性、客观性、主观性和可调适性。健康的这些特质决定了学前健康情境教育的内容也是动态的、灵活的,甚至是随机可调整的。

(一)体能锻炼

强健的身体是儿童进行一切活动的基础和前提。这种强健不仅表现为各项机能的正常运转,更表现为对不同气候环境的适应能力,如对冬天寒流的抵御、对夏天酷暑的忍耐以及对春冬季各种传染疾病的防范能力。学前健康情境教育的首要任务就是使儿童在各种自然情境中具有健康的体能,同时还能根据气候、环境的变化,运用已有的卫生安全知识,创造性地调节行动,增强身体的适应能力。为此,学前健康情境教育要结合一日活动中的晨间、户外等活动,开展各项体能锻炼,增强儿童体能。

(二)动作练习

学前儿童身体锻炼必须从儿童走、跑、跳、钻、爬、投掷等基本动作发展入手。学前健康教育为儿童动作发展提供了充分动手的机会,应该鼓励儿童积极与材料互动,在动作训练中,鼓励他们不拘泥于一种玩法,而要根据自己的兴趣与思考,积极进行一物多玩,在发展动作的同时,引发创造行为。

(三)意志培养

儿童以无意注意为主,他们的行为总处于不自觉的、无目的状态,遇到困难,他们就会不由自主地改变初衷,转向另一个活动。因此,我们要有意识地培养儿童向着目标,不断地克服困难,达成目标的意志。这种坚强品质的形成,有利于儿童在创造活动中克服干扰、挑战困难,使最初的创造意向在坚强意志的支持下得到实现。

(四)心理熏陶

儿童的情绪对记忆、信息加工和活动投入具有很大影响,良好的情绪可以让个体更加明晰创造的认知路径。儿童的情绪善变,不善于管控,学前健康情境教育应该引导儿童做情绪的主人,具体包括愿意与同伴一起活动,在活动中能友好相处;情绪愉快稳定,能根据不同情况调节心情,缓和情绪;会用适宜方式表达内心情感,不随意发脾气等。

三、学前健康情境教育促进儿童创造力发展的独特优势

每个人生来就具有创造力,这种创造力作为人类先天的一种自然属性,不是一成不变的,它会随着大脑的不断进化而逐渐优化。在人之初,并无明显的大小之分。人脑的"超剩余性"和才能发展的"递减法则"都表明,尽管人的先天创造性并无多大区分,但这种创造潜能的开发会受制于开发的时间、环境。学前健康情境教育就是在儿童的生命早期给予充分刺激,通过幼儿园与家庭提供的均衡营养,以及室内外的各种生动有趣的健康教育活动来刺激多种感官,促进神经树突的成长,从而提高智力和创造力。

（一）开放情境有利于儿童创造思维的生成

一个开放而富有支持性的环境能让儿童的思维与行动不受环境的羁绊,充分地联想、互动;相反,如果这个环境完全的封闭、高控,儿童探究事物的好奇心和兴趣就会消失殆尽,更谈不上任何有意义的创造活动[1]。在进行户外锻炼时,儿童所处的情境有一个最为显著的特征,那就是空间位置的开放与灵活。在活动中,儿童首先会因为活动的需要时时移动身体,变换位置,不会像参加室内其他教学活动那样,始终保持一个中规中矩的坐姿,更不需要长时间保持一个固定座位,这样一个开放自主的情境,可以让儿童的思维不受束缚,自由驰骋;其次,在室外开放的情境里,他们的手脚不会受到禁锢,可以根据需要,随时与材料、同伴、教师产生互动,在互动中不断地激活思维;再次,如果他们在活动中遇到困难,可以第一时间从老师、同伴那里得到帮助、获得启发,而不会因为固定的座位,影响他们与老师、同伴的交流,从而使思维受到禁锢,活动受到阻挠。

（二）操作情境有利于儿童创造行为的实现

儿童的创造离不开实践,任何一个创造想象都必须通过操作来实现。在学前健康情境教育中,儿童始终处在一个与材料充分互动的情境里,他们通过对材料的摆弄、操作,不断地获得新思路,又通过实践,实现自己的想法,创造出与众不同的玩法。比如在组织大家进行体育活动"有趣的雪碧瓶"中,儿童刚开始可能只会模拟生活经验,去拧开盖子"喝一喝饮料",或者仿照以前的游戏经验,举在手中抛一抛等。但随着操作互动的继续,他们的思维得到拓展,或把瓶子倒在地上滚一滚,或把它当起保龄球进行游戏,或把几个雪碧瓶分别排开,当作树林,然后穿梭于其中,玩"绕树林"游戏等。这种自主的操作情境,为儿童创造行为的发生提供了良好契机。

---

[1] 陈劲,唐孝威.脑与创新:神经创新学研究评述[M].北京:科学出版社,2013:30.

（三）游戏情境有利于儿童创造意志的练就

意志是指人在行动中自觉克服困难以实现预定目标的心理过程，对于学生的学习、成长以及未来事业的成功都是至关重要的。意志是关系到创造性教学成功与否的重要因素。在创造性教学中，教师应当采用相应的策略对学生的创造意志加以培养[1]。学前儿童由于年龄偏小，他们的注意力极易分散，如果我们依靠机械的说教、训练，不但不能培养儿童的意志力，而且还会让儿童产生反感、抵触情绪，进而被动活动，按部就班。如果我们抓住儿童喜爱游戏的心理特点，通过设置相关的游戏情境，就可以有意识地培养他们克服干扰的意志力。比如，要训练儿童双手抓杠悬空 20 秒的耐力，如果没有任何游戏情境或鼓励性的语言，有些儿童就会因为怕疼或者没有耐力而中途放弃，不愿练习抓杠悬空。但是，如果教师设计一个"过小河"的情境游戏，告诉儿童双杠下面是一条小河，现在我们要学解放军叔叔坚强勇敢，抓着双杠保持不动，儿童一般都能在游戏角色的支持下完成任务。

（四）音画情境有利于儿童创造人格的孕育

个体的情感对当下的认知活动具有动力、强化与调节的作用。其中动力功能指向个体的内在情感，在认知过程中具有直接的增力或减力效能，即愉悦而兴奋的情感会推动认知活动的继续与深入，而郁闷烦躁的情感则会抑制、阻碍认知，使活动受阻或停止。情感的强化与调节功能主要体现在愉悦的情感可以排解认知过程中产生的一些焦虑情绪及畏难心理，使得认知活动在稳定的情感推动下，不断排除障碍，顺利进行，孕育出良好的创造性人格。音画情境不仅可以通过优美的音乐刺激儿童的听觉，使他们心灵舒展，情绪愉悦，而且生动的图画也会让儿童赏心悦目，获得视觉享受。儿童置身于美轮美奂的音画情境中，身心愉悦，精神倍增，可以激发其探究欲望与创造动机。

第二节　学前健康情境教育促进儿童创造力发展的理论构建

创造性人才是指具有创造性意向、创造性思维、创造性行为以及创造性人格的人才[2]。学前健康情境教育在儿童创造力的培养中，是从萌生儿童创造意向开始，不断地开启儿童的创造思维，发展创造人格，实现创造活动。

---

[1] 龚春燕.创新教学策略[M].北京:北京师范大学出版社,2013:104.
[2] 王灿明.儿童创造心理发展引论[M].北京:社会科学文献出版社,2005:77.

一、学前健康情境教育促进儿童创造力发展的机制

学前健康情境教育促进儿童创造力发展的机制是学前健康情境教育影响儿童创造力发展的过程、方式和原理。学前健康情境教育促进儿童创造力发展的主要机制包括目标导向机制、自主探究机制和情感激励机制。

（一）目标导向机制

目标导向机制就是指为儿童确定明确的创造力发展目标，诱发他们向着目标，不断努力，获得成功。儿童活动带有游戏性、自发性和无目的性等显著特点，为儿童制定明确目标，可以帮助他们陶冶创造人格，丰富创造环境。

儿童以快乐体验作为活动内驱力，如果人为设定过多的规则、条件，那么儿童对活动必定索然无味，无心参与。在健康情境教育中，我们可以发挥情境游戏的优势，将这些硬性目标隐含在情境游戏的规则中，让儿童在游戏过程中，为了顺利游戏而主动、积极地遵守游戏规则，在不知不觉的情境游戏中陶冶创造品质。运用目标导向，教师首先要贯彻循序渐进原则，将目标分解成几个阶段性的目标，逐步实施，不断提高；其次要实施个性化原则，因人而异地制定不同目标，使每个儿童都能获得提高。

（二）自主探究机制

儿童天生好动、喜欢探险，健康情境教育中的户外轻器械游戏可以满足儿童的这一心理特点。自主探究机制是指将儿童置于一个开放情境中，让他们没有框架束缚，放开手脚，大胆探究，并从中体验创新，发现自我，精神的、创造的力量都会获得成长。

儿童成长离不开活动，他们的成长也总是伴随着活动的深入而提升。为支持儿童的自主探究，教师要以课程游戏化的精神，树立"管住嘴、竖起耳、睁大眼"的理念，在操作时真正做到观察在前，指导在后。儿童在室外进行活动时，教师更不要轻易出手对儿童的活动指手画脚，以免对儿童的思维与创造活动造成干扰。实践证明，通过以下步骤，可促进儿童的自主探究，提高创造能力。一是观察。通过观察，了解儿童的兴趣和需要。二是记录。对儿童活动中的典型事件实时进行记录，记录儿童的"哇"时刻，记录儿童的成长故事。三是反思。反思儿童的这些行为背后还需要教师给予哪些知识与智力的支撑，以提高他们的创造能力。四是实践。将前三步的工作落实到实践中，更好地改善情境游戏材料及指导策略，让儿童在游戏中享受自由探索，体验自主创新。

（三）情感激励机制

情感激励机制是指通过多种方式调动儿童情感，激起活动热情，产生强大的

内驱力。人类的任何行为都离不开情感因素,而儿童的活动更具感性特点,我们应该运用情境教育的优势,对儿童情感进行激励,以更好地促进儿童的创造性活动。比如,多组织儿童玩一玩各种有创意的游戏,让他们亲身体验创造性活动带来的乐趣;拍摄儿童各类创造的游戏镜头,并以图片形式进行呈现,让儿童在充满创意的情境中时时有创造触动。实施情感激励,我们应注意做到"三个一点":一是赞美多一点。对儿童的任何创意玩法予以肯定,即便是一个小变化、小创造也要大加赞赏,以此增强儿童的创造愉悦,产生创造意愿,变"要我创造"为"我要创造"。二是支持多一点。当儿童运动中出现一些困难,要多在语言上、动作上和材料上给予支持,让儿童获得创造启发。三是眼睛亮一点。教师的观察要细致、敏捷,及时捕捉到儿童的思想火花,给予适宜的启发和肯定。

二、学前健康情境教育促进儿童创造力发展的要素

学前健康情境教育促进儿童创造力发展的要素是构成学前健康情境教育不可缺少的因素,也是推进幼儿创造力发展所必需的健康情境教育资源。健康情境教育包括心理保健和身体锻炼两项内容,但不管开展哪项内容,在培养幼儿创造力方面都必须考虑以下几个要素。

(一) 以成功体验为前提,强化创造欲望

美国心理学家斯滕伯格(Robert J. Sternberg)发现,个体所具有的自信心与自尊心越高,就越信任自己的能力与潜在价值,有了对自己能力的充分认可,亲历现场,大胆表现的欲望就会更加强烈,创造潜能就能得到自主、自如的发挥;反之,假设个体不够自信,经常质疑、否定自己的能力,在活动中畏手畏脚,就会使原本的创造潜能得不到表现,表现得更加笨拙与恐惧,对今后的创造活动产生排斥心理[1]。为了促进儿童创造力的发展,在健康情境教育中要尽可能多地让儿童产生成功的心理体验,让他们充满自信,在活动中不断展现自己的创造力。

要让儿童拥有创造自信,首要一点就要让儿童有充分的成功体验。教师对于儿童在健康情境教育活动中达到的目标可采取分级达标法,通过循序渐进的方式,逐步提高健康情境活动的难度,让儿童在每次活动中都能获得成功体验。其次,在活动评价中,教师应善于采用开放式的评价方式,从多维角度肯定儿童的行为,既可以是儿童在情境活动中积极创新的精神,也可以是儿童在情境活动中对材料的爱护以及与同伴的合作,不要随意否定打击儿童参与活动的积极性。比如,在"白白的牙齿"这一小班健康活动中,当教师问幼儿怎样才能保护牙齿,

---

[1] 陈劲,唐孝威.脑与创新:神经创新学研究评述[M].北京:科学出版社,2013:30.

让我们的牙齿变得更白时,有的幼儿说,要多喝白白的牛奶;还有的幼儿说刷牙时,多挤点牙膏,多刷一会儿。尽管这些答案并不准确,但都是基于如何爱护牙齿这一问题进行的思考,教师不要轻易否定,应从儿童参与活动的积极性方面给予肯定,让儿童的每一次参与都能从教师那里获得认可,进而产生自信。

（二）以实践探索为途径,丰富创造行为

人的创造力主要通过后天开发而得到提升,开发及时、方法得当,就会让人的创造力变得强大,如果拖延开发时机,应用不当方法,儿童就会墨守成规,循规蹈矩。提高儿童的创造力,一个有效途径就是给儿童提供实践的机会,在不断地把玩、游戏中生发创造。在学前健康情境教育中,要为儿童提供适宜的游戏材料,在"一物多玩"中实现创造。为更好地激发儿童创造兴趣,产生创造性思维,活动中所提供的材料要具有以下特点。

一是材料自然原始,利于想象。儿童是富有幻想的动物,一根简单的纸棒在他们眼里会变成警棍、金箍棒、钓鱼竿,他们会乐此不疲,创造出各种玩法;而如果是一根彩色逼真的金箍棒,除了能激起他们学孙悟空挥动金箍棒的兴趣外,最多就是趁着新鲜劲儿学几个不同的猴子动作。所以,我们为儿童提供的健康游戏材料不需要形象逼真、高档奢华,反而越自然、越生态越好,可以更好地拓展儿童思维,启发他们大胆想象。

二是材料简便轻巧,利于组合。儿童是游戏和创造的主人,在健康教育中需要借助自主操作游戏材料获得创造,但他们体力有限,不能操纵有体积或重量太大的材料,活动中教师为他们提供的材料一定要简便轻巧,利于取放,利于组合。比如一些常见的PVC管、大小轮胎、各类绳子等,让儿童凭借自己的气力自如地进行材料组合、游戏创新。

三是材料安全卫生,利于健康。在进行健康情境教育中,游戏材料往往会多次使用,反复操作,而儿童的自我保护意识还比较薄弱,教师提供的游戏材料必须保障儿童身体健康,具有安全卫生的基本特点。比如上面提到的PVC管、大小轮胎、各类绳子等,在投入儿童活动前,教师首先要做安全卫生的检查,要求平面光滑,没有快口、齿轮;质量半新,不会中途断裂造成伤害;游戏材料的存放地点要干燥、通风,同时做好卫生处理。

（三）以持续引领为手段,提升创造品质

美国心理学家推孟(L. M. Terman)在天才儿童的案例研究中,通过比较分析,发现凡是成年后获得很大成就的儿童,都普遍具有四种人格特征:一是不达目的不罢休的坚毅精神,二是持续而稳定的自信与向上的进取心,三是谦虚谨慎的探究品质,四是对发明创造的强烈好奇心。美国心理学家埃里克森也认为,任何领域里,天才的产生都是本人坚持不懈努力的结果,"只要是在自己感兴趣的领域里,持续训练10年左右的时间,就一定有不同于普通人的天才般表现[1]。"创新人才成长的"十年定律"启示我们,发展儿童的创造力,围绕既定目标进行持之以恒的训练是必不可少的。但儿童的心灵还比较脆弱,认识还比较肤浅,对他们进行机械训练显然是不可取的。我们要将培养创造力的目标隐含在情境活动中,让儿童通过教师长期的目标引领来增强创造品质,产生耐力大、毅力强的创造性人格。

首先,活动有趣,富有情节。比如完成小班儿童行走1公里左右的体能训练目标,提高他们的耐力,就不能像军事化训练一样,让儿童在操场上来回走1公里路,靠机械训练他们的耐力,即便达到了耐力训练的目的,儿童对活动却充满排斥,创造性人格培养更是无从谈起。应该根据儿童喜欢郊游的特点,组织他们到附近社区进行一次参观活动,让儿童在对参观的无限憧憬与期盼中,在与同伴、老师的情境交流中,不断地克服娇气,提高耐力。再比如要小班儿童完成单脚连续向前跳2米左右的活动,如果光是简单、机械地单脚跳,儿童会索然无味,很难坚持到底。但如果赋予儿童小兔的角色,学小兔单脚跳过2米长的小桥,去对岸采蘑菇,儿童就会为这个游戏情节所吸引,个个活泼生动、神采飞扬,即便一次未能单脚跳过小桥,也会主动进行第二次、第三次游戏,在游戏中提高耐力。

其次,难度适中,层层递进。苏联教育家维果茨基(Lev Vygotsky)在最近发展区理论中强调,教学不能忽略学生的现有水平,应根据学生已有的知识与能力设定"跳一跳就可以摘到果子"的合理目标,在此基础上选择对学生有一定挑战任务的学习内容,然后鼓励学生大胆思考,大胆探索,获得更高一级的水平,进而再设定下一个发展目标。因而,在对学前儿童进行探险、坚毅精神的培养中,我们也要根据儿童个体发展的现有水平,设定一个最近发展区,为儿童的活动设置一定障碍,让他们通过一定努力,才能完成目标。比如,在攀爬中,应根据每个儿童原有条件,设定不同高度的终点,让儿童不畏困难,勇敢攀升。

(四) 以氛围熏陶为保障,激发创造情绪

如果个体对所从事的活动没有足够的兴趣与热情,那创造只能是纸上谈兵。我们应注意改变自己的教育理念,通过创设良好的心理氛围来影响儿童,让他们始终保持愉快的情绪。

一是面对全体,博爱在前。尽管儿童年龄很小,但对成人表情、行为背后的态度却极其敏感,教师对儿童的爱一定要细微入至,不以儿童出身的贵贱、相貌

---

[1] 王灿明.让课堂成为儿童创新的沃土[N].中国教育报,2012-04-03(8).

的美丑以及与家长关系的亲疏而给予不同关心,让儿童始终在一个轻松、愉悦而又公平的环境里,体验来自老师、同伴和群体的温暖,获得愉快的情绪体验,继而大胆参与创造活动。

二是面对问题,理解在前。儿童有着与成人世界迥异的内心世界,教师要善于捕捉他们的情绪,以儿童的视野去观察世界,体验他们的心情。比如他们在游戏中往往会因为争夺一个材料而大动干戈,这是因为他们还没有学会独立解决问题;有时他们会因为自己心情不好,而破坏同伴游戏,那是因为他们要发泄自己的不良情绪……面对这些问题,教师不可不分青红皂白地横加指责,而应以一颗童心去理解他们,引导他们以合理的方法解决冲突。比如引导他们商量两人都要玩一种材料可以用什么方法?组织幼儿讨论当心情不好时,可以去做些什么游戏?以此让儿童获得解决问题的方法。当儿童有了负面情绪时,教师可以提示他们尝试用绘画、捏塑、拍球等方式来排解郁闷情绪,舒缓心理压力,做情绪的主人。

三是面对差异,尊重在前。"一百个儿童就有一百种语言",我们要尊重儿童的个性差异,严禁以一根标尺去评价所有儿童。面对儿童的个别差异,我们要逐一分析,思考用怎样的方法去润泽他们的心灵,开启他们的心锁,让每个儿童都能保持积极的情绪。

愉快的情绪可以促进儿童积极地投入活动,但情绪也并不是越高越好。但并非情绪激活度越高,其创造力也就越强[1]。研究表明,情绪激活度过低,个体总会无意地回避和忽略所刺激的信息,使得自身感觉和运动系统的活动水平降低;如果情绪激活的强度过高,他的注意范围和信息加工能力也会随之降低。只有在适度的唤醒水平下,个体才能更好地调动心智机能,积极寻求和整合信息,生成多种备选方案,创造性地解决问题。为了让儿童情绪愉悦,同时保持在适中的程度,在学前健康情境教育中,我们就要注意课堂气氛的活跃度,既不能过于强烈,使儿童情绪亢奋,也不能过于沉闷,使儿童消极怠慢,对创造提不起精神。

第三节 学前健康情境教育促进儿童创造力发展的操作路径

美国心理学家艾曼贝尔(Teresa M. Amabile)说过:"至少对儿童来说,在工

---

[1] 陈劲,唐孝威.脑与创新:神经创新学研究评述[M].北京:科学出版社,2013:26.

作之前,参加好玩的、幻想性的活动,能导致高水平的创造性[1]。"儿童的活动是促进智力发展的有效途径,而一些有趣味的、想象类的游戏更是促进儿童创造力发展的最佳途径。儿童在自主玩耍中,可以冲破时空阻碍,与未来对话,与创造对接。在健康情境教育中,我们要抓住儿童一日活动的各个环节,如集体主题活动、自主区域活动、日常生活活动等情境,让儿童充分地、大胆地、创造性地游戏。

一、在主题情境中诱发创造

主题活动是开展健康情境教育的基本活动,在主题情境中,儿童与全班同伴一起互动,情绪活跃、思维开放,为他们创造力的产生奠定坚实的心理基础与实践基础。在集体主题情境中,我们要注意以下几个问题。

一是内容的针对性。健康情境教育对儿童创造力的培养,主要表现在创造意识、创造人格、创造思维、创造行为等方面,健康情境教育要根据这些内容,为不同阶段儿童选择符合年龄特点的活动,让不同年龄阶段儿童的创造潜能都获得发展。

二是难度的渐进性。在培养儿童创造力的过程中,要根据维果茨基的最近发展区理论,将难度设在最近发展区,让儿童既感受到一定的挑战,又对该挑战充满信心,通过跳一跳摘到"果子"。

三是评价的多元性。自信是儿童积极参加活动的主观情绪,决定着他对事对物的态度与兴趣,决定着他从事某项活动的信心与兴趣。在主题健康情境教育中,我们要从多维角度评价每名儿童身上的可取之处,有时即便儿童的创意平平,也要为他们投入的积极性加以肯定,以此提高儿童的创造欲望,进一步增强他们参与创造的信心。

二、在区域情境中生发创造

除了集体性的主题健康情境教育,幼儿园还有许多自主的区域健康情境教育,比如晨间锻炼、户外活动等,这样的情境规则简单、氛围宽松,儿童对于活动器械的选择、方法的选用也会因为没有老师、同伴的干预而变得更加自由、自主,从而更容易生发创意、获得快乐。为鼓励儿童在这样的情境中生发创造,我们应注意以下几个方面。

一是内容的多样性。区域情境中的健康活动要在遵守基本规则的基础上,

---

[1] [美]特丽莎·M.艾曼贝尔.创造性社会心理学[M].方展画,等译.上海:上海社会科学出版社,1987:238.

可以一物多玩,多人共玩。比如一个飞碟既可以当作投掷材料,同伴间进行抛接;也可以当作滚环,与同伴比赛谁的环滚得快;还可以举在手中,当作方向盘,四处"驾驶"游玩。

二是材料的鲜活性。要根据儿童在自主区域活动中的兴趣点和发展需要及时更换材料,不能为了组织方便,一学期就提供三五种材料,让儿童每天面对区域内相同的材料而兴味索然,对健康教育产生疲劳甚至厌倦情绪。

三是指导的置后性。在儿童进行区域间的健康探索游戏中,教师要用一双慧眼多观察、多发现,让儿童的探索、创造在前,教师的介入与引导在后。只有这样,才能让儿童内在的创造潜能表现出来,让他们在真正的探究中悟出新知,获得创造。

三、在生活情境中自发创造

陶行知先生说过:"处处是创造之地,时时是创造之时,人人是创造之人[1]。"儿童的创造活动贯穿于一日活动的各个环节,如晨间谈话、每日的一餐两点、散步以及午睡、起床,无一不渗透着创造教育内容。如何在生活情境中更好地生发创造,可着重关注以下几点。

一是引领的持续性。为培养儿童创造性人格,促进儿童创造性行为,我们要将创造教育的目标渗透到一日活动的各个环节。如儿童在吃餐点时,他们往往会出于顽皮,把饼干、面包咬成河马嘴巴、小蝴蝶等各种形状,对于这种行为,教师就要大加鼓励,引导其他儿童也来把点心变一变,玩一玩;散步的时候,为了让儿童有个安静的心理有助午睡,我们除了引导儿童学小猫轻手轻脚,还要创意出别的走路方法,比如学小鱼轻轻游,学树叶轻轻飘,让儿童每天的散步活动也变得丰富而别有情趣。在这样的活动中,儿童时刻都能享受创意乐趣,创造意识就会变得更加强烈。

二是家园的统一性。一天24小时,儿童在园时间仅有8小时左右,对创造力发展产生影响的重要环境是家庭,幼儿园在加强对儿童创造力培养的同时,还要注意发挥家长力量,提醒家长在对儿童进行教育时,也要为儿童的创造性行为创设条件,比如购买一些低结构玩具,供儿童创意组合;多表扬儿童,建立儿童的自信心;多带领儿童郊游,拓宽儿童的视野。

三是榜样的垂范性。儿童的思想、行为极易受成人影响,作为对儿童影响最直接的教师和家长要以身垂范,让自身的言行充满创意,并以此来感染儿童,做

---

[1] 陶行知.创造宣言[N].新华日报,1945-11-25.

他们的领路人。如果教师或家长在日常活动中循规蹈矩、刻板教条,儿童就缺少创意的空间与机会,即便是一些创造性行为也会因为成人的墨守成规而扼杀在萌芽状态。所以,培养儿童的创造力,成人首先要有创造意识,并努力以自己的创意影响儿童。

作者:喻　琴

第八章
学前情境区域活动与儿童创造力发展

游戏之于儿童,就如同食物、空气之于儿童一样重要,它融合了多方面的发展潜能,对幼儿的身体、认知、情感、社会性及想象力发展都具有重要意义。幼儿园应当根据幼儿的年龄特点指导游戏,鼓励和支持幼儿根据自身兴趣、需要和经验水平,自主选择游戏内容、游戏材料和伙伴,使幼儿在游戏过程中获得积极的情绪情感,促进幼儿能力和个性的全面发展。作为幼教工作者,必须充分认识到游戏在幼儿发展中的重要价值,尊重儿童的游戏权,创设开放的、多样的区域活动空间,提供适合幼儿年龄特点的丰富的玩具、操作材料和幼儿读物,支持幼儿自主选择和主动学习,激发幼儿学习的兴趣与探究的愿望,帮助幼儿在区域活动中与人、事、物进行互动,从而获得充分自由的发展。

第一节 学前情境区域活动的内涵、类型与独特优势

随着《3—6岁儿童学习与发展指南》的颁布,基于幼儿兴趣、自由民主、灵活多变、以游戏为主导的区域活动对儿童发展的重要意义越来越受到广大幼教工作者的重视,对儿童创造力发展的独特作用也引起了学者的广泛关注。李吉林情境教育理论强调:"儿童是真正的学习的主体,要将儿童的情感活动与认知活动结合起来,通过美与智交织的优化的情境,促使儿童主动投入,快乐地沉浸其中,在乐中学、趣中学、动中学、做中学,通过自身的感悟、操作、体验,从而得到充分的发展[1]。"情境教育理论强调以发展思维为核心,着眼创造性,要充分利用优化的情境,唤醒、发展儿童的潜能,让儿童在其中进行一系列的思维、联想和想象的活动,以促进创造性思维的发展。促进幼儿富有个性的发展、培养幼儿的创

---

[1] 李吉林.情境教育三部曲(三)[M].北京:教育科学出版社,2013:204.

造精神是区域活动的重要任务。

当前,在许多幼儿园,一些不和谐现象时有发生。有的幼儿园尤其是农村幼儿园,幼儿的一日活动以集体教学为主,几乎没有游戏活动;有的幼儿园幼儿游戏的情境创设单调,区域数量稀少,区域摆放模式固定,投放材料刻板;也有幼儿园游戏时间、空间、材料都比较充足,但幼儿的游戏自主权把控在老师的手中,教师分配角色、控制游戏进程、指挥游戏行为,游戏评价也以使用材料的对错、角色行为的相似与否、建构成品的好坏作为评价的主要内容;还有的教师已经意识到游戏是幼儿学习的重要载体,但对如何增加儿童游戏经验感到困惑,将游戏完全变成幼儿主导的经验,直至发生问题、冲突时,才可能去干预、关注。当儿童脱离了游戏,或者被游戏,童年生活的个性化发展、创造潜能开发,都会受到不同程度的影响。近年来,学前情境区域活动得到了越来越多关注,为走出这些困境提供了新的概念、新的理论和新的操作路径。

一、学前情境区域活动的内涵

(一) 学前情境区域活动的界定

学前情境区域活动是与情境、区域活动这两个概念密切联系的。

人们常常将情境与"情景""环境"一词通用,要么用来指称某一活动的客观情形或场景,要么用来指称周围环境或条件。学前情境区域活动的情境就是幼儿游戏和发展所需要的情景和环境。它既包括物质环境,也包括心理环境;既有现实场景,也有替代的模拟场景;既有教师创设的情境,也有幼儿自主需要生成的情境。按照李吉林对情境教育的构想,情境区域活动的情境必须呈现"美、智、趣"的特点。其中,"美"使情境具有鲜明的形象性与感染力,能激起幼儿的审美愉悦;"智"使区域的活动具有了思考的深度、探索的宽度,促进幼儿多方面的发展;"趣"使区域的任务、材料具有生动的吸引力,点燃幼儿动手、动脑、动嘴的积极性。

区域活动是指教师根据幼儿的兴趣和发展需要,在幼儿园中为幼儿设置一定的教育环境,让幼儿通过主动活动来学习,从而促进幼儿身心的和谐发展。活动区可分为角色区、表演区、美工区、阅读区、科学区、智力区、建构区、玩沙玩水区、种植饲养区、户外运动区等。

学前情境区域活动是幼儿园游戏活动的重要组织形式,是幼儿学习与发展的重要载体,是通过创设充满生活场景、情境任务、游戏氛围的活动区域,提供丰富的活动材料,引导幼儿自由选区、自主探索、自我建构,促进幼儿富有个性地发展以及培养幼儿自主精神和创造精神的一种活动形式。

(二) 学前情境区域活动与相关活动的关系

要理解学前情境区域活动的真正内涵,就必须厘清它与相关活动的关系:一是情境区域活动与区域活动的关系。情境区域活动是特殊形式的区域活动,是有情境预设的区域活动。区域活动就是幼儿在教师准备的环境中进行的自由、自主、自选的活动[1]。教师准备的环境包括将活动空间划分为一个个相对独立的区域,设立角色游戏区、阅读区、美工区、表演区、建构区、益智区等常规区域,并投放相应的游戏材料。情境区域活动是在区域活动的基础上更注重情境区域氛围的渲染、活动情境载体的选择,以及如何让幼儿在情境的影响下活动兴趣更浓烈、思维更加活跃、创造力发展更加显著。二是情境区域活动与集体活动的关系。情境区域活动和集体活动成为幼儿园教育活动中的两种主要活动组织形式,它们之间是一种对话关系,积极互动、互补、互生。情境区域活动的许多内容来自于集体活动,其活动目标的确立、活动情境的产生、幼儿发展的引导等,都与集体活动有着密切的联系。集体活动的教育主题是情境区域活动情境和任务的主要来源。同时,集体活动中儿童学习兴趣的延伸、对新知的探究需求等,又随时产生情境区域活动。而在情境区域活动中,幼儿出现的共性问题,如情境角色区幼儿游戏行为简单、情节不能深入,或个性情况,都可能促使教师通过集体活动,激发幼儿相互间的交流与讨论,丰富与完整幼儿的经验。

(三) 学前情境区域活动的特征

首先,情境区域活动是一种游戏活动。游戏是幼儿自愿参与的,伴随着愉快情绪的一种活动。这种活动往往伴随着幼儿的假想行为、重复动作、操作材料、嬉戏打闹和游戏规则的约束[2]。情境区域活动就是一种游戏活动,在这个活动中幼儿会主动发起、自主参与游戏,也可能积极地参与老师或同伴发起的游戏。活动中幼儿的态度是自愿的,情绪是积极的,行为是丰富的,身与心处于一种积极状态之中。

其次,情境区域活动是一种主动学习。主动学习的表现是忘我、专注、投入、思索、疑问、后继冲动及创造[3]。中国学前教育研究会理事长虞永平教授认为,幼儿的主动学习有五个要素,即材料、操作、选择、幼儿语言表达和成人的支持。在情境区域活动中,幼儿能够轻松获取各种各样的材料,并自由地把玩、探索,同时他们又能根据自身需要,选择游戏的形式和材料。在这个过程中,幼儿会相互

---

[1] 董旭花,韩冰川,王翠霞,等.小区域大学问:区域环境创设与活动指导[M].北京:中国轻工业出版社,2014:1.

[2] 彭俊英,魏婷,等.幼儿园游戏活动的组织与指导[M].北京:教育科学出版社,2014:1.

[3] 虞永平.学前课程与幸福童年[M].北京:教育科学出版社,2014:25.

讨论、交流在玩什么及完成了什么,而教师会有机地参与幼儿的讨论,鼓励、引导幼儿,帮助他们扩展或建构新的活动。

最后,情境区域活动是一种实习场。"实习场"是情境学习理论关于学习环境的一个新隐喻,意思是在一个真实的或拟真的知识境脉中可以使学习者更好地理解知识[1]。作为实习场的情境区域活动是幼儿在其中自主模拟社会生活、建构知识经验的环境,是一种感性的、综合的学习情境,它所设置的各种区域,将健康、语言、社会、科学、艺术、运动等领域发展有机地整合在一起,使领域发展走向综合和渗透。情境区域活动是探究性的、交往性的和创造性的学习情境,活动中,幼儿不断地面对问题去探究、去创造,独立或合作地解决一个个问题。

(四)学前情境区域活动的目标

情境区域活动有别于一般区域活动,情境区域活动更注重情境氛围的渲染,情境载体的选择,幼儿游戏、探究的兴趣,以及创造力发展的潜在可能等,故其目标不仅要增强幼儿的活动兴趣,促进幼儿身体、认知、情感、社会性等的综合发展,更要提高幼儿的创造能力。

一是在情境区域活动中增强学前儿童的好奇心和兴趣。儿童是蕴含丰富情感、蕴藏着无限潜能的活生生的个体。儿童的学习最易受到情绪的左右。好奇心和兴趣是儿童行动的动力,更是儿童创造性行为产生的基础。因此,情境区域活动要做到环境生动、情境引人、内容丰富,以此引发儿童的关注,激发他们的好奇心,激起强烈的活动兴趣。儿童在情境区域活动中有了积极参与的兴趣,有了乐于探索的愿望,才能促成儿童的主动发展,进而实现宽松、愉悦氛围中儿童创造力的萌发。

二是在情境区域活动中发展学前儿童的想象力和冒险精神。想象力是指对于不在面前的人、地点、事物以及情况,在头脑中形成丰富且多元的图像和概念的能力。童年早期是想象力发展的高峰期。在游戏活动中,幼儿的想象力能够得到高度发展和频繁使用。他们经常会利用想象将生活经验迁移到游戏中,也会通过想象将材料变出多种用途,以弥补游戏材料的不足,满足自己的需要。而在游戏中,幼儿会遇到许多困难,面对困难,幼儿只有敢于冒险,才有可能解决问题。正是在解决问题过程中,儿童一个个新办法出现,创造力不断发展。因此,在情境区域活动中创设的情境要有利于调动儿童运用丰富的想象力将自己置身于情境中,去生发各种游戏行为。提供的活动材料不仅要丰富,更要开放,便于儿童以物代物,物物组合形成新的活动材料。同时,教师要充分肯定儿童的创造

---

[1] 虞永平.学前课程与幸福童年[M].北京:教育科学出版社,2014:160-162.

性行为,积极鼓励儿童勇敢面对困难,大胆尝试、冒险解决,在一次次想象和冒险中促进儿童创造性人格的发展。

三是在情境区域活动中促进学前儿童的思维积极变通、勇于独创。创造力对于年幼儿童来说,有其特殊性。学前儿童的创造力属于"表达式创造力",是以自由和兴致为基础,因情境而产生,随兴致而感发的具有某种创造性的行为表现[1]。在情境区域活动更多表现为思维的变通性和独创性。鼓励儿童充分调动已有的经验、知识,变通地运用材料、恰当地迁移情境、灵活地选用方法,在解决情境问题中产生新的想法和新的行为。同时,鼓励儿童积极与同伴互助合作,并在合作中学会大胆表达自己的想法、创意,并包容、认同同伴不同的观点。

总之,每个儿童都有创造潜能,但发展创造潜能需要给予儿童尝试和冒险的自由,情境区域活动为儿童自由探索、大胆尝试、积极探究和创新发展提供了广阔天地。

二、学前情境区域活动的类型

学前情境区域活动是根据活动内容的类别进行的划分。情境活动区的名目林林总总,归结起来,可分为以下三种。

(一) 表现性活动区

表现性活动区是为儿童运用已有经验,借助各种开放性材料,进行自我表现与表达而设立的区域。儿童在这类活动区中会充分调动自己的知识、经验,主动表达、积极展示,在彰显自己天性和潜力的过程中,进行各种创造性活动。

1. 情境角色区

情境角色区就是创设与儿童周围社会生活相同或相似的情境,提供各种游戏材料,让儿童尝试角色扮演、模拟角色行为、体验社会生活的活动区域。如娃娃家、美容馆、医院、瑜伽馆、汗蒸馆、开心农场、银行、超市、菜场、美食街、饰品店、甜品屋、小吃店等。

该活动区主要目标:帮助儿童参与社会生活模拟、体验角色情感、积累生活经验;创立角色交往机会,发展交往能力与语言表达能力;培养独立自主解决问题的能力;尝试各种以物代物,发展假想能力、创造力等。

情境角色区是幼儿最乐意主动参与,也最能够自由表达、发挥想象、大胆创作的活动区域。其重点是创设主题情境,提供实物模拟物。要创设幼儿熟悉的

---

[1] 王灿明,陈爱萍,尤素敏,等.学前儿童创造力发展与教育[M].南京:南京大学出版社,2016:27-28.

生活社区主题情境，提供相应的模拟物，唤起幼儿的生活经验，同时，又要提供一定的替代物，给予幼儿灵活变通地使用，吸引幼儿在这里创造性地展现已有的生活经验，并通过想象、猜测、替代、假想来不断丰富游戏情节、深化游戏主题。

2.情境艺术区

情境艺术区(包括美工区、音乐区)，就是创设艺术化的活动情境，提供丰富的艺术创作材料，给予适当的情境任务，引导儿童感受、欣赏、创作的活动区域。如绘画、陶艺、泥塑、剪纸、撕贴、拓印、编织等美工区；演唱吧、演奏吧、舞者秀、时装秀等音乐区。

该活动区主要目标：欣赏和尊重自己和他人的创作，并从中获得美的享受；能用多种工具、材料或不同的表现手法大胆进行创作；体验艺术的创意、自由表达的魅力；培养儿童自信、开朗、合作的个性品质等。

情境艺术区是最能体现展露儿童个性、表达内心情感和艺术天分的活动区域，其重点是创设一个富有艺术氛围、利于激起创作欲望的活动环境，提供多种美术创作、音乐欣赏与表演的操作材料，支持幼儿按照自己的兴趣和意愿进行自我表现。艺术的氛围激活艺术细胞，种类丰富、材质不一、可塑性强和层次分明的材料会大大激发儿童尝试创作的欲望，并给予儿童组合创作的机会。儿童在情境艺术区的活动呈现出由简单创作到复杂创作的阶梯式成长状态。

3.情境戏剧区

情境戏剧区就是创设有一定主题的表演情境，提供背景、场景、服装、头饰、胸饰、指偶、手偶、音乐等各种道具、材料，让儿童创造性地表演文艺作品、创编故事情节的活动区域。如偶偶乐剧场、迷你剧场、星星剧社等。

该活动区的主要目标：带给幼儿舞台表演的满足感和自豪感；加深对文学角色的认识和情感体验；发展儿童的语言能力、想象力和创造性表达、表现能力；提高儿童互动、协商和合作的能力。

情境戏剧区是具有明显表演性的游戏活动区域，其重点是创设引人注意的人文环境。综合利用海报、书和各种材料装扮剧场，吸引儿童进入区域。提供大量背景经验。用图片、故事和对主题的讨论来丰富儿童先前的文学经验。儿童需要熟悉角色，从而更好地扮演。提供安全、简单和耐用的道具，让儿童根据自己的理解和意愿，想象、创新地再现文学作品的情节，每次表演都可以有新的创造、改编。

4.情境建构区

情境建构区就是创设一个空间独立宽敞、材料取放自由的主题建构情境，提供纸质箱盒、木质板块、塑料接插、沙水石等自然及非自然的材料，让儿童进行各种结构造型游戏的活动区域。如美丽的幼儿园、万达广场、住宅小区、湖滨公园、立交桥、游乐园等。

该活动区的主要目标：发展儿童的空间感和想象力；提高手眼协调能力和动手操作能力；培养儿童细心、坚持、大胆创造的品质。

情境建构区是融思维、操作、艺术、创造为一体的活动区域，其重点是要严格注意投放材料的科学性、综合性和建构空间的开阔性。因为所投放操作材料的大小、数量、种类、颜色，操作空间的宽敞、便利，甚至是摆放方式等，都会直接影响儿童的操作过程和建构结果。

（二）探究性活动区

探究性活动区是为幼儿观察现象、发现问题、尝试操作、多方寻求答案、努力解决疑问而设立的区域。儿童在这类活动区中会在问题的引领下，仔细观察、反复操作、不断验证，从而在解决问题的过程中，激发儿童思维潜能，促进儿童思维能力的不断发展。

1. 情境科学区

情境科学区，就是创设一个具有挑战性的探索情境，提供品种、数量、材质丰富的各种低结构化的材料，让儿童与材料积极互动，探索科学现象、积累科学经验的活动区域。如电灯亮了、好玩的磁铁、有趣的镜子、奇妙的水等科学探索区。

该活动区的主要目标：激发儿童对科学的好奇心、促发探究行为；探索解决问题的各种方法，提高探究能力；培养专注、细致、严谨、有序等良好的学习品质。

情境科学区是一个充满新奇、富有挑战的活动区域，其重点是材料的可探索性。因为儿童需要在教师创设的富有挑战、展现认知冲突的探索情境中产生疑问、展开尝试、获得发现，并在不断的错误、失败中构建新的经验，在反复操作中寻找规律、发现奥秘。

2. 情境益智区

情境益智区就是创设一个安静的竞争情境，提供能够启发儿童思考，促进儿童观察、比较、分析、判断的材料，引发儿童自主操作或与同伴合作竞争的活动区域。如走迷宫、凑数字、图片接龙、玩扑克牌、下棋等。

该活动区的主要目标：培养幼儿专心观察，提高缜密思维的能力；学会分析、理解，提高按游戏规则操作的能力；发展敢于竞争、善于合作的意识。

情境益智区是一个需要儿童具有一定的挑战精神、遵守一定的挑战规则、付出一定的耐心和毅力的活动区域。其重点是区域情境要吸引幼儿，规则要明确，任务要有挑战性。因为，当儿童被情境所吸引时，其挑战意识就会被激起，明确的规则将让儿童的挑战更有难度，由此，活动中观察才能更细致、比较更深入、判断更准确。

（三）欣赏性活动区

欣赏性活动区是为幼儿接触儿童文学作品、阅读儿童图画书、提高文学品赏力而设立的区域。儿童在这类活动区中会在阅读材料的吸引下，阅读、思考、交流、创作，以获得审美、语言、思维等多方面的发展。欣赏性活动区主要是指情境阅读区。

情境阅读区就是创设一个光线充足、环境温馨、怡人的阅读情境，提供种类丰富、形式多样的早期读物，让儿童在与书、卡片、挂图等材料的接触中，欣赏图画、猜想内容、创编情节，获得视听双重美感享受的活动区域。如书香吧、图书角、绘本馆等。

该活动区的主要目标：激发阅读的兴趣，养成爱好阅读的习惯；学会阅读，享受阅读的乐趣；增强自主阅读、分享阅读的意识，提高语言表达能力。

情境阅读区是一个融阅读、思考、想象、交流于一体的活动区域。在这样一个专属阅读的情境里，孩子们随心阅读，随时交流，随意构想，在惬意的文学享受中，引发更多的想象与思考。这个区域创设的重点是阅读环境的宁静、童趣，阅读图书的丰富多样，图画书的文学艺术美。宁静而又充满童趣的阅读情境，让儿童的阅读变得积极主动；艺术化的图夹文，让儿童的阅读深入持久；同伴间的互助阅读，将有力促进儿童语言的发展。

三、学前情境区域活动促进儿童创造力发展的独特优势

学前情境区域活动以其灵活的组织形式、丰富的活动内容、多样化的游戏与操作材料，为学前儿童提供了开放的、游戏化、个体性的活动环境，儿童通过主动探索和游戏在获得情感、能力、知识、技能等综合发展的同时，更促进了敢于冒险、乐于创造、主动思维、积极表现等创造性思维和创造性人格的双重发展。

（一）鲜活、生动的区域情境激活创造欲望

在情境区域活动中，教师精心准备的环境渲染、富有挑战的情境任务使得儿童情有所依、行有所指，加上教师自身的情感投入，能大大吸引儿童主动积极地投入活动。丰富多样的可操作性材料引发儿童的好奇心，吸引儿童展开与材料的积极互动，使儿童想创造的愿望得以实现。

（二）自主、自由的操作选择丰富创造表现

在情境区域活动中，儿童不必担心集体活动中的限制，可以自由选择区域、自由选用材料、自由展开探索，有机会面对真实的生活问题和认知冲突，有机会开展各种假想游戏、尝试各种角色体验，有更多时间去观察、感受、模仿、练习和

尝试。当儿童拥有了充分的时间、空间、材料和自由,展开自己的探究活动时,儿童创造性的表达和表现就会越来越丰富。

(三)丰富、多样的游戏形式发展多元创造

儿童的创造力表现在音乐、美术、积木建构、运动、游戏、数学、语言、戏剧和艺术表演等方面[1]。情境活动区的游戏种类非常丰富,涉及艺术、科学、语言、数学、社会、健康等各个领域,幼儿每天都会在不同的活动区中灵活进出、自由探索、专心创造,从而在艺术、科学、文学、表演、运动、建构等多方面获得创造力发展。

(四)尊重、鼓励的支持方式持久创造动力

美国心理学家斯滕伯格(Robert J. Sternberg)的创造力投资理论认为,个体需要支持并奖励创造性想法的环境[2]。在情境活动区,教师把创造权利还给儿童,尊重儿童个性化的需求、思想和行为,理解儿童的创造成果,宽容儿童的创造失败,鼓励儿童面对困难挑战,不断寻找解决问题的方法,让儿童在宽松民主的氛围下始终保持创造的动力。

第二节 学前情境区域活动促进儿童创造力发展的理论构建

学前情境区域活动如何促进儿童的创造力发展,这是一个理论难题,如果不能提出富有说服力的理论成果,想在实践上产生实效甚至取得突破是不可能的。探讨学前情境区域活动促进儿童创造力发展的理论问题,首先必须回答学前情境区域活动影响儿童创造力发展究竟是由哪些基本要素推动的,其心理和教育机制是什么,更重要的是,我们必须探明学前情境区域活动影响儿童创造力发展的过程。只有这样,实践和操作才能做到有的放矢,心中有数。

一、学前情境区域活动促进儿童创造力发展的机制

"机制"原指机器的构造、功能和运作原理,如今被许多领域广泛使用,借指事物的内在工作方式。学前情境区域活动促进儿童创造力发展的机制就是指情境区域活动影响儿童创造力发展的过程和方式,它充分反映出情境区域活动的

---

[1] [美]Rebecca,T.Isbell,[美]Shirley,C.Raines.幼儿创造力与艺术教育[M].王工斌,杨彦捷,王景瑶,等译.北京:北京师范大学出版社,2012:14.

[2] [美]罗伯特·J.斯滕伯格.智慧·智力·创造力[M].王利群,译.北京:北京理工大学出版社,2007:109.

内部结构、功能与儿童创造力之间的相互关系。学前情境区域活动促进儿童创造力发展的基本机制包括情境诱发机制、游戏释放机制和支架延展机制。

(一) 情境诱发机制

情境诱发机制是指利用童真童趣的环境和生活化、问题化的操作任务,诱发幼儿的探究行为,使幼儿在积极情绪的支配下,在解决问题的过程中,不断出现创造性行为。

在情境区域活动中,情境是诱发幼儿探究的重要因素。情境学习理论认为,知识嵌入于学习环境中,知识在很大程度上是通过在一个与文化相关环境中"对情境的学习"而获得的[1]。这里的情境主要由区域环境与任务情境构成。区域活动的空间、空间的艺术装饰、活动材料组成了区域环境。区域活动的主题和任务构成了任务情境。只有当环境充满温馨、童趣的玩具和橱柜,任务充满挑战与趣味时,幼儿的创造欲望才会产生。

(二) 游戏释放机制

游戏释放机制是让幼儿在各类游戏中,运用多种媒介自由表现自我和探究自己的感受,以释放自己的创造冲动。

游戏是促进创造力发展的理想环境。游戏促进儿童创造力发展的观点在各个时期的游戏理论中都有体现。启蒙思想家康德(Immanuel Kant)把游戏与心智、思维相联系,把游戏视为创造力的源泉。"幼儿教育之父"福禄贝尔(Friedrich Wilhelm Frobel)则把游戏作为塑造儿童的精神生活、创造性的生活和智力的生活的工具[2]。学前儿童身心发展的特点决定了幼儿喜爱游戏并且不断进行游戏。在情境区域活动中,儿童根据自身的需要,以自己独特的方式四处游逛,进行探索,认识世界,体验生活,进行着运动、交往、操作、探索、建构、表演等多种游戏,表现出积极的创造性、原发性和好奇心。正是这种自我实现的需要和发挥潜能的驱力让儿童的创造力得以释放。

(三) 支架延展机制

支架延展机制是利用儿童发展存在的最近发展区,通过他人的指导和帮助,让幼儿跨越最近发展区,以达到新的发展水平。

在最近发展区内对儿童进行指导帮助的过程,被称为"搭建支架"。在情境区域活动中利用支架促进儿童创造力发展是一种重要手段。俄国心理学家维果

---

[1] [美]罗伯特·J.斯滕伯格,[美]温迪·M.威廉姆斯.斯滕伯格教育心理学(第2版)[M].姚梅林,张厚粲,等译.北京:机械工业出版社,2012:261.

[2] [美]乔·L.费罗斯特,[美]苏·C.沃瑟姆,[美]斯图尔特·赖费尔.游戏和儿童发展[M].唐晓娟,张胤,译.南京:江苏教育出版社,2011:32.

茨基(Lev Vygotsky)认为，儿童的发展存在最近发展区，即儿童在与一个更有能力的伙伴，或者是成年人，或者是同龄人，一起互动的过程中所能够进入的发展领域[1]。以色列心理学家鲁文·福印斯坦(Reuven Feuerstein)发现，儿童的学习有直接教学和中介性学习经验两种途径。其中，中介性学习经验起到的就是支架作用，通常是家长或教师以环境为中介提供有效地帮助和支持，借此来促进认知、社会情感和行为的发展[2]。这种支架发生在教师与幼儿、幼儿与幼儿之间。教师在创设区域、准备材料的时候，就充分考虑到如何促进儿童创造力的发展。在幼儿活动的过程中，教师观察儿童的游戏状况，适时适切地搭建支架，通过向儿童提问、为儿童示范、启发儿童思考、鼓励儿童动手、引发儿童表达和给予儿童新的任务等延展儿童的创造行为。当然，同伴之间的交流、互动、竞争也会给儿童带来更多的创造动力和创造成果。

二、学前情境区域活动促进儿童创造力发展的要素

学前情境区域活动促进儿童创造力发展的要素是组成情境区域活动的基本因素，也是推进儿童创造力发展所必需的情境教育资源。学前情境区域活动之所以能够促进儿童创造力的发展，是因为它能够以生动的情境引发儿童的创造，以自主的游戏催生儿童的创造，以动态的更新推动儿童的创造，以积极的互动促成儿童的创造。

（一）以生动的情境引发创造

情境性是情境区域活动区别于一般区域活动的显著特征。情境实质上是人为优化了的区域环境，是促使儿童能动地活动于其中的游戏环境。情境区域活动不能脱离具体的情境而单独存在，必然依存于某一个具体情境的诞生、发展与结束而相应地变化活动。这个具体情境包括生活情境、文学情境、社区情境、问题情境、艺术情境等，是与儿童生活、学习、游戏密切相关的充满情感的环境氛围。开展情境区域活动之前，教师必须在某一或者某些活动区中创设相应的情境，并投放与之匹配的材料，才能引发儿童在情境驱动下积极创造。

比如，情境艺术区开展"画相反"的情境区域活动前，教师已经开展了《棒棒天使和胖胖天使》的文学活动，并在艺术区张贴了棒棒天使与胖胖天使的形象和礼物袋，为儿童创设了为棒棒和胖胖天使送礼物的情境，儿童在文学情境和任务

---

[1] [美]乔治·S.莫里森.学前教育：从蒙台梭利到瑞吉欧(第11版)[M].祝莉丽,周佳,高波,译.北京：中国人民大学出版社,2014：122.

[2] [美]罗伯特·J.斯滕伯格，[美]温迪·M.威廉姆斯.斯滕伯格教育心理学(第2版)[M].姚梅林,张厚粲,等译.北京：机械工业出版社,2012：49.

情境的驱使下创造性地画出各种各样特征相反的礼物。再比如，情境生活区，教师会先创设一个娃娃家，设置为娃娃整理、穿衣、穿鞋等情境，引发儿童在区域活动中，在为娃娃服务的过程中，掌握穿、脱、扣、拉、系等生活自理要点。在此基础上，可举办"魔发秀""潮包秀""时装秀"等创意展示活动，以点燃儿童的创造力。

（二）以自主的游戏催生创造

创造过程必须基于儿童的自主思考，让他们自主发现问题，寻找人物、事物之间的逻辑关系，"当思考者抓住了问题中的关键特征以及这些特征与终极问题解决的关系时，创造力和顿悟就产生了[1]"，人本主义心理学创始人马斯洛（Abraham H.Maslow）认为，人人都有为实现自己的愿望去努力从事创造的行为倾向，而只有具有独立、自主、自我控制特性的人才能做出创造性贡献。在情境区域活动中，教师必须以开放的思想，给予儿童自主的空间，鼓励儿童自主选择区域活动的主题，自主进行区域材料的摆放，自主尝试多种活动方式，自主进行玩伴的选择和更换。当儿童在情境区域活动中有了充分的自主性，儿童的创造性思维才能活跃，创造性人格才能发展，创造性行为才能不断优化。

（三）以动态的更新推动创造

更新是指情境区域活动的内容、种类和材料会随着情境活动的需要、儿童的兴趣、创造力的发展而动态变化。动态变化着的情境内容、种类、材料，会让儿童对情境区域活动保持热情，推动儿童创造力水平的不断提高。

内容的动态更新主要体现在情境区域活动内容应随着主题情境的变化而变化。从学期初到学期末每个区域的情境主题有多个，要随着教育重点的变化、季节的变化、节日的变化、儿童的兴趣点变化而变化。当情境发生变化时，活动内容就要随之变化。比如，一年中我国的传统节日有立夏、端午节、中秋节、元宵节等，这些传统节日之时，艺术区的情境活动就与之密切相关，元宵节装饰兔儿灯，立夏创作蛋画，端午画龙舟、做香囊，中秋做月亮书等。

种类的动态更新是指在学期的进程中，在儿童创造力发展的不同阶段，情境区域活动的种类呈现出动态变化。某些活动区会持续出现，同时也有活动区会逐渐消失。比如，情境生活区在小班初期占有相对长的时间，情境社区在中大班占有较大的份额。情境建构区则是根据情境主题和任务的需要即时而建，顺势而退。

材料的动态更新表现在材料因情境任务不同而变化，材料随着儿童探索进程的推进而不断调整。比如，在情境科学区，儿童帮助小动物走出迷宫，当儿童

---

[1] 张文新,谷传华.创造力发展心理学[M].合肥:安徽教育出版社,2004:3.

运用区域内的迷宫图卡合作游戏一段时间后,儿童逐渐萌生了创作迷宫的想法。这时候,区域内就增加了画板、纸和笔。当迷宫创作越来越复杂时,一些卡通方便贴就出现在区域内,为儿童突破制作迷宫中的障碍提供便利。

(四) 以积极的互动共生创造

互动是指儿童与不同区域的互动以及儿童与儿童之间的互动。儿童创造力发展存在个别差异,不同个体在创造力出现时间、发展速度和水平高低上都有差异,同一个体在不同领域的创造力存有差异。因为这些差异,互动性在促进儿童创造力发展的情境区域活动中有特殊作用。教师要通过引导儿童与各种区域互动,让儿童在不同领域的创造力得以锻炼、发展。同时教师要充分创设条件,让儿童与儿童共同游戏,让他们相互影响、相互帮助、相互促进,实现共赢发展。

三、学前情境区域活动促进儿童创造力发展的过程

促进儿童创造力发展的学前情境区域活动的过程是以情境创设、材料投放、时间保障和教师指导为主要构成要素,学前情境区域活动应通过创设优质情境,提供丰富材料,按时开展活动,及时指导评价来促进儿童创造力的发展。图8-1总结了学前情境区域活动促进儿童创造力发展的过程包括四个基本环节。正是这环环相扣的活动过程促进了儿童创造力的发展。

(一) 创设生动环境,激发创造冲动

美国教育家杜威(John Dewey)说过:"要想改变一个人,必先改变他的环境,环境改变了,他自然也就跟着改变[1]。"区域情境会在很大程度上决定儿童是否愿意选择参加、能否全心投入该区域的活动,继而影响儿童在区域中的游戏行为。研究表明,开放的空间、灵动的修饰、自由的组合有助于儿童创造力的发展。

1. 开放的空间

情境活动区是由一个个游戏区构成,不同的游戏区域游戏规则、游戏行为各不相同,教师需要利用玩具橱柜、桌椅、栏栅将空间进行分隔,保证每个区域都有相对独立的空间,同时必须在相对封闭的基础上确保足够的开放。因此,区域设置既可以在室内、楼道中,也可以在室外、田野中,也可以将空旷的户外场地和大自然中的风、水、泥、阳光变成活动区。同时,室内活动区要留出随时进出的通道,幼儿想进就进、想出就出,方便幼儿交往交流。开放空间带来的是心灵上的自由,由此产生的安全感则会带着儿童插上轻盈的双翼,飞向创想的高空。

---

[1] 华爱华.幼儿园室内区域活动整体方案[M].武汉:武汉大学出版社,2012:71.

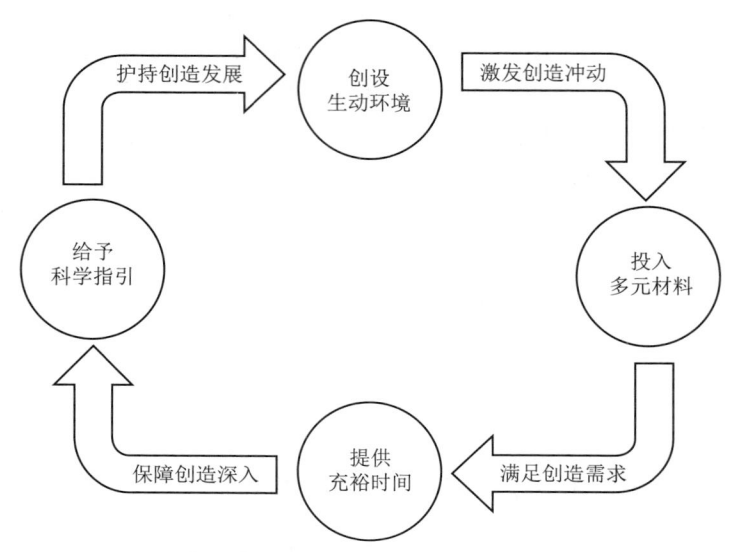

```
         护持创造发展          激发创造冲动
    ┌─────────────→  创设生动环境  ─────────────┐
    │                                          ↓
  给予                                        投入
  科学指引                                    多元材料
    ↑                                          │
    │                                          ↓
    └─────────────  提供充裕时间  ←────────────┘
         保障创造深入          满足创造需求
```

图 8-1　学前情境区域活动影响儿童创造力发展的过程

2. 灵动的修饰

美能激情,美能生智。情境活动区需要美的外部结构和美的内部设置,才有足够的吸引力呼唤着幼儿参与其中。每一个区域空间,其地面、墙面及所拥有的立体空间,都必须进行美的装饰。这个美不仅仅是材料形体、布局结构及色彩层次上形成呼应的装饰美,更应该是与区域特质相融,与游戏主题相适,与探究需要相宜,能唤起幼儿行动的内涵美,让审美的愉悦感吸引幼儿入区,让探索的刺激激励幼儿深入游戏。

3. 自由的组合

情境区域活动有多种,不同的活动区功能不同,对应的发展目标也不尽相同,设区时要做到全面设置、灵活组合。要将班级区域与年级组区域组合,班级小区域与幼儿园功能室相结合,同时也要兼顾同龄组区域与混龄组区域活动的结合。班级区域尽可能涉及各种活动区,年级组要利用公共空间设置供班级轮流游戏的区域,幼儿园要有美术室、阅读室、科学发现室和建构室。多种组合的情境区域,将幼儿带入社会交往、科学探究、空间建构、艺术创作和体格锻炼的多彩世界。

(二)投入多元材料,满足创造需求

游戏需要刺激物来维持,创造力发展离不开对材料的操作。对于教师而言,材料是教育目标和教育内容的物化体现,对幼儿来说,材料是主动建构经验和认识周围世界的桥梁。材料的精选投放,将是幼儿高效活动、优质发展的保证。

1. 低结构材料与高结构材料相结合

低结构材料是指没有固定玩法和规则,幼儿可以灵活操作的材料,如美工区的纸、线,沙水区的水、沙、泥。高结构材料有固定的结构和相对固定的玩法和规则,如角色区娃娃家的小厨房、益智区的棋等。高结构材料用途比较明确,幼儿操作容易,很快会获得成就感。但它单一的使用价值,会减少幼儿的想象力和创造性。这时,就需要低结构材料来推动幼儿的主动建构,千变万化的摆弄,可以生出无限的想象和变化。因此,在区域中,低结构材料要与高结构材料共存,低结构材料的比例应高于高结构材料,这样既能让幼儿获得成功感,又能培养幼儿寻求多种方法解决问题的能力。

2. 拟真材料与替代材料相结合

拟真材料是指逼真程度高、模拟实物的玩具。替代材料是指可再制作的游戏材料。拟真材料市场上琳琅满目,许多玩具厂商都开发出了成套的区域活动玩具,这些玩具因其色彩鲜艳、形象童趣,让幼儿爱不释手。替代材料主要是生活中的瓶瓶、罐罐、管子、盒子等,它们因具有再组合、变通使用的功能,增加了幼儿的操作机会,让幼儿游戏行为变得丰富,探索更有深度。这两类材料在不同的年龄班、不同的区域中所占比例要有区别。小班拟真材料占大多数,大班替代材料占绝大多数。表现性活动区中替代材料占比要明显高于探究性活动区、欣赏性活动区。

3. 开放式材料与封闭式材料相结合

开放式材料是指不预设教学目标的材料,教师不对材料做任何设计制作,也不对材料的玩法做任何规定。封闭式材料是规定了玩法,附加了任务的材料。这两种材料因其摆放方式不同而有区分。前者是把所有材料收集、分类放于公共区域。后者是材料入区摆放。封闭式材料是教师预设了情境任务和发展目标的,对幼儿发展必不可少。开放式材料,完全是由幼儿自由策划游戏内容、设计游戏情节,再临时性的摆区、游戏。开放性材料有助于幼儿更主动地按照自己的意愿控制游戏材料,产生自发性的游戏活动,真正实现一物多玩、一物多用,实现材料的反复利用。

(三)提供充裕时间,保障创造深入

创造始于问题的察觉及确定,继以心理活动的探索和方案的设计,而终于问题的解释和验证[1]。创造性思维是一个过程,其发展需要一定时间。两百多年

---

[1] 陈龙安.创造性思维与教学[M].北京:中国轻工业出版社,1999:32.

前,本杰明·富兰克林就把时间称为"生命的要素"。儿童如果拥有充足的时间在情境区域中尝试、探索,就能更好地展开想象、大胆创作、验证猜想、完成想法。对儿童来说,游戏时间就是儿童的"生命要素"。为了确保这重要的"生命要素",要做好以下三点。

1. 保障自由入区时间

儿童对于他们自己创造的游戏记忆最深刻,它比成人组织和控制的游戏更能长久地吸引儿童的兴趣。教师要为幼儿预留自由活动的时间,充分利用幼儿一日生活中的自由环节,在晨间陆续来园、户外活动、起床整理、离园等待时,给予幼儿进行情境区域活动的自由,鼓励幼儿到活动区中把玩材料,继续未完成的探索,让幼儿随意创造属于自己的游戏。

2. 留足持续游戏时间

"以游戏为基本活动"教育理念的落实需要保障游戏时间。留足持续游戏的时间是为了让幼儿进行深入的、高水平的游戏。幼儿园必须弹性安排一日生活作息时间表,确保幼儿每天有 45 分钟到 1 个小时的不间断的情境区域活动,而这个时间也应该是儿童自主活动的时间。儿童计划自己的游戏,创设游戏场景,选择游戏同伴,并与同伴一起协商、合作、尝试、纠错,在共同游戏中,获得游戏技巧和能力、想象和创造的水平提高。

3. 把握个体延迟时间

游戏的特征随着儿童发展阶段的递进而变化,但每个儿童以不同速度发展,有的儿童可能会在某一阶段逗留时间长一些。从一个阶段进入另一个阶段,有的儿童可能需要成人更多的支持。教师要关注幼儿创造性思维发展的速度和需求,尊重幼儿对某个或某些情境区保持相对长时间的游戏兴趣,允许幼儿的持续游戏时间比同伴稍微长些,让幼儿的创造探究尽兴。

(四)给予科学指引,护持创造发展

创造力是在积极尝试、不断探索的活动中发展和培养起来的。教师的行为对儿童探索活动的发展、维持、深化有着至关重要的作用。科学有效的指导,不仅能充分提高情境区域和材料的利用率,也能有效提高幼儿活动的质量,使幼儿创造力协调发展。

1. 巧妙推介,引发积极选区

选区是幼儿展开情境区域活动,踏上想象和创造旅程的开始。教师应该为儿童提供做出选择的机会,对即将开放的情境活动区进行生动介绍,对新区域、新主题、新材料、新任务进行重点解说,让幼儿受到"新"的吸引而择区。同时,针对情境区域的容纳量和幼儿发展情况,为有选择困难的幼儿提供参考意见,让每位幼儿都能轻松地、自主地选择到如意的区域,进行自己想要的探索。

2. 深入观察,调适游戏行为

观察是了解儿童的手段,深入观察是理解儿童的关键。当儿童进区活动后,教师就应该巡视游戏,精心观察,适时介入。教师要观察和倾听幼儿的游戏过程,观察儿童表露出来的细微线索,发现幼儿在活动中的状态、情绪情感的变化、遇到的困难、发生的问题等。当幼儿有情境不适应、任务不理解、交往有障碍、合作不协调、探索遇阻碍、行为无创造等情况的时候,教师要择机介入,通过提出问题、启发思维,调配材料、推进操作,引导协商、调和矛盾,加入游戏、丰富情节,促进幼儿的思维,让幼儿的想象自由飞翔。

3. 积极评价,增强创造动力

赏识和赞许关系到成功与成就的自尊需要。儿童的自信心和自尊感直接影响着他们学习兴趣和学习动力[1]。儿童自信心、自尊感的建立很大程度上依赖于成人的积极评价。教师对幼儿行为的认可、对创意的支持,会给幼儿带来良好的心理暗示,甚至肯定的语调、鼓励的眼神,都会让幼儿感受到殷切的期待,让幼儿变得更积极。在情境区域活动的过程中教师要及时称赞幼儿的创新举动,包括生成新的区域,生发新的游戏行为,创造性使用材料,出现新的作品等。在活动结束环节,教师要引导幼儿与同伴分享活动中的创意想法、创造过程和创造结果,让幼儿再次体验成功的快乐。要对幼儿活动中遇到的探究障碍进行情境再现式的讨论,产生新的方法、新的策略,为幼儿的再活动延续兴趣、增加动力。

学前情境区域活动促进儿童创造力发展的四个基本环节为一个有机整体,它们相辅相成,共同对儿童创造力的发展发挥着重要作用。教师要充分认识这四个环节的独特价值,精心组织好每个过程,让儿童在情境区域活动中尽情地发挥自主性、创造性,在以游戏为主要方式的活动中获得全面发展。

第三节　学前情境区域活动促进儿童创造力发展的操作路径

学前情境区域活动促进儿童创造力的发展,既需要主题背景下的多情境区域联动,也需要课程引领下的单情境区域活动。

一、主题背景下的多情境区域联动的操作

主题背景下的多情境区域联动是指班级情境活动区中的全部区域或部分区

---

[1] 李吉林.情境教育精要[M].北京:教育科学出版社,2016:29.

域,围绕某一个主题而创设,幼儿通过在有关联的情境区中自主活动,获得与该主题相关的知识、能力的发展。

(一) 主题的选定:应时、应需要

主题是多情境区域联动的游戏方式的主线,它统领着整个情境区域活动的发展方向。主题选定尤为重要。社会中的热门事件,如人脸识别、飞行出租车、东京奥运会等;热门行业,如快递业、美团外卖等;中国的传统节日,如端午节、中秋节、元宵节;大自然的四季变换;幼儿生活中的热点话题,如热播动画、最火的绘本书等;甚至幼儿生活周围的名胜景点,如乡情一条街等;都可以成为多情境区域联动的主题。即兴生成、贴近生活的主题,本身就富有即时性、生成性和创造性,它及时捕捉幼儿敏感、热衷的问题,由此生发出系列的区域游戏,幼儿的活动兴趣自然而然地特别浓烈。而情境关联的多区域又给予幼儿更多的相对有序的探索,知识的建构更加系统,经验的迁移更加频繁,思维的发展更加有力。多种主题应时应需要产生,也随幼儿的兴趣而及时消退。

(二) 区域的关联:合情、合生活

当主题确定以后,设置哪些区域、各区域如何创设,每个区域给予幼儿实践、探究的机会侧重于哪个方面,都需要更多思考。首先教师要对主题所涵盖的教育价值结合各年龄段幼儿的发展目标进行综合分析,初步确定可能的情境区域。同时组织幼儿讨论,听取幼儿对所确定的情境主题的看法,听听他们想要玩些什么,需要什么材料,想怎么玩,希望开设哪些区域……从中获得设区的灵感。如端午节主题,全国各地的老百姓都会进行中国传统节日活动,幼儿也身临其中。挂艾草、香囊、包粽子、赛龙舟、佩长命缕、放风筝等传统活动都蕴藏着游戏活动的价值。小班可开设的情境区,如美工区:装饰香囊、粽子、龙舟涂色;角色区:娃娃家门悬挂艾草、菖蒲,品尝各式粽子;建构区:建构各种形状的粽子等。中大班情境区域相对丰富些,如阅读区:放置端午节的相关绘本,如《端午节的故事》《不是方的,不是圆的》《风风火火赛龙舟》等;美工区:做香囊、编长命缕;科学区:包粽子、做龙舟、做风筝;戏剧区:绘本剧《不是方的,不是圆的》《风风火火赛龙舟》;户外运动区:赛龙舟、放风筝。当教师在情境区域设置中发挥了幼儿的主动性,幼儿对主题的关注就变得密切,对主题的理解也相对深入,在活动过程中的探究发现也会变得更主动、更积极。

(三) 幼儿的互动:跨区、跨角色

互动是主题背景下的多情境区域联动中儿童活动的主要方式,互动增加了儿童与同伴、成人的交往机会,拓宽了儿童的学习渠道,丰富了儿童的问题解决策略，促进儿童的求异思维向着深度发展。主题背景下的多情境区域联动不仅倡导幼儿班级主题区域内的相互交往，也倡导跨班、跨年级，甚至园内外的合作、互动。如美团外卖主题情境角色区域活动，主要区域有美团公司、快递公司、菜市场、甜品店、超市、蛋糕店、饰品店、水果店等。菜市场、甜品店、超市、蛋糕店、饰品店、水果店等情境角色区的"老板""店员"，既在自己的店里为顾客服务，又要利用美团这现代"网络"的营销手段，推广自己的商品，游戏中每个店家的老板成了美团公司的服务对象，他们与美团公司进行业务挂钩。每个店家既是商品的输出者，也可能是商品的需要者，自由的顾客既可以充当美食的享乐者，也可以是美团、快递的送货者。而幼儿在这个大情境区域下的活动经验一定来自于家人日常网购。跨区、跨角色的互动，增加了儿童社会交往的几率，也给儿童的交流、交往带来挑战。正是这种挑战，才让不同性别、不同个性、不同年龄的游戏者相互影响，相互促进，创造一个又一个最近发展区，实现了各班、各年级儿童之间的相互学习、共同发展。

二、课程引领下的单情境区域活动的操作

课程引领下的单情境区域活动是指围绕各年龄段幼儿在健康、社会、语言、科学、艺术中的学习与发展目标和教育建议，结合幼儿园使用的集体教学课程，而创设丰富的情境活动区，将具体的知识点化解为游戏探究点，让幼儿在一个个相对独立的区域中游戏、交往、探索和发现，获得进一步自主学习、探究的满足。

（一）全面设置情境区域

全面设区是指在同一时期创设的情境区域中应该既有促进幼儿动作发展、语言发展、社会性发展和认知发展的区域，又有促进幼儿个性和情绪情感发展的区域。设区时要做到班级区域与年级组区域、室内区域与室外区域、班级区域与幼儿园功能室相结合，也要兼顾同龄组区域与混龄组区域活动的结合。在全园突出重点区室的基础上，各年龄班要兼顾到区域种类的全面性。班级区域要确保表现性活动区、探索性活动区、欣赏性活动区三大类型的六种活动区都要有；各年级组要设置班级轮流游戏的角色体验区；幼儿园要设有三大类型中的美术室，阅读室，科学发现室，沙、水、泥池等。只有做到全面性，才能让幼儿的全面发展和创造力的协同发展成为可能。

（二）多方研究领域课程

单情境区域的创设，其情境氛围、情境任务、探索材料等都应该与课程的阶

段目标、幼儿的发展需要相适应。教师要研究课程特质，充分挖掘课程的游戏资源，在集体教学活动开始前、实施中、进行后，对课程进行多次分析，为幼儿经验的准备、研究的深入、技能的巩固、情感的发展以及良好学习品质的养成，在各区域内投放相宜的材料，将目标隐藏在多层次的材料中。比如，在大班幼儿"京剧脸谱"艺术课程进行中，情境艺术区"有趣的京剧脸谱"随之诞生。集体教学活动前，教师与幼儿收集各种各样的京剧演出画报、京剧脸谱等，师幼共同悬挂、张贴于区域中，渲染京剧进班级的情境。当音乐"戏说脸谱"教学活动后，情境艺术区域内多了脸谱模型和作画颜料，幼儿有了探索京剧脸谱构图、用色对称的机会。戏剧区增添了"脸彩棒"这一可在人体上彩绘的画笔，幼儿为自己或同伴化妆成红、黄、白、黑脸的京剧人物，上演一出京剧好戏。

（三）细心关注幼儿发展

幼儿的学习方式和发展速度各有不同，在不同学习和发展领域的表现也存在明显差异。教师在单情境区域活动中要更多地关注幼儿个性化的发展，关注幼儿的选区情况，关注幼儿在情境区域内活动中遵守规则、自主探索、互动学习、接受挑战、持续探究的表现，关注幼儿活动后的分享交流，针对每个幼儿的特性，加强过程的引导。当幼儿出现过于偏好某个区域或某个角色的时候，教师要引导他换区、换角色，在不同区域、不同角色体验中获得更多发展。面对意志力薄弱、耐性比较差的幼儿，教师在区域活动时要分层给予情境任务，帮助他小步实现目标，在获得成功感的基础上，增加探索次数，延长探索时间。对一些组织能力强的幼儿，教师可以把他们发展成为游戏中的领头人，游戏后评价的参与者，让他们成为同伴的榜样，促使他们在活动中有更多的创造行为和更多的创造成果。

马拉古齐（L. Malaguzzi）认为："儿童有一百种语言，即绘画、建筑、雕塑、讨论、发明、发现等。教师应该积极地为儿童创设环境，使他们能够在这样的环境中使用这一百种语言[1]。"作为幼教工作者，我们有责任、有义务，更有能力去为幼儿创设丰富的情境活动区，满足幼儿通过直接感知、实际操作和亲身体验获取经验的需要，帮助幼儿养成主动学习、积极探究、勇于创造的良好素质。

作者：张艳梅

---

[1] ［美］乔治·S.莫里森.学前教育：从蒙台梭利到瑞吉欧（第11版）[M].祝莉丽，周佳，高波，译.北京：中国人民大学出版社，2014：150.

第九章
学前情境教育促进儿童创造力发展的案例研究

"情境教育与儿童创造力发展的实验与研究"始终提倡案例研究和实验研究同步进行。"所谓案例研究,就是把教育过程中发生的真实典型的事件作为研究对象,通过全面深入地分析这些事件发生、发展和变化的过程,揭示教育活动发展变化的原因及基本规律,在此基础上,提炼出解决教育问题的具体方法和措施,总结出有价值的教育理念和教育经验[1]。"尽管案例研究针对实验教师的真实活动进行研究与反思,但我们不能指望通过一两个案例研究就能揭示教育规律,学前情境教育的理论和方法的普适性一定要有长期、反复的思考,对实验案例的研讨必须贯彻始终。基于以上考虑,除实验课题定期开展案例分享和研讨活动,总课题组负责人和核心成员多次深入实验幼儿园进行听课评课,与实验教师共同研讨学前情境教育促进儿童创造力发展实验中遇到的各种问题,从而在理论与实践的积极互动中不断提升案例研究的概括性和科学性。在此基础上,总课题组先后召开6届实验案例展示和研讨会,最终形成具有"统一体例、统一风格和统一方法"的47个课例,其中江苏情境教育研究所2个,南通市通州幼儿园17个,南通市实验幼儿园10个,如皋市东皋幼儿园8个,南通师范学校第二附属小学幼儿园7个,海门市能仁幼儿园2个,如东县县级机关幼儿园1个。本章精选10个案例,从"主题与背景""情境与描述""问题与讨论"及"诠释与研究"四个维度展开研究,以此展示情境教育对儿童创造力发展的促进作用。

---

[1] 王攀峰,张天宝.教育案例研究的价值、程序及内容[J].教学与管理,2014(7):1-4.

第一节　巧设留白，智趣横生
——以大班语言活动《要是你给老鼠吃饼干》为例

一、主题与背景

想象并非创造，但创造皆由想象而生。想象由何来？翻阅艺术家的作品，我们不经意间就会在那"此地无声胜有声"的"留白"处徘徊，就像是作者专为有心人预留的一寸天地，任由我们肆意地去感受、去想象、去表达，仿佛身临其境。追溯到最开始的解释，我们会发现，"留白"原先是指在绘画美术中一种美术手法的运用，而在实际教学中，我们可以将教材里空出一部分留白的板块，以供读者发挥[1]。就像是一场好看的电影，男女主角最后能不能在一起，往往有的作品没有直接演绎出来，这便是给观众预留了一个遐想的空间，可以根据自己对作品的理解帮故事增添一个完美的结局。

《要是你给老鼠吃饼干》是一本很有趣的绘本。故事以一块饼干开始，主人公是一只小老鼠和一个小男孩，故事中的小老鼠不停地向小男孩提出要求，吃了饼干之后又想要牛奶、麦管、餐巾、镜子、铺床睡觉、讲故事、画画等。而令人发笑的是，到最后它的要求又回到一块饼干上来了，就像是一个圆，从一个起点出发，最后又绕回来了。读完整个绘本，不禁为其中的巧妙所吸引。在朴实的画面中不乏诙谐幽默，让人有边看边猜想的好奇，又有迫不及待地想要揭开谜底的冲动，而故事的点睛之笔在于最后又回到了起点。

以"情"为经，以"境"为纬，李吉林的情境教学法给了我们更多的启示和指引，如何巧用绘本当中的独特情境，与艺术中的"留白"结合起来，充分调动幼儿的情绪情感，使其创造性思维与创造性行为都能得到最大发展呢？这就成了本课例所要研究的问题。

二、情境与描述

（一）活动目标

1. 整体欣赏，感知作品循环往复的风格特点。
2. 结合故事情境大胆设想，并尝试故事创编，体验创造乐趣。

---

[1] 林琛.补白，让课堂无限精彩[J].小学科学,2010(3):16-17.

（二）活动准备

1. 物质准备：背景音乐《安妮的仙境》、《要是你给老鼠吃饼干》PPT、操作卡、笔若干。

2. 经验准备：已经熟悉故事内容。

（三）活动过程

1. 引情入境：整体欣赏感知

孩子们围坐成半圆，当看到大屏幕上出现《要是你给老鼠吃饼干》的故事封面时，孩子们就说出了故事的名字。随着背景音乐的响起，老师开始点击播放第一张幻灯片，讲述故事内容，一直到故事结束。

师：孩子们，让我们静静地再来听听这个有趣的故事。听完之后请告诉我故事的哪里比较有趣？你喜欢这个故事里的谁？为什么？

幼：小老鼠一会儿要这个，一会儿要那个。

幼：小老鼠最后还想要吃饼干。

幼：故事的结尾比较有趣，因为他又要吃饼干了。

幼：我喜欢小男孩，因为他很善良。

……

环节评析：音乐的渲染，熟悉的画面，形成了一种优化的音乐渲染情境。虽然已经对故事内容有所了解，但孩子们对这个故事仍然保留着极大兴趣。第二次整体欣赏，让他们能很快地融入绘本情境当中，有助于对作品整体风格的把握，体会故事里蕴含的爱的情意。

2. 移情启智：体验有趣的"循环"

师：孩子们，故事里的小老鼠都做了什么事情呢，你还记得吗？

教师随机打开PPT出示一张空白页，然后点击出现了故事的主人公小老鼠。

教师和幼儿共同回忆故事内容，并用事先做好的小图片来表示事情的内容，小箭头表示事情发展的顺序。幼儿依次表述，说出一个教师就点击一个图片和箭头，接着表示回忆下一个。渐渐地，小图片和箭头围绕成了一个圆形。孩子们兴奋极了，"变成了一个圆""像一个钟""是圆形"……

师：是的，从一个事物出发，绕了一圈之后，又回到了这个事物，这样的特点，我们叫循环。谁能用自己的身体表示这个循环呢？

问题提出后，孩子们一下子不知道如何来表示，这时候，一个小姑娘用食指和拇指做了一个"OK"的形状。

师：哪里表示循环呢？

幼:这里。(小姑娘指着中间的圆形)

师:那你们也来试试看,让大家来猜猜你的"循环"在哪里?

孩子们像是得到了启发一样,一个个都按捺不住了,用自己的身体表示着"循环"。有的双手环抱在胸前,有的双手环抱在头顶上,有的单手叉腰,还有的则显示出自己的舞蹈功底下了一个腰……

环节评析:学前情境教育提倡"以激发情感为动因,乐中学"。幼儿的情感体验是很关键的,因此让幼儿说一说自己对作品的感受,让他们充分表达,引发情感共鸣。接着用图示概括,既是对故事的总结,又能让幼儿轻松感知作品风格。随着情节的推进,慢慢呈现饼干、牛奶、餐巾、镜子、剪刀等,用箭头逐一连接,最后当箭头又指向饼干时,故事在面板上留下的"轨迹"让整个面板变成了一个圆,孩子们都不约而同地惊呼起来,"循环往复"的特点就一目了然了。在此,增加了一个用身体表示"循环"的环节,通过具身认知加深幼儿对作品特点的理解,知道原来这个"循环"就是从一个"点"出发,绕了一圈之后又回到了这个"点",仿佛形成了一个圆。

3.随境创思:大胆想象,创编故事

师:如果给小老鼠吃块糖果,接下来会发生什么呢?然后会怎么样?

幼:小老鼠会要一根棒棒糖,然后会想要找杯子喝水,水洒在地上了,要纸擦地,最后忙累了又想要吃块糖果了。

教师给每个孩子发一张操作单,操作单上第一个出发的事物都不同,有的是蛋糕,有的是巧克力,这样就可以形成多个不同的故事。四个孩子为一组,自主选择一张操作单,自由发挥想象,将箭头与箭头的留白处用简单图形表示故事内容。幼儿开始操作时,教师播放背景音乐。

师:谁来说说自己编的故事?你能给故事起一个好听的标题吗?

幼:要是你给老鼠一颗巧克力,他会想要照镜子,一看自己嘴边有黑色巧克力,又想要找抽纸来擦擦嘴巴,抽纸扔满地,想起来打扫一下卫生,忙得肚子有些饿了,就又想要吃巧克力了。

师:很完整,和原来的故事有些像,谁还有不一样的想法?四个小组来比赛,看看哪一组创造出来的故事更精彩。

幼:要是你给老鼠一顶帽子,那他会高兴地跑来跑去,把帽子当成玩具扔来扔去,玩累了,他要找一本书看看,想起来画画了,想画一个自己,就去照镜子,结果又想要戴一顶帽子,这样才漂亮。

环节评析:当我们给予幼儿一个宽松、自由的语言环境时,孩子们就会在轻松愉悦的氛围中主动表达内心的想法和感受，这就是创设语言活动的关键。箭头处的留白给了幼儿太多的想象空间，留白之处正是创造之时。孩子们用绘画的方式创编了许多有趣精彩的故事，并给自己的故事取了许多好听的名字。"我给老鼠吃糖果""小老鼠玩汽车""要是你给老鼠一顶帽子"等，孩子们的创造性思维得到了一定提升。语言与艺术的有效整合让整个活动饱满而丰富。在活动的延伸部分可以让幼儿到美工区再去编一编、画一画，也可以将绘本资料投放在阅读区，引导幼儿继续阅读，寻找绘本中更多的秘密。

三、问题与讨论

集体活动的时间一长，孩子的注意力就容易分散。如何激发幼儿的兴趣，让孩子一直将注意力保持在我们所创设的情境之中呢？在本课例中，针对绘本的"循环"和"留白"两个独特点，我们进行了重点分析。

（一）如何激趣，让幼儿更入境？

游戏是幼儿最喜欢的学习方式，我们不能忽视游戏在幼儿学习中的独特价值。巧用一些小游戏，动静结合，不仅能让孩子集中注意力，更能让他们感知和理解作品中的情感和结构特点。比如，在让孩子们理解"循环"时，如果只是一味地用语言去表达，可能还是有部分孩子并未完全理解。于是，在课例中，我采用了"做循环"的小游戏，就是用自己的身体表示"循环"，这样一来，孩子们就有了很大的兴趣，并且创造出了让人欣喜的动作。另外，对于大班幼儿来说，小组展示无疑增添了一份挑战性，"比赛"的趣味让他们会更加乐于参加活动。

（二）如何"留白"，让想象更深入？

在中国传统的绘画中，"留白"是一种独特的视觉语言，形式简明，但意蕴丰厚。格式塔心理学派认为，人总有一种试图想要去填补一个空缺物体或图案的内在心理。比如，在本次活动中，我将箭头与箭头之间的图片省去，留有空白的地方让孩子自己去创造，去想象。这样一来，充分调动了他们的挑战欲望，思维开始碰撞，创造性便得以彰显。《要是你给老鼠吃饼干》这个绘本的优势在于，这个绘本里面描述的画面都是幼儿实际生活中会经常遇到的，没有一个固定的情节，完全可以任意地想象和创编，只要言之有理即可。所以留白的艺术与绘本情境的巧妙融合，给孩子们创设了一个很好的思维平台，让孩子们的创造更显灵动。

四、诠释与研究

单纯理解绘本的画面不免显得枯燥乏味，而就其某一部分进行深入挖掘，便可发现其中的智慧所在。应充分发挥绘本的情境优势,让幼儿沉浸其中,从而催生创造。

(一)思与行的巧妙结合

教育的最终目的是激发所有孩子们的创造潜能,让他们尽可能地产生创造结果。当孩子们将自己的思维方式用其动作来呈现的时候,这本身就是一种创造性思维方式。行动和动作是受大脑支配的,当我们在不断地调整动作的同时,思维无形中也在跟进。本次课例研究中,幼儿也许不能用完整的语言来表达"循环",但是当老师提出用动作来表示的时候,在学习与模仿的过程中,他们不断调整自己的动作,创造出与他人不一样的"循环"。这正是具身认知的表现。

(二)创与言的相互辉映

语言的发生是一种创造,是一种精神性的创造活动。在本次课例研究中可以看到,幼儿的创造性行为是与其语言并蒂而生的,语言的完整表达赋予了他们创造的独特价值。在互相学习的过程中,幼儿会逐渐更新自己语言表达的方式,让自身的语言更易于让人接受,让创造出来的形象更切合主题,这是幼儿创造性语言的完美呈现。

(三)情与智的高度统一

情境是一种艺术方式的表现,而启迪智慧才是其根本目的。在学前语言教育活动中,创设情境的方式是多样化的,其根本指向便在让幼儿入情入境,激发兴趣,感知理解。在本次活动中,我们可以看到采用背景音乐产生的音乐渲染情境,就像是涓涓细流慢慢地将幼儿带入绘本世界里,使其充分感知、欣赏;在回忆绘本时,利用小图片与箭头的形式对绘本内容进行再现,巧妙地创设了一种图画再现情境,有助于幼儿对作品特点的理解和把握;每个操作单上箭头之间的那一寸天地,形成了一种有效的操作情境,更多的画面在幼儿的脑海中飞跃,让思维更加发散、灵活;幼儿用动作表示的"循环"生动有趣,每一种"循环"都是一种创造,这又是表演体会情境所显现出来的独特价值。"情"中生"智","智"趣横生,情境教育的魅力正在于此。

作者:陈美华

第二节　情境交融，激发创造
——以大班绘本阅读《亚历克斯和璐璐——天生一对》为例

一、主题与背景

语言与思维有着相互依存的关系，语言是思维的外壳，思维是语言的内化，思维迸发出来的最灿烂、最具价值的火花就是创造。情境教育始终坚持把创造性思维培养作为儿童发展的核心，强调在与教学内容相关的特定情境中，发展儿童的创造力。

绘本是专门为儿童创作的图书，是儿童发展语言的最佳读物。它通过图、文共同勾画出一个一个充满情感、想象和矛盾冲突的有趣情境，给读者提供一个宽广的想象世界。阅读绘本，儿童不仅能够增长见识、丰富情感、健全心智，也有助于提高艺术感受力，激发创造性思考。

绘本《亚历克斯和璐璐——天生一对》叙述了具有鲜明个性的小狗和猫咪，因为截然相反的喜好，深深担忧做不成朋友。为此，他们相互安慰，努力寻找共同喜欢做的事情，成为任何人都不可以替代的"天生一对"。这样的故事让读者忍俊不禁，这样的情感让人羡慕。故事中的小狗和猫咪就好似生活中的小朋友，性别不同，他们的言行、喜好有着很大差异，会经常闹别扭，而他们又非常渴望友情。这就是大班幼儿社会性发展的特点之一。利用情境教学，把知识、情感通过感性形象的东西呈现出来，让友情变得具体、亲近、自然，是一种有效的教学方法。

二、情境与描述

（一）活动目标

生活情境和阅读活动是幼儿语言发展的重要途径，发展幼儿的想象力和创造力是语言领域目标之一。由此，本活动设定了以下目标。

1. 阅读绘本，了解"天生一对"之间的友情故事。
2. 结伴游戏，流畅表达阅读发现。
3. 情境创作，体验朋友之间的和谐、友爱。

（二）活动准备

本次活动准备了多媒体绘本课件，部分绘本画面的展板，"早餐""运动场"

"动物园""夜晚"等生活场景图,让幼儿在一系列情境中阅读、交流、创造。

(三)活动过程

1.阅读绘本封面,初步理解"天生一对"

(1)集体阅读封面

师:小朋友们,老师带来了一本绘本。看,画面上是谁呀?

师:我们阅读过《亚历克斯和璐璐——混合搭配》的故事。今天我们要阅读的是它们之间的另一个故事。

(2)交流"天生一对"是什么意思

师:谁来说说"天生一对"是什么意思?

幼:就是很要好的朋友。

幼:我认为一对双胞胎也是天生一对。

……

(3)幼儿两两结成"天生一对",并说一说理由

师:你们有天生一对的朋友吗?找一找,坐到一块儿去。

幼儿高兴地跳起来,窜来窜去,找到自己的朋友,手拉手坐到了一起。

环节评析:情是情境教育的命脉,情是情境阅读的"魂"。本活动借助幼儿已经熟悉亚历克斯和璐璐"混合搭配"的故事,引入课题,唤起幼儿对阅读对象的关注。"天生一对"又是怎样的故事?孩子的疑问自然产生。当幼儿带着自己的理解和认识,去牵手天生一对的同伴时,热烈的情感顿时点燃,学习的原动力自然启动。

2.阅读绘本P1—P19,体验"天生一对"的不同

(1)集体阅读P1—P5,说说亚历克斯和璐璐有什么不一样。

(2)幼儿结对阅读P6—P19展板图,交流亚历克斯和璐璐的不一样。

师:亚历克斯和璐璐还有许多不一样的地方,藏在这些画里面。(出示展板)拉上好朋友的手,一起去看一看、说一说。

幼儿和好朋友手紧紧相拉,在每幅图前边看边指指点点,热烈交流。

师:看完了,赶紧回到位置上,来把你们俩的发现说给大家听。

幼儿一对一对,争抢着举手交流。

幼:亚历克斯喜欢爬树,璐璐喜欢在地上安静地玩。

幼:下雨的时候,亚历克斯喜欢在水洼里玩踩水游戏,璐璐不喜欢。

幼:他们做的梦也不一样,亚历克斯梦见自己在开船,璐璐梦见自己成了大画家。

……

(3) 情境画"与好朋友的不同"

师：亚历克斯和璐璐有很多情况下有不同，你们一对朋友肯定也有许多不同。(出示情境画："早餐""运动场""动物园""夜晚"等生活场景图)请你和好朋友选一幅，然后把你们的不同画在上面。

幼儿两两商量后，奔向情境图，迫不及待地取下，到桌边去画情境下各自的不同喜好。

师：现在我们来看，你们都有哪些不同，挑几幅介绍下吧。

幼(一对好朋友)：早上，我喜欢吃蛋糕和牛奶；我喜欢吃小馄饨。

幼(一对好朋友)：我长大了想做个飞行员；我喜欢画画，长大了想做个画家。

……

环节评析：创造性是在与他人以及环境的相互作用中涌现出来的[1]。美，是创新的出发点，美让孩子走向创新[2]。放大的绘本展板画让绘本画面更美，教师预设的情境画，有着唯美雅致的背景，有着简洁易懂的"符号"提示，但更多的是留给幼儿广阔的创作空间。幼儿在与好友结伴阅读、共同绘画中，阅读发现越来越精细，表达越来越丰富，切实体现了幼儿在美中尝试创造，在表达中获得了语言发展。

3. 阅读、游戏，理解"天生一对"的相反

(1) 集体阅读，说一说截然相反的含义。

教师讲述：璐璐把厨房的灯打开——这并不代表我们俩就是截然相反。

师：小朋友知道截然相反是什么意思吗？

幼：就是完全不一样吧。

幼：我觉得就是一个很大，一个很小。

……

师：小朋友们说得很有道理呢。(逐一出示图，师幼齐阅读)相反呀，就是大一小、开一关、湿一干……

(2) 师幼互动玩"相反"

师：相反词接龙，你们会吗？来，试一试。

师：胖？

幼：瘦。

---

[1] [美]John Packer Isenberg,[美]Marry Renck Jalongo.创造性思维和基于艺术的学习(第5版)[M].叶平枝,杨宁,译.北京：高等教育出版社,2012:8.

[2] 王灿明.让课堂成为儿童创新的沃土[N].中国教育报,2012-4-3(8).

师:细?

幼:粗。

……

师:现在我们再来玩"做相反"的游戏。

老师用动作表现大、关、高、后、蹲等词,幼儿做相反动作。

环节评析:游戏情境对儿童自我效能感的发展十分重要。在游戏中幼儿创造力的发挥也是最充分的。"截然相反"是什么意思?在问题的引领下,幼儿调动想象力,积极用自己的语言诠释着。然后师幼说相反、做相反,既是对相反词概念的巩固,更是从单纯的语言表达到看动作、转化为语言、再转化为相反动作的提升,这个过程是幼儿观察仔细度、思维逆反性的再现。

4.阅读绘本P24—P31,发现"天生一对"共同喜欢做的事

(1)展示PPT,集体阅读,说说亚历克斯和璐璐共同喜欢做的事。

(2)共同完成情境画"与好朋友共同做的事"。

师:亚历克斯和璐璐兴趣大不相同,但是还是有许多喜欢一起做的事。你们一对好朋友,也有喜欢一起做的事吧。

幼:老师,我和好朋友都喜欢看书。

……

师:那请你们把喜欢一起做的事情添画到之前的画上,然后写上自己的名字,就变成你们天生一对的故事了。

幼儿与好友共同完成绘画。

环节评析:引导儿童体验他们自己经历的许多生活的场景,最易于培养儿童细腻的情感。幼儿从自己的生活经验中感悟出,自己跟好朋友虽然有不一样的地方,可依然还是好朋友。教师及时切入集体阅读,应时引入集体交流,适时导入个别创作,让真实的生活经验成为幼儿创作的源泉,幼儿与好朋友间的"天生一对"的绘本故事就这样诞生了。

三、问题与讨论

绘本作为儿童的"人生第一书",受到世界各国儿童的欢迎。绘本文字简约、画面丰富,通过图画和文字交织出的情感与意境,给幼儿提供一个广阔的想象世界。但市场上绘本品质良莠不齐,如何挑选绘本?怎样巧妙创设情境?认真研讨这些问题,有利于促进幼儿语言和创造力的发展。

(一)如何选择蕴含情境因素的绘本?

绘本是极为个性化的创意作品,它在题材选择与构思方面有无限多样性。

教师要有一双慧眼,从多个角度去发现不同绘本所呈现的情与境。

1. 从绘本的文脉中发现情境因素

绘本好似一根珍珠项链,图画是璀璨的珠子,串着珠子则是一段段文字。面对一个绘本,教师首先要阅读其文字,去理解文本所描述的情感、情境和情节。只有那些情感丰富、情境生动、情节起伏的绘本才能为幼儿创造天马行空的想象机会。《亚历克斯和璐璐——天生一对》讲述"猫""狗"一对感情深厚的朋友在生活中的性格差异与相同爱好。这一幕幕生活场景,与幼儿的生活相似,幼儿入境容易,入情深。

2. 从绘本的图画中挖掘情境因素

图画这一颗颗璀璨的"珍珠",为孩子们想象故事形象带来了机会与线索,同时,它又能让幼儿"读"出绘本文字以外的故事。绘本《亚历克斯和璐璐——天生一对》画家用雨景、游戏场、家居、梦境等多个情境画面,展现出一对好朋友的异和同,幼儿阅读时有了更多的情境感受和体验,因此阅读主动,观察仔细,想象积极,思维活跃。

(二)如何合理创设促进幼儿创造力发展的绘本阅读情境?

绘本因其情节丰富而吸引读者,是幼儿阅读兴趣维系和不断递升的纽带。促进幼儿创造力发展对如何用好情、造好境有讲究。

1. 从绘本的情感及经验入手,创设愉悦的阅读情境

情境教学倡导"以情动情",而绘本之所以受到幼儿喜爱,也是因为"情"。本课例中的绘本描绘的是幼儿间的纯真友情,是大班幼儿积极寻求的社会情感需求。整个阅读活动紧紧抓住这个情感线,让幼儿与朋友互动,一起读、一起说、一起画。这样的阅读情境充满了温暖,充满了友爱,愉悦之情始终在幼儿心中荡漾。

2. 精选有创造空间的绘本情境,创设开放的阅读情境

优质的绘本都会通过一个又一个情境生动地描绘出故事情境的发展,这些情境有的直观,有的充满想象。作为教师要对这些情境进行筛选,挖掘有创造价值的情境,组织多样的活动,调动幼儿积极参与故事的想象和再创造。本课例中着重挑选了"截然相反"和一天不同时段两人的表现两个情境,通过手拉手阅读和绘画展现,培养幼儿的发散思维能力。

四、诠释与研究

绘本是要孩子自己动手去看、去发现乐趣的。绘本中鲜明的形象、热烈的情绪,在情境教学的引导下,使幼儿大脑的非语言思维十分活跃,创造频频闪现。

（一）两两结对，扣情感之纽

美好的课堂使师生、生生关系亲密、气氛融洽，这也是情境教育所倡导的。活动开始，在阅读故事书名后，教师号召幼儿自主结对，相伴而坐。生活中的一对朋友，与故事中的天生一对，相互映照，生生情感顿时亲密、亲切起来，阅读之旅就在愉快的情绪驱动下起航。

（二）牵手阅读，开智慧之花

爱能产生智慧。当幼儿与好朋友手牵手徜徉在老师提供的一幅幅绘本画展中时，他们热烈交流着自己发现的不同。同一幅画面，因为个体的不同，阅读出多种答案。在同伴互助的氛围中，孩子们智慧的火花竞相迸发，相互碰撞着、感染着，阅读越来越丰富，表达越来越精进。

（三）合作情境画，展创造之魂

情境教育以发展思维为核心，以情感为纽带，着眼儿童创造性的发展。本课例中的绘本所展现的故事就是孩子们的真实生活，孩子们能感同身受，有经验可表达。让幼儿以绘画方式表达出自己与好朋友的差异，幼儿有了更多的创造空间。而"早餐""运动场""动物园""梦想"等情境图，又促发幼儿的思维迅速进入创造状态。

每一个正常的孩子其大脑中都沉睡着一粒创造的种子，老师要为幼儿营造优化的学习情境，激起幼儿热烈的学习情绪，让幼儿获得情感的润泽和创造力的发展。

作者：张艳梅

第三节　借助想象情境　推开创想之窗
——以大班绘本阅读活动《鳄鱼爱上长颈鹿》系列之《天生一对》为例

一、主题与背景

情境具有"新、美、宽"的特点。因为"新"，儿童便好奇；因为"美"，儿童便愉快，乐于展开想象；因为"宽"，想象空间便广阔[1]。

《天生一对》是《鳄鱼爱上长颈鹿》系列中的又一绘本。故事中，矮小的鳄鱼

---

[1] 李吉林.情境教育三部曲（一）[M].北京：教育科学出版社，2013：102.

先生爱上了高大的长颈鹿小姐,他们坚定相爱,解决一个又一个难题,只为能生活在一起。当他们不甘寂寞重新走进社群,却无奈遭遇冷眼与嘲讽,但最终凭借在一场大火中的勇敢善良与完美配合而得到认同。绘本的故事情节新奇,意境优美,给予儿童创想的空间非常宽广。

绘本展现的人物之间的浓浓爱意、积极面对困难的生活智慧、勇敢善良以及助人为乐的优秀品质,不仅让人一见倾心,更为幼儿提供了仔细观察、充分想象和大胆表达的空间。

二、情境与描述

(一)活动目标

孩子们喜欢绘本,因为有品味图画、观察细节的魅力;有大胆猜测、充分想象的乐趣;有潜移默化、丰富体验的韵味……基于幼儿发展水平,为本次活动制定了以下三个目标。

1. 在绘本阅读中,理解"天生一对"的含义,感受长颈鹿与鳄鱼的真心相爱。
2. 在问题情境中,积极思维,大胆想象,主动讲述。
3. 在集体阅读、自主阅读等多种阅读情境中,充分体验画面的丰富有趣。

(二)活动准备

1. 经验准备:活动前阅读绘本《鳄鱼爱上长颈鹿》,了解他们的相识经过,感受鳄鱼先生为结识长颈鹿小姐而付出的各种努力。

2. 物质准备:绘本图书人手一本;绘本PPT。

(三)活动过程

1. 导入活动,讨论什么是天生一对

师:(出示绘本扉页)今天来了两位朋友,他们是谁?请仔细看看他们有什么不一样?

幼:一个是长颈鹿,一个是鳄鱼。

幼:长颈鹿很高,鳄鱼很矮小。

师:是啊,长颈鹿和鳄鱼一个高,一个矮。虽然他们完全不一样,但是他们却是天生一对。你们知道什么叫天生一对吗?

幼:就是说,两个人都是一个妈妈生的,是双胞胎。

幼:天天待在一起玩的两个好朋友,就是天生一对。

幼:两个人想的事情一模一样。

幼:天生一对就是,你做什么,我也做什么。

幼:你帮助我,我也帮助你,互相帮助就是天生一对。

幼:就是假如我在画画,忽然发现记号笔没油了,都不用我说,好朋友就立刻把他的笔拿给我,我觉得这就是天生一对。

……

师:是啊,不管做什么事总需要互相配合,为对方着想,有时候不用说出来就会不约而同地有同样想法,这样的两个人就是天生一对。

环节评析:观察,不仅帮助孩子们积累丰富的思维材料,而且有效地培养了儿童敏锐的观察力[1]。教师在活动之初就让孩子成为自主阅读者,让他们从画面中发现细节,找到长颈鹿和鳄鱼的不一样之处。智慧的教师常常善于使用开放式的提问,来激发幼儿的创造性思维。本环节中的开放性提问"你们知道什么叫天生一对吗",没有唯一答案,激起了幼儿大胆猜测、自由表达的积极性,激发了他们的发散思维。

2.集体阅读,感受长颈鹿和鳄鱼天生一对的种种默契

(1)逐图阅读画面 P1—P3,初步感受鳄鱼和长颈鹿的亲密、默契。

师:瞧,鳄鱼和长颈鹿就是这样的天生一对,他们真心相爱。虽然一个高大,一个矮小,但是他们住在特别的房子里,不用担心高矮问题。他们的房子哪里特别?

幼:有两扇门,一个高一个矮。

师:是呀,他们凡事想着对方,什么事情都想到方便两个人。

师:这一天,他们挂在树上,看他们怎么做的?

幼:长颈鹿挂在树上。

幼:长颈鹿是手臂勾住树枝,腿挂在另一棵树上。

幼:鳄鱼躺在长颈鹿的身上。

幼:长颈鹿就像一个大大的荡船。

幼:我觉得长颈鹿像鳄鱼的摇篮。

师:对啊,长颈鹿用长长的手臂勾住树枝,腿挂在另一棵树上,就像荡船、摇篮一样,鳄鱼就躺在她的身上,配合默契,感觉真好啊。

师:这儿鳄鱼和长颈鹿又在干什么?

幼:他们在玩抛硬币游戏。

师:他们怎么配合着玩的?

幼:长颈鹿往上抛硬币,鳄鱼负责接。

师:嗯,说得真好。高大的长颈鹿把硬币高高抛起,矮小的鳄鱼轻轻接住硬

---

[1] 李吉林.情境教育三部曲(一)[M].北京:教育科学出版社,2013:97.

币,他们的合作简直就是天衣无缝。他们玩抛硬币的游戏是在决定一件事情,原来他们想要进城去玩,这次的游戏结果是先去哪个城玩呢?猜猜看?

幼:去长颈鹿城。

师:你从哪里看出来的?

幼:硬币朝上的那一面画着长颈鹿。

师:你看得真仔细。

环节评析:"特别房门""树上摇篮""抛接硬币"这三幅画面初步展示了长颈鹿和鳄鱼之间的亲密、默契。本环节活动中,对每一幅画面的解读都不是教师直接讲授,而是引导孩子们通过仔细观察,进行认真思考,进而表达出来的。对于孩子们每一次观察画面后的表达,教师都及时给予肯定和进行小结。在这个能够冒险、不用担心批评和嘲笑的有安全感的环境中,儿童能够自由地进行创造性的思考并进行智力上的冒险活动。教师的信任、鼓励进一步激发了幼儿主动参与、积极思维和大胆猜想的热情,幼儿的创造性在安全、鼓励和支持的氛围中得以恣意伸展。

(2)阅读画面 P4—P9,了解鳄鱼和长颈鹿逛长颈鹿城的情境。

师:嗯,他们俩坐上一辆两用车,进城了。

师:他们做的第一件事,就是吃个冰淇淋。想想看,他们两人会怎样密切配合一起品尝同一个冰淇淋呢?

幼:你吃一口,我吃一口。

幼:一个冰淇淋分成两份。

……

师:嗯,都有可能哦。那现在我们来看看他们到底是怎么合作的?(教师出示画面)

幼:哈,原来鳄鱼先生坐到了长颈鹿小姐的肩膀上,两人就可以亲密分享同一个冰淇淋了。

师:接着,他们走进一家糖果店,闻一闻各种甜蜜的味道。糖果罐都在高高的架子上,猜猜他们会怎样配合呢?

幼:长颈鹿拿下来给鳄鱼闻香味。

幼:长颈鹿把鳄鱼抱起来就够得着了。

幼:鳄鱼也可以爬到长颈鹿的背上。

……

师:到了下一个商店,长颈鹿开始试穿衣服、鞋子,鳄鱼又会怎样配合呢?

幼:帮她整理裙子。

幼：帮她穿脱鞋子。

……

师：刚才我们猜想了长颈鹿和鳄鱼一起逛长颈鹿城的情境，现在我们一起到故事里去看一看。(师幼共同观察并讲述画面，验证猜想)好多小朋友都猜中啦，你们真厉害！

师：他们"你帮我来我帮你"，真是天生一对啊。

环节评析：鳄鱼和长颈鹿的身高相差那么多，在长颈鹿城里，他们会怎样亲密配合呢？这是每个阅读绘本的人都好奇的，孩子们更不例外。这里，教师没有让孩子们直接观察画面，更没有直接讲述画面，而是创设了恰当的问题情境，顺应孩子的心理需要，让孩子们尽情发挥自己的想象力，大胆猜测长颈鹿和鳄鱼会怎样亲密配合。童年早期是想象力发展的高峰期，教师创设的这个具有挑战性的情境，带动了幼儿的积极思维，开放而不一定有固定结局的情境，更鼓励了幼儿的发散思维。在教师创设的自由创想、大胆表达的情境中，孩子们想象大胆合理，表达流畅丰富，不但有效提升生活经验，也进一步提升了语言表达能力，思维的流畅性、变通性、独创性都得到了较好发展。之后的观察画面、验证讲述，更使得孩子们对"天生一对"有了直观而又感性的理解。

(3) 阅读 P10—P14，了解他们进鳄鱼城后发生的故事。

师：接着，幸福的两个人去了鳄鱼城，他们准备先喝点东西，然后休息一会儿。他们会怎样一起喝热巧克力呢？

幼：长颈鹿蹲下来，鳄鱼坐在高椅子上，就能差不多高了。

幼：鳄鱼坐在长颈鹿身上，然后一起喝。

……

师：然后他们去看电影，但观众却向他们投来奇怪的目光，这是为什么？

幼：长颈鹿个子太高了。

幼：长颈鹿挡住后面的人了，后面的人看不见。

幼：看电影的时候，荧幕上出现了长颈鹿的影子。

……

师：到底怎么回事呢？我们继续看绘本！

环节评析：有了之前根据教师创设情境展开想象的经验，有了之前对长颈鹿、鳄鱼如何亲密配合的初步感知，孩子们在本环节中的想象更为积极合理，表达更为主动流畅。想象情境的再次创设给了孩子们更广阔的天地，创造性思维得以拓展。在充分想象、表达后，孩子们在教师带领下观察并讲述画面，当他们的猜想得到肯定的验证时，孩子们兴奋不已，自信满满，也对接下来的活动更有兴趣。

3. 自主阅读，进一步体验鳄鱼和长颈鹿是天生一对

（1）教师讲述P15，引出长颈鹿和鳄鱼合作救火的情境。

（2）幼儿自主阅读P16—P23，发现长颈鹿和鳄鱼如何合作救出小鳄鱼一家。

师：到底是哪里着火了？长颈鹿和鳄鱼又会怎么做？我们一起仔细地到书里寻找答案吧。

（3）交流讨论，分享阅读发现。

师：哪里着火了？

幼：鳄鱼家里着火了。

师：谁救了小鳄鱼一家？

幼：鳄鱼和长颈鹿救了小鳄鱼一家。

师：长颈鹿和鳄鱼是怎样完美配合，救出四只小鳄鱼和奶奶的？

幼：长颈鹿把腿和手臂伸出去，把自己当成了一个大大的梯子。

幼：鳄鱼很快地爬楼梯上楼。

幼：鳄鱼先生把小鳄鱼和奶奶一个一个地从窗子抱出去。

幼：小鳄鱼们就像爬梯子一样，从长颈鹿身上慢慢爬下来。

……

师：烟雾越来越浓了，最后鳄鱼先生怎么办的？

幼：跳下来的。

师：鳄鱼不怕摔吗？

幼：长颈鹿会在下面等他。

幼：鳄鱼正好跳到长颈鹿怀里了。

师：现在大家会喜欢长颈鹿和鳄鱼这奇怪的一对吗？

幼：会喜欢的。

幼：因为他们救了小鳄鱼的一家。

师：是啊，他们共同努力，密切配合，救了小鳄鱼一家，所以现在大家已经接受他们、喜欢他们这天生一对了。

环节评析：在自主阅读画面时，孩子们边读边主动向教师提问、与教师讨论，在交流阅读发现的环节中，孩子们都迫不及待地想要向大家介绍自己的阅读发现，他们体验着火灾现场的危险、紧张，感受着长颈鹿与鳄鱼救人的勇敢、机智，也感悟着这"天生一对"的默契与完美配合，更欣喜着最后周围人对"天生一对"的接受、喜欢……孩子们在教师引导下，不断自主观察、寻找、发现、表达，观察精度和

思维广度得到了培养。

(4) 集体阅读画面最后一页,感受故事美好结局。

4. 说说自己或者自己身边的天生一对

师:故事读完了,现在我想问问小朋友,在你的周围,也有配合默契的天生一对吗?你跟谁是天生一对?为什么?

幼:我和好朋友×××是天生一对,因为我有好吃的总想着要跟她一起分享。

幼:我的爸爸妈妈是天生一对,因为他们互相关心,从来不吵架。

幼:我的爷爷奶奶是天生一对,因为他们总是一起去买菜,然后回家一个洗菜、一个煮饭。

幼:我觉得,我和我姐姐是天生一对,因为她很喜欢我,不管去哪里总带着我。

幼:我觉得你和我们班上×老师是天生一对,因为你们天天一起陪着我们小朋友。

幼:我和好朋友×××是天生一对,因为我画画的时候笔坏了,他就马上把他的借给我。

……

师:很多小朋友有自己的天生一对,真为你们高兴。看来,天生一对越多,就越幸福、越快乐。

环节评析:说说自己身边的"天生一对",让孩子们从绘本情境走进生活情境,从理解"天生一对"的含义,到解读自己身边的"天生一对"行为,感受周围人与人之间的配合与关怀,学会感受爱,也学会付出爱。

三、问题与讨论

学前阶段的儿童思维直观,情绪易受感染,他们很容易由情入境,也往往会因境生情,这就是学前情境教学的魅力。如何做到善用、巧用并拓展情境,成为我们每一次绘本阅读教学研究中探讨的重点。

(一)如何运用导入情境激发兴趣?

导入活动是每个教学活动中不可缺少的一个重要环节,恰当的导入能有效引发幼儿参与活动的兴趣,使整个活动因生动的开端而带来良好的持续。所以对于本次活动如何导入颇费心思:绘本题目是"天生一对",幼儿对这个词会有怎样的理解?能不能在活动伊始引导他们展开这个话题的讨论?会不会因为对此一无所知陷入冷场?反复思量,我决定相信孩子的储备和潜能,大胆尝试在导入环节创设一个富有挑战性的情境让幼儿充分讨论交流。为了不显突兀,我先运用观察式导入活动,出示绘本扉页请幼儿仔细比较长颈鹿和鳄鱼这两位新朋友的不同,并告知幼儿虽然他们完全不一样,却是天生一对;再通过谈话式讨论进一步引入问题情境——"你们知道什么叫天生一对吗?"随着幼儿热烈、丰富的回应,今天的活动课题很自然地引入,幼儿参与活动的积极性显然已被点燃,兴趣也被触发,真庆幸创设了富有挑战性的导入情境,更庆幸自己选择了坚信孩子!

(二)如何抓住阅读情境发挥想象?

《天生一对》从长颈鹿小姐和鳄鱼先生的种种密切配合、亲密相伴中诠释、传递着"天生一对"的真谛,在教学过程中如何突破阅读活动中"观察—发现—理解"这样的常规思路?如何在阅读过程中为幼儿创设积极想象的情境?如何鼓励幼儿大胆表达?一连串的问题促使我努力寻求新的教学思路,崭新的情境教育理念、创造教育观促使我决定把课堂完全交给幼儿:引导他们观察长颈鹿和鳄鱼的住房哪里特别,鼓励他们讲述长颈鹿和鳄鱼怎么挂在树上,怎么配合着玩抛硬币。幼儿在自主观察、自主讲述中初步感悟着"天生一对"的行为。之后,在长颈鹿城,"天生一对"会如何密切配合品尝同一个冰淇淋,如何配合闻糖果香味,如何配合着试穿衣服和鞋子,这些能否直接由幼儿展开想象,而不是直接呈现给幼儿观察、理解?如此富有挑战性的开放情境会带动幼儿的发散性思维还是会令幼儿无措、尴尬?根据我的理解,幼儿有了之前对"天生一对"行为的初步感悟,应该可以试着让他们根据这些阅读经验去大胆想象接下来可能出现的情境,在自由宽松的氛围中张开想象的翅膀尽情翱翔。

(三)如何结合生活情境拓展经验?

读完《天生一对》,相信每个人都会沉浸在温暖意境中。艺术来源于生活,如何将幼儿的阅读经验与生活相联系,让他们感受到生活中艺术的回归呢?教师又该预设怎样的问题帮助幼儿有效链接已有经验?想要做到这些其实并不难,只要了解幼儿、顺应幼儿即可。课题组的老师提议:活动最后,读完绘本,当幼儿正为长颈鹿和鳄鱼共同努力、密切配合,拯救了小鳄鱼一家而高兴,为大家接受、喜欢上了这天生一对而欣慰的时候,教师可以提问"在你的周围也有配合默契的天生一对吗?你跟谁是天生一对?"以此打开幼儿思维的窗户。果不其然,关于幼儿生活中"天生一对"的一幅幅淌满温馨、充满爱意的生活情境一一展现,在这样积极的交流和分享中,幼儿不仅在活动中拓展着思维,更丰盈着经验;不仅享受着表达的快乐,更感受着来自周围生活温暖的爱。在富有挑战的教学实践中,教师体味着幼儿成长的喜悦,同时也体验着自我设疑、解疑的欣喜。

四、诠释与研究

如果说绘本是帆,那情境便是水,幼儿便是那挂帆远航者。作为幼儿教师,使用好绘本这一具有独特价值的载体,通过创设生动、挑战和支持的丰富情境,可以促进幼儿创造力的发展。

(一)创设情境,鼓励幼儿大胆想象

艾曼贝尔说过,教师如果能够鼓励儿童的创造性,那么就会帮助儿童成为终生的问题解决者[1]。可见,为儿童发展提供机会、鼓励和支持儿童创造是多么重要。我在本次活动中多次创设问题情境,给孩子一个广阔的空间、宽松的氛围,提供合适的想象、创造的切入点,鼓励幼儿猜测想象,感受绘本的意趣。通过不断向幼儿抛出问题,猜测鳄鱼和长颈鹿可能会怎样密切配合,从而引导幼儿积极思考、充分想象。孩子们很享受这样的情境创想活动,他们在活动中能充分发挥主体性,在教师的引导下兴致盎然地参与猜想,丰富而又合理的想象给了我们意外的惊喜,积极而又主动的交流有效提升了幼儿的生活经验,培养了大胆想象和表达的能力。

(二)解读画面,引领幼儿仔细观察

基于儿童兴趣的活动能够培养其创造性,创造型教师会寻找能够引发儿童兴趣的活动。儿童天性好奇、爱探究、爱观察,甚至能从一幅画面中发现成人没有在意的细节。本次活动中,我追随孩子的兴趣点,通过提问引导孩子们细致观察画面,如"他们的房子哪里特别?""他们挂在树上,怎么做到的?""他们怎么互相配合玩抛硬币?""先去哪个城玩?你怎么知道的?"孩子们带着这些问题去仔细观察画面的细节部分,感受自我发现的快乐,体味绘本阅读的智趣。

在孩子们进入预设情境,尽情展开想象之后,我再出示绘本的画面,让孩子们细细品赏,大胆解读。此时,他们的观察更有目的性,更为精细,而细致、到位的观察为孩子们后面表达、交流的流畅提供了必要基础。

(三)自主阅读,引导幼儿积极表达

阅读可以让孩子进入积极思考的状态,让孩子有话可说,能有效帮助孩子未来更快地掌握大量丰富的书面语言,并帮助他们成为幸福快乐的阅读者。孩子们的自主阅读能力不是天生的,需要成人的正确引导。因而,在"进一步体验鳄鱼和长颈鹿是天生一对"这一环节,我为每一位幼儿准备了绘本图书《天生一

---

[1] [美]Rebecca,T.Isbell,[美]Shirley,C.Raines.幼儿创造力与艺术教育[M].王工斌,杨彦捷,王景璐,等译.北京:北京师范大学出版社,2012:16.

对》,引导他们细察画面,支持他们自主发现鳄鱼和长颈鹿是如何合作救出小鳄鱼一家的。孩子们兴趣盎然,主动与教师探讨交流,每发现一个细节,就大胆与大家分享。深度阅读带来孩子们的丰富表达,观察能力、思维能力、表达能力都得到了锻炼和提升,为创造力的发展储备了新的能量。同时,孩子们也通过循序渐进的故事情节感受到"天生一对"的深层内涵,进而引导幼儿"跨入"生活情境,尝试解读身边的"天生一对"温暖行为,体会到身边人与人之间"天生一对"的真挚情感,在潜移默化中感悟到生活中的种种小美好。

在绘本阅读活动中,读图、察图、述图,幼儿将自己看到的画面用自己的语言表述出来,这本身就是一种创造,而本次活动中,教师在此基础上创设的自主想象情境,切实做到让幼儿在享受阅读智趣的同时,实现让幼儿的思维飞起来!

作者:唐晓燕

第四节　在角色情境中激发创造
——以大班科学活动《有趣的平衡》为例

一、主题与背景

大班科学活动《有趣的平衡》是由主题《各种各样的职业》生成的课题。对于杂技员这个职业,孩子们是既熟悉又陌生,熟悉的是孩子们能经常在电视或是舞台上看到他们的表演,为我们的生活带来很多的欢乐,陌生的是孩子们对于杂技员叔叔表演的杂技所蕴藏的科学原理却是陌生的。当孩子们通过录像看到杂技员精湛的技艺时,个个都发出惊叹声,同时也产生了一些疑惑,"他的这根小棍有魔法吗?""为什么盘子不会掉下来?"……其实他们对此的疑惑正是求知欲的萌发,"小小杂技员"正好是本次活动情境创设的落脚点。通过相关情境的创设、角色的担当,走进杂技员叔叔的工作,引导幼儿了解平衡的一些简单原理,通过积极尝试与调整,培养幼儿的创造性思维。

二、情境与描述

(一)活动目标
1. 了解物体平衡的方法,知道中心点利于物体平衡的道理。
2. 探索让板和键子保持平衡的方法,尝试移动物体的位置或是改变支点的位置保持物体的平衡。

3. 愿意与同伴合作,体验探究活动的快乐。

(二) 活动准备

1. 杂技表演录像。

2. 正方形、长方形、圆形的纸板,毽子,小棒(直径为1厘米左右的木棒)。

3. 幼儿表演配乐。

(三) 活动过程

1. 情境设疑,激发兴趣

(1) 播放视频《顶碟子》,欣赏杂技表演。

师:小朋友,有位杂技员叔叔为我们准备了一段精彩的顶碟子表演,我们一起来看一看。请你们边看边想想,为什么杂技演员潇洒自如地转碟子,碟子却不会掉下来?

幼儿观看表演。

(2) 小结:杂技员叔叔本领可大了,他们有一种好办法可以让碟子稳稳地在他的手上玩耍,是什么好办法,你们想不想去试一试?

环节评析:活动一开始便进入杂技员世界,孩子们带着兴奋、带着问题、带着好奇自然地开始了尝试、探索,情感驱动儿童主动投入了认知活动。

2. 进入角色操作,探索实践

第一次实验:寻找让各种形状的纸板保持平衡的方法。

(1) 出示纸板和记号笔,变身小小杂技员,尝试探索。

师:如果用小棒的一端顶住不同形状的纸板,猜猜会不会掉下来?

幼:会的。

师:怎么样才能使纸板保持平衡不掉下来?你想不想当一回小小杂技员,去试试有没有什么好办法。

(2) 小小杂技员尝试:如果能成功地把纸板顶起来,请老师帮忙在小棒与纸板的接触位置贴个标记。

(3) 幼儿操作实验,教室巡回指导。

幼儿很快都找到了使纸板不掉下来的中心点。

(4) 交流分享。

A.交流成功经验:把小棒放在纸板的中心位置。

师:哪些小杂技员练功成功了? 能分享一下吗?

师:你的纸板是什么形状的? 你是怎样使纸板保持平衡的?

幼:我的纸板是圆形的,我顶在中间一点的位置,它就不掉下来了。

幼：我的纸板是长方形的，如果小棒顶在左边一点，它就站不稳，会掉下来。

B.小结失败教训。

师：有没有谁失败了，现在明白怎样保持平衡吗？

师：现在请小杂技员们再去练一下基本功，争取一次过关。

（5）小结：原来这些形状不同的纸板的平衡点都在中间，找到平衡点就能使纸板各个地方的重力平均，保持平衡。

第二次试验：在纸板上放两个毽子，寻找使它保持平衡的方法。

（1）出示毽子：小杂技员基本功练好了，现在要挑战一个有难度的表演。这里有两只毽子，他们的重量是一样的，如果把它们都放在纸板上，纸板的重量就发生了变化，有什么好办法能让它保持平衡呢？

（2）提出要求：每人拿两个毽子，注意调整毽子的位置，让纸板保持平衡。

教师巡回指导：引导幼儿尝试平均摆放毽子的位置使纸板保持平衡，并记住自己的方法。

幼儿试验时播放杂技表演配乐。

（3）交流分享。

师：你的毽子是怎么放的？小棒顶在哪里？

幼：我的毽子是放在两边，小棒还是顶在圆点的地方。

幼：毽子要放得离边上差不多。

小结：两个毽子的重量一样的时候，支点位置不变，只要两边同时放稳毽子而且离支点的距离一样近，就成功了。

第三次试验：在纸板上放两个重量不同的毽子，寻找使它保持平衡的方法。

（1）出示毽子：小杂技员的技艺越来越高超了，这里有两个毽子，他们的重量是不一样的，如果把它们都放在纸板上，你能让纸板保持平衡吗？

（2）提出要求：每两个人拿两个毽子，注意调整毽子的位置，让纸板保持平衡。

教师巡回指导：引导幼儿尝试平均摆放毽子的位置使纸板保持平衡，并记住自己的方法。

幼儿试验时播放杂技表演配乐。

（3）交流分享

师：两边的毽子重量不一样，你用什么办法让纸板和毽子保持平衡？（移动支点）

幼：我把毽子放在两边，然后小棒没有顶在圆点的位置。

师：是靠哪个毽子近呢？

幼：靠这个近。

师：哦，靠重的那个近。

幼：我的小棒还是顶在小圆点的地方，毽子放得不一样了。

师：不一样是指离小圆点一个近一个远吗？

幼：是的。

师：哪个近？

幼：这个，重这个近。

师：嗯，重的这个离小圆点近，轻的这个离小圆点远。

师小结：要稳稳地顶起纸板和毽子，使它们保持平衡有很多办法，可以挪动毽子摆放的位置，重的毽子可以离支点近一点，轻的那只毽子可以离支点远一点，有时还可以适当移动支点的位置。

环节评析：这里儿童成了活动的主体，自己成了小小杂技员，进入了角色知觉，角色意识驱动，孩子们充分投入，急切地渴望成功。当难度不断加强的时候，"角色认可"所产生的热烈情绪已经渲染了整个学习情境，孩子不断尝试，最终在同伴的相互合作中完成了杂技员的任务，带来的成功感又极大地满足了自己的心理需求，同时理解了保持物体平衡的基本原理，情境教育"理寓其中"的特点在这里无痕呈现。

3．杂技表演，体验快乐

（1）师：小小杂技员们，愿意为小班的弟弟妹妹表演顶纸板吗？

（2）简单练习上场与谢幕，到小班表演。

（3）播放音乐，一起表演杂技"顶纸板"，体验成功的快乐。

环节评析：角色所带来的成功感继续延续，这时的角色变为"主动角色"，他们趁着餐前准备时间，来到小班为弟弟妹妹表演，收获了弟弟妹妹的崇拜，对自己也产生了肯定评价，利于主动性学习的形成，创造性思维也得以培养。

4．延伸活动

师：小杂技员的基本功要经常练习，表演才能越来越棒，科学区里为你们提供了更多材料，你们可以去试试，看看能不能变出什么新节目。

环节评析：情境拓展，体验进入"自己与角色同一"的境界，继续创造性行为培养。

三、问题与讨论

适宜的情境能带领幼儿自然地走进去，并融入其中，情境的适宜性非常关键，能恰到好处地激发起孩子探究的兴趣。情境是逐步深入并且要是连续的，贯穿始终,才能让孩子的探究兴趣越来越浓,产生更多的想象空间与探究行为。

(一) 建构什么样的情境能激发儿童积极热烈的情感?

课堂呈现的情境是孩子熟悉的或者感兴趣的,就能激发孩子积极热烈的情感。但对于孩子缺乏经验的一些场景,怎么建构呢? 孩子们对于杂技员这个职业是很陌生的,所以我们通过谈话活动以及观看杂技员不同的表演视频来激发幼儿喜爱该职业的情感,这样到了本次科学活动中,角色的情绪才会积极热烈。

进入情境之后,操作的物品、摆弄的材料也应是生活中常见的一些物品,如记号笔、毽子等,与生活联系在一起的科学探究才能更好地使幼儿进入情境,幼儿的主体意识才会不断增强。

(二) 如何使情境逐步深入,连贯始终?

将情境贯穿于活动始终,使激发的情感越来越强烈,有利于创造性思维的活跃。体验角色情感—激发探索热情—产生探索行为—延续探索愿望,在连贯的情境中,情感、思维、行为就会变得水到渠成。本次活动,以观看杂技表演入手,到幼儿化身小小杂技员,在练基本功的情境中,步步探索。对向往已久的杂技员这个角色的担当与体验,使他们充满了探索热情,而问题的不断深入,持续了他们的热情,他们的"技艺"越来越高超,从而了解了平衡这一有趣的科学现象。在每次尝试的后半段时间里,表演音乐的响起,更增强了"小小杂技员"的责任感与使命感。活动结束时,孩子们意犹未尽,我们将活动延伸到为弟弟妹妹表演,进一步体验成功带来的喜悦,引发他们去科学区继续探索的愿望,丰富了课程内容。

四、诠释与研究

情境教学触及了儿童的情绪领域,"这些向往角色的担当,让学生进入角色,产生一种特定的角色意识,把自己推上教育教学的主体位置"。[1] 本次活动中,通过小小杂技员的扮演,幼儿始终带着积极主动的情绪在探究操作,从角色担当、角色体验,到最后与角色的"自我统一",幼儿的主体意识不断被唤醒,有利于培养儿童主动想象、积极探究的品质。

(一) 角色担当

活动一开始就以观看杂技员表演入手,设疑导入,激发兴趣。紧接着,利用幼儿对杂技员的崇拜,引入当"小小杂技员"的话题,此时的孩子进入了角色担当。

---

[1] 李吉林.情境教育三部曲(二)[M].北京:教育科学出版社,2013:136.

（二）角色体验

带着"小小杂技员"的角色体验，孩子进入了三个层次的情境探究：一是小杂技员练习顶纸板的基本功，发现找到中心支点就能保持平衡；二是当纸板上加上两个重量一样的毽子时，如何保持平衡，尝试后发现只要两个毽子离支点一样近时，毽子就会稳稳站住；三是小杂技员技艺越来越高超后，提供两个重量不一样的毽子，尝试如何保持平衡，知道了毽子离支点近远的关系。而每次的尝试后都有交流与分享，便于同伴间的相互启发，讨论相当热烈。在不知不觉中进入角色，生动地经历了角色的心理活动过程，同时探究过程中发散思维、联想思维都得到发展。

（三）自我统一

在角色扮演中，幼儿会与角色浑然一体，作为"小小杂技员"，在"练习技艺"的情感驱使下主动尝试，即使有消极情绪产生冲突时，也会因为角色的情感驱使而坚持任务的完成，获得角色心理与自我的统一。

情境教育中的角色担当其实是一种"有我之境，可产生一种无形的导引效应"，它符合幼儿心理机制的发展，顺应幼儿认知发展规律，利于幼儿形成主动想象、积极探究的创造品质。

作者：张红俭

第五节 蜘蛛王国里的探究
——以中班美术活动《可爱的蜘蛛》为例

一、主题与背景

蜘蛛是人们生活中常见的动物，但由于它往往居住在屋子的某个角落，体型娇小，极易被小朋友忽视。当我把《啊！蜘蛛》这个绘本故事呈现给他们的时候，孩子们发现原来生活中微不足道的蜘蛛居然非常神奇、可爱，大家对蜘蛛的喜爱也就瞬间产生并溢于言表，自由活动时，有的学蜘蛛倒挂一番，有的学蜘蛛织一织网……玩得不亦乐乎。为满足幼儿对蜘蛛的喜爱之情，一个探究蜘蛛构造，大胆表现蜘蛛造型的美术活动《可爱的蜘蛛》就自然而然地诞生了。

《3—6岁儿童学习与发展指南》指出：幼儿期是幼儿获得艺术表现力和创造力的最佳时期，幼儿可以通过感受生活中的色彩、形状、声音等创造性地表达自

第九章 学前情境教育促进儿童创造力发展的案例研究

己的情感体验,创造性地表达对事物的理解。提供什么样的材料给幼儿,每份材料提供多少量才算合理,直接关系到孩子的选择取向与活动结果。我在《可爱的蜘蛛》活动中,所提供的操作材料充分注意到适量原则,既让每名幼儿有材料可选,又不至于让材料显得过多过杂。幼儿在表现自己心目中的蜘蛛形象时,都大胆创新,选用不同材料表现蜘蛛的不同部位。每一名幼儿都在充分观察蜘蛛外形的前提下,兴致勃勃地大胆创新,用不同材料制作出了千姿百态的蜘蛛造型,在活动中丰富了想象,提升了创造力。

二、情境与描述

(一) 活动目标

1. 欣赏并观察蜘蛛,掌握蜘蛛的外形特征。
2. 大胆探索材料,尝试运用拼、粘、戳等方法,创造性地组装各式蜘蛛。
3. 在溜蜘蛛游戏中体验创造的快乐。

(二) 活动准备

用于幼儿观赏并激起制作欲望的蜘蛛 PPT、让幼儿制作蜘蛛时自主选择的材料:毛线、泡沫球、羽毛球、毛根、吸管、电线、记号笔、玉米粒、超轻泥以及用于展示幼儿创作成果的蜘蛛网。

(三) 活动过程

1. 在欣赏与观察蜘蛛外形中丰富认知

师:昨天,老师给小朋友讲了个《啊!蜘蛛》的故事,故事里的蜘蛛最后成了小朋友家里的一只宠物,好有趣呀。你们喜欢蜘蛛吗?

幼:喜欢。

师:张老师也很喜欢蜘蛛,蜘蛛长得是什么样儿的?

幼:黑黑的……

师:张老师拍了很多蜘蛛照片呢,我们一起来看一看。(播放蜘蛛图片 PPT)

师:蜘蛛的身体是什么样的?

幼:圆圆的、胖胖的。

师:蜘蛛的脚是什么样的?

幼:长长的、细细的。

师:蜘蛛有几只脚?我们一起来数一数……有 8 只脚。

小结:蜘蛛身体圆圆胖胖的,脚细细长长的,总共有 8 只脚。嗯,蜘蛛真可爱!

环节评析：李吉林说过，情境教育不能追求华丽，而应向着生动与质朴，达到低耗高效的目标。这样儿童才能主动学习，觉得趣味无穷，做到爱学、乐学。本环节教师提供的8张蜘蛛图片，采用了PPT的形式分别出示，逼真的图画、动态的情境、生动而质朴，一下子就吸引了幼儿的注意力。生活中的一只普通蜘蛛经过老师独具匠心的展示，马上就变得灵动起来、鲜活起来，孩子们也因此变得格外兴奋、认真。在零距离的观察蜘蛛、讨论蜘蛛过程中，既对蜘蛛的外形了然于心，又对后期的创造活动充满期待。

2. 在熟悉与摆弄材料的情境中引发创造

师：今天张老师要和小朋友一起来做蜘蛛。看看，我们这里有些什么材料可以制作呢，大家来看一下。哪些材料可以做做蜘蛛的身体？

幼：泡沫球、羽毛球……

师：哪些材料可以做蜘蛛的脚？

幼：毛根、吸管、电线……

师：还有些材料呢？

幼：牙签、记号笔、超轻泥、玉米粒……

师：她们可以用来做什么呢？

幼1：画蜘蛛眼睛。

幼2：连接蜘蛛身体和脚……

师：今天我们可以自由选择材料来做蜘蛛了，牙签尖尖的地方，注意安全哦。

环节评析：幼儿在观察材料的过程中，获得了对各种材料形状、特征的认识，为接下来的材料选择提供了经验。同时，丰富的操作材料，使幼儿创作欲望更加强烈，为后期的蜘蛛身体各部位的组装提供了不同方式，幼儿的思维也因此变得非常活跃、开放，一种蕴藏着的创造欲望也被激发了出来。

3. 在师幼充分互动中创作并展示蜘蛛

鼓励幼儿充分与材料互动，制作与同伴不同的蜘蛛。将做好的蜘蛛送到蜘蛛网中，并进行欣赏。

环节评析：学前儿童天生就有好动和好奇的心理特点，要善于利用孩子的这一特点，培养他们创造力。本环节通过循环播放的音画PPT、同伴间的合作交流、材料选择的自由自主让幼儿对手中的蜘蛛制作充满兴趣，他们偶尔抬头欣赏画面中的蜘蛛，兴奋地设计、制作自己心目中的蜘蛛，个个全神贯注，兴味盎然。所制作出来的作品也都充满个性，各具风格。最后在老师帮助下的作品展示，更是满足了完成作品的成功心理，又获得了欣赏他人成果的机会，为今后的创作活动拓宽了思路。

4. 在游戏活动"溜蜘蛛"中升华创造成功感

教师带领幼儿拉上自己制作的蜘蛛到室外玩一玩。

环节评析：这一环节很好地践行了课程游戏化精神，一个溜蜘蛛活动瞬间满足了幼儿的游戏欲望，将活动变得更富趣味化、游戏化、生活化，并与原先的绘本活动主题遥相呼应，更好地激发了幼儿对蜘蛛的喜爱之情。

三、问题与讨论

境能生情，情能启智，优化的情境可以最大限度地调动幼儿的活动热情，实现创造。本活动借助先期绘本故事情境，让幼儿对身边的蜘蛛获得一个初步感性认识，产生喜爱之情；接着通过观赏不同蜘蛛造型的图画情境，获得对蜘蛛外形的全面认知；紧接着让幼儿通过自己的实践操作进行创造，表现自己设计的蜘蛛造型；最后再带上自己创作的蜘蛛溜达一圈，愉快结束活动。在层层递进、环环相扣的环节中，实现了对蜘蛛王国的探究。

（一）创造欲望如何生成？

先期的绘本阅读，早已让幼儿对蜘蛛产生了深深的喜爱与亲近之情，营造了一个美好而又积极的心理情境；活动中，丰富的操作材料更是激起了幼儿强烈的操作欲望，创设了一个非常具有挑战意义的创造情境；幼儿创作时，大屏幕中循环播放一些蜘蛛形象，更是给了幼儿一个智力的启发。同时优美的背景音乐、教师的互动参与都为激发幼儿的创造欲望提供了很好的支撑。

（二）创造思路如何启发？

幼儿创作内容极易受身边同伴思想的影响，当某一个幼儿创作好蜘蛛后，其余幼儿也都争先仿效。面对这种问题，教师在后来的活动组织中，就提出了"看看谁的作品与众不同"的要求，肯定、赞赏幼儿的不同思路，要求幼儿拓宽创造思路。所以在二次创作中，所有作品无一雷同，充分展示了幼儿的创造力。

（三）创造能力如何提升？

让儿童"美美地想，乐乐地做"是李吉林的重要理念，也只有达到了这样的目标，幼儿才可能放心大胆地去尝试，去创造。所以当幼儿在制作蜘蛛时遇到困难，或作品发生雷同，老师总是耐心地启发、引领，让幼儿体验到操作的乐趣，渐渐地由陌生到熟悉，由熟悉到创造。

四、诠释与研究

《指南》指出，教师要懂得尊重幼儿自主的表现和创造，在此基础上给予适宜的指导。学前美术情境教育不提倡出示范画，不要求幼儿完全按照范画进行作画,提倡幼儿用自己喜欢的方式去创造。本次活动中,教师也没有示范讲解怎么去制作蜘蛛,而是让幼儿在充分观察蜘蛛的基础上,提供制作蜘蛛的主要材料,鼓励幼儿动手制作,教师适当引导,孩子会由原型启发,到思维的求异,制作出了多种多样的可爱蜘蛛。

(一)优化的操作情境丰富了幼儿的创造想象

"学生也是能够进行创造性思维的。这种思维是在不断地去解决问题的过程中得到孕育与发展的。培养这种思维不仅有助于自己将来的发明、创造,而且也有助于当前的学习[1]。"本活动中,教师为培养幼儿的创造性思维,设置了一定的问题情境,引导幼儿利用情境中的材料进行充分想象,大胆创作。教师首先为幼儿提供了一个安全而丰富的材料情境:既有与蜘蛛身体相似的乒乓球、泡沫球,又有与蜘蛛脚相似的吸管电线等,这些操作材料朴素而易见,当他们展现在幼儿面前时,幼儿马上联想到他可以替代蜘蛛的某个部位,自然而然地点燃了创作灵感,激起了创作欲望;然后循环播放的PPT音画情境、教师的自主制作都为幼儿的实践创作渲染了良好的心理氛围。幼儿在这样的操作情境中,内心是快乐的、自由的,心里没有任何压抑、束缚,因此手中的制作也变得更有方向、更有动力,制作起来也更加积极、自主。

(二)开放的操作模式释放了幼儿的创作潜能

教学在于激励、唤醒和鼓舞,而不在于传授本领。教师为了激励儿童、唤醒儿童的创造力,不仅提供了各种开放性材料让幼儿自主选择,而且创新教学模式,将一般的欣赏制作的成品—示范讲解制作的方法—提出操作要求—幼儿操作—展示评价作品这些步骤改变为欣赏观察物体(自然)—介绍探索材料—幼儿操作—展示评价作品,大大解放了幼儿的思想,让幼儿有更多的思考空间,在观察的基础上,积累原型经验,对事物充分熟悉,在与材料互动的过程中,熟知材料的特性,把前者的经验与材料进行链接,经过思考,创造出自己所需要制作的物品。

(三)游戏的操作精神提升了幼儿的创作成果

过去,我们习惯于将幼儿的创造成果进行统一展示,以此来肯定幼儿的创作,满足幼儿的成功心理。本活动中,教师并没有局限于这一做法,而是在欣赏完毕后,让幼儿手执自己的作品共同游戏——溜蜘蛛。将她们手中创作的蜘蛛拟人化、游戏化,使得幼儿在与蜘蛛的共同溜达中,对自己的创作成果更加喜爱,无形中强化了幼儿的创作成就,为她们今后的创作奠定了情感基础。

---

[1] 葛莱云.创造力开发与培养[M].北京:中国社会科学出版社,2018:87.

幼儿的创作始于操作,始于内心的积极愿望,教师只有为幼儿提供支持操作的情境,既有丰富的物质材料,又有宽松自主的创作氛围,幼儿才有探讨的意愿与需要;而一个开放的操作情境,又为幼儿的实践提供了便利,使创作成为可能。另外,游戏的介入也强化了他们的创作活动,激起他们进一步创作的愿望,为创造能力的提升提供了条件。

作者:张宏云

第六节 以境生情 以情促创
——以大班美术活动《神奇的沙画》为例

一、主题与背景

"择美造境,境美生情,以情启智"是情境教育的精髓。"情感可以在无意间激活儿童创新的动机,美好的情感会使人变得聪明起来,因此建设和谐的师生关系应该以情感为纽带,让教学充满活力[1]"。人为优化的情境总会让幼儿情绪愉悦、兴趣高涨,幼儿在这种积极情绪的影响下,注意力会变得特别集中,想象也特别丰富,创造欲望更加强烈。教师自始至终地对幼儿倾注期待,对幼儿的任何言语、行动都给予信任的、殷切的引领,幼儿就会从教师的肯定与赏识中获得自信,从而推动幼儿积极活动,大胆创作。

本美术活动中的操作材料——沙子,是幼儿日常生活中常见且常玩的游戏材料,教师将它引入课堂,并用它作为作画工具,向大家展示一位来自匈牙利大师的惟妙惟肖、精美绝伦的沙画视频,幼儿进入这样的一个音画情境,立刻被其中的艺术所感染、震撼并陶醉,在欣赏大师作画视频中,他们时不时地发出"哇"的惊叹声,一种参与其中,尝试用沙子作画的欲望油然而生。这种对沙画活动的强烈兴趣,又引发了他们对沙画内容的无限遐想,在后面的动手操作情境中,他们边做边创,用手中的沙子去表现他们对周围事物的形象,表达心中的美好梦想,很好地发展了创造力。

二、情境与描述

首先,以一名匈牙利大师的沙画视频为幼儿营造一个音画情境,给他们以视

---

[1] 顾明远.李吉林和情境教育学派研究[M].北京:教育科学出版社,2011:390.

觉和经验的冲击,让幼儿在欣赏沙画视频中,对沙画产生浓厚兴趣;其次,教师为幼儿准备了每人一份的沙盘、沙子,给幼儿创设了一个宽松自由的操作情境;最后,展示大家的沙画作品,来为幼儿营造一个自然的交流、欣赏情境,更将活动推向高潮,让幼儿在欣赏同伴的沙画作品中,进一步拓展思路,举一反三,为今后的创作活动提供素材,积累经验。整个活动情境都充满挑战,富有情趣,充分点燃了幼儿的创作激情,提升了创作能力。

（一）目标的制定

目标是课堂活动的方向,不仅指引活动设计的环节,关乎活动的组织,更是检验课堂效果的标准。本堂课的目标就是从激发幼儿对沙画的惊叹开始,让幼儿萌生的沙画创作愿望,再到满怀激情进行沙画实践,最后丰富创造的快乐体验,孕育再次创造的热情,层层递进,不断升华。

1. 在音画情境中,探索、了解沙画的创作方法,尝试用撒、抹的方式进行沙画创作。

2. 在操作情境中,创造性地表现作品内容。

3. 在互动情境中,升华创造情感。

以上三个目标,每个目标都借助于不同情境,来焕发幼儿的活动热情,最终让幼儿在情感的内驱力下,实现富有个性的创造。

（二）活动的准备

但凡上一个高效率的课,教师总会为了激发幼儿活动兴趣,花大量时间去搜集、制作各种教具,大大削弱了组织教育活动的精力。而本堂课教师采用的教具没一点花哨,都是日常常见的电教设备:相机、电脑、投影仪,以及区域活动中的沙盘和网络下载的一段沙画视频,材料简单易取,无须教师多费心力,使教师的大部分精力都可以投入到对活动的设计与组织中。

（三）活动过程及例析

1. 说一说,于生活情境中激起欣赏沙画的欲望

师:看看,老师今天给小朋友带来什么东西？

幼:沙子。

师:你们玩过沙子吗？怎么玩的呢？

幼:玩过。我们用铲刀铲着玩。

幼:我们玩堆沙子游戏。

师:沙子还有其他什么不同的玩法吗？

幼:(都疑问状)。

第九章　学前情境教育促进儿童创造力发展的案例研究

师：老师认识一位来自匈牙利的艺术大师，他用这些沙子在画板上创作出了许多奇妙的画面呢！他是怎样作画的呢？咱们大家一起来静静地欣赏吧。

幼儿一个个瞪大眼睛，对视频欣赏充满期待。

环节评析：导入部分，由幼儿所熟悉的沙子入手，组织幼儿交流自己日常所玩的方法，当大家滔滔不绝地纷纷介绍自己玩法之后，教师话锋一转，介绍说一位大师居然用沙子进行作画，这是幼儿前所未闻的，所以大家对即将的活动充满兴趣与热情，为后面的自由创作进行了极好的情感铺垫。

2. 看一看，于艺术情境中感受沙画魅力

师幼共同欣赏匈牙利大师沙子作画视频。随着大师手中每一幅沙画作品的呈现，幼儿嘴里时不时地发出"哇哇"的惊叹声，教师则随着幼儿一起欣赏、惊叹，共同陶醉在大师高超的技艺中。

环节评析：这一部分的视频欣赏，大大冲击了幼儿的视觉经验，艺术家通过撒、抹的方式，将简单的沙子变幻成大树、苹果、猴子等各种惟妙惟肖的图案，这些形象逼真的沙画，不仅大大吸引了幼儿的注意力，还使他们自然而然地产生对沙画的喜爱之情，于是，亲手创作沙画成了他们急切而又热烈的愿望。

图 9-1　大师沙画作品《绵羊》　　　　图 9-2　大师沙画作品《老鹰》

3. 想一想，于语言情境中习得沙画技巧

师：大师用沙子画了些什么图案？

幼：大树、苹果、猴子……

师：她用沙子怎么画的？

幼：漏，她手里抓着沙子往下漏的。

师：哦，你说的是这个动作吗（教师用手势模仿）？这个动作叫撒。来，我们也来学大师这个撒的动作。

幼儿学习撒的动作。

师：是啊，大师通过撒，形成了图案的基本形状，接着他又用什么动作进行修改的呢？

幼：擦。

师：(用手势模仿)是这个动作吧？这叫抹。抹可以把图案变得更形象、更逼真。现在，我们也来试着用撒、抹的方法进行沙画吧。

幼：好！

师：想一想，待会你准备画些什么？

幼：我想画鸭子。

幼：我要画太阳。

幼：我画小花……

师：嗯，小朋友们想的作品内容真多，等会，你们就把自己喜欢的图案用沙子画出来吧。最好多画几个，让画面丰富些，变成一个有趣的故事。

环节评析：这一环节里有两个想，第一想，是回忆大师作画方式，学习撒、抹的动作，为后面的动手练习奠定基本的知识基础。第二想，是让幼儿想象自己即将作画内容，既是让自己的作画有个方向，又能在听取同伴的想法后，触类旁通，进一步丰富自己的画面内容，使即将的创作因心中有数，信心满满，而不会因为无法下手变得兴味索然。

4．试一试，于操作情境中大胆进行创作实践

屏幕中，大师的沙画作品正循环播放，幼儿则兴致勃勃、专心致志地进行着自己的创作。

教师巡回观看，时不时提醒幼儿根据图画内容进一步丰富画面。

环节评析：巡回播放的音乐PPT，为幼儿的操作营造了一个温馨、可视的图画情境，对幼儿的实际操作起到一个提醒、引导的作用。教师与幼儿零距离的对话，又使得幼儿的创作热情有增无减，他们在老师的肯定、关心下，思想放松，思维活跃，以一种无比愉快而大胆的心情进行着自己喜欢的沙画。

5．评一评，于欣赏肯定情境中体验成功的快乐

师：刚才老师发现，我们小朋友也都是小小艺术家，创作出了各不一样的作品，老师忍不住已经拍下了许多画面，现在我们一起来欣赏一下。如果感觉漂亮，别忘了给作品一点掌声哦。

利用多媒体让幼儿逐一欣赏并交流自己与同伴的沙画作品。

幼儿每看到一幅作品都不约而同地说出作品内容，并情不自禁地鼓起掌来。
师：让我们一起问问客人老师：我们的沙画作品怎么样？
客人老师鼓起了掌，每个小朋友脸上都洋溢着创作成功后的快乐与自信。
环节评析：教师在这一环节中对幼儿创作的认同、欣赏，以及来自幼儿同伴间的肯定与鼓励，让每个幼儿都享受到了成功的喜悦和创作的乐趣，对今后的美术创作充满激情，充满期待。

图9-3 幼儿作品《花园》　　　　图9-4 幼儿作品《海底世界》

三、问题与讨论

适宜的情境是幼儿创造的沃土，它能唤醒幼儿创造欲望，激起幼儿的创造自觉。所以优化的情境要鼓励幼儿不拘泥教师的讲解，不拘泥作品原作者的创作意图，借助师幼对话、幼幼对话，来不断引发幼儿的探求和思考，让幼儿根据自己对作品所传达信息的体验和理解，充分发挥想象和创造力，最终通过语言、表情、动作等多种方式，发表自己的见解，创造一个属于自己的意义世界。

（一）怎样的情境能消解幼儿创造难度？

视频为幼儿创造的音画情境是国际大师级的艺术表现，虽然他使用的材料为我们日常所见，但他的技法是我们望而却步、不能比拟的。所以教师为消解幼儿对情境感受的难度，首先引导幼儿观察、描述并模仿大师的简单动作，如撒、抹等；其次，鼓励幼儿想象一下自己作画的画面内容，让幼儿有个先期的创作构想；另外，幼儿创作时，在大屏幕中循环播放一些范例作品，以期对幼儿有个启发。同时用优美的音乐作为幼儿创作背景，通过音乐的呈现，让幼儿陶冶情操，拥有一个愉快的创作心理。

（二）怎样的情境能拓展幼儿创造思路？

幼儿创作内容极易受身边同伴思想的影响，当某一个幼儿展示了海底世界后,其余幼儿也都争先效仿。面对这种问题,教师在后来的活动组织中,就提出了"看谁的作品与众不同"的要求,同时,不断肯定在创作不同画面的幼儿,教师的语言暗示给了幼儿很好的导向,所以在二次创作中,所有作品无一雷同,充分展示了他们的创造活力。

(三)怎样的情境能激起幼儿再创造欲望?

优秀的活动并不是始于课堂、终于课堂的,教师为幼儿营造的情境还应更具导向性。而幼儿在活动中真实的情感体验,便成了他们下次是否继续新创造的决定性因素。所以教师一定要创设能让幼儿有成功感的、快乐的情境体验。活动后,对幼儿的作品要从不同角度进行肯定,肯定他们的作画态度、画面内容、作画过程等,弱化技能评价,这样就可以让幼儿对今后的创作充满期待,充满情感。

四、诠释与研究

创造活动是在一定的环境中开展的,这个环境不是泛指整个环境,而是特指整个环境中的一部分,是影响创造主体创造力发挥或发展的那部分环境[1]。本活动创设了以下几个有效情境。

(一)视频赏析情境,孕育幼儿创造激情

本活动中,教师所提供的这段匈牙利大师沙画视频,具有非常直观而强烈的视觉效果,他能让小观众瞬间就惊叹于他的艺术表现。所以当幼儿第一次接触这段视频后,他们就兴奋了,欢呼了,对沙画艺术的喜爱也就在欣赏中自然而然地形成了,为后面的自主创作奠定了热烈、积极的情感基础。

(二)支持实践情境,实现幼儿创造梦想

视频中的沙画艺术出自大师之手,有着特有的技艺,幼儿欣赏一遍后很可能会因为对技法的畏惧,让操作搁浅,面对这个问题,教师采用了三个策略,来消解沙画创作难度,为幼儿的自主创作提供条件。首先,欣赏视频后,教师组织幼儿说一说大师采用的方法,并徒手学一学,掌握基本要领;接着又请幼儿说一说自己的构想,让大家在相互的交流中,开拓思路;最后,在操作时,教师又循环播放沙画视频,对思路不够开阔的幼儿做了进一步点拨,使每个幼儿在进行创作时都胸有成竹,信心满满。所以,幼儿最后呈现出的作品都神态万种,内容各异,充分展现出了自己独到的设计与构想。

(三)成功体验情境,升华幼儿创造热情

《指南》指出:"幼儿对事物的感受和理解不同于成人,他们表达自己认识和

---

[1] 谭小宏.创造教育学导论[M].北京:北京师范大学出版集团,2012:38.

情感的方式也有别于成人，成人应对幼儿的艺术表现给予充分的理解和尊重，不能用自己的审美标准去评判幼儿，更不能为追求结果的'完美'而对幼儿进行千篇一律的训练，以免扼杀其想象与创造的萌芽。"教师在幼儿完成沙画后，对每一副作品都给予了肯定、欣赏，让他们能获得成功体验，为今后的艺术创作积淀情感基础。

情感是幼儿进行创作最基本的心理基础，也只有当幼儿对活动本身产生强烈兴趣，他们的创作灵感才会一触即发。教师要善用情境，巧用情境，通过情境燃起幼儿的创作激情，实现创作行为。

作者：喻　琴

第七节　让创造之花在艺术活动中绽放
——以大班民间艺术活动《花布秀》为例

一、主题与背景

创新教育已经成为我国当前教育改革的重点，儿童创新精神的培养是"教育的灵魂"[1]。情境教育注重以观察为基础，以情感为纽带，激励幼儿表现与创造，为儿童拓宽思维空间。儿童艺术活动正是一种情感与创造相互交融的活动。《幼儿园教育指导纲要（试行）》指出，要努力将周围环境和生活中美好的人、事、物展现给幼儿，帮助他们丰富感性经验，提高审美情趣，鼓励他们大胆表现美、创造美。我们积极探索将民间艺术与情境教育有机结合，发挥艺术情境教育的优势，点燃幼儿的创造火花。

在大班民间艺术主题活动"奇妙的印染"中，孩子们在活动中参观、欣赏、认识与了解南通民间传统的工艺印染品——蓝印花布，对具有独特民间艺术气息的蓝印花布产生了浓厚的兴趣，并开展了一系列印染、绘画等美工创作活动。然而，我觉得在方寸白纸上的创作还是不能满足孩子们的创造欲望，如何在创作的形式上突破原有，开辟出新形式呢？在一次新闻中，国家主席夫人彭丽媛身着蓝印花布服装让我眼前一亮，主席夫人用自己的衣着向大家展示出浓郁的"中国情怀"。我们也应该在孩子幼小的心田播撒一颗"中国情怀"的种子。于是，我将主题

---

[1] 李吉林.教育的灵魂：培养学生的创新精神(上)[J].人民教育，2001(8)：43-46.

延伸,进一步拓展孩子们的创造思路与创造方式,设计了大班民间艺术活动《花布秀》,让幼儿在民间艺术情境中动手动脑,大胆创新,促进创造力发展。

二、情境与描述

(一)活动目标

1. 探索用打结、折叠、缠绕等方法进行手工创意制作。
2. 能根据布料的形状、大小,使用辅助工具来创意打扮自己。
3. 能大胆自信地参加活动,在合作中体验创造活动带来的愉悦。

(二)活动准备

1. 创设"花布服装展"。
2. 花布若干:不同形状、大小的蓝印花布以及零碎布头。
3. 辅助小工具:塑料小夹子、橡皮筋、回形针、发箍、小篓子、草帽、废旧小盒子等。
4. 音乐、课件 PPT。

(三)活动过程

1. 在情境中感知欣赏:美丽的花布服饰秀

(1) 参观"花布服饰展"

师:小朋友,你们知道,这块美丽的花布叫什么?

幼:蓝印花布。

师:这是我们南通有名的蓝印花布,那美丽的蓝印花布后面还藏着许多秘密呢? 你们想不想看一看?

幼:想! (掀开蓝印花布帘子,带领幼儿看看、说说各种花布服饰)

结语:原来,美丽的花布可以做成各种漂亮的花布衣服、可爱的头巾、帽子、包包,你们想不想看看这些漂亮衣服穿在身上是什么样子呢?

环节评析:从创设的情境入手,在幼儿对蓝印花布已有认知的基础上,以充满神秘的语言,让幼儿对花布帘子后面的世界充满好奇,激发了兴趣。掀开帘子后让幼儿看看、说说,引领幼儿走进一个蓝印花布的服饰天地。

(2) 课件欣赏:"亲子时装表演"

师:星星班的"亲子时装秀"开始啦! 瞧,他们穿着花布衣服多漂亮、多神气啊!

结语:美丽的蓝印花布大人小孩穿着都好看,老师也好想用花布来打扮自己,你们想不想? 让我们一起来吧!

环节评析:课件 PPT 配上民乐《茉莉芬芳》烘托气氛,老师配以语言解说,创设一个时装秀的现场氛围。老师再用蓝印花布打扮自己,将幼儿的兴致充分调

第九章 学前情境教育促进儿童创造力发展的案例研究

动起来。

2. 在情境中创意打扮：我是小小时装设计师

(1) 第一次创意打扮，引导幼儿尝试根据花布的大小、形状来制作合适的服饰。

① 提出要求，幼儿尝试。

师：我们也来当小小时装设计师，用蓝印花布来打扮自己，你想做什么？（幼儿自由说说）

师：在后面的桌子上，老师给你们准备了许多花布，有的大有的小，有的形状不一样，请你们每人选一块花布，想想可以怎样打扮自己？要和别人打扮得不一样哟！（幼儿自选自制，老师巡回观察指导）

环节评析：老师事先将每组桌上的花布以各种造型呈现，有三角形、扇形、花形等，给人以美的视觉感受，也进一步激发幼儿用蓝印花布打扮自己的意愿。

② 幼儿展示交流，共同小结使用的几种方法。

师：谁给大家展示一下，说说你用花布做了什么衣服？是用什么方法把花布固定在自己身上的？

师：你的打扮很酷！老师第一个邀请你来展示一下。

幼1：（垂下头不语）。

老师：大家看她只用这么小的花布条绑在头上，和别人打扮得不一样哟，真会动脑筋，你们看，他像……

幼儿欢呼：练武功的……打跆拳道……武林高手……

师：来，做一个打拳的动作！

幼儿1摆出打拳姿势，大家鼓掌，灿灿高兴地坐下。

幼2：我做了一条裙子，是用打结的方法。

师：对的，她在腰上打了一个结，做了一条花裙子，真好看！还有谁也用了打结的方法？来！到中间来给大家看看！说说你们的结打在哪里？你做了什么？

幼3：我的结系在脖子上，我做的是披风。

师：啊呀！你好帅，这个样子像什么？

幼3：我是超人。（做超人飞天的动作，大家鼓掌哈哈大笑）

幼4：我的结系在手腕上，这是手链！

师：还有谁的方法和他们不一样？大家看看他们打扮成什么！

师幼一起边展示边归纳：还有的用裹、塞、缠绕等方法来把花布固定在自己的身上。你们想的办法可真多！

环节评析：以"我是小小设计师"的角色游戏情境，引导幼儿为自己设计打扮,在自主操作中,鼓励幼儿动手动脑、大胆尝试,用不同的方法打扮自己。在第一次创意打扮中,幼儿展现了各自的想象力和创造力,展示自创的服饰——手链、肚兜、帽子、围巾、袈裟、短裙、长裙、披风等;并为自己的打扮想象角色:超人、嫦娥、新娘子、和尚、铠甲战士等。

(2) 第二次创意打扮

① 引导幼儿用辅助小工具帮忙,选择不同的方法再次创作。

师:老师这里还有一些神奇小宝贝,你认识它们吗?

出示辅助小工具,幼儿讲述:夹子、皮筋、回形针、发箍、发夹、小篓子、草帽、游戏圈、小盒子。

师:想一想,用这些小宝贝可以帮助我们打扮自己吗?

幼:可以用夹子夹花布。

幼:可以用皮筋把花布扎起来。

幼:用发夹把花布夹头上做花。

幼:把花布绑在帽子上。

……

师:请你和旁边的小朋友商量一下,怎样用这些小宝贝来帮你固定花布,或者让花布的造型变一变,让你们的打扮与别人不一样,让你们的打扮变得更加漂亮、帅气呢?

幼儿两两结伴讨论。

② 鼓励幼儿合作进行创意打扮。

师:商量好了就快快和你的小伙伴去打扮自己吧!记住,要打扮得和别人不一样哟!

幼儿制作,老师观察指导。幼儿有的用发夹夹碎花布头夹在头上做头花,夹在胸前做胸花;有的用小圆篓子带在头上,篓子边沿上用夹子夹上细花布条,身上披裹长花布,亮相时大家说他是唐僧;有的将小盒子包在方块花布中,两对角打结做成小拎包;有的将花布条绕在发箍上打个结,一个别样的发箍美美地戴在头上;有的用打结的方法将几根长条花布连接变长,绕挂在胸前做围巾、做项链;有的将花布折叠成厚厚的长棒棒,再用皮筋扎起来,做成宝剑武器,再身披战袍,装扮成一个勇猛的武士……

师:如果你打扮好了,可以到前面来准备,我们月亮班的"时装表演"马上开始啦!

环节评析:第二次创意打扮中,提供了辅助小工具来帮助幼儿联想、组合,完成更多的创意打扮;幼儿合作打扮,增加交流,在讨论互助中提高创造性思维。

3. 在情境中展示交流：花布时装表演秀
(1) 在《最炫民族风》音乐中幼儿自由结伴进行时装表演秀。
(2) 幼儿相互观赏，说说自己喜欢的创意时装。

三、问题与讨论

对于幼儿的艺术创造，我们既不要求创造社会价值，也不要求完美。幼儿艺术创造的价值体现在创造过程之中，正是这种创造过程，让幼儿的创造力得到锻炼和培养。然而在本次活动设计初，我非常担忧，简单的粗花布会引发幼儿的创造激情吗？没有服装设计概念的幼儿怎样能够创意做出各种服饰呢？我紧紧围绕"情境"，挖掘"情境"，寄希望于"情境"能够化解这些困惑与问题。

（一）创设美的民间艺术情境，助力幼儿审美感知

结合幼儿的生活经验和已有认知，我们收集各种花布服饰，布置一个美的花布秀展板，再结合课件PPT，配上优美的民乐《茉莉芬芳》，营造了一个超具美感的时装秀表演。每组桌上的花布，以各种造型呈现，有三角形、扇形、花形等，让幼儿感知花布古典淳朴的美感。

（二）引入有趣的角色游戏情境，引导幼儿自主操作

"游戏中的儿童是最有创意的艺术家[1]。"用"我是小小设计师"角色游戏情境，来激发幼儿用蓝印花布创意打扮自己的意愿。为鼓励幼儿用不同的方法打扮，我提供了多种形状、大小不一的花布，让幼儿探索出用缠绕、打结等简单方法可以将花布固定到自己身上，成为服饰。再提供各种生活中常见的小物品，更好地帮助幼儿产生联想思维，组合完成更多的创意打扮。

（三）走进时尚的表演游戏情境，引领幼儿快乐展示

在欢快的《最炫民族风》音乐中，"花布时装表演秀"开始了，活动的场地瞬间变成了时装T台，他们两两结伴，做出各种出场方式和造型，相互展示欣赏，分享着创造带来的快乐。

从活动效果来看，"情境"让我的担忧迎刃而解，幼儿确实在优化组合的情境中积极参与、主动探索，朴实的粗花布在孩子的小手中变化出各种创意亮点，他们展现了独特的想象力和创造力：披风、花裙、头花、项链、袈裟、围兜、帽子、腰带等；并为自己的打扮想象匹配角色：超人、嫦娥、新娘子、和尚、铠甲勇士等。幼儿沉浸在蓝印花布的民间艺术情境中，他们美美地看，乐乐地想，大胆地做，体验到

---

[1] [美] Rebecca,T.Isbell, [美] Shirley,C.Raines.幼儿创造力与艺术教育[M].王工斌,杨彦捷,王景璐,等译.北京：北京师范大学出版社,2012：50.

创造的乐趣。

四、诠释与研究

《指南》指出,要创造机会与条件,对幼儿自发的艺术表现与创造给予支持、尊重和适当的指导。学前艺术情境教育以美的情境、活动的情境和宽松的情境吸引幼儿快乐、主动和自信地走进民间艺术的殿堂。

(一)在具有美感的民间艺术情境中充分感受,挖掘教材的创造元素

南通特产蓝印花布,以那独特美感和工艺价值,成为时尚设计元素,登上国际时装 T 台,成为穿在身上的"青花瓷"。抓住这个创造元素,我将幼儿的创作从平面设计(印染创作)上转移到立体服饰设计,并创设一个美的民间艺术情境。以图画再现、音乐渲染、语言描绘等多途径全方位呈现,让幼儿感受音画时尚的美。以"美"激"情",以"情"促"思",有效激发了幼儿的创造欲望。

(二)在丰富的民间艺术情境中自主操作,发挥材料的创意功能

《指南》中提出,要提供丰富的材料,让幼儿自由选择,用自己喜欢的形式去表现和创作。要更好地发挥材料的作用,让幼儿创意无限,拓宽其创造性思维。

首先,材料提供要多样化。我给幼儿准备了大小、形状不同的花布,有的以折叠造型呈现,有的叠放在篓子里备用。还提供了许多生活中的小物品:夹子、皮筋、回形针、发箍、发夹、草帽、喜糖盒等。多样化的材料给幼儿新的兴奋点和启示,也营造了一个自由选择与发挥的空间。

其次,材料投放要分层化。活动中材料投放不适宜一次性全部呈现给幼儿,宜分层次呈现。在第一次创意打扮中,我提供一块花布让幼儿摸索出创意打扮的不同方法,为后面的组合设计提供方法支持。在第二次创意打扮中,增加了花布边角料以及辅助材料,引导幼儿进行组合运用。这样循序渐进,化解了幼儿设计服装的操作难度,也让幼儿的服装设计增添更多的创意亮点。

(三)在亲和的人际情境中激励欣赏,呵护幼儿的创造萌芽

和谐的师生关系能够激活创造潜能,让情感点燃创造的火花。《指南》强调,幼儿的艺术表现蕴含着丰富的情感和想象,并通过其独特的笔触、语言和动作来表达,教师应给予充分的理解与尊重。幼儿的创新是幼小生命绽放出的智慧火花,是最鲜活、最富有灵性的。即使是瞬间的,也是灿烂的;即使是粗浅的,也是可贵的。[1] 要尊重与欣赏幼儿的创造表现,用殷切的期待激励自信,激活创造。对于儿童个性化的表现要多一些积极的情感激励和真诚美好的欣赏,努力创设

---

[1] 李吉林.情境教育三部曲(三)[M].北京:教育科学出版社,2012:202.

一个宽松和谐的心理情境,让他们的创造萌芽在尊重与欣赏中茁壮成长。

作者:陈玲玲

第八节 播撒梦想之种,收获创造之花
——以中班语言情境教学《飞上天空的绵羊》为例

一、主题与背景

情境教育为幼儿的创造力发展奠定了良好基础。在学前语言情境教育中,如果在开展活动时有目的、有计划地创设一些具体生动的情境,对幼儿的理解、接纳不仅起到了桥梁作用,而且能引起幼儿一定的情感体验,使幼儿的思维呈现独特性、多向性、变通性,从而促进幼儿的创造性思维发展。如何创设优化的情境,让幼儿的学习动机得以激发,大胆想象,积极创造,是语言情境教育的首要任务。

在故事《飞上天空的绵羊》中,作者将意境幽远的构图和简洁生动的语言紧密结合,每一页都蕴含着丰富内涵,图与图之间也包含着人物之间独特的叙述关系。主人公小绵羊一直有一个想飞上天空的梦想,可是没有翅膀也能飞上天空吗?带着疑惑,带着思考,我们一路发现,小绵羊在实现梦想的过程中,遇到了一些朋友,在互相认识、了解的过程中得知原来大家都有自己的梦想。这些梦想鼓舞着它们去体验团队合作的力量,品味探索发现的乐趣,珍惜朋友间的友谊。最后,美梦成真。活动中通过创设一系列情境,引导幼儿在猜—想—猜—说的过程中猜测动物的梦想,感受互相帮助实现彼此梦想的美好情感。

二、情境与描述

(一)活动目标

1. 尝试理解故事内容,猜测、想象故事情节。
2. 大胆讲述自己的想法,提高语言表达能力,促进创造力发展。
3. 感受梦想实现后的愉悦心情,体验互相合作的友好情感。

(二)活动准备

1. 绘本PPT。
2. 蝴蝶翅膀、蹦蹦床等实验材料。

3. 背景音乐。

（三）**活动过程**

1. 图片导入，激发兴趣

（1）播放绵羊图片（绘本 P1），引导幼儿仔细观察画面。

师：看！它是谁？猜猜它要干什么？

幼：绵羊。

幼：它在看天空。

幼：也许它在想什么吧。

幼：绵羊看着天空，也许是它想妈妈了。

幼：它可能遇到了一点困难，心里很难过。

幼：也许它很孤单，没有朋友。

（2）引导幼儿自主阅读绘本前半段。

师：会跟小朋友们猜想的一样吗？请小朋友随着 PPT 自由阅读。（背景音乐响起）

环节评析：李吉林提出，"我们要优化情境，根据教材的特点，努力营造一种美妙的、让幼儿感到亲切的氛围，让幼儿的活动潜移默化地注入学科知识的学习中[1]。"此环节教师借助音乐的手段渲染情境，没有急着说教，而是把看书、思考的空间留给幼儿，让他们有足够的时间猜测想象故事的情节。绵羊在做什么？猜猜它想做什么？让幼儿的理解和感受经过时间的沉淀和累积，慢慢地转化为他们自己的想象和创造。

2. 创设情境，猜测梦想

（1）梦想一：谁会来帮它？

师：绵羊的梦想是什么？你觉得它能不能实现？

幼：绵羊的梦想是飞上天空。

幼：我觉得这个梦想不能实现，因为它没有翅膀。

幼：我也觉得不能实现，因为它不会飞。

幼：也有可能会成功吧。

师：没有翅膀，怎么能飞上天空呢？

幼：也许会有人帮它……

师：看，它遇到了谁？（绘本 P2）它把绵羊带到了哪里？（绘本 P3）

幼：老鹰。

---

[1] 李吉林.情境教育三部曲（二）[M].北京：教育科学出版社,2013:22.

幼:老鹰把绵羊带到了一座白色房子里。
师:猜猜白色房子里会有哪些朋友来帮助它?
幼:我觉得是猴子吧,因为猴子最聪明。
幼:也许是狮子或者牛,它们力气大。
……

(播放绘本P4)师幼小结:绵羊的梦想是飞上天空,可是绵羊没有翅膀,飞不起来。也许房子里面的朋友(一只黑狗、一头乳牛、两只鸡和一头驴子)会来帮助它。

(2)梦想二:动物的梦想是什么?
师:小动物们知道了绵羊的梦想,纷纷表达自己的梦想,猜猜他们会有什么梦想?
师:黑狗的梦想会是什么?
幼:有好多肉骨头吃。
幼:住在漂亮的房子里。
师:谁想来当"黑狗",这里有好吃的,也有漂亮的房子,不过在脖子里得系上一条绳子。

请两名小朋友来当"黑狗",老师来当捆住的"绳子",当"黑狗"想出去玩时,无法挣脱。请"黑狗"说说自己的感受,让猜测更贴近实际。
师:体验过后,再请小朋友猜猜黑狗的梦想还可能会是什么?
幼:自由。
幼:不被绳子拴住,想去哪里就去哪里。
……

师:(播放绘本P5)原来黑狗的梦想并不是生活得好,而是每天能去海边和海浪赛跑。

师幼在猜测黑狗梦想基础上,猜一猜乳牛的梦想(播放绘本P6,在宽广的草原上吃草,每天看见晴朗的天空);想一想小鸡的梦想(播放绘本P7,住在没有围栏的原野上,可以到处乱跑);说一说驴子的梦想(播放绘本P8,坐在大树下,想休息的时候就休息)

(3)梦想三:梦想如何实现?
师:原来大家都有梦想,可怎么才能实现?小动物们会如何帮助绵羊飞上天空?
幼:打一个热气球,让绵羊坐在里面。
幼:给绵羊装一个翅膀。

幼：借一个蹦蹦床，让它借力往上跳。
幼：在绵羊的脚底装一个弹簧。
幼：让它坐上宇宙飞船就可以飞上天空啦。
……
师：刚刚小朋友说了好多办法，其中有的办法我们可以现在实施看一看，请小朋友分组合作，验证一下。

此环节，教师提供部分事先准备好且幼儿可操作的实验材料，如翅膀、弹簧、蹦蹦床，让幼儿分组合作验证自己的猜测是否可行，加深孩子们的认知经验。

师幼一起体验，原来给"绵羊装一个翅膀""蹦蹦床""弹簧"都不能让绵羊飞上天空。但是借助于科技，如借助热气球、宇宙飞船的办法是不错，就是代价很高。

师：(播放绘本P9)我们来看看故事中的动物们想的什么好办法，猜猜其他动物的梦想会实现吗？它们依据自己身体的大小，乳牛在最底下，接着是驴子、绵羊、黑狗、两只鸡，组成一架高高的梯子。鸡在最顶端兴奋地说："绵羊，我抓到了一朵白云。"它带着所有的动物朋友一起飞上了天空，去寻找能够实现梦想的地方去了！

师幼小结：只要互相帮助，共同努力，大家的梦想都有可能实现！

环节评析：此环节教师设计三个层次，梦想一：谁会来帮它？梦想二：动物的梦想是什么？梦想三：梦想如何实现？每一个环节，教师都采用"关键中断法"，没有马上揭晓答案，而是鼓励幼儿主动投入到想象猜测中，合作体验，大胆发挥发散性思维。

3. 完整欣赏，体验情感

师：我们一起给故事起个好听的名字吧。
幼：绵羊的梦想。
幼：想飞上天的绵羊。
幼：绵羊历险记。
……
师：小朋友取的名字都很棒。这个故事的名字叫《飞上天空的绵羊》，我们一起来完整地欣赏一遍这个故事。

环节评析：幼儿与生俱来具有创造力，情境教育对幼儿创造力的开发发挥着重要作用，孩子们在接触故事后，化被动为主动，化客体为主体，融入故事并为故事起名字，这个故事就不仅仅是别人的故事，更是属于幼儿自己的故事。而且，完整欣赏也让幼儿进一步了解了"梦想"是什么,为下一个环节"梦想迁移"奠定基础。

4. 拓展延伸,梦想展现

师:小朋友,你们有没有梦想?你的梦想是什么?

幼儿自由表述。

师幼小结:有人的梦想比较长远,需要经过很长时间的努力,有人的梦想是眼前就可以完成的。不管哪一种梦想,只要坚持、互相帮助,就一定有所收获!

环节评析:《纲要》提出,教育内容要贴近幼儿自身的生活经验,结合幼儿的兴趣和需要,引导幼儿积极主动地参与活动。在此环节中,教师将幼儿对故事的理解迁移到幼儿的实际生活经验中,让创造变得更生动、更有趣、更贴近幼儿生活。

三、问题与讨论

语言情境教育的核心在于创设"情境",本质在于流露"情感",途径在于尝试"体验",目的在于激发"创造"。《飞上天空的绵羊》本身是一个带有情感元素且富有创造力的题材。可是每当我们拥有了自己梦想的时候就会发现,梦想不一定都是美好的,有时也是"沉重"的,这种"沉重"却会激发我们内心最大的潜能,去创造一个美好的光辉前程。

(一)如何通过"情境"激发"情感"?

美国社会学家威廉·托马斯最早提出"情境"一词。在他看来,"情境"是指人所处在的一种特定环境。"情感"是在某种情境中,人们对某种事物或某对象的一种内心体验。一般而言,愉悦的"情感"不仅能激发幼儿的学习动机,使大脑处在最佳活跃状态,而且有利于促进幼儿主动参与学习,提高学习热情,促进创造性思维发展。

在《飞上天空的绵羊》中,通过音乐渲染情境,让幼儿在轻松愉悦的氛围中丰富感受、陶冶情感,在探究乐趣中激发动机、激活创造。在猜测动物梦想环节,预设问题情境,让幼儿带着问题去思考、想象,充分调动幼儿的积极性,让这种情境渲染的氛围成为幼儿参与活动的动力,从而激发幼儿更多的想象和创造。有了情境的铺垫、情感的激发,创造才是有血有肉的。

(二)如何通过"体验"激发"创造"?

"创造"的形成依赖于实践体验,这样的创造更深层次、更有内涵。教师要将体验引入活动教学,让幼儿深入接触作品后再来讲述自己的所想、所感。由于幼儿的心理位置换成作品中人物的心理位置,不仅能凭借教材内容形成表象,还能凭借自己的理解进行个性创新。

课例中"分享梦想"环节,猜猜黑狗的梦想会是什么?孩子们都说:"黑狗的梦想是有好吃的肉骨头""住在大房子里"。这样的回答是建立在已有经验基础上,而无创造性成分。于是,我将体验前置,让幼儿扮演黑狗,我来做圈住"黑狗"身上的一条绳子,将"黑狗"牢牢束缚住,幼儿体验被束缚的痛苦后切实感悟黑狗的真实梦想——能够自由自在,随风奔跑。这种情境体验开拓了幼儿的具身认知,孩子们纷纷帮黑狗表达梦想:"它希望能够在森林里到处走走玩玩""它的梦想是自由"……这种创造结果是幼儿发散性思维的体现。

四、诠释与研究

基于情境教育理论,我们提炼出一套行之有效的教师指导三部曲,即随"境"入"情"、以"情"启"思"、以"思"悟"创"。

(一)随"境"入"情"

在学习过程中,要让孩子们感到身心愉快,而不要感觉学习是一种负担。根据情感原理,情境教育能让幼儿形成一种身临其境的主观感受,并在自我情感体验中陶冶情操。作为教师,我们要把这种情境变为"有情之境",使幼儿产生强烈而积极的内心体验,活动中大家一起帮绵羊想办法,把教育要求内化为幼儿的动机与需要,唤醒幼儿的主体意识,从而产生一种内驱动力,使创造力和想象力得到发展。

(二)以"情"启"思"

任何创造都需要"启迪"。启迪在某种意义上可以说是一种"领悟",它来自于情境的作用。情境教育中所蕴含的"真、美、情、思"构建了一个意境悠远的情境,为幼儿提供了无限广阔的创造空间。通过"启迪",将观察与思考、体验与想象结合起来,教师不需过早地对幼儿的假设做出判断,而是提供验证工具(如案例中蝴蝶翅膀、蹦蹦床等实验材料),让幼儿在体验中验证假设,幼儿验证的过程成为一种新的建构学习过程。

(三)以"思"悟"创"

美国心理学家吉尔福特认为,只要有发散性思维加工和转化的地方,都表明创造性思维得到了发展。在这里,我们可以把"思"理解为"发散性思维"。活动中,当幼儿的观点局限于某一方面时,教师应及时引导他们的思维向其他方向转化;当幼儿的思维出现变通、新颖、独特性时,应该及时肯定和鼓励,从而因势利导,促进创造力提升。

情境教育像天空、似大海,教师只是凡尘中的一棵小树苗,要想长成一棵参天大树,还得继续心怀梦想,播撒梦想之种,收获创造之花。

作者:张　洁

第九节　让幼儿在民间艺术情境中体验创造的快乐
——以中班音乐活动《卷炮仗》为例

一、主题与背景

满足幼儿创造的需要,必须激发幼儿的创造兴趣。因为兴趣是幼儿乐于学习、积极创造的动力。为此,我们努力创设"美、智、趣"的情境,让幼儿在情境中寓教于乐,主动学习。

"卷炮仗"是一项在民间广为流传的游戏,如何让传统的民间游戏在新时代发出绚丽的光芒?我们选择将这个民间游戏和音乐进行有效融合,成为一个趣味性很强的音乐游戏。教学活动中始终以幼儿为创造主体,把创造的权利全部还给孩子。让幼儿自主探索,创编动作,大胆表现,在探究中游戏,在游戏中探究,促进幼儿创造性思维发展。

二、情境与描述

(一)活动目标

1. 进一步感受音乐的旋律美,能够根据歌词的内容和音乐旋律的变化创编动作。
2. 学习探索走出螺旋队形。
3. 能够遵守游戏规则,并在音乐游戏活动中体验创造和合作的快乐。

(二)活动准备

1. 生活中观察放炮仗的情境,学会唱《卷炮仗》的歌。
2. 标记牌、大鼓、摄像机、引信头饰、"点火棒"、鸡毛掸。
3. 兔奶奶过生日场景。

(三)活动过程

1. 情境导入,幼儿律动进场,看好指示牌迅速站队形

师:小动物们,听好音乐,出发吧!(出示标记牌:小圆形、大圆形、三角形和

正方形,要求幼儿随着音乐学做各种小动物,同时看好牌子立即变换队形)

师:说说刚才变了哪几种队形?

师:兔奶奶的家到了,谁告诉我兔奶奶家有什么喜事?(过生日)

师:你是怎么知道的?从哪儿看出来的?

环节评析:创设兔奶奶过生日的情境,激发了幼儿的学习兴趣。通过让幼儿走熟悉的队形引出走新的队形,自然过渡。

2. 复习歌曲《卷炮仗》,理解歌词"卷",引出新的队形

师:这首歌曲叫《卷炮仗》,那谁知道"卷"是什么意思?谁会用动作来表示?

师:这里有张纸,你能用它卷个炮仗吗?

卷好炮仗后,让幼儿看螺旋形。

师:谁能把螺旋形画出来?我们应该从哪儿开始走队形呢?(贴红色箭头)小朋友一圈一圈地都围着哪儿走呢?(根据幼儿的回答在中心贴上标记)

环节评析:学习走螺旋形首先要知道螺旋形是什么?它是怎样走的?让孩子通过看、说、画等多通道感知,了解"卷炮仗"游戏中螺旋形的主要特点,为后面的动作探索打下基础。

3. 幼儿尝试走螺旋形队形

小结:首先我们站好一条长队,接着大家紧跟着第一个小朋友走圆形,使圆圈走得越来越小,直至走成螺旋形。小朋友来试试,大家围着这个标记转。

根据孩子的情况提出相应的要求让幼儿再次尝试,提醒幼儿紧紧跟好前面的小朋友。

环节评析:在开始尝试时,幼儿有可能围着标记走着就变成了一个大圆圈,这时需要教师根据实际进行启发引导,回忆螺旋形的特点并让幼儿再次尝试直到成功。

教师启发幼儿仔细倾听发现音乐的节奏特点,并能根据音乐节奏走队形。

师:这首歌曲有什么特别的地方呢?(教师哼唱前两句)

师:我们听音乐走队形时需要注意哪些地方?

师:我们坐好在椅子上练习,大家一边唱歌一边用脚来打节奏试试,老师用大鼓来帮你们伴奏。(幼儿听音乐和大鼓声用脚来练习打节奏)

师:我们排好队来走一走,走的时候不能踩到别人的脚,大家控制好距离。(打鼓进行伴奏,幼儿练习走队形)

环节评析:卷炮仗实际上是音乐活动与体育活动相结合的游戏,在活动中幼儿的步子需踩在音乐的节奏上,这对于幼儿来说富有很大挑战性。在教学过程中教师须循序渐进,首先让幼儿熟悉歌曲,把握住音乐旋律,然后在椅子上进行

练习,其间用大鼓鼓点来提示,幼儿便迅速地掌握了游戏要点,最后再让幼儿尝试走出了螺旋形,符合幼儿的年龄特点和认知水平。

4. 创编动作

师:小朋友,我们以前学过哪些舞步?请你来做给大家看看,好吗?(在创编中教师启发引导幼儿体验各种舞步是如何与音乐节奏和情绪特点相吻合的)

师:请小朋友用我们刚才编好的舞步一边走一边卷,卷成一个大"炮仗"。(幼儿完整地做卷炮仗的游戏)

5. 观看录像,寻找问题,再次练习

师:你们来看看,有没有发现什么?应该注意什么呢?

师:小朋友们再来一次吧。(再次走队形,继续拍摄)

师:你觉得这次走得怎么样呢?(放录像)

环节评析:小朋友在练习走队形的时候,只有旁观者才能看清楚孩子的成功与否,孩子自个儿在队伍中不能纵观全局,如何直观地将孩子走队形的过程展现在他们面前,以帮助他们及时进行总结,更好地学习掌握游戏规则呢?摄像机拍摄的现实场景,为孩子提供了一个完整视角,帮助孩子进一步学习掌握调整位置。

6. 游戏"卷炮仗"

(1) 根据幼儿游戏情况教师出示炮仗的引信,激发兴趣。

师:现在老师把标记拿走,也不给你们打鼓敲节奏了,小朋友还会走吗?(幼儿再次尝试走队形)

师:哦,炮仗卷好了,让我来点炮仗吧!

幼儿将引信戴在头上,教师立即点着引信,被点的小朋友用指头挨个儿往后一个一个点后面的小朋友,"呲"地一个一个传下去,点到最后一个小朋友的时候就一起"嘭""啪"爆炸。观察幼儿爆炸后的行为。

(2) 鼓励幼儿自主表现炮仗爆炸后纸屑四处飘散及落地后的动作,启发幼儿创编出配合相应步伐的手部动作。

师:小朋友们一起来表演爆炸后的小纸屑吧。(音乐)最后小纸屑飘到哪儿?(重点放在造型上面,启发幼儿运用堆成的方法,两个人一组或三个人一组,摆出更多更好看的不同造型)

师:哎呀,这么多碎纸屑,让我(教师扮演兔奶奶出场)来扫扫吧。(兔奶奶拿着鸡毛掸子点小朋友,被点到的小朋友一个一个地起来跟在后面走)

(3) 听音乐完整玩游戏两遍。

环节评析:引入引信使幼儿对炮仗加深了认知,纸屑的飘舞增加了游戏的新颖性、趣味性,造型定位给了幼儿大胆表现创造的机会,兔奶奶的出现首尾呼应,把游戏推向高潮,同时保证了游戏的完整性:随歌声走队形—点放炮仗—炮仗爆炸—纸屑飘散—造型定位—清扫纸屑。

小结:教师向幼儿介绍刚才我们玩的游戏是民间游戏,并对幼儿进行安全教育,带幼儿出活动室玩其他民间游戏。

三、问题与讨论

在艺术情境中,儿童创造力的发生发展的机率较高。我们在教育教学活动中积极为幼儿构建一个开放的创作平台,努力让幼儿在丰富的艺术环境中获得民间艺术的感知和体验。

(一)如何培养幼儿规则意识与合作创新精神?

活动开始,由情境导入,幼儿做律动进入场地,看好指示牌立即站队形,接着根据学过的歌曲《卷炮仗》引出走新的队形。在"螺旋形"这个词出现前,让幼儿看清楚卷炮仗的过程,再请幼儿上来画螺旋形,进而引出要走的队形,同时将幼儿画好的图形作为图示,让幼儿一目了然地理解这个队形应该围着哪里走,怎么走。炮仗越卷越大,这时幼儿的情绪也高涨起来,螺旋队形出现了拥挤、碰撞和散乱的情形。经过幼儿自我反思、讨论,认为主要原因是在游戏过程中只是把自己作为一个单独的人,而没有意识到这个游戏是需要靠大家的合作来完成的。为此,我们强化规则意识,要求幼儿学会合作,有效解决了问题。同时怎样让创造贯穿于《卷炮仗》音乐活动中?我们不仅在目标的设计上体现了创造理念,而且在教学环节上凸显了创造因素,让幼儿积极创编动作,大胆自主游戏,教师激励、赞赏、接纳每个幼儿的创造性表现,并给予鼓励,同时引导幼儿欣赏同伴,做好师幼之间、幼幼之间的赏识评价,启发幼儿相互间进行协商与交流,增强幼儿的合作意识,培养良好个性。

(二)如何利用民间艺术情境有效突破重难点?

本次活动的重点是在游戏中进一步感受了音乐的旋律美,能根据歌词内容、音乐旋律的变化创编动作,而本次活动的难点又是学走螺旋形。如果重点和难点的关系处理得不好的话,很容易本末倒置,即淡化了重点,过分着力于难点。教师设计这一教育活动方案时,就这个问题反复进行了思考,并明确了活动思路,即始终以幼儿的艺术感受、欣赏和个性化艺术表现力为主线。在教学过程中,通过创设生动的情境让幼儿感受音乐的旋律和节奏,形成强烈而浓郁的音乐审美动力和审美渴望以及表达音乐情趣的能力,让幼儿在游戏中学习,在情境中学习,主动去感受美、体验美和表现美,进而激发儿童的创造潜能。而难点的化解则更巧妙:(1)幼儿学画螺旋形;(2)让幼儿知道要自始至终跟着自己前面的小朋友走,不能跟错目标;(3)通过大鼓的使用帮助幼儿找准节奏,用鼓点来协调孩子的步伐;(4)教师借助影像及时调整孩子的动作,这样难点轻松化解。

四、诠释与研究

黑格尔说过:"美是人类最早的老师。"情境教育正是通过引导学生观察美、欣赏美、创造美,激发他们对生活的激情和感悟,提高他们的观察能力、思维能力和表现能力,以培养学生的整体素质。艺术情境教育是从幼儿的兴趣、需要和愿望出发,引导幼儿在情境活动中主动发展,培养了美好的艺术情操。《卷炮仗》音乐教学活动的组织是建立在遵循幼儿身心发展规律的基础上,既符合儿童已有的生活经验,又具有一定的挑战性。适度范围内的挑战激发幼儿探索的欲望和内部动机,促进幼儿创造力的发展。

(一)创设生活化的艺术游戏情境,让儿童获得快乐的审美体验

在生动形象的教学情境中,教师充分发挥自身的感染力,并调动幼儿运用多种感官主动参与学习,让幼儿置身于这一心理场中,产生一种驱动力,主动投入学习活动之中。放炮仗与其生活经验相互联系,能引起幼儿创造性思维的艺术情境活动,教师为幼儿创设了生活化的艺术情境,激发幼儿玩音乐游戏的兴趣。设置了兔奶奶过生日场景,由幼儿(扮小动物)做客导入,创设了放炮仗的生活场景,为幼儿感知螺旋形提供了鲜明形象,并巧妙化解难点——学习走螺旋形。活动中活泼欢快的音乐,再配上教师优美的语言,将幼儿一下子带入情境之中,幼儿在"美、智、趣"的音乐游戏情境中积极大胆地创造表现。最后幼儿走出的螺旋形和各小组造型的照片,大家观看欣赏,教师给予热情激励,使幼儿体验到成功的快乐。

(二)关注与各领域的有机整合,体现艺术情境教育的综合性

在音乐活动《卷炮仗》中,我们充分考虑幼儿的学习特点和认知规律,以音乐领域为主,并与健康(看牌子变换队形)、数学(大圆形、小圆形、三角形、正方形、螺旋形)、语言(看看说说表达自己的创意)、科学(了解螺旋线的主要特征)、美术(画螺旋形)、社会(一个跟着一个合作走螺旋形,两个人一组或三个人一组摆不同造型)等领域有机渗透、相互融合,从而使音乐游戏"卷炮仗"玩得更加丰富精彩。整个音乐活动注重综合性、趣味性和活动性,体现了目标、内容和方法的整合。

(三)注重儿童自主表现美,促进创造性思维发展

教师的作用是让儿童主导活动,鼓励他们的好奇心、注意力以及建构行为以促进新的发展水平的达成。在瑞吉欧课程模式中,教师的作用是运用大量的问

题解决情境帮助儿童建构自己的学习[1]。在"卷炮仗"音乐游戏中,教师给予幼儿的是更为充分的艺术想象创造的空间和机会。活动中,首先启发幼儿探索理解螺旋形,然后在老师的引导下,随着音乐走队形。通过大鼓的使用帮助幼儿找准节奏,用鼓点协调幼儿的步伐,同时通过摄像让幼儿看到自己存在的问题,并立即进行调整,尝试以后再将大鼓与标记都拿走,幼儿随着音乐很快地走成了螺旋形,这时进一步提高难度,启发幼儿根据歌词、音乐的变化创编动作,重点放在造型上面,鼓励幼儿创造出更多更好看的造型,表现出炮仗爆炸后纸屑四处飘洒、落地后的动作,体验创造过程的快乐,激发再创造的热情,促进幼儿的自主发展。

作者:周　云　褚伟伟

第十节　"舞者"的精彩创意
——以大班美术活动《舞者》为例

一、主题背景

艺术是儿童早期课程中不可或缺的一部分,是儿童最喜欢的科目之一。它既是运用符号和工具传达思想的过程,也是儿童表达认识的语言。在艺术创作中,儿童有大量机会寻找新的调整,做出有意义的选择,以自己的步调工作并处理细节,获得自豪感和满足感。

美术活动作为艺术活动的一部分,是一种视觉艺术,是手、眼和脑共同参与的活动。幼儿园美术教学活动要求教师要运用积极、有效的语言,培养幼儿对于美术活动的兴趣,激发幼儿的想象力和创造力,从而使他们善于感受美、表现美和创造美。

《舞者》是法国野兽派艺术大师马蒂斯的剪纸作品。舞者形象简约却大胆夸张,色彩单一但却鲜艳,对比度强,给人们带来强烈的视觉冲击和心灵感应。对于幼儿园大班的孩子来说,强烈的视觉冲击会吸引他们的眼球,而画面形象的单薄,缺少丰富的形象和细节,会让孩子们的欣赏一蹴而就。

如何让幼儿对世界闻名的艺术作品产生持久兴趣,并因此产生创作欲望,我思考了好久。《3—6岁儿童学习与发展指南》指出,每个幼儿的心里都有一颗美

---

[1] [美]Rebecca,T.Isbell,[美]Shirley,C.Raines.幼儿创造力与艺术教育[M].王工斌,杨彦捷,王景璐,等译.北京:北京师范大学出版社,2012:182-183.

的种子。教师要充分创造条件,萌发幼儿对美的感受和体验,丰富其想象力和创造力,引导幼儿学会用心灵去感受和发现美,用自己的方式去表现美和创造美。为此,我决定让幼儿来当回"舞者",让他们在舞动中对作品产生心灵的震动,加深对作品的认识和感悟,从而对创作有了更为自主的设计和创意。

二、情境与描述

(一)活动目标

1. 欣赏马蒂斯作品《舞者》,感受其表现手法和作品意境。
2. 自主创编舞者的多种姿态,体验舞者的激烈和欢愉。
3. 大胆创作剪贴画《舞者》,发展艺术创造力。

(二)活动准备

1. 一段动感音乐。
2. 马蒂斯作品《舞者》PPT。
3. 各色卡纸,爱心,双面胶,剪刀。
4. 强光手电筒。

(三)活动过程

1. 师生共舞,体验"舞者"

师:宝贝们,多么漂亮的舞台啊!听,还有动感的音乐,让我们一起随着音乐HIGH起来吧。

师:宝贝们,边跳边看屏幕上有什么?(看影子并请个别小朋友摆造型)

幼:有影子。(音乐停止)

师:跳完舞你有什么感觉?现在你的心跳怎么样?

幼:心跳得很厉害,嘭通嘭通响。

师:宝贝们坐下来,互相听一听、摸一摸心跳。

环节评析:富有创造性的教室环境特征——氛围、空间和时间,是儿童创造过程的重要基础[1]。氛围是指儿童从环境中体会到的情感和学习的感觉,儿童在多大程度能成为卓有成效和全心投入的思想者和学习者,氛围起着重要的作用。动感的音乐、绚丽的灯光、师幼蹦跳有型的身影,这样的活动开篇使孩子们动了起来,玩了起来,孩子们参与活动的积极性在其灿烂的笑脸中袒露无遗。之后,音乐戛然而止,灯光悄悄隐去,师生静静地坐下,你摸摸我的心脏,我听听你

---

[1] [美]John Packer Isenberg,[美]Marry Renck Jalongo.创造性思维和基于艺术的学习(第5版)[M].叶平枝,杨宁,译.北京:高等教育出版社,2012:234.

的心跳,瞬间孩子们从一个欢乐的舞者,变成了一个安静的探索者,探索着属于舞者的心跳,激烈而愉悦,从而为孩子们后面欣赏名画这一环节打开了一条无形通道。

2．欣赏名画,理解作品

师:(播放作品课件)画上有什么?你觉得他和我们有什么不一样?

幼:看不到鼻子和嘴巴。

幼:怎么是黑色的?

幼:像是在跳舞。

师:对,是一个跳舞的人的剪影。

师:他的四肢是什么样的?谁来学一学?

幼:腿跷起来了,手在舞动。

师:红色的是什么?

幼:像是跳舞的人心脏。

师:还看到什么?

幼:闪烁的星星。

师:刚才我们看到的这幅画就是法国名画家马蒂斯的作品《舞者》,这是一幅剪贴画,画家先剪了一个舞者的影子,然后贴在了蓝色背景上,最后贴上了一些装饰,一幅漂亮的画就这样完成了。

环节评析:马蒂斯的《舞者》形象简约,色彩单一,欣赏时难免会枯燥。但是有了活动开场时的舞动做铺垫,孩子们似乎很感兴趣,对画面很快就有了比较贴切的理解和感受,孩子们把之前的经验一下子运用到了对名画的欣赏上。有孩子争着说道:"这就是我们刚才跳舞时候的影子。"当问到:"舞者身上的红色会是什么?"孩子们马上就回答道:"那是他的心脏,跳得可厉害啦……"至此,画面想要传达的信息一瞬间就被孩子们所接受和认同。正因有了这份认同,孩子们对《舞者》也更喜爱了,在后续介绍这幅作品时,孩子们特别认真和投入。

3．集体讨论,分组创作

师:那今天我们也来做一幅舞者的剪贴画吧。老师给你们准备的是一张大卡纸,怎么做剪贴画呢?

幼:可以合作的。

师:怎么合作呢?

幼:把纸贴在身上,让别人画。

幼:躺在纸上让别人画,然后再一起剪。

幼:把纸贴到墙壁上,人站在那里,然后画下来。

师:你们的方法都行,那就4人一小组,开始创作剪贴画吧,看看哪组的剪贴画舞者造型最特别。

环节评析:经过了集体舞蹈、精心赏析,幼儿对世界名剪贴画《舞者》的喜爱和认识不断加深。当老师提出,我们也来创作一幅《舞者》的剪贴画时,孩子们的兴奋不言而喻,对自主创作蠢蠢欲动。

教师应该如何促进幼儿的创造性?提供有挑战性、有刺激性的学习材料,营造一个运行有多重解决方案的课堂氛围;让孩子和自己挑选的同伴一起参加合作项目。[1] 这次创作教师没有将创作方法直接呈现给幼儿,而是呈现一张大大的彩色卡纸。如何做剪贴画?当画纸呈现的时候,疑问自然而然地产生于幼儿的头脑。教师把选择权交给了孩子们。在热烈讨论中,小组合作的方法产生。小组如何合作作画,教师也没有直白说教。通过一个个问题,让幼儿自主发现,逐步明晰合作要点。在此基础上,教师再进行适度的归纳总结,提出要点。这样有了自己的思考,再加上老师的归纳,孩子们对创作作方法就有了比较深刻的认识,整个制作过程井然有序,活泼自主。老师的一句"看看哪组舞者造型最特别",又鼓励孩子们在舞姿造型上有了更多研究,一个个细节变化在创作中涌现。

4.展示作品,与影共舞

师:看,小朋友们合作的剪贴画《舞者》已经完成啦,让我们一起欣赏一下,看看他们的造型是什么样的,我们一起学学他们的动作,带着快乐心情再来当回舞者。

环节评析:孩子们通过分工合作创作出来的作品具有特别强的视觉冲击力。作品一展示到墙面上,便听得孩子们一片惊叹声,一个个不由自主地在作品前走来走去,欣赏了这幅再去看看那幅,还跟着墙壁上的作品摆出动作造型,那份成功后的满足感溢于言表。就在孩子们满心欢喜、心情雀跃之际,音乐乍起,灯光又来,正应了孩子们那颗跃动的心,于是一场"舞者"的盛演将活动再次推向高潮,"舞者"的精彩创意不断呈现。

三、问题与思考

(一) 如何创设美术情境,让孩子走入美术情境?

《舞者》中黑色夸张的身影、红色悸动的心物,蓝色安宁的夜色、金色灿烂的灯芯,生动地传达了美丽的夜晚,灯光下,舞者的欢畅淋漓和激烈跃动。怎样才

---

[1] [美]John Packer Isenberg,[美]Marry Renck Jalongo.创造性思维和基于艺术的学习(第5版)[M].叶平枝,杨宁,译.北京:高等教育出版社,2012:20.

能让孩子走进画面、感受画面的这份意境呢？是利用相对传统地静静地听，耐心地赏的方式？这种方式存在的问题是：这幅画面的内容不够丰富，细节不够多，不足以吸引孩子静静地欣赏。利用多媒体技术将画面制作成动画效果进行欣赏？存在的问题是制作动画效果多多少少会破坏名画本身带给人的无限遐想。

"色彩好比琴键，眼睛好比音槌，心灵仿佛是绷满弦的钢琴，使人的精神产生各种波澜和反响。[1]"儿童发起的经验为他们的创造性表达和建立心理自由或自我力量的内在感提供了可靠机会。当教师为儿童提供可以轻松体验、为学习新东西敢于冒险的课堂环境时，心理安全的条件也就满足了，幼儿也就会宽心地去体验、表达和创造了。于是，赏《舞者》不如让孩子们真真实实地做一回舞者，身体力行地去感受。于是，活动中，笔者准备了动感的音乐、恍白的聚光灯，将活动周遭布置得如黑夜般宁静。音乐、灯光渲染的舞池情境让孩子们在音乐声中欢快的舞动着。也许动作有些随意，也许舞姿不够优美，但是孩子们投入了，疯狂了，争相欣赏着自己在灯光下蹦跳张扬的影子，那份酣畅体味犹尽。此时笔者让孩子们摸一摸、听一听彼此的心跳，孩子们雀跃了，有的大喊："老师，我的心跳怎么那么快。"有的不禁互问："我的心好像都要跳出来了，你呢？"静静地坐下，打开马蒂斯的《舞者》，教师还没开口，孩子们便纷纷议论了起来："这好像是我们刚才跳舞时候的影子""那颗是红色的心脏，一定也要跳出来了""好像也是晚上呢"……孩子们时而窃窃私语，时而高举小手发表自己的想法，教师聆听着，不住地点头微笑。此时此刻，教师没有启发，也没有诱导，孩子们在亲身体验之后，对作品有了较为深刻的认识和体会。当孩子们逐渐回归平静的时候，教师对作品进行了简单介绍，介绍了作品的作者以及他所要表达的情感，那时那刻，孩子们是安静的，安静得可以感受到他们对作品产生的那份共鸣。于是，创造性在与他人以及环境的相互作用中澎涌而出。

（二）在美术情境中，如何引导幼儿自主创作？

马蒂斯的《舞者》是一副剪贴画，那么，如何让孩子进行剪贴创作呢？如何在活动中发挥孩子的创造力呢？我陷入了沉思……新《纲要》提出，用自己喜欢的方式进行艺术表现，鼓励幼儿用艺术形式表达自己的情感、理解和想象。因此，教师的责任应该是不断开拓幼儿的思路，使他们的思维越来越活跃。启发引导式教学让幼儿打破时间、空间限制，进行分解组合、再造想象。于是在欣赏作品之后，教师将卡纸和剪刀等操作工具呈现在孩子们的面前："接下来，请小朋友们

---

[1] [俄]康定斯基.论艺术的精神[M].查立,译.北京:中国社会科学出版社,1987:18.

也来学一学马蒂斯,创作一幅《舞者》。"孩子们一听,马上面露喜色,静静地抬头望向老师,似乎等待着我像以往的美术活动一样示范和讲解具体的操作方法。老师避开了孩子们期待的眼神,而是不断抛出"怎么办"的问题,让幼儿寻求答案。在此过程中,幼儿的办法有可行性,也有不合理性,而老师认真对待幼儿的问题,并宽容对待他们合理的或大胆的错误,坚持鼓励,并接受建设性、不墨守成规的方法。在这样的民主氛围中,孩子们开始积极地思考和应答,提出了许多操作方法:有的主张用笔在纸上画出一个舞者的形象剪下来;有的主张邀请模特在纸上摆出造型,勾画出形象剪下来;有的甚至提出可不可以把纸按在模特身上折出折痕,然后沿折痕剪下来……对于这些操作方法,我又邀请孩子们讨论了其可行性和操作难度,最后在大家商讨下,确定了本次创作的主要操作要点。

当老师把话语权给了幼儿,给孩子们提供更为自由的创作机会时,孩子们都积极地表达着自己的创作设计和理想。也许有些孩子的创作想法过于超现实,也许有些孩子还未能有机会在集体面前表达自己的创作思路,但是,有了这样一个机会,一个自主思考创作的机会,他就一定有收获。

操作时,孩子们自由分组、分工,在开阔的空间里或站、或蹲、或趴,在活泼自主的氛围中或细语交流,或喜笑颜开,或凝重细致,是那般的惬意亦是那般的投入。各组的作品很快就完成了,一经展示,便引来一片赞叹声,孩子们彼此欣赏着,兴奋交流着,也不由自主地模仿着画面上的舞者动作,那份成功后的满足溢于言表。

就在孩子们满心欢喜、心情雀跃之际,音乐乍起,灯光又来,"舞者"们手舞足蹈,边舞边看着墙上的投影,不时地变换着姿势,手腕变动下、腿部夸张下、头垂到肩膀下……"舞者"的创意诠释在持久继续着。

四、诠释与研究

本次美术活动,孩子们非常投入,创作富有激情,最后作品的呈现让大家惊艳。我想这些得益于以下两方面。

1. 营造有利于创造力发展的美术情境

环境是指创造者自身以外的一切因素,良好的环境有利于幼儿的创造活动和创造力的开发。本次活动将生活中的舞池搬到了课堂,灯光和音乐让孩子们躬行体验,在此情此景中,孩子们如大师作品中的舞者,跳得酣畅淋漓,深刻感悟了作品的寓意,同时激发了孩子们的创作激情。

2. 实施有利于创造性的指导方法

本次活动一开始,将舞蹈融入美术活动中,激发孩子们的探究热情和强烈的求知欲,并很快将幼儿的注意力集中到活动中来。在指导孩子操作时,教师一改陈旧的老师完全示范的美术教学模式,而是尊重和接纳每位幼儿的观点和设想,对幼儿提出的创作方案点重点、拨疑难,从而使孩子更富有创造勇气。当孩子们的作品完成时,孩子们满心欢喜,心情雀跃,此时音乐乍起,灯光又来,正应了孩子们那颗跃动的心,于是一场"舞者"的盛演将活动再次推向高潮。

作者:高　瞻

第十章
学前情境教育促进儿童创造性思维发展的实验研究

实验研究是基于科学范式进行的教育研究,对推进学前教育研究的科学化进程具有重要影响,近年来引起一些学者的关注,在科学、艺术、游戏和创造潜能开发等领域取得了备受瞩目的实验成果[1][2][3][4][5]。国家社会科学基金教育学一般课题"情境教育与儿童创造力发展的实验与研究"分小学和学前两个层次分别进行实验,旨在通过实证研究,探讨情境教育对儿童创造力发展的影响。其中,学前实验课题包括"幼儿园情境课程促进幼儿创造力的实验研究"(南通师范学校第二附属小学幼儿园承担)、"民间艺术情境课程促进幼儿创造性思维发展的实验研究"(南通市实验幼儿园承担)、"美术情境教育促进幼儿创造性思维发展的实验研究"(南通市通州区通州幼儿园承担)、"语言情境教育促进幼儿创造性思维发展的实验研究"(如皋市东皋幼儿园承担)、"情境绘本阅读促进幼儿创造性思维发展的实验研究"(南通市通州区通州幼儿园承担)。实验研究为期四年,分两期完成,江苏情境教育研究所、南通大学创造教育研究所、南通市教育科学研究院的相关专家全程担任组织协调和理论指导工作。这里刊发实验研究的总报告和四个分报告。

---

[1] 林寒.在自由玩耍中培养幼儿创造性思维的实验研究[J].学前教育研究,2005(11):19-21.
[2] 田学岭.基于脑的幼儿创造潜能开发训练实验研究[J].学前教育研究,2006(2):31-34.
[3] 王瑞明,陈红敏,佟秀丽,等.用微观发生法培养幼儿科学创造力的实验研究[J].学前教育研究,2007(7/8):41-45.
[4] 黄海涛.科学与艺术整合教育中幼儿创造力培养的实验研究[J].当代教育科学,2007(16):38-41.
[5] 韩琴,董丽媛.奖赏方式对3—6岁幼儿创造性图形想象能力发展的影响研究[J].教育探索,2014(2):126-128.

第一节　学前情境教育促进儿童创造性思维发展的实验研究（总报告）[1]

学前情境教育扎根于李吉林情境教育思想，是通过师幼共同建构的优化情境，激发儿童积极的学习情绪，引导儿童全面协调发展的一种教育模式。学前情境教育促进儿童创造性思维发展实验遵循顺应教育、整合教育、解放教育和共情教育原理，着力建构感受情境、游戏情境、审美情境、问题情境以及理蕴情境，推进儿童"玩中学""做中学""疑中学""乐中学""美中学"。实验结果显示，无论是儿童创造性思维总分，还是每个维度得分，均有显著提升，证明学前情境教育可以有效促进儿童创造性思维发展。

一、问题提出

党的十八大以来，随着国家创新体系的加快建设和创新驱动发展战略的全面实施，自主创新能力不断提升，"我国科技创新由跟跑为主转向更多领域并跑、领跑，成为全球瞩目的创新创业热土[2]。"人才是创新的核心要素，是创新驱动根本之所在。人脑发育建构的"窗口理论"启示我们，3—6岁是创造力发展的最快时期，儿童的年龄越小，打开的窗口就越多，创造力提升的机会越大。因而，创新人才培养必须从娃娃抓起。

情境教育是运用优化的情境，开发情境课程，实施情境教学，激发儿童快乐高效的情境学习，全面提高儿童素质的一种小学教育范式。李吉林十分关注创新人才早期培养，认为："每个大脑发育正常的孩子都孕育着创造力，如同一粒沉睡在土壤中的等待萌发、急切盼望破土而出的种子[3]。"情境教育"以发展思维为核心，着眼创造性"，将儿童创新教育作为情境教育的"高境界"，聚焦儿童的创新精神，培养儿童的创新思维，重视儿童的创新实践，对我国基础教育改革产生了深远影响。原国家教委副主任柳斌充分肯定"情境教育是在中国的大地上土

---

[1] 本节系国家社会科学基金教育学一般课题"情境教育与儿童创造力发展的实验与研究"（批准号：BHA120051）的研究成果。主持人：王灿明；课题组主要成员：王柳生、陈爱萍、张宏云、张艳梅、周云、尤冬梅、蒋秀云、练宝珍、马娟、孙琪等。

[2] 李克强.政府工作报告[N].人民日报,2018-3-6(2).

[3] 李吉林.教育的灵魂：培养学生的创新精神（上）[J].人民教育,2001(8):50-53.

生土长发展起来的,是具有中国特色的教育思想流派"[1],同时也提示我们,情境教育是一个开放包容的理论体系,应通过深入研究而不断发展完善。为了贯彻柳斌同志提出的指导意见,在中国教育学会原副会长、情境教育创始人李吉林的亲自策划与具体指导下,我们将情境教育从小学拓展至幼儿园,在国内率先开展学前情境教育促进儿童创造力发展的实验探索。

本研究积极借鉴李吉林情境教育思想,着力探讨学前情境教育促进儿童创造性思维发展的基本原理、心理机制和操作要义,并从情境优化的视角调整幼儿园活动结构进行实验研究,为强化创新人才的早期培养探索可资借鉴的本土经验。

二、理论依据

本研究主要扎根于情境教育思想,注重借鉴创造力研究的"汇合理论"、具身认知理论和神经教育科学,并有机融入实验探索之中。

(一)情境教育理论

由儿童教育家李吉林历经 40 年探索而形成的情境教育,其理论及实践成果得到学术界普遍认同。她积极汲取古典文论"意境说"的精髓,从中提炼出"真、美、情、思"四个核心元素和"认知活动与情感活动相结合"的核心理念,进而归纳"图画再现情境""音乐渲染情境""表演体会情境""生活显示情境""实物演示情境""语言描绘情境"等创设路径,概括情境教育的"暗示倾向原理""情感驱动原理""角色转换原理""心理场整合原理"以及以"美"为境界、以"思"为核心、以"情"为纽带、以"儿童活动"为途径和以"周围世界"为源泉的课堂操作要义,以其鲜明的实践性、本土性与原创性,开创了一条全面提升儿童素质的独特路径。情境教育不仅奠定了坚实的理论基础,而且提供了具体的操作策略,是我们科学设计和优化实验过程的主要依据。

(二)创造力研究的"汇合理论"

长期以来,西方学者对创造力研究往往侧重于某个方面,比如创造性思维、创造性人格或创造技法。随着研究的深入,他们意识到这种研究范式忽视了这些因素之间的联系,也割断情境与创造力发展之间的关系,因而开始从整体上开展创造力研究,形成了代表西方创造力研究最新潮流的"汇合理论"。一是创造性组成成分理论,认为创造性包括"有关领域的技能""有关创造性的技能"和"工作动机"三个成分,不仅关注创造性思维,而且关注创造动机和相关学科的能力,

---

[1] 柳斌.再谈李吉林的"情境教育"[J].人民教育,2009(5):32-33.

尤其强调内部动机对创造的激励作用。[1]二是创造性系统理论,认为创造力系统模型由专业、业内人士和个人等三种因素构成,只有当个人、社会和文化三者互相作用才能产生创造性成果。[2]三是创造力投资理论,认为影响个体创造力实现的不仅包括其内部资源(主要是智力、知识、思维风格、人格、动机),而且包括其外部资源(主要指环境),环境对创造的支持方式有三种:拥护创造思想、宣传创造思想和修正创造思想。四是创造力游乐场理论,认为创造力可分为先决条件、一般主题层面、领域和微领域,其中先决条件如游乐场的门票一般,是创造力的基础,一般包括智力、动机与环境。[3]如果个体不具备这些条件,那么就不可能进行创造。创造力汇合理论突破了传统对创造力的狭隘理解,昭示我们重视创造型环境的研究,是研究情境影响创造力的重要理论依据。

(三)具身认知理论

具身,又称"涉身"或"寓身",是从"embodied"翻译而来,强调身体在人类获取知识过程中的重要作用,身体为人带来的体验、身体的活动方式是认知发生的基础[4]。情境认知理论强调认知是情境性的,知识如若离开了情境则无法在人的大脑与身体中产生交互作用,认知系统可以拓展到包括身体在内的整个环境,同时环境也可以帮助身体储存认知系统[5]。具身认知理论强调了知识与情境的紧密相关,无论是教育实验的开展还是幼儿的教学活动都不应与情境剥离。具身认知理论启示我们,创造是在身体与情境的互动中进行的,实施学前情境教育必须重视儿童的亲身体验。

(四)神经教育科学理论

神经教育科学理论诞生于21世纪初,呈现出强劲的发展势头,对世界各国的教育研究和教育创新发挥了越来越大的作用。它将神经学、教育学和心理学等多门成熟的学科融为一体,认为学习和认知是脑发展的自然机制,而情感是脑

---

[1] [美]艾曼贝尔.创造性社会心理学[M].方展画,文新华,胡文斌,译.上海:上海社会科学院出版社,1987:90.

[2] [美]米哈伊·奇凯岑特米哈伊.创造性发现和发明的心理学[M].夏镇平,译.上海:上海译文出版社,2001:2-3.

[3] Kaufman,J.C., & Baer,J.. The Amusement park theoretical (APT) model of creativity[J].The Korean Journal of Thinking & Problem Solving,2004(2):15-25.

[4] 叶浩生.具身认知:认知心理学的新取向[J].心理科学进展,2010(5):705-710.

[5] Wilson,M. Six views of embodied cognition[J]. Psychological Bulletin and Review,2002(4):625-636.

有效活动的必要因素[1]。神经教育科学理论从学科融合的角度论证情感与创造力发展的必然性,创设良好的情感背景与情绪相连接,有助于激发学生的创造潜能和创造性思维。

三、实验设计

本实验采用等组前后测实验设计,其理论假设是:如果在幼儿园进行学前情境教育的实验干预,可以有效地促进儿童创造性思维的发展,包括流畅性、精致性、沉思性、独创性和标题抽象性。为优化实验过程,同时进行了44个案例研究。

(一)实验对象

为了提高研究的可推广性,我们遴选3所幼儿园作为实验基地,其中1所为城区幼儿园,早在20年前就开展了情境教育探索;1所为郊区幼儿园,10年前开始实施情境教育探索;1所为农村幼儿园,从未进行过情境教育探索。在每所幼儿园的小班和中班各选2个自然班作为实验班与对照班,两班幼儿的人数、性别、年龄和家庭环境大抵相称。前后测共发出测验问卷1000份,回收有效问卷946份,有效率是94.60%。其中包括实验班8个,有效问卷247套;对照班8个,有效问卷226套(见表10-1)。以"盲法原则"建立保密制度,对实验班儿童进行单盲控制,对对照班师生进行双盲控制,以维护正常的教学秩序,避免实验效应的副作用。

表 10 - 1 实验组与对照组儿童基本情况($n=473$)

类别		实验组		对照组	
		人数	%	人数	%
性别	男	133	53.85	106	46.90
	女	114	46.15	120	53.10
班级	小班	130	52.63	123	54.42
	中班	117	47.37	103	45.58
幼儿园	城区	64	25.91	56	24.78
	郊区	98	39.68	81	35.84
	农村	85	34.41	89	39.38
	合计	247	100.00	226	100.00

---

[1] 张定璋.神经教育学与脑本位教育动向[J].教育研究,2008(10):59-62.

(二) 实验变量

1. 自变量

本实验以学前情境教育为自变量。学前情境教育扎根于李吉林情境教育思想,是通过师幼共同建构的优化情境,激发儿童积极的学习情绪,引导儿童全面协调发展的一种教育模式。它遵循着顺应教育、整合教育及共情教育原理,并将"玩中学""做中学""疑中学""乐中学""美中学"作为操作要义。表面上看,学前教育具备较强的情境性,有人认为"所有的幼儿教育活动都是情境教育"。这种认识似乎合乎事实,其实并不合理,就像会烧菜的母亲未必是厨师、会拍照的朋友未必为摄影师一样。学前情境教育有其基本原理与操作要义,如果不能深刻理解和系统掌握这些原理与要义,就很难实施真正的情境教育,必须防止"学前情境教育"概念的泛化和滥用。

2. 因变量

本实验的因变量是儿童的创造性思维。"创造性思维是根据一定目的,运用一切已知信息,产生出某种新颖、独特、有社会价值产品的能力品质[1]。"本研究采用"托兰斯创造性思维图画测验"测定学前儿童的创造性思维,包含流畅性、精致性、沉思性、独创性和标题抽象性五个维度,求得总分和每个维度得分,分数越大,表明创造性思维越强。

3. 控制变量

本实验采用准实验设计,实验班实施学前情境教育干预,而对照班沿用常规的教育方法。在保证正常教学的条件下,采取一定控制措施:研究者在实验班与对照班的教师配备上,保持其性别、年龄、学历以及职称大体相同;所有实验教师均依据《实验方案》和《实验手册》开展教育实验。

(三) 测量工具

"托兰斯创造性思维图画测验"由美国学者托兰斯(E.P.Torrance)编制、中国学者叶仁敏等修订,包括图画构造测验、未完成图画测验和平行线测验。其中,图画构造测验提供椭圆形的彩色纸片和空白纸各一张,要求幼儿将彩色纸片贴在空白纸上,然后用事先准备的纸片展开想象,画出一幅主题画;未完成图画测验提供一些不规则线条,要求幼儿以线条为起点,画出简单物体;平行线测验提供多组成对的短平行线,要求幼儿利用平行线画出不同图画。

评分主要依据《评价手册》进行。其中对流畅性的评价是完全客观的,而其他四个维度的评价具有一定主观性,研究者改用"三角验证法":首先将评分者分为3组(每组3人),接受培训,共同研读、讨论评分手册,加深对评分规则的理

---

[1] 林崇德.创造型人才特征与教育模式再构[J].中国教育学刊,2010(6):1-4.

解;其次进行预评,由 3 人共同评定 20 份前测问卷,再讨论评分异同点,提出减少差异的措施,提高评价结果的一致性;最后为独立评分,以 3 人的评分均值作为最终结果。统计分析显示,该测验的 Cronbach's α 系数为 0.74;五个维度的相关系数是 0.21~0.42,均达到非常显著差异,且小于各维度与总分的相关系数 0.51~0.81(见表 10-2)。这就证明"三角验证法"有效提高了评价结果的信效度。

表 10-2 创造性思维问卷各维度相关分析

	流畅性	精致性	独创性	沉思性	标题抽象性	创造性思维	总分
流畅性	1						
精致性	0.21**	1					
独创性	0.29**	0.40**	1				
沉思性	0.28**	0.42**	0.37**	1			
标题抽象性	0.17**	0.25**	0.25**	0.31**	1		
创造性思维总分	0.81**	0.52**	0.65**	0.63**	0.51**		1

注:*:$p<0.05$,**:$p<0.01$,***:$p<0.001$,下同。

(四)统计分析

本研究采用 SPSS18.0 进行统计分析。

四、实验过程

本研究从 2013 年 5 月开始,2017 年 5 月结束,包括目标确定、实验准备、实验设计、实验操作和总结评价五个阶段,其中实验操作时间为两年(见图 10-1)。

图 10-1 实验流程

实验操作的基本原理、情境类型和操作要义如下。

(一)基本原理

实验操作主要遵循顺应教育、整合教育和共情教育原理。

1. 顺应教育原理

现代儿童观强调"尊重儿童的自然天性",顺应教育就是顺应幼儿的创造天性,通过创设优化的情境,使之在优美生动的情境活动中得到充分释放。一要顺应幼儿会玩的天性,创设丰富多彩的游戏情境,开展创造性游戏活动;二要顺应幼儿好奇的天性,鼓励他们自主探究,开展形式多样的科学探究和野外活动;三要顺应幼儿爱美的天性,链接生活、文学和艺术,开展丰富多彩的审美活动。贯彻顺应教育原理,教师不应成为幼儿天性的禁锢者和抹杀者,而应成为幼儿天性的发现者和解放者。

2. 整合教育原理

西方国家的艺术教育主要承担着幼儿创造力的培养任务,我国《幼儿园教育指导纲要》也一再强调基于艺术的创造性活动。近年来,已有学者意识到整合教育的重要价值,开展了科学与艺术整合的实验研究并取得了良好成效。事实上,不同领域的内容结构和呈现方式有很大差异,应将创造力培养从有限的一两个领域扩展到所有领域,实现学前情境教育领域"全覆盖":一是并联式,即艺术、科学、语言、社会和健康情境教育同步进行,携手共育幼儿创造力;二是串联式,即围绕某一主题开展学前情境主题性大单元活动,淡化原有领域的边界,整合五大领域教育资源;三是混联式,即在五大领域同步培养幼儿创造力的同时,根据主题教育需要开展情境主题性大单元活动,兼取"并联式"与"串联式"之长。基于园本特色和师资条件,实验基地灵活选用不同的整合方式。

3. 共情教育原理

幼儿处于情感敏感期,容易接受情感暗示,引发情感共鸣。共情教育就是通过角色扮演所建构的情境,引起幼儿的情感共享、观点采择与行为反应。一是角色体验激发。顺应幼儿的情感渴求,组织幼儿扮演童话角色、现实生活角色,理解不同角色在不同情境中的思想情感。二是共情体验换位。引导幼儿将已有情感体验迁移到相应活动情境中,按照角色身份去思维,按照角色期待去行动,从而产生移情效应。三是共情活动分享。通过角色表演去体验和理解他人感受,共同分享幼儿的共情体验。

(二) 情境建构

情境是情境教育的基因。李吉林从古典文论"意境说"中得到启示,创造性地提出情境的本质特征是"情景交融,境界至上",认为情境是"人为优化的、促使儿童能动地活动于其中的环境,是教育中创设的一种主客体间相互作用的动态场域,更强调主观的'情'与客观的'境'的交融统一"[1]。在她看来,情境蕴含着教育意蕴,是充满美感与智慧的、符合儿童发展特点的生活空间。秉持这种思

---

[1] 李吉林.中国式儿童情境学习范式的建构[J].教育研究,2017(3):91-102.

想,本研究着力建构以下情境。

1. 感受情境

感受性是感官对刺激的觉察能力,相同刺激物的持续影响、不同分析器的相互作用、客观环境的细微改变都可能引起感受性的变化。感受情境就是运用多种方式激活幼儿的眼、耳、鼻、舌、身等多种感官参与,产生真切刺激的情境。感受情境可以是真实再现的情境,如带幼儿走进大自然,欣赏春暖花开的秀丽美景,让幼儿在亲身体验中感知世界;也可以是仿真虚拟的情境,如通过数字化技术再现科学探究过程,创编绘本故事,辅以背景音乐、声音解说等场景,引起幼儿的探究兴趣和表现欲望,鼓舞他们尝试新体验,接受新挑战。

2. 游戏情境

通过游戏建构生动有趣的情境,可以促进幼儿的自由想象和创造。然而,并非所有游戏都能开发幼儿的创造力,必须有针对性地建构有效情境:一是通过扮演现实或文学作品中的角色,创设角色游戏情境,让幼儿体味纯洁的感情和幸福的童年;二是通过积木、拼图、塑料管创设结构性游戏情境,幼儿自由操作,自主解决问题;三是把竹竿当马骑,将积木变成宇宙飞船,通过象征性游戏情境模拟现实乃至未来生活,为幼儿的梦想插上翅膀。

3. 审美情境

审美情境是基于幼儿的审美能力和审美特征而建构的情境,旨在引导幼儿对美好事物进行敏锐的观察和真切的体验,培养审美情趣,塑造创造性人格。审美情境的创设方式包括:一是在大自然中体察美,储存感知原型,萌发发明灵感;二是在艺术作品中体味美,在艺术作品生动的线条、色彩、构图、旋律、节奏中把握美的规律,贮存创造表象;三是在生活中体验美,走入家庭,走入社区,感受真实的风土人情,抒发美好感情。

4. 问题情境

问题情境是基于问题解决而建构的情境。从问题发现渠道看,可将问题分为科学问题和真实问题,真实问题源自幼儿生活,有助于激发他们的创造志趣;从问题提出主体看,可将问题分为展示型问题和发现型问题,发现型问题是由幼儿自己提出的,能引导他们走上创造之路;从问题呈现形式看,可将问题分为结构良好问题与结构不良问题,结构不良问题没有标准答案,有助于调动幼儿的发散思维。为此,实验教师注重建构真实问题、发现型问题和结构不良的问题。

5. 理蕴情境

理蕴情境要求建构蕴含理念的情境,引导幼儿透过现象发现本质。情境教育不是枯燥空洞的说教,而应该"融理于境,入境动情"。情境中所蕴含的"理"既包括兼容辩证的哲理,如在认识不同形态的"水"中渗透"世间万物都在变化"的哲理;还包括入境动情的情理,如在"我为小伙伴点餐""救助流浪小动物"等活动中为行动不便的儿童拿餐点,为流浪小动物搭建温暖小窝,有助于幼儿体验"人间处处有真情"。

（三）操作要义

本实验汲取国内外创新人才早期培养的成功经验,顺应幼儿心理发展的年龄特征,成功建构了基于创造性思维发展的学前情境教育操作要义。

1. 以儿童游戏为导向,玩中学

针对幼儿教育越演越烈的"知识导向",学前情境教育将"以儿童游戏为导向,玩中学"作为第一要义,使游戏成为创造力发展的催化剂。实验教师着眼于幼儿爱玩、好动的天性,在教学活动中优化角色游戏、结构性游戏和象征性游戏,在创造性游戏中唤醒创造潜能,激发创造乐趣。

2. 以活动探究为核心,做中学

幼儿的创造性思维是在问题解决过程中表现出来的,离开了活动探究,就不可能有幼儿对问题的发现、分析和解决。这里有对真实生活的活动探究,如通过拔萝卜的田园体验,探究萝卜的颜色、形状和味道,通过动手制作萝卜丝饼,探究问题解决的方法;也有对科学活动的操作探究,如搜集"桥"的资料,实地调查家乡的桥的形状、长度和结构,并通过模拟搭桥,探究桥面和承受力的关系。

3. 以问题解决为主线,疑中学

一个完整的创造过程分成准备、酝酿、豁朗和验证四个阶段,实验教师在准备阶段注重创设生活情境,感受生活体验与书本知识之间的矛盾,引导幼儿发现问题;在酝酿阶段强调创设结构情境,通过问题的分解与提炼,催化创造灵感;在豁朗阶段着力创设启发情境,通过温故知新与点拨思路,促使幼儿"开其意,达其辞";在验证阶段重视创设延展情境,引导幼儿通过解决实际问题,从而达到触类旁通的目的。将问题情境贯穿于幼儿的创造过程,有助于建立学前情境教育与创造教育的耦合机制。

4. 以激发情感为动因,乐中学

学前情境教育强调情感与认知的相互作用和协调发展,一是"以爱动情",以宽容、尊重和期待去营造充满人文关怀的情境,使幼儿产生安全感与价值感;二是"以真生情",以真实的生活、真实的活动和真实的自然去创设真实的情境,促进幼儿解决真问题,滋养真趣味,掌握真本领;三是"以美怡情",建构绘画、音乐、动画、戏剧、影视等多种形式的艺术情境,在耳濡目染中陶冶情操,滋养幼儿的创造性人格。

5. 以提升境界为旨归，美中学

有学者提出，工具理性的扩张让我们的生活丧失了意义，真正的创造是"对美好生活的追寻"[1]。审美愉悦可让幼儿插上想象的翅膀，使潜在的创新种子萌动、发芽。一是遵循美的规律，精选美的原型，让幼儿学会发现美；二是传授臻美技法，把握审美要领，让幼儿学会欣赏美；三是开展探美活动，点亮创造梦想，让幼儿学会创造美。通过以上操作，增强幼儿发现美的眼光、欣赏美的意识和创造美的能力，有效提升情境学习的境界。

总之，学前情境教育影响儿童创造性思维发展的实验操作体系更多地考虑到学前教育内容、方法和教育对象的特点，合理借鉴李吉林情境教育思想，具有鲜明的时代性，并通过实验验证而得到不断完善。

五、实验结果

（一）不同年龄段实验组与对照组儿童创造性思维的前后测得分比较

1. 小、中班儿童创造性思维前测得分比较

独立样本 t 检验结果显示，小班实验组与对照组幼儿的创造性思维的流畅性和沉思性不存在显著差异（$ps>0.05$），实验组的精致性、独创性、标题抽象性得分及总分都显著低于对照组，说明小班实验组幼儿的创造性思维整体水平低于对照组。

中班实验组与对照组幼儿的创造性思维不存在显著差异，其流畅性、精致性、独创性、标题抽象性及其总分都不存在显著差异（$ps>0.05$），且实验组幼儿创造性思维的沉思性显著低于对照组，说明中班实验组与对照组幼儿创造性思维水平大致相当（见表10-3）。

表10-3 小、中班儿童创造性思维前测得分的 t 检验分析

创造性思维	组别	小班		中班	
		$M\pm SD$	t	$M\pm SD$	t
流畅性	实验组	13.81±9.04	−1.76	12.18±8.88	0.039
	对照组	16.41±7.49		12.13±8.64	
精致性	实验组	1.14±1.14	−3.33***	1.37±0.99	−1.82
	对照组	1.87±1.32		1.63±1.05	

---

[1] 鲁洁.创造性是人的一种基本德性[J].教育研究与实验,2007(5):1-3.

续表

创造性思维	组别	小班 M±SD	t	中班 M±SD	t
沉思性	实验组	4.46±3.65	−1.45	4.27±4.25	−1.98*
	对照组	5.40±3.60		5.68±5.51	
独创性	实验组	3.05±2.91	−3.01**	3.31±2.83	0.50
	对照组	4.68±3.13		3.11±2.80	
标题抽象性	实验组	0.43±0.78	−2.12*	0.74±1.50	0.52
	对照组	0.85±1.35		0.64±1.21	
总分	实验组	22.89±14.54	−2.55*	21.87±14.06	−0.65
	对照组	29.22±13.24		23.20±15.36	

2. 小、中班儿童创造性思维后测得分比较

独立样本 t 检验结果显示,小班实验组与对照组幼儿的创造性思维存在显著差异,实验组幼儿的流畅性、精致性、独创性、标题抽象性及总分都显著高于对照组($ps<0.05$)。结合前测得分比较结果,可以发现学前情境教育实验有效提高了小班实验组儿童的创造性思维发展水平。

中班实验组与对照组幼儿的创造性思维存在极其显著差异,实验组幼儿创造性思维的流畅性、精致性、沉思性、独创性、标题抽象性及总分均显著高于对照组($ps<0.001$)。结合前测得分比较结果,可以发现学前情境教育实验有效提高了中班实验组儿童的创造性思维发展水平(见表10-4)。

表10-4 小、中班儿童创造性思维后测得分的 t 检验分析

创造性思维	组别	小班 M±SD	t	中班 M±SD	t
流畅性	实验组	30.75±7.75	5.94***	28.89±8.33	5.03***
	对照组	22.58±7.62		21.40±11.78	
精致性	实验组	3.61±1.56	2.37*	4.45±2.27	5.91***
	对照组	2.95±1.52		2.98±1.40	
沉思性	实验组	5.58±2.10	0.65	6.60±3.30	4.99***
	对照组	5.33±2.05		4.38±2.89	

续 表

创造性思维	组别	小班 M±SD	t	中班 M±SD	t
独创性	实验组	22.98±6.56	7.49***	20.65±7.77	7.02***
	对照组	14.50±6.11		12.55±8.87	
标题抽象性	实验组	3.46±3.46	3.59***	4.61±4.18	8.03***
	对照组	1.61±2.05		1.32±1.70	
总分	实验组	66.37±14.27	7.78***	65.20±20.84	7.45***
	对照组	46.96±13.60		42.57±22.79	

（二）不同年龄段实验组与对照组幼儿创造性思维前后测得分的协方差分析

考虑到被试的原有发展水平、随年龄增长的自然成熟因素以及实验中存在的不可控因素，研究者以组别为自变量，以后测与前测得分的差值为因变量，以流畅性、精致性、独创性、沉思性、标题抽象性及总分的前测得分为协变量，对实验组与对照组幼儿的创造性思维进行协方差分析。

1. 小班幼儿创造性思维前后测得分的协方差分析

结果显示，小班实验组与对照组幼儿的流畅性、精致性、独创性、标题抽象性及其总分的增长量均显著高于对照组（$ps<0.01$）（见表 10-5）。考虑实验组和对照组幼儿各自创造性思维原有发展水平，学前情境教育实验有效促进了小班幼儿的创造性思维发展水平，实验组幼儿的创造性思维得到了加速发展。

表 10-5 小班儿童前后测得分的协方差分析

创造性思维	组别	前测 M	后测 M	差值 M	SD	F
流畅性	实验组	13.81	30.75	16.94	12.37	35.02***
	对照组	16.41	22.58	6.17	9.69	
精致性	实验组	1.14	3.61	2.47	1.86	9.07**
	对照组	1.87	2.95	1.08	1.66	
沉思性	实验组	4.46	5.58	1.12	3.96	0.93
	对照组	5.40	5.33	−0.07	3.61	
独创性	实验组	3.05	22.98	19.93	7.44	51.75***
	对照组	4.68	14.5	9.82	6.61	

续表

创造性思维	组别	前测 M	后测 M	差值 M	SD	F
标题抽象性	实验组	0.43	3.46	3.03	3.62	12.18***
	对照组	0.85	1.61	0.76	2.50	
总分	实验组	22.89	66.37	43.48	19.91	63.01***
	对照组	29.22	46.96	17.74	16.79	

2. 中班幼儿创造性思维前后测得分的协方差分析

结果显示，中班实验组与对照组幼儿创造性思维的流畅性、精致性、沉思性、独创性、标题抽象性及总分的增长量均极其显著高于对照组（$ps<0.001$）（见表10-6）。考虑实验组和对照组幼儿创造性思维原有的发展水平，学前情境教育实验有效提升了中班幼儿的创造性思维发展水平，实验组幼儿的创造性思维得到了加速发展。

表10-6 中班儿童前后测得分的协方差分析

创造性思维	组别	前测 M	后测 M	差值 M	SD	F
流畅性	实验组	12.18	28.89	16.71	9.92	36.68***
	对照组	12.13	21.40	9.27	9.54	
精致性	实验组	1.37	4.45	3.08	2.33	32.36***
	对照组	1.63	2.98	1.35	1.48	
沉思性	实验组	4.27	6.60	2.33	4.85	36.76***
	对照组	5.68	4.38	−1.30	4.67	
独创性	实验组	3.31	20.65	17.34	7.11	51.86***
	对照组	3.11	12.55	9.44	8.82	
标题抽象性	实验组	0.74	4.61	3.87	4.13	45.95***
	对照组	0.64	1.32	0.68	1.99	
总分	实验组	21.87	65.20	43.33	18.60	79.89***
	对照组	23.20	42.57	19.37	19.90	

六、对实验结果的讨论

以上分析表明，无论是小班还是中班，实验组幼儿的创造性思维均有极其显著的提升，证明学前情境教育实验有效促进了幼儿创造性思维发展。基于44个实验课例的扎根理论分析，研究者发现，实验教师精心创设幼儿喜闻乐见的感受情境、审美情境、游戏情境、问题情境和理蕴情境，可以有效促进其创造性思维的流畅性、精致性、沉思性、独创性以及标题抽象性发展,从而提升创造性思维的整体水平。

(一)感受情境有助于促进幼儿创造性思维的流畅性

思维的流畅性是指幼儿思维的速度,即在特定情境中能迅速、流利和通畅地产生多种想法。积极心理学研究表明,"兴奋、兴趣、快乐、爱等积极情绪体验能拓展人们的思维和行动倾向,提高记忆信息的提取速度和思维的灵活性,从而促进创造力的产生"[1]。实验教师根据幼儿的认知特点,创设角色扮演情境、律动游戏情境,刺激幼儿的眼、耳、口、手、脑等多种感官,幼儿通过扮演的角色迅速提取与之相关的原有经验进行联想,思维链得到不断扩展,有利于创造活动的持续进行。如中班《寻找蛋宝宝》的活动中,"黑猫警长"邀请小朋友担任"小警察"一起破案,寻找鸡妈妈丢失的蛋。这种角色体验,一下子激起了幼儿的"护犊之心",帮助"黑猫警长"想出了许多别出心裁的方法。

(二)审美情境有助于促进幼儿创造性思维的精致性

创造性思维的精致性表现为幼儿描述或想象事物的细节,细节越精细,精致性越高。情境教育实验通过美感经验和美学方法帮助幼儿把握细节,一方面富有美感的情境有利于唤起他们的审美注意,使他们在追求美的天性驱使下,迅速进入创造情境之中,把握整体美;另一方面教师将节奏、旋律、和声等艺术的直观与美的教学语言相结合,让他们在体验整体美的过程中能够关注和鉴赏美的细节,从而提升他们思维的精致性。

(三)游戏情境有助于促进幼儿创造性思维的沉思性

创造性思维的沉思性是指幼儿思维的广度,即思维开放性,通过多维思考,获得足够的新观念。研究表明,心理放松的游戏可以使人脑分泌许多脑内吗啡,加速神经细胞的信息传递,"从心理机制分析,心灵的完全自由,使想象力的翅膀得以展开,为新思维、新方法的诞生创造了条件"[2]。情境教育实验创设的角色游戏、主题区域活动游戏(如娃娃家、医院、迷你剧场等),充满生活或艺术的趣味,能有效促进幼儿将游戏经验延展到真实生活之中,进而丰富他们的生活经验。

(四)问题情境有助于促进幼儿创造性思维的独创性

独创性表现为幼儿思维的新颖度,主要指向问题解决过程中能否产生新颖的、与众不同的观念、方法或作品。研究表明,指向儿童创造力发展的问题情境

---

[1] Fredrickson, B. L., & Branigan, C. Positive emotions broaden the scopeof attention and thought-actionrepertoires[J]. Cognition and Emotion. 2005(3):313-332.

[2] 陈家起,孙庆祝.游戏精神引领下的体育课程与教学[J].北京体育大学学报,2012(10):96-99.

具有一定的顺序节奏,因而在创造过程的开端、发展、高潮的不同阶段需要进行不同的情境性引导[1]。在情境教育实验中,教师首先注重创设生活化情境,引导幼儿主动发现"不方便、不合理、不科学"的事物,使他们学会自主发现问题;其次,利用幼儿已有的知识经验,将它与将要探究的问题建立有机联系,使他们学会自主分析问题;最后,运用发散思维和聚敛思维的交互作用引领幼儿打开思路,自主寻找问题解决的方法。当然,强调幼儿的自主创新,并不否认教师的引导支持,更不反对幼儿的合作探究,这是由他们的年龄发展特征决定的。

(五)理蕴情境有助于促进幼儿创造性思维的标题抽象性

标题抽象性是指幼儿思维的综合性,主要是通过捕捉信息要点来概括绘画标题,以忠实反映作者的思想情感。大卫·库伯认为,创造知识的过程是个体在情境的具体体验中通过反思和概括而螺旋上升的过程,抽象概括就是其中一个十分重要的环节[2]。但在传统的教学活动中,活动、情境和理念往往是彼此分离的,"灌输"与"说教"的痕迹比较明显,教学成效不高。学前情境教育着力引导幼儿发现"镶嵌"于特定情境之中的知识和理念,不仅有助于他们理解知识和理念所表征的意义,而且有益于培养他们思维的概括性。

七、实验结论

实验研究表明,无论是实验组幼儿创造性思维的总分,还是创造性思维的流畅性、精致性、沉思性、独创性和标题抽象性得分均有明显提升,可见学前情境教育能够有效促进幼儿创造性思维发展,实验提出的理论假设得到了证实。

作者:王灿明　孙　琪

第二节　美术情境教育促进幼儿创造性思维发展的实验研究[3]

创造力对一个人、一个民族乃至一个国家都有着举足轻重的作用。本课题

---

[1] 文云全.儿童创造力发展的情境性特征[J].现代中小学教育,2015(11):93-97.

[2] [美]大卫·库伯.体验学习:让体验成为学习与发展的源泉[M].王灿明,朱水萍,等译.上海:华东师范大学出版社,2008:4-5.

[3] 本节系国家社会科学基金教育学一般项目"情境教育与儿童创造力发展的实验与研究"(课题批准号:BHA120051)的实验课题"美术情境教育促进幼儿创造性思维发展的实验研究"的研究成果。实验幼儿园:南通市通州区通州幼儿园;主持人:张宏云;主要成员:胡霞、喻琴、高瞻、徐咏梅、龚娟、张艳梅、王向红、丁燕、吴坚、蒋异秋(南通大学)。

第十章　学前情境教育促进儿童创造性思维发展的实验研究

将李吉林情境教育理论融入幼儿园美术教育，不断探索美术情境教育的有效路径和方法，从而显著促进了儿童创造性思维的发展。

一、问题提出

一个民族要想称雄于世界，必须依赖于一大批创造型人才的培养。《3—6岁儿童学习与发展指南》指出：幼儿期是幼儿获得艺术表现力、创造力的最佳时期，幼儿可以通过感受生活中的色彩、形状、声音等来创造性地表达自己的情感体验，创造性地表达对事物的理解[1]。儿童是幻想的动物，幻想使儿童得以超越时空的限制，成为一个新的世界的主宰，在这个世界里，他们显得更加丰富、鲜活和充满力量。令人担忧的是，目前儿童的幻想与创造潜力，受到环境与成人的忽略甚至扼杀，主要与成人对儿童的教育方式侵袭和教育功利性的压制有关。如多年来的应试教育对整个教育的影响，高考指挥棒指挥着中小学乃至幼儿园。在各地幼儿园，小学化倾向仍有存在，教数学、教拼音、练写字随处可见，严重影响着幼儿的整体性发展。小学化的教学形式，家庭中的电视、电脑、手机使儿童成为静坐的动物，削弱了孩子的感性能力，最终导致孩子习惯于听说、习惯于观看、习惯于喧闹，丧失了动手与思考、想象与创造力。

幼儿教育是基础的基础，幼儿园的艺术活动特别是美术教育弥漫在幼儿园的每个角落，在走廊，在过道，在区角，在教室，无不呈现美术活动的成果，也无时不在地影响幼儿的视界。传统学前儿童美术教育更倾向于对幼儿作画的技能技巧、作品的美观精致，教师在教学中往往采取灌输式方法，予以过多的示范讲解，忽略了儿童的主观能动性，一味地以教师为主体，将儿童置于从属地位，使得他们无法真正的发现美、体验美、感受美和表现美，进而失去了独立思考、自主探索的机会，在美术活动中变得习惯于听说、观看、跟风，所呈现的作品都成了固定模式，没有新意，严重影响儿童创造力的发挥。因此，如何保护和开发幼儿创造潜力成为我们一代幼教人不可忽视的责任。

儿童教育家李吉林指出，每个儿童的大脑都孕育着创造力，这个创造力如同一粒沉睡在土壤中的种子，急切地盼望破土而出。而情境就是最适合唤醒儿童创造力的有机土壤。在美术教育活动中，一个丰富、灵动的情境对儿童创造灵感的激发、创造行为的实现、创造能力的提升有着直接影响。为提高学前儿童创造力，情境教育理论更关注情境的呈现、问题的开放、材料的适度、内容的选择，倡

---

[1]　幸福新童年编写组.3—6岁儿童学习与发展指南解读[M].北京：首都师范大学出版社，2012：255.

导让儿童在生动、趣味的情境中,借助绘画、剪贴、捏塑等各种艺术手段,进行充分的表达、表现与创造。

本研究将李吉林情境教育理论注入幼儿园美术教育中,将美术教育植根于情境教育,着力优化美术教育环境,提高学前儿童的审美情趣和审美创造,探寻灵活、生动的教育路径,丰富美术活动形式,从室内延伸到室外,从集体过渡到小组,从教学转化为游戏等,最终促进学前儿童的创造性思维发展。

二、理论依据

学前美术情境教育促进儿童创造性思维发展的实验研究是在李吉林情境教育理论的基础上,通过美术领域的情境教育来促进儿童创造性思维发展的研究,具有丰厚的理论依据。

(一)当代脑科学的理论

最新的脑波研究表明,成人的学习波多是 α 波,α 波适宜进行抽象思维和对抽象事物的感知,而幼儿期是 θ 波的活跃期,θ 波对直观形象的信息非常敏感,而且接受后终生难忘。θ 波对于触发深沉记忆、强化长期记忆帮助极大,所以 θ 波被称为"通往记忆与学习的闸门"。在幼儿期多让儿童的感官直接参与绘画、手工等美术活动,可以让儿童获得各种生动的形象以及大胆想象、充分表现形象的机会,以此顺应脑波的发育特点,强化记忆,积累创造素材。正如南京师范大学边霞教授所说"在学前阶段对儿童进行艺术教育符合儿童学习方式的特点,有助于儿童艺术潜能的合理而有效的开发"。[1]

(二)李吉林情境教育思想

李吉林在情境教育的探索中围绕"儿童"和"创新"两个关键词,开展了各种行之有效的创新教育活动,形成了丰富的创新教育思想。她认为创造力就是解除传统束缚的思维力。几乎每一个儿童的大脑都隐藏着巨大的潜能,具有无穷的创造力。但潜在的智慧并非已成现实,这是一种"沉睡的力量"。既是沉睡,就需唤醒,且要及时唤醒。若得不到及时开发,儿童的这种"可能能力",便会产生"递减现象"。为及时唤醒并激活儿童的创造力,就需要营造一个开放并充满挑战的情境,让儿童在适宜的情境中美美地想、美美地创、美美地乐。

(三)学前创造教育理论

创造力是人人皆有的一种潜在的自然属性,即人人都有创造力。在我国,孟

---

[1] 边霞.儿童的艺术与艺术教育[M].南京:江苏教育出版社,2006:173.

子就有"人人皆尧舜"的说法,这也是"人人都有创造力"的一种朴素思想。[1]但创造力在人生的各个阶段表现不同,幼儿期是创造力的萌芽时期,与青少年和成人的创造力相比,有其独特的年龄优势。美国学者托兰斯及其同事对儿童创造性思维发展研究中发现,3—5岁是幼儿创造性思维发展较快的时期,5岁以后呈下降趋势。[2]之后,一些学者也得出了相同的结论,即随着儿童的成熟,他们的创造性思维趋于下降,通常到5岁时"停滞"。[3]我国学者董洁等对幼儿创造性思维进行研究后也发现,幼儿创造性思维发展随着年龄的增长而不断上升,4—5岁时幼儿的创造性思维发展达到了一个高潮,大约从5岁起幼儿的创造性思维开始出现下降趋势。[4]

(四)儿童艺术教育理论

创造活动是在一定环境中开展的,儿童所处环境对其创造性思维将产生影响。创造环境是一种特指,它不是泛指整个环境,而是指整个环境中的一部分,主要是影响创造主体的创造力发展的那部分环境。在学前美术情境教育环境中,儿童通过艺术与别人交流,内心会产生喜悦的情感,精神上也获得一种满足,这种审美愉悦感反过来成为儿童进行审美感知和审美创造活动的动力,并由艺术这种符号化的人类情感形式泛化到儿童生活的其他领域,丰富和发展其情感世界。[5]

三、实验设计

本实验研究采用前后测等组实验设计,实验假设为美术情境教育可以促进幼儿创造性思维发展。

(一)实验对象

本研究在小、中两个年龄段分别各选择一个班作为实验班和对照班,两班的幼儿人数基本一致,男女人数均衡。实验班实施美术情境教育,对照班的美术教育按常规教学方案进行。实验班老师为本园在职教师,负责课题的具体实施。

---

[1] 谭小宏.创造教育学导论[M].北京:北京师范大学出版集团,2012:15.
[2] 董奇.E·P·托兰斯的创造力研究工作[J].心理发展与教育,1985(1):42.
[3] [美]John Packer Isenberg,Marry Renck Jalongo.创造性思维和基于艺术的学习——学前阶段到小学四年级(第5版)[M].叶平枝,杨宁,译.北京:高等教育出版社,2012:17.
[4] 翁亦诗.幼儿创造教育[C].北京:北京师范大学出版社,2001:325.
[5] 孔起英,王绪兰.幼儿园主题式美术教育活动[M].南京:南京师范大学出版社,2010:1.

（二）实验变量

1. 自变量

本课题自变量为学前美术情境教育。学前美术情境教育亦称情境型学前美术教育，指的就是将3—6岁儿童的美术教育镶嵌在一个有情有趣的网络式师幼互动的广阔空间里，让儿童在充满情趣的美术情境中，能动感受，大胆表现，最终进行艺术的表现与艺术创造。

2. 因变量

本课题的因变量是学前儿童的创造性思维。"创造性思维是指以解决问题为前提，用独特的思维方法，创造出具有社会价值的新观点、新理论、新知识、新方法的心理活动过程[1]。"应遵循幼儿的创造性思维发展规律，科学开发他们的创造力。

（三）测量工具

采用"托兰斯儿童创造性思维图画测验"，测量儿童的创造性思维，包含流畅性、精致姓、沉思性、独创性、标题抽象性五个维度，计算每个维度的得分和总分。分数越高，表明创造性思维越强。

（四）统计分析

所有数据采用统计软件 SPSS16.0 进行录入、统计与分析。

四、实验过程

（一）前期准备

1. 深入学习，全面推进

为了深入推进本课题研究，我们组织实验教师认真学习李吉林情境教育理论及国内外有关创造力培养方面的教育文献，倡导教师为培养儿童创造性思维而不断优化教育情境、改善教育方法，营造浓厚的科研氛围，为本课题研究创设有利的条件。

2. 专家把航，明确目标

为把课题研究做得更加深入、持久，我们充分依靠专家的智慧引领，先后多次通过请进来、走出去的方式，零距离接受情境教育创始人李吉林、南通大学王灿明教授的现场指导，使课题研究目标更明确、路径更丰富、方法更科学。

3. 建立团队，合作研究

根据课题研究需要，建立了科学高效的课题研究团队。由江苏省特级教师

---

[1] 王灿明.儿童创造教育新论[M].上海：上海教育出版社,2015:76.

张宏云担任主持人,同时吸纳了一批有科研能力,富有美术特长的教师为课题组成员。

4. 科学前测,丰实资料

依托王灿明教授的研究团队,邀请南通大学教科院研究生周星星、练宝珍、马娟、孙琪对实验班和对照班儿童的创造性思维进行了实验前测,对测验结果进行认真梳理、分类、统计,从而丰实研究资料,明确研究起点,推动研究进程。

(二) 实验研究

1. 学前美术情境教育的路径

结合幼儿园课程游戏化建设,我们对美术情境教育与课程游戏化进行融合,通过集体美术情境教学活动、美术馆主题情境活动、班级区角情境游戏、户外生态情境美术教育等途径进行美术情境教育促进创造性思维发展的实验研究。

(1) 集体美术情境教学活动

它是我们在研究中最为常用的一种活动方式,是通过全班儿童的共同参与来进行的日常情境教学活动。通过音乐情境、图画情境、操作情境等来促进儿童创造力发展。在集体美术教学中,怎样的情境更能推动儿童的创造力是课题研究的关键点,根据这一命题,课题组对每一个美术活动都进行了情境的设计与优化。有的通过先期情境阅读,在语言情境中激发儿童的创造欲望,开拓儿童的创造思路,如中班美术《可爱的蜘蛛》就是在从情境阅读《啊,蜘蛛!》引发的活动;有的是通过美术大师作品为幼儿创造一个充满想象的唯美艺术情境,来让儿童获得灵感,展开想象,大胆创造,如大班美术《星空》就是通过欣赏大师米罗的《星空》作品来进入意境、充分创造的案例;有的则是利用生活情境,通过结合自己的生活经验,让儿童获得认知,实现创造。如大班创意添画《橙子变变变》就是以独特的生活视角,让儿童从观察横切面的橙子中获得启发,让橙子变成了车轮、小伞、小花、帽子等。

(2) 美术馆主题情境活动

它是在美术专用房里展开的某一主题的系列美术活动,相对集体美术情境教学,它更能促进儿童创造力的主动发展。在充满艺术氛围的美术活动馆里,儿童既能感受到空间色彩的视觉美,又能感受到音乐环绕的听觉美,因此在美术活动中,幼儿心情愉悦,思维活跃;同时每一个活动都从属于一个主题,活动环环相扣,层层相连,儿童的创造更具连续性与关联性;另外在美术馆中的美术活动,儿童与同伴、材料、老师间的交流、互动更为自主便捷,创造思路也因此更加广阔。

(3) 区角美术情境游戏

它是儿童在班级区角进行的自主美术活动,贯穿于一日活动的游戏时间中。区角美术情境游戏因为其时间的日常性、活动环境的便捷性、活动内容的自主性、活动氛围的轻松感,受到儿童的青睐与欢迎。一方面,儿童通过教师提供的各种创意材料,按自己意愿自主活动,大胆创作;另一方面还可以根据集体美术情境教育内容,进行创意延伸。

(4) 户外生态美术情境教育

它是在户外利用生活中最常见的水、泥、沙等最为自然、生态的材料进行的美术创意活动。实验班老师在组织儿童进行户外玩泥、玩水、玩沙游戏时,常通过提供低结构辅助材料,如水管、水壶、泥锹、竹板,让儿童自由组合、自由拼装,搭建出各种立体并富有创意的主题作品,如儿童乐园、娃娃餐厅、城市立交桥等。同时教师还通过组织儿童进行社会实践来丰富儿童的生活经验,积累创造素材,如带领儿童观看菊花展;去农场踏春,观看各种动植物;去海底世界欣赏各种海底动植物等,生动活泼的大自然给了儿童真实的艺术感受,强化了艺术体验。

2.学前美术情境教育的方法

通过三年多的实践研究和理论探索,初步形成了具有园本特色的美术情境教育方法。

(1) 教学情境中的自然便捷法

自然便捷法是指在集体美术情境教学活动中,教师采用身边随手可得的自然教具,通过灵活创设便捷的教学情境,来引导儿童主动创造的方法。在集体美术情境教学中,我们追求的不是教师精湛的教学技艺,不是教师教学的科学流程,而是追求教学的日常性、真实性和可操作性,能为广大幼儿教师的日常教学提供参照的范式。在教具使用上,不追求高大上的教具,不布置逼真的艺术化场景,不脱离日常教育常态,把课堂弄得如舞台般靓丽精彩。我们倡导教具、情境的自然与便捷。寓教育于儿童的需要,寓教育于自然情境,在自然的情境中关注儿童创造力的发展。只有这样,我们的教学才可能更具示范性和推广性。

(2) 教育环境中的支持唤醒法

激励唤醒法是指在美术情境教育活动中,教师提供给儿童的环境是能唤起儿童创造欲望、支持儿童创造的环境。在这样的环境里,教师带给儿童的气场是亲和的、自然的、宽松的;材料是丰富的、适度的,它能激起儿童创造的欲望,满足儿童创造的需要;儿童是自由的、愉悦的,与同伴的交流也充满和谐。整合环境都为儿童的创造意向提供了实现的可能与条件。

无论在集体教学、区角游戏、美术馆活动,还是室外美术活动,教师关注的不是美术情境教育活动环节的预设,而是情境的呈现和材料的提供是否具有开放性和支持性,关注教师带来的氛围能否引发幼儿的愉悦情感,是否对孩子怀有温暖的期待,从而进一步关注幼儿经验的习得,关注创造性思维的展现等。

(3) 幼儿创作中的把玩材料法

把玩材料法是指在孩子创作之前,教师提供充分的、安全的、适宜的与教育活动相关的教具、情境或其他材料,让幼儿快乐地、自由地、随意地与材料互动,观察探究,幼儿在把玩材料中迸发新的思维火花。

儿童是幻想的动物,也是天生的艺术家,只要有材料,他们就会去玩。玩是儿童的天性,游戏是儿童的生活,尽管在常人看来儿童把玩材料乱糟糟,但儿童的内心没有压抑,充满快乐、自主,这样的状态让儿童与材料始终处在互动的关系中,处在积极的探索中。儿童在这样的环境中,自由进行创造性的思考,并进行智力上的探险活动。

(4) 评价作品时的视听结合法

视听结合法是指在儿童作品完成后,组织儿童进行欣赏作品,同时,让每个儿童创意讲述自己的作品,达到共同评价,共同鼓励的目的。在美术情境活动中,教师不仅要关注儿童的创作过程,更要谨慎、细致地帮助儿童展示作品。同时,组织通过作品的现场展示,组织儿童欣赏、交流、讲述,让幼儿在讲述中再次思考,再次创编,再次得到鼓励,获得心理的愉悦。

(5) 材料投放时的单项深度法

单项深度法是指教师在材料投放时,采用一种或一类材料,让幼儿对一种或一类艺术材料或媒介进行深度的持续的探索,在探索过程中获得多方面的发展。

(三) 总结推广

在总课题组的支持和帮助下,我们课题组不断创造机会,从不同阶段、不同范围进行多角度、多层次的研讨和展示,在一定范围内得到了推广。

1. 交流展示,扩大影响

自课题研究以来,课题组成员进行了各种类型美术情境教育活动的展示与交流,先后在区、市级"希望的田野"幼教学科带头人、骨干教师优课展示及南通市"学前创造教育优秀课例展示"和"学前儿童创造力发展与教育前沿论坛"等活动中做了《给天使一对翅膀》《点点和线的故事》《黑精灵变变变》等20多个教学展示,活动中儿童表现出来的创造性思维获得了领导和同行的一致好评。

课题组成员还走出幼儿园,先后赴海安、如皋、南通等多家姐妹幼儿园上交流课 6 节,为泰州海陵区幼教观察团执教公开课 4 节;课题组成员张宏云、胡霞、高瞻等还在省、市、区级范围内作专题讲座、专题成果汇报 7 次,宣传我园课题研究成果。

幼儿创造力发展情况也在三届幼儿画展、手工展获得观摩者的一致肯定；班级区角美术活动、美术馆主题活动及室外美术游戏活动也多次在市、区级范围内展示，获得与会领导南通市教育局副局长金海清及李吉林、王灿明等专家的认可。

课题研究成果还通过园刊《种星星》及市、区及幼儿园网站、公众微信号向家长、同行及社会宣传推广我们的研究理念、优秀课例、研讨活动，在省市范围内产生了较大影响。

2．研讨参赛，积累成果

为进一步深入课题研究，提升课题研究成果，我们积极参加市、区级范围内的课题研究课的竞赛活动，获得了喜人成绩。如胡霞老师执教的大班美术欣赏《星空》获南通市情境教育实验学校优课评比活动一等奖。张宏云、张艳梅、喻琴等课题组核心成员的15篇科研论文获省、市级一等奖。

不仅教师在美术情境教育课题研究中取得了丰厚成绩，幼儿的创造性思维发展也在多种竞赛中得到彰显。2015年我园实验班幼儿在参加通州区首届亲子绘画竞赛中，取得了5个一等奖、10个二等奖的好成绩。

3．文章发表，提升理论

随着课题研究的深入与推进，课题组成员的理论水平得到了显著提升。其中课题主持人张宏云的论文《基于幼儿创造力启蒙的情境式呈现》被全国人大报刊复印资料全文刊登。课题组10多篇研究论文在国家级、省、市、区级杂志发表。课题组的4位教师还参与了《学前情境教育与儿童创造力发展》一书四个章节的撰写工作，全面总结了我园课题研究方面的理论成果。

五、实验结果

本实验周期为两年，使用托兰斯儿童创造性思维图画测验，分别在实验开始后一周、第二年实验结束前一周进行前测和后测，并对测验结果进行了统计分析。

（1）实验班与对照班儿童创造力思维的前测对比

实验前测的独立样本t检验结果显示，实验班与对照班儿童在流畅性、精致性、沉思性、独创性、标题抽象性和总分方面均不存在显著差异（$ps<0.05$），说明美术情境教育实施前，实验班与对照班幼儿的创造性思维水平不存在明显差异（见表10－7）。

表 10-7　实验班与对照班儿童创造性思维的前测对比

	组别	n	M	SD	t
流畅性	实验班	38	1.45	1.81	−0.604
	对照班	40	1.75	2.57	
精致性	实验班	38	0.39	0.48	−0.695
	对照班	40	0.47	0.54	
沉思性	实验班	38	1.29	2.58	1.984
	对照班	40	0.42	0.87	
独创性	实验班	38	1.01	1.31	0.175
	对照班	40	0.95	1.63	
标题抽象性	实验班	38	0.11	0.32	−1.868
	对照班	40	0.35	0.76	
总分	实验班	38	4.25	5.55	0.245
	对照班	40	3.94	5.34	

（二）实验班与对照班幼儿创造性思维的后测对比

实验后测的独立样本 t 检验结果显示，实验班与对照班儿童在精致性、沉思性、独创性、标题抽象性四个维度和总分上均存在极其显著差异（$ps<0.001$），说明通过为期两年的美术情境教育实验，实验班与对照班儿童创造性思维的整体水平及其精致性、沉思性、独创性、标题抽象性存在极其显著差异，实验班幼儿优于对照班幼儿，实验干预取得了显著成效（见表 10-8）。

表 10-8　实验班与对照班儿童创造性思维的后测对比

	组别	n	M	SD	t
流畅性	实验班	32	32.81	6.61	0.966
	对照班	44	31.05	9.34	
精致性	实验班	32	7.19	2.35	8.942***
	对照班	44	3.25	0.98	
沉思性	实验班	32	10.09	2.70	3.943***
	对照班	44	7.16	3.78	

续　表

组别		n	M	SD	t
独创性	实验班	32	23.44	5.05	13.683***
	对照班	44	9.33	3.42	
标题抽象性	实验班	32	8.16	3.59	11.15***
	对照班	44	0.95	0.80	
总分	实验班	32	81.69	14.15	9.438***
	对照班	44	51.73	13.30	

六、对实验结果的讨论

研究表明，美术情境教育实验的前测中，实验班与对照班幼儿的创造性思维不存在显著差异，而在实验后测中出现了极其显著差异。之所以出现这样的结果，主要有以下原因。

（一）优化的美术情境能够使儿童的行为更具挑战性

优化的美术情境是具有生动性、趣味性、支持性，儿童能感觉到安全、自主的，并能愉快游戏、互动互生的教育情境。在优化的美术情境中，儿童的行为自主，思维活跃，探索积极，创作具有挑战性和冒险性，儿童的行为变得大胆，语言表达丰富，方式各异，创造的火花被点燃。

（二）美术情境教育中教师角色转变是促进儿童创造性思维发展的前提条件

传统的美术教育往往都是从欣赏教师现场制作或提供的成品开始，然后教师示范讲解制作方法，向儿童提出操作要求，然后儿童循规蹈矩地操作，教师中规中矩地进行作品评价。儿童的思维一直受教师把控，教师处于高控制教学中，严重制约了儿童创造潜力的萌发。在美术情境教育研究中，教师从组织儿童欣赏观察作品入手，介绍探索材料，继而由儿童把玩操作材料，进行创作畅想，最后展示作品，通过视听评价作品。这种模式的实质是教师角色发生转变，教师是材料的提供者，孩子介绍作品的倾听者，孩子寻求帮助时的支持者，更多的还是观察者和合作者。在活动中，教师更多是基于支持的行动，多观察幼儿，少指导，少示范，后启发，在开放的情境中支持儿童的艺术想象，儿童有了更多的思考空间和观察机会后，再与材料充分互动，就增添了创造的欲望。

（三）美术情境教育中诱发儿童创造性思维的关键因素是材料

儿童在任何活动中都充满着游戏精神，在美术情境活动中同样用游戏的姿态活跃在创作中，教师提供给儿童的美术工具或者其他辅助材料，在儿童的眼中都是把玩的玩具，这些材料是否能激发他们的兴趣，诱发想象，取决于教师提供给儿童的材料是否具有适宜性、可探究性及可变化性。在两年的实验研究中，实验班老师进行了大量探索，在材料投放后，观察儿童的行为变化，并随时对材料的多少、材料的互补以及低结构程度进行调整，充分诱发了儿童的创造性思维。

七、实验结论

本研究将李吉林情境教育理论融入幼儿园美术教育，显著促进了幼儿的创造性思维发展。实验班通过集体美术情境教学、美术馆主题美术活动、班级区角美术游戏、户外生态美术情境教育四个路径展开实验，探索出了具有本园特色的美术情境教育方法，即教学情境中的"自然便捷法"、教育环境中的"支持唤醒法"、幼儿创作前的"把玩材料法"、评价作品时的"视听结合法"、材料投放时的"单项深度法"。究其原因，一是优化的美术情境能够使幼儿的行为更具挑战性，二是美术情境教育中教师角色转变是促进孩子创造性思维发展的前提条件，三是诱发儿童创造性思维的关键因素是操作材料。

作者：张宏云　喻　琴　胡　霞

第三节　民间艺术情境课程促进幼儿创造性思维发展的实验研究[1]

幼儿的创造性思维发展已经得到国内外学者的高度关注。本课题采用教育实验方法，对民间艺术情境课程影响幼儿创造性思维发展进行实证研究。实验结果显示，民间艺术情境课程明显提高了幼儿的创造性思维发展水平，揭示了民间艺术情境课程促进儿童创造性思维发展的基本原理，建构了植根本土实践的学前创造教育行动方式。

---

[1] 本节系国家社会科学基金教育学一般项目"情境教育与儿童创造力发展的实验与研究"（课题批准号：BHA120051）的实验课题"民间艺术情境课程促进幼儿创造性思维发展的实验研究"的研究成果。实验基地：南通市实验幼儿园；主持人：周云；主要成员：陈玲玲、汪颖、王晓璐、褚伟伟、毛碧琪（南通大学）、顾红华、曹娜佳、梁陈宇、张婷。

一、问题提出

我们以情境教育理论为指导,构建和实施适合幼儿发展特别是幼儿创造性思维发展的民间艺术情境课程,将幼儿、知识、社会紧密关联,并有机统一在情境之中,充分挖掘幼儿的创造潜能。《幼儿园教育指导纲要(试行)》中明确提出"儿童艺术学习需要环境熏陶"、"幼儿园的环境应当与儿童的创作以及审美需求相符"。《3—6岁儿童学习与发展指南》也指出:提供条件与机会,支持儿童艺术自主表现和创造。在幼儿自主表达创作时,不应过度干涉或把个人意愿强加给儿童,应按照儿童所需提供具体的帮助;对于儿童自主表现和创造,应当给予尊重并提供适宜的指导。可见,当今社会对儿童创造力的培养越来越重视。创造力不仅是个体自我发展、完善的重要目标之一,更是人类社会必不可少的推动力,培养出富有创造力的接班人是教师肩负的责任与使命。

在一些欧美国家,幼儿教育十分注重民族精神的传递和文化特色的宣扬。近几年,中国也有一些幼儿园进行过民间艺术、地域文化的课题研究,开展了一系列有效的抢救、保护、传承工作。然而,许多幼儿园的课程设计没有个性特色,缺乏整合,忽视民间艺术的教育价值,忽视幼儿创造性思维能力的培养。具体表现为:第一,课程目标轻视情感态度而重视能力。第二,课程内容形式单一。唱歌、韵律、音乐游戏、打击乐、音乐欣赏以及绘画、手工、美术欣赏分别是音乐、美术教学活动的主要内容,其中教师实施唱歌、绘画活动较多,而音乐、美术欣赏活动较少。第三,课程实施取向单一,不能因地制宜。第四,作为课程评估的主体不能做到教师、幼儿共同参与,不能关注幼儿的发展差异;其评估内容也未能重视幼儿的活动过程、作品设计、创新以及材料的评估。为此,幼儿园教改的发展方向在于重视与开发民间艺术情境课程。

中国作为一个有着五千年文化积淀的古国,有着悠久的民间艺术文化历史,劳动人民的智慧以多种形式被传承下来,其中很大一部分凝结为民间艺术宝藏。此类宝藏毫无疑问是幼儿教育的稀缺教学资源;幼儿教育不能居宝山而罔顾,弃资源而喟叹。作为民族文化奇葩的民间艺术,它是与儿童的实际生活状态相联结的大众文化,以儿童所喜爱的形式存在于生活中,急需开展民间艺术情境课程的研发,将民族文化根植于幼儿幼小的心灵,培养其创造性思维。我们提倡的民间艺术情境课程并非单一的符号化、千叮万嘱说教式、理性抽象、认知式的课程,而应当是活动的课程、经验的课程、形象审美的课程、具身的课程、体验的课程。总而言之,应该是情境的课程。所以,我们把民间艺术与情境课程整合在一起,作为实验的自变量。

本实验突出文化特性,关注发展需求,丰富情境课程的内涵,提升办园品质。通过幼儿艺术情境活动的实践和探索,建立系统的民间艺术课程整体框架,对艺术活动目标、内容、指导方法等进行研究总结;优化幼儿活动情境,引导幼儿在愉悦的艺术美的情境中主动动手动脑,发展幼儿感受美、体验美、表现美的能力,进而激发幼儿创造潜能;借助于课题研究让教师转变观念、优化教育行为,并且提升教师教科研能力。

二、理论依据

(一)李吉林的情境教育理论

情境教育追求"美"。李吉林在20世纪80年代初期就开展了审美课题的研究,她明确指出:语文教学要与艺术相融合。1997年她又强调教学应当具有美感。美是创新的源头,艺术激发美和爱,美和爱"产生智慧",进而发展儿童的创造力,这之间的相关性通过整合与发掘,形成良性循环。因此,李吉林一直将美作为儿童创新潜能发展的突破口。

(二)蔡元培的美育理论

蔡元培作为我国的美育实践者以及美学家,主张美育目标在于培育具有远大理想、良好的道德、创新精神、独特个性的人才,陶冶道德情操是其核心所在。其美育思想细化到艺术本体而言,注重艺术的社会功能,明确它是跟随时代进步而发展的;美育可以提升创新精神,倡导艺术创新意识,抵制盲从、仿效以及机械性;艺术应有个性内容。按照蔡元培的观点,美育可以激发人们的创造性精神,通过美的体验,净化心灵。即美育能够让人们形成崇高品德,进而让人们自主发展个性,激发灵感,提升创造性思维[1]。

(三)马斯洛的人本主义心理学理论

马斯洛指出,人类的需求包括安全、生理、尊重、自我实现、爱的需求和归属感等。他认为每个人都有自我实现的需要。实现自我价值的需求能够激发个人的创造性思维,其实质在于发挥人的创造潜能。

(四)吉尔福特的创造性才能理论

吉尔福特于20世纪70年代采用因素分析法,汲取了相关理论的研究成果,探究了智力的能力组成成分,引出了智力结构模式。其中,四个因素对创造力发

---

[1] 祖丹.蔡元培的美育思想及其当代意义[D].石家庄:河北师范大学,2014:40-49.

展起着决定作用:思维的流畅性、精细性和独特性以及灵活应变能力。这恰好符合当代幼儿教育所提出的让儿童自主学习、独立生活、自由创造的教育观。

(五)吕胜中的民间艺术理论

民间艺术是生产者的艺术,根植于劳动和劳动者。艺术起源于生活,来自于民间。吕胜中认为,作为文化遗产的民间艺术形式,在现实生活中不会原本再现。对于民间艺术,我们最好的保护方法是让它进博物馆。在博物馆里作为查阅对象和文化基因库的传统文化被保留下来,如今人们可以从传统文化仓库中去吸取优良的基因与元素来改造生活、构建新文化。

三、实验设计

本实验研究采用前后测等组实验设计,实验假设为民间艺术情境课程开发可以影响幼儿创造性思维。

(一)实验对象

幼儿园采用目的性抽样的方法,选取小(一)班为实验 A 班,小(二)班为对照 A 班,选取中(一)班为实验 B 班,中(二)为对照 B 班。实验班和对照班人数情况见表 10-9。到实验后测时,A 班已升至中班,B 班升至大班。

表 10-9 实验班与对照班幼儿的基本情况

年龄班	实验班人数	男	女	对照班人数	男	女
小班(A班)	28	13	15	29	14	15
中班(B班)	36	21	15	27	14	13
合计	64	34	30	56	28	28

(二)实验变量

1.自变量

实验自变量为民间艺术情境课程。民间艺术情境课程是在李吉林情境教育思想的指导下,通过由师生共同创设的民间艺术美的情境,将儿童带入音乐、图画、造型、表演等民间独特美的艺术情境中,主动感受、体验、表现、创造,以"美"激"情",以"情"促"思",以培养儿童具有家乡情怀,促进儿童创造力发展。民间艺术情境课程主要包括:民间视觉、听觉以及视听艺术情境课程。民间视觉、民间听觉和民间视听觉艺术情境课程分别是以视觉为主的图画、造型等民间美术情境和以听觉为主的民间音乐情境以及视听结合的歌舞表演、童话剧等视听艺术情境,是进行创造性思维教育的一种学前艺术课程模式。

2. 因变量

实验因变量为儿童创造性思维。创造性思维是以新颖独特的方法解决问题的高阶思维过程,是多种思维有机结合的产物[1]。实验采用托兰斯创造性思维图画测验来测量儿童的创造性思维水平,包含标题抽象性、沉思性、流畅性、精致性以及独创性等五个维度。标题抽象性指幼儿对于问题以及事物思考的归纳以及统筹能力,可以捕捉事件的基本信息,并指向实质以及深层次的层面。沉思性也被命名为抗过早封闭性,其特性越佳,表示在面临问题时,可以将开放性的思维维持在较好状态,延迟过早陷入闭塞状态之中,思维越活跃,受到的制约作用越小。流畅性即思维流畅,没有多少阻碍因素、快速反应的一种属性,具有可以在短时内表述大量想法以及观点的表现形式。通俗说来,即思路通畅,想象力丰富,可以在瞬时内快速整合与问题有关的知识。精致性即体现幼儿对目标细节的关注以及表现,或者自如表达个人见解,添加生动的细节,或者就某一层面加以延展。独创性指对于一个给予的问题,做出带有原创性、独特性的反应能力,在没有标准答案的问题情境中,找出具有创造性方法的能力。

3. 无关变量的控制

为了控制无关变量的干扰,尽量减少实验误差,采取以下方案:(1)除了自变量不同以外,对照班和实验班的其他相关因素基本一致。(2)对照班和实验班的任课教师在工作态度、学历、教学水平、工作能力等各方面大体相当。(3)保证对照班和实验班教师与幼儿的稳定不变。避免形成人为的竞争气氛,保持正常的教学秩序。

(三) 测量工具

研究采用托兰斯创造性思维图画测验对幼儿的创造性思维进行测量。该测验涵盖了圆圈(或平行线)测验、图画构成、未完成图形等三大项目,由标题抽象性、沉思性、流畅性、精致性以及独创性五个维度构成,按照托兰斯创造性思维图画测验的评分准则加以评分。统计结果表明,问卷 Cronhach's α 系数为 0.56,不同维度之间的两两相关系数在 0.20～0.64 范围内,各维度与总分之间的相关系数在 0.31～0.85 范围内,并且每个维度间的系数都比每个维度与总分之间的系数小,修订后的量表信度全部呈显著相关。说明测验工具具有较好的信效度(见表 10-10)。

---

[1] 王灿明.创新人才早期培养的路径选择[J].创新人才教育,2016(2):36-39.

表 10-10 测量工具分维度与总分的相关分析

	流畅性	独创性	沉思性	精致性	标题抽象性	总分
流畅性	1					
独创性	0.64**	1				
沉思性	0.24**	0.22*	1			
精致性	0.37**	0.62**	0.41**	1		
标题抽象性	0.46**	0.23*	0.20*	0.27**	1	
总分	0.85**	0.76**	0.64**	0.63**	0.31**	1

（四）统计分析

所有数据采用统计软件 SPSS16.0 进行录入、统计与分析。

四、实验过程

（一）前期准备（2013 年 9 月—2014 年 7 月）

1. 教师培训

组织实验教师学习相关理论，参加各项培训。幼儿园精心筛选并购买了关于情境教育、民间艺术以及创造能力等方面的书籍。如《李吉林文集》《情境教育三部曲》《儿童创造教育新论》《幼儿创造力与艺术教育》《爱上民间艺术》等。

2. 研究梳理

走入家庭，获得了民间艺术教育的内容；走向社会，寻找民间艺术教育的内容；走进艺人，学习民间艺术教育的内容；利用节日，挖掘民间艺术教育的内容；浏览网页，收集民间艺术教育的成功经验和典型案例，对国内外创造性思维研究成果进行文献梳理和资料综述。

3. 方案制定

从调查研究、文献检索入手，广泛深入地调查民间艺术情境课程开发与实施的可行性，进行前期研究，制定研究方案、实验手册。

4. 实验前测

确定了实验班、对照班以及课题组成员。实验班和对照班于 2014 年 3 月完成创造性思维的前测工作。

（二）实验研究（2014 年 9 月—2015 年 7 月）

实验研究包括两个阶段：第一阶段开展探索性实验。选用托兰斯创造性思维图画测验对实验班和对照班的幼儿进行中测。第二阶段进行验证性实验，完成后测,在民间艺术情境课程的目标制定、内容选择、情境类型、实施策略和教育评价等方面进行有效落实。

1. 民间艺术情境课程的目标制定

《3—6岁儿童学习与发展指南》指出,艺术是人类感受美、表现美和创造美的重要形式,也是认识周围世界和表达自我情感态度的独特表现方式[1]。民间艺术情境课程的目标制定涵盖情感、知识、能力等方面。引导幼儿感知、欣赏周围环境中民间艺术特色和风格,在艺术情境中感受民间视觉、听觉以及视听艺术的独特的美,喜欢民间艺术,主动参与民间艺术情境活动,积累民间歌曲、乐曲以及舞蹈的基本语汇。在情境中尝试运用各种民间美术工具、材料,并用自己喜欢的方式,大胆创造表现,体验愉悦,发展创造性思维,同时也初步培养幼儿热爱家乡的情感。

2. 民间艺术情境课程的内容选择

民间艺术博大精深、丰富多样,在内容选择上注重贴近幼儿生活、符合幼儿兴趣的,经典的具有挑战性、操作性、创造性的民间艺术情境教育内容。因此,选择、开发适宜幼儿的民间艺术情境教育内容可从三方面入手:一是利用幼儿园已有教材选择民间艺术教育内容;二是调动家长资源,收集民间艺术教育内容;三是发挥社区环境资源优势,开发新型民间艺术教育内容。

3. 民间艺术情境类型

(1) 民间艺术文化情境。民间艺术文化情境主要是借助民间文化氛围创设的教学情境,通过创设富有浓郁的民间艺术特色的环境,陶冶幼儿美的情操,启迪创造的萌芽。环境的教育影响作用是无穷的,树立大环境的教育观念,在幼儿园的走廊内设置南通本土特产街,悬挂了教师自制的颇具民间艺术特色的手工艺品,如"十二生肖""水油分离画""风筝展"等,还充分利用班级的角角落落开设民间区域"蓝印花布馆""风筝馆""民间创意坊"等操作区。师幼共同在竹篮子、扁竹篓上涂画、粘贴,装饰成美丽的图画,用颜料创意涂画蒲扇、装饰京剧脸谱、葫芦等,运用折纸、剪纸、编织、粘贴等形式共同参与墙饰的布置,体验创造的快乐。

(2) 民间说唱表演情境。民间童谣、儿歌、故事是民间文化艺术宝库里的瑰宝。通过民间说唱表演情境激起儿童的情绪、情感以及想象活动。如带领幼儿学习民间故事《神笔马良》后,引导幼儿想象讲述"如果你拥有这样一只神笔,你想画什么呢?"再组织幼儿进行想象性绘画。童谣《拍手歌》让幼儿学会后两人一

---

[1] 教育部.3—6岁儿童学习与发展指南[Z].南京:江苏教育出版社,2012:43.

组边拍手边创编拍手儿歌,引导他们运用语言、动作以及表情等开展表演活动,充分发挥了幼儿的主动性和创造性。

(3)民间游戏活动情境。民间游戏活动情境是根据幼儿爱玩的天性,充分利用民间游戏在情境活动中的重要性,让幼儿在情境活动中大胆创造。在空间上有效利用幼儿园操场塑胶地面上画有各种鲜艳的图形,让幼儿玩贴烧饼、丢手绢、占圈、跳房子等民间游戏;大树下攀爬网、玩沙池、荡秋千、梅花桩、轮胎以及各种长度的竹梯子,让幼儿自由组合搭建攀爬游戏。保证每天的晨间活动至少开展一个民间游戏活动,让幼儿在民间游戏的情境中畅游,大胆想象,放飞思维。

(4)民间亲子活动情境。民间亲子活动情境主要是借助亲子活动创设的教学情境,通过家长参与,让幼儿在其乐融融的亲子活动氛围中,创造力得到进一步提升。《幼儿园教育指导纲要》指出:"家长是幼儿园不可缺少的合作伙伴。应尊重家长的意愿,创造条件让家长主动参与到幼儿园的教育工作中去。"因此,应该争取获得家长的支持,使其成为幼儿园民间艺术情境教育的有力合作伙伴。如我们开展"亲子创意民间艺术活动",家长和孩子一起用文蛤壳做转转乐玩具,先装饰文蛤,然后在文蛤上磨洞穿线,最后孩子们玩文蛤,让文蛤转起来像一朵美丽的七彩花;开展"民间故事亲子童话剧比赛",从台词、表情动作到服装道具,家长和幼儿一起动手动脑,发挥各种创意,比赛节目有《三个和尚》《守株待兔》《司马光砸缸》等。此外,还有元宵节亲子活动"做花灯"、三八节亲子活动"蓝印花布服饰表演秀""纸袋面具创意秀""面具舞会"。

4.民间艺术情境课程的实施策略

情境教育从古代蕴含心理学、创造学以及美学等的"意境说"中汲取"真""情""思""美"四大特点,归纳出思为核心、美为境界、情为纽带、周围世界为源泉、儿童活动为途径的操作要义。围绕五大操作要义,建构民间艺术情境课程的实施策略。

(1)注重审美体验。"美可以给人类生活带来情趣,而情趣是人类生活的原动力[1]。"情境教育正是通过引导幼儿观察美、欣赏美、创造美,激发他们对生活的激情和感悟,提高他们的观察能力、思维能力和表现能力,以培养幼儿的整体素质[2]。民间艺术情境课程以"美"为突破口,创设了美的教学情境,运用了美的教学语言,再现了美的教学内容,构建一个多向折射的"审美心理场",并把幼

---

[1] 王灿明,陈爱萍,尤素敏,等.学前儿童创造力发展与教育[M].南京:南京大学出版社,2016:108.

[2] 顾明远.李吉林和情境教育学派研究[C].北京:教育科学出版社,2011:283.

第十章　学前情境教育促进儿童创造性思维发展的实验研究

儿带入美的情境,将民间美术和民间音乐纳入了幼儿园课程,进行了深入系统的实验研究。

(2) 拓宽思维空间。我们为幼儿提供多方面的感知材料,设置典型的民间艺术情境,举办各种参观活动、欣赏活动、展示活动,将民间艺术的色彩、形象、声响镶嵌在他们丰富的记忆中,帮助幼儿发展观察力,在观察中探究、想象、描绘,从而拓宽思维空间,为创新提供契机。

(3) 满足情感需求。情境教育强调"要以情感为动因,给幼儿提供想象的机会,为幼儿组合新形象产生需要的推动力"[1]。在实验的过程中,注重创设了具有情感性、参与性的民间艺术环境,以充满民间艺术美的环境熏陶幼儿,以培养幼儿爱家乡的情感,并给予幼儿抒发这些情感的空间,传承并弘扬了中国优秀的民间文化,培养了民族精神。

(4) 丰富活动内容。儿童生命力的体现离不开活动,儿童正是通过自身的活动去认识世界、体验生活、学会创造的。对于幼儿来说,活动是他们连接内部世界和外部世界的桥梁。实验中,有目的地开展系列民间艺术主题活动,定期组织民间艺术节、游艺会以及参观民间艺术馆等活动。在民间艺术情境活动中,调动幼儿的多种感官参与活动,将民间艺术知识的系统性、民间艺术活动的操作性、民间艺术审美的愉悦性融为一体,促进创造性思维的发展。

(5) 珍视生活经验。大自然是幼儿智慧的源泉、幼儿成长的摇篮。情境教育一直倡导"走进真实生活"。在本实验的实施过程中,经常开展民间艺术大单元活动、野外课程活动,将他们带到群体中、社会中、大自然中去,不断拓宽幼儿的视野,让他们在广阔的天地间汲取源泉。同时,将课程内容范围扩大,将家长纳入研究共同体,让幼儿在生活的世界中汲取民间艺术的力量。

4. 民间艺术情境课程的评价

幼儿民间艺术情境课程评价是有目的、有计划的活动,通过情境观察、情境活动等多途径搜集、整理资料,注重对资料的解释、反馈,重视过程与发展,并注重多层性、坚持多元性、重视发展性、突出现场性,具有促进幼儿富有创造个性的发展、促进教师的自我成长、促进课程开发的功能,形成过程性评价、档案袋评价。过程性评价是指在幼儿的生活、学习经验和情境的自然过程中对幼儿进行的观察与评价,采用日常观察、情境化测试、作品分析、个别交谈等方式进行;档案袋评价是指教师和幼儿共同收集各种能够真实反映幼儿在一定时段内创造性思维的发展与变化等方面的原始资料,并将资料制作成册的评价形式,采用观察

---

[1] 李吉林.情境教育三部曲(三)[M].北京:教育科学出版社,2012:205.

记录、成长档案和量表测试等方式进行。

(三) 总结推广

做好结题阶段的各项准备,完成实验报告,整理研究成果。课题组成员在总课题组王灿明教授的指导与帮助下,不断研究与提升,取得一定成果,并在南通市情境教育实验区(2个)和情境教育实验幼儿园(18所)得到推广。在省示范园开放活动中,对全区开放课题展示活动6次,开设公开课20余节,有20篇论文分别发表在《早期教育》《成才之路》《好家长·新天地》《江苏教育报》《南通教育研究》《教师教育与发展研究》等报纸杂志,其中周云等老师有4篇论文在核心期刊上发表。另有12篇论文、课例在省市级评比中获奖。多节教学活动在市区比赛中荣获一、二等奖,褚伟伟等老师还多次赴启东、通州、如皋、海门等地送教,陈玲玲等老师在"省示范园开放活动"中进行民间艺情境教育活动的展示与交流,均获好评。

五、实验结果

(一) 实验班与对照班幼儿创造性思维的前测对比

对实验班 A 与对照班 A 的创造性思维前测评分的独立样本 t 检验结果显示(见表 10-11),独创性和精致性均存在显著性差异,实验班幼儿的思维精致性、独创性均显著低于对照班,而创造性思维的其他维度均没有显著差异。A 班前测检验结果说明样本选择符合实验设计要求。

表 10-11 实验班 A 和对照班 A 幼儿创造性思维前测比较

维度	班级	n	M	SD	t
流畅性	实验班 A	28	8.89	6.06	-1.935
	对照班 A	29	11.66	4.65	
独创性	实验班 A	28	0.87	1.65	-2.848**
	对照班 A	29	2.33	2.19	
沉思性	实验班 A	28	4.25	4.27	-0.767
	对照班 A	29	5.11	4.25	
精致性	实验班 A	28	0.21	0.44	-2.055*
	对照班 A	29	0.44	0.38	
标题抽象性	实验班 A	28	0.48	0.98	0.503
	对照班 A	29	0.36	0.82	

续　表

维度	班级	n	M	SD	t
总分	实验班 A	28	14.70	10.51	−1.969
	对照班 A	29	19.90	9.39	

对实验班 B 与对照班 B 的创造性思维前测评分的独立样本 t 检验结果显示(见表 10 - 12),实验班与对照班幼儿思维的标题抽象性不存在显著差异,而沉思性和精致性恰恰相反,实验班幼儿的精致性和沉思性显著低于对照班幼儿。不过,实验班幼儿思维的流畅性、独创性、总分显著高于对照班。总体而言,B 班的前测结果说明样本基本符合实验设计的要求。

表 10 - 12　实验班 B 和对照班 B 幼儿创造性思维前测比较

维度	班级	n	M	SD	t
流畅性	实验班 B	36	21.47	5.91	5.651***
	对照班 B	27	14.37	4.06	
独创性	实验班 B	36	5.50	3.36	2.844**
	对照班 B	27	3.26	2.70	
沉思性	实验班 B	36	6.78	4.82	−2.144*
	对照班 B	27	9.60	5.63	
精致性	实验班 B	36	1.20	0.86	−2.936**
	对照班 B	27	1.84	0.84	
标题抽象性	实验班 B	36	0.84	2.20	−0.137
	对照班 B	27	0.91	1.78	
总分	实验班 B	36	35.80	8.53	2.427*
	对照班 B	27	29.99	10.46	

（二）实验班与对照班幼儿创造性思维的中测对比

对实验班 A 与对照班 A 的创造性思维中测评分的独立样本 t 检验结果显示(见表 10 - 13),实验班 A 与对照班 A 的思维流畅性存在着非常显著的差异,实验班幼儿的流畅性非常显著高于对照班,说明实验对 A 班幼儿思维的流畅性产生良好效果。

在第一轮实验中,结合前测和中测的实验结果发现,实验班 A 幼儿的思维独创性与精致性均有不同程度的发展(见表 10 - 14 和表 10 - 15)。前测中,就独创性而言,对照班 A 显著高于实验班 A,并且差异是非常明显的。但到了中测,实验班 A 的独创性与对照班 A 的独创性已经不存在显著差异,说明实验班 A 经过一年的情境课程的实施独创性得到了发展;另一方面,在前测中,两个班的精致性不仅存在着显著的差异,而且这种精致性的差异是对照班 A 高于实验班 A,到了中测,与独创性相似,都不存在明显的差异,这就表明,实验班 A 在经过一年的情境课程实施后,幼儿思维的精致性得到了良好的发展和提升,弥补了原有实验班幼儿实验开展前原有基础的弱势。

表 10-13 实验班 A 和对照班 A 幼儿创造性思维中测比较

维度	班级	n	M	SD	t
流畅性	实验班 A	25	10.04	4.87	3.272**
	对照班 A	21	6.19	3.03	
独创性	实验班 A	25	4.84	4.32	1.723
	对照班 A	21	3.14	2.18	
沉思性	实验班 A	25	2.08	2.16	−1.296
	对照班 A	21	2.81	1.54	
精致性	实验班 A	25	0.92	0.76	0.067
	对照班 A	21	0.90	0.77	
标题抽象性	实验班 A	25	0.36	0.76	−0.286
	对照班 A	21	0.43	0.87	
总分	实验班 A	25	18.24	10.35	1.944
	对照班 A	21	13.48	6.01	

对实验班 B 与对照班 B 的创造性思维中测评分的独立样本 t 检验结果显示(见表 10-6),两个班在流畅性、独创性、标题抽象性和总分上均存在非常显著的差异,实验班的流畅性、独创性、标题抽象性和总分上均非常显著地高于对照班,说明实验对 B 班幼儿思维的流畅性、独创性、标题抽象性和总分均产生良好效果。而对照班与实验班的沉思性和精致性均不存在显著的差异。

在第二轮实验中,结合前测和中测的实验结果发现(见表 10-12 和表 10-14),实验班 B 幼儿的思维的沉思性、精致性均有不同程度的发展。在前测中,对照班 B 的沉思性显著高于实验班 B;而到中测时,结论却相反,实验班 B 与对照班 B 的幼儿思维的沉思性不存在显著差异了。该结果说明,若实验班 B 在经过一年的情境课程实施之后,思维的沉思性得到了良好发展;第二,在前测中,对于精致性，对照班 B 非常显著高于实验班 B，而到中测，两个班级幼儿的思维的精致性的显著差异消失了。由此可知，实验班 B 的幼儿在接受过一年的情境课程实施后，思维的精致性得到良好的发展，弥补了原有的弱势。

表 10-14　实验班 B 和对照班 B 幼儿创造性思维中测比较

维度	班级	n	M	SD	t
流畅性	实验班 B	25	13.92	4.85	4.06***
	对照班 B	32	8.41	5.27	
独创性	实验班 B	25	6.80	4.19	4.211***
	对照班 B	32	2.63	2.99	
沉思性	实验班 B	25	4.56	2.36	1.411
	对照班 B	32	3.59	2.71	
精致性	实验班 B	25	1.72	0.94	1.608
	对照班 B	32	1.34	0.83	
标题抽象性	实验班 B	25	1.72	2.17	2.949**
	对照班 B	32	0.38	0.79	
总分	实验班 B	25	28.72	9.15	4.975***
	对照班 B	32	16.34	9.45	

（三）实验班与对照班幼儿创造性思维的后测对比

对实验班 A 与对照班 A 的创造性思维后测评分的独立样本 t 检验结果显示（见表 10-15），实验班幼儿思维的流畅性、独创性、精致性和总分均显著高于对照班幼儿。

表 10-15　实验班 A 和对照班 A 幼儿创造性思维后测比较

维度	班级	n	M	SD	t
流畅性	实验班 A	29	35.41	8.46	5.494***
	对照班 A	24	22.25	8.95	
独创性	实验班 A	29	25.21	8.19	5.022***
	对照班 A	24	13.46	8.82	
沉思性	实验班 A	29	6.21	2.18	0.54
	对照班 A	24	5.88	2.29	

续表

维度	班级	n	M	SD	t
精致性	实验班 A	29	3.83	1.87	2.447*
	对照班 A	24	2.63	1.66	
标题抽象性	实验班 A	29	1.03	1.18	−1.703
	对照班 A	24	2.38	3.70	
总分	实验班 A	29	71.69	17.17	5.221***
	对照班 A	24	46.58	17.74	

我们对比实验班 A 和对照班 A 的中测和后测发现（见表 10-12 和表 10-15），流畅性、独创性、精致性和总分仍处于发展趋势，且后测的沉思性也较中测的沉思性得到了发展。以独创性为例，在中测中，实验班 A 与对照班 A 没有显著差异，而在后测中，实验班 A 的独创性显著高于对照班 A，说明实验班 A 在情境课程实施中不断地发展。思维的其他方面，包括精致性和总分也是如此。中测期间，在精致性的对比中，对照班与实验班没有显著差异，在后测期间，实验班 A 的精致性显著高于对照班 A，这就表明了在情境课程实施后，实验班 A 的精致性在连续不断地发展。从中可以得知，实验班 A 在情境课程实施之后，创造性思维得到了发展。

对实验班 B 与对照班 B 的创造性思维后测评分的独立样本 t 检验结果显示（见表 10-16），幼儿思维的流畅性、独创性、标题抽象性和总分均存在显著差异，其中，总分存在非常显著差异，标题抽象性存在极其显著差异。说明实验持续促进实验班 B 幼儿的创造性思维及流畅性、独创性、标题抽象性等维度的发展。

表 10-16　实验班 B 和对照班 B 幼儿创造性思维后测比较

维度	班级	n	M	SD	t
流畅性	实验班 B	40	32.30	8.91	2.474*
	对照班 B	33	26.27	11.42	
独创性	实验班 B	40	22.50	10.81	2.092*
	对照班 B	33	17.03	11.48	
沉思性	实验班 B	40	6.68	2.00	−0.372
	对照班 B	33	6.94	3.05	

续 表

维度	班级	n	M	SD	t
精致性	实验班B	40	3.90	1.95	0.343
	对照班B	33	3.76	1.52	
标题抽象性	实验班B	40	6.85	4.09	5.571***
	对照班B	33	2.48	2.54	
总分	实验班B	40	72.22	21.33	2.907**
	对照班B	33	56.48	24.93	

六、对实验结果的讨论

幼儿创造性思维的养成不仅关系到其创造力的培养,更关系到人才的早期培育。幼儿创造性思维发展的影响因素较多,首先受先天遗传因素的影响,之后随着年龄的增长,外在因素也是必不可少的,如家庭教养、学校教育、社会文化以及个人品质等,本课题从学前教育视角,重点讨论民间艺术情境课程的开发是如何促进幼儿创造性思维发展的。

(一)民间艺术情境课程丰富活动内容

幼儿园的民间艺术大部分是幼儿看到、听到或真实经历过的,而教师创设的情境是能让幼儿主动参与的。例如,在开展大班活动《美丽的濠河》时,活动前请家长利用节假日带着孩子欣赏濠河的美景,让小朋友对濠河有个直观的视觉感受,教师再组织幼儿去参观濠河博物馆,了解濠河的历史,激发了孩子对濠河的兴趣,能够根据濠河"水绕城,城包水"的独特格局,尝试用自己的视角创造性地画出濠河的美景,整个活动孩子都充满了热情。纵观本次活动,从内容的收集和选择,到濠河城水相绕特点的认识;从幼儿绘画时发现问题到解决问题,从失败到成功,孩子们始终在轻松愉快的氛围中学习,在主动的学习中探索,在自由的探索中发现,活动中孩子体验到了从失败到成功的快乐和满足。

(二)民间艺术情境课程增强生活经验

李吉林说:"情境课程致力于开拓并扩展儿童的生活和发展的空间[1]。"民间音乐源自生活而高出生活,不论是将通常的音乐生动化,还是探寻听觉的近似性,或者是构建"联觉"思维,音乐的体悟都与生活息息相关。歌曲《买菜》不仅来源于生活,描写了孩子们喜闻乐见的场景,而且歌词简洁、旋律简单,唱起来朗朗

---

[1] 李吉林.情境教育三部曲(三)[M].北京:教育科学出版社,2012:207.

上口,特别是最后的一连串蔬菜内容是用说唱的方式演唱的,不但节奏性强,且幽默而又富有童趣。周末陪妈妈或奶奶上街买菜是孩子们非常开心和乐意的事情,而看到、吃到各种各样的蔬菜又是幼儿生活中天天都会经历的事情,这些是孩子们日常生活所经历的,都洋溢着质朴而浓厚的生活气息。将这些跟幼儿息息相关的生活情境,引入幼儿园教学活动中,让孩子在教师创设的情境中进行相关的学习活动是非常有趣而有意义的,会取得事半功倍的效果。

(三)民间艺术情境课程拓宽思维空间

3—6岁是儿童创造性思维发展的黄金时期。为了更好地激发幼儿的想象力,我们创造条件为幼儿提供各种民间艺术活动情境以及能促进其创造性想象发展的空间。例如,在大班美术活动《漂亮的桌布》中,我们从让幼儿欣赏各种各样漂亮的桌布引入,引导幼儿从桌布的图案里发现有规律的排列方法,并尝试从排列上进行探索。我们还按照大班幼儿的年龄特点及发展水平,提供多元的操作材料,引导幼儿用绘画、剪贴等方法装饰桌布。让幼儿学习从各种角度发现问题、思考问题,并尝试探究出不同的排列规律,培养和提高幼儿的各种能力,促进幼儿创造性思维的发展。因此,要创设一定的艺术活动情境和孕育想象思维发展的空间,这样才能很快抓住幼儿的思维,激发其无限的视听想象力,又促进他们创造性思维的发展。

(四)民间艺术情境课程满足情感需求

艺术是由情感引起的,恰好是情感触动了孩子幼小的心灵。在民间艺术情境课程的开发与实施中,采用合适的教育方法,让幼儿自主表现,接纳和肯定幼儿独特的表现方法和审美感受,必定会收到意想不到的效果。自该园实施民间艺术情境课程以来,孩子们的思维能力在提高,开始积极与人交往,大胆地探索创新,而且渐渐培养了对活动的喜好,他们能够在比较长的一段时间内对某个感兴趣的艺术活动更专注,这就萌发了他们的创造欲望,教师应该及时发现并精心培养这种兴趣。当其自主编唱和舞蹈时,教师要善于敏锐地捕捉到他们创造的火花,再加上科学的引导,鼓励幼儿大胆的想象、主动的选择,用艺术语言促进幼儿创造性想象的发展。例如,在民间艺术综合活动《南通美》中,教师借助PPT、视频,引导孩子们用敏锐的直觉欣赏,随即根据自己的经验运用各种材料展开丰富的想象,创造性地搭建出"狼山""钟楼"等景点。在整个活动中,教师尊重每位孩子不同的表现方式,让他们尽情发挥丰富的想象和创造的空间,萌发了幼儿爱家乡的情感。

(五)民间艺术情境课程强化审美体验

《指南》指出:"我们要抓住幼儿艺术领域学习的关键期,带领幼儿到大自然、大社会中去,引发幼儿感受与体验美,发展幼儿的创造力[1]。"艺术活动中蕴含美和展现美,对幼儿来说,艺术更多的是"一种审美愉悦的自我流露和内心体验"[2],而民间艺术以生动的感性形态存在于现实生活之中,能使幼儿联想丰富,给幼儿以美的启迪和享受。在民间艺术情境课程实施中,我们以审美教育和情境教育为主,将各种民间艺术形式有机结合,让幼儿与环境亲密接触,进行有效对话。如园内大环境布置了"十二生肖宫灯""水油分离画""风筝展"等,还充分利用班级的角落开设了"蓝印花布馆""濠河博物馆"等表演操作区。区域游戏的创设更是丰富多彩,班班有经典,处处显特点,"抬花轿""舞龙灯""老鼠嫁女""青花瓷盘""艺术刮画""弹珠滚画"等都让人眼前一亮,这些由家长、教师共同收集、制作的游戏材料来源于生活又高于生活,可操作性强,深受孩子们的喜爱,孩子们根据自己的愿望,进行丰富多彩的民间艺术活动,尽情邀游在民间艺术美的意境中。

七、实验结论

总体上,本研究验证了实验假设,民间艺术情境课程开发能有效促进幼儿创造性思维的发展。本园将传统的民间艺术与情境课程相融合,不仅能进一步彰显民间艺术的魅力,而且能激发幼儿对民间艺术的喜爱之情,让幼儿在改善并升华的情境中进行快乐体验,最终促使幼儿的创造性思维得到发展和提高。

作者:周 云 陈玲玲 王晓璐

第四节 语言情境教育促进幼儿创造性思维发展的实验研究[3]

儿童是祖国的花朵,是人类发展的希望,各国都把开发儿童创造力放在教育重中之重的位置。创造力是大脑的机能,蕴藏潜力递减法则,即开发得越晚,发展潜力越小。广大教育工作者如何紧紧抓住儿童创造力发展的关键期,因地制宜地为儿童提供优越的发展条件,铺设发挥儿童潜能的多种平台和创设适宜的

---

[1] 教育部.3—6岁儿童学习与发展指南[Z].南京:江苏教育出版社,2012:43.
[2] 边霞.儿童的艺术与艺术教育[M].南京:江苏教育出版社,2006:19.
[3] 本节系国家社会科学基金教育学一般项目"情境教育与儿童创造力发展的实验与研究"(课题批准号:BHA120051)的实验课题"语言情境教育促进幼儿创造性思维发展的实验研究"的研究成果。实验幼儿园:如皋市东皋幼儿园;主持人:尤冬梅、蒋秀云;主要成员:尤素敏、张洁、许小洁、刘勇慧、陈美华、赵晓学、侯松凤、陈维维、陈培丽、周宁(南通大学)。

教育环境,使儿童成为现代化建设的栋梁之材。学前语言情境教育是通过优化的语言环境,对儿童进行积极审美情绪的濡染,促进其认知、能力和个性协调发展的教育模式。它把儿童认知作为研究对象,从教育学、心理学理论视角挖掘儿童认知规律,诉诸教育实践,使儿童智能、情感和学习品质全面提升。本课题将以语言情境教育为抓手,激活儿童的创造潜能,借助"美、智、趣"的物质环境和"亲、助、和"的人际环境,对幼儿施加教育影响,促使他们保持求知热情,发展创造性思维。

一、问题提出

在学前期,影响儿童思维、想象以及个性形成的重要因素是语言。人们对学前语言教育的要求已经不仅仅停留在掌握呆板、僵死的既有知识之上,而是对儿童实施新颖、独特、带着生命活力的创造教育。但是,在学前语言领域开展创造教育,给学前语言教育注入新的活力,这个美好的愿景,因为种种原因,却显得困难重重。具体表现在以下几个方面:首先,儿童教育观出现偏差,导致创造潜能发掘受阻。生活中常常听到这样的声音"我的孩子三岁就能背几十首唐诗,幼儿园里学的儿歌、故事都会讲""我的孩子已经认了很多字了"。在幼儿园语言教育中,语言课程目标的制定侧重知识、技能发展,对幼儿创造素质的培养缺乏明确要求,家长狭隘庸俗的社会功利思想和教师"知识本位"思想,成为幼儿创造潜能挖掘的阻碍。其次,语言学习内容远离生活,限制幼儿的思维和想象。人类在感知的基础上产生思维和发展思维,感性知识丰富与否,甚至可以制约人类思维的发展。也就是说,幼儿的学习是靠直接感知来获取经验,在幼儿大脑中贮存的知识表象越丰富,幼儿的思维发展越活跃。目前幼儿园使用的课程教材有"整合课程""综合课程"等,课程的实施围绕一个个"主题"展开,城乡幼儿园的环境不同,幼儿的生活经验有差别,有些学习内容远离幼儿生活。幼儿知识的获得出现断流,何来创造之说呢?因此,幼儿园勇于创新,充分挖掘本土资源,因地制宜地筛选、补充切实实用的教育内容,为幼儿的创造性发展埋下火种,是幼教改革急需面对的问题。最后,单一封闭式的教学手段,抑制创造精神自然勃发。随着幼教改革的步步深入,教师教育水平整体上有所提高,但是长期以来,语言教学活动中采用单一、注入式传统教育模式依旧存在,幼儿在语言活动中处于被动的参与状态,情感不能完全投入活动之中,幼儿的大脑成为容纳知识的容器,幼儿所学知识成为死知识,思维僵化,创造的火花被人为地泯灭在萌芽之中。幼儿心理发展表现出明显的情境性特征,语言教学中创设适宜的情境容易吸引幼儿的注意,把他们带入求知的氛围之中,优化的环境能够让他们满足情感需要,让创造性思维火花不断闪现。

生动有趣的、能够带给儿童美的视觉冲击力,又能引其遐思的语言活动环境,自然激发幼儿全身心投入其中,它把语言领域的学习内容镶嵌到具有艺术美感的教育情境之中,引导幼儿从各个视角去观察了解事物,用自己的语言描绘所见所闻,心灵受到美的洗礼,情感更加真挚细腻,思维愈发开放跳脱,想象如脱缰野马恣意飞腾,学前语言情境教育的丰富内涵尽显。本课题的具体目标为:一是优化语言环境,激起幼儿高涨的表达需求,能够主动用语言清晰流畅地说出自己对事物的简单认识和看法。随着大量文学作品的学习和欣赏,儿童头脑中积累的文学形象愈加丰富,在文学语言的模仿和学习中,文学创作动机越来越明显,他们喜欢仿编和创编活动,发展文学想象、创意表达和审美能力。二是借助情境教育手段让幼儿掌握前阅读核心经验的同时,发展幼儿创造性。三是开展情境阅读活动,帮助幼儿学会非文字阅读和简单的文字阅读,发展幼儿思维的发散性、联动性和灵活性。

二、理论依据

(一) 洪堡特的语言创造性理论

18世纪初,德国语言学家洪堡特指出:"语言绝不是产品,而是一种创造活动[1]。"创造力是人们生产新颖独特产品的能力,但语言创造力却不是以产品的方式呈现,除非文字记录,语言不会以物质的方式留存下来,语言的创造性体现在各种各样的活动中,在活动中人们接受大量信息,内部语言越来越丰富,促使思维高速运转。人们运用语言进行交际时,随着环境和场景的不断更新,人们的语言内容也会随之变化,创造语言的能力日益提高。洪堡特的语言创造性理论为我们实施幼儿语言创造教育指明了方向,一方面,创设有利于语言创造的环境,为幼儿创造性使用语言准备条件;另一方面,运用适当的教育手段,激发幼儿用语言表达情感和进行交往的热情和愿望,让幼儿的创造性思维得到持续发展。

(二) 李吉林的情境教育理论

人类大脑左半球控制言语发展,右半球掌握创造和情绪情感活动。李吉林发现,小学语文采用的是"注入式"教学,把教育的重点落在知识技能的灌输上,偏重理性逻辑思维训练,忽视儿童自然、本真的情感需求,偏离"以人为本"的儿童教育观。她强调拓展儿童大脑空间必须重视右脑的功能,而情境教学充分利

---

[1] [德]威廉·冯·洪堡特.论人类语言结构的差异及其对人类精神发展的影响[M].姚小平,译.北京:商务印书馆,1998:56.

用儿童语言发展的关键期,模拟创设可感可知的情境,引起儿童无意识心理倾向,从而全身心投入活动,成为发展儿童语言的最佳途径。

(三)建构主义教育理论

建构主义学习观关注情境性学习,建构主义者认为活动和感知比概念化更具有意义,突出具体形象性及非结构性特点。呆板、单一、机械的灌输式与传授式教学是不提倡的,教师应创造条件让学生在各种情境中检验知识,对知识的认识得到不断深化。学前语言情境教育利用环境促发儿童强烈的活动热情,借助不同的情境丰富幼儿生活经验,在情境倾听、情境表达、情境阅读、情境前书写活动中发展语言运用能力,在已有知识经验的基础上不断形成新的知识生长点,养成独立思考、大胆想象、乐于表达和团结协作的学习品质。

三、实验设计

学前语言情境教育借助儿童的情境倾听、情境表达、情境阅读和前书写活动,丰富其语言核心经验,激发其创造动机,发展其多元智能,培养其乐于求知、乐于求新的学习品质。本实验运用实验组、控制组前后测实验设计,实验假设是语言情境教育能够促进幼儿创造性思维的发展。

(一)实验对象

选取大(3)班、大(4)班分别作为实验 A 班、对照 A 班;中(7)班、中(2)班则为实验 B 班、对照 B 班;A 班前测时是中班,后测时是大班,B 班前测时是小班,后测时是中班,其中实验 A 班女孩 13 人,男孩 21 人,总数 34 人。对照 A 班女孩 24 人,男孩 22 人,总数 46 人。实验 B 班女孩 19 人,男孩 16 人,总数 35 人。对照 B 班女孩 17 人,男孩 19 人,总数 36 人。实验班的前后测均无人数变化。

(二)实验变量

1.自变量

以语言情境教育为自变量,包括情境倾听、情境表达、情境阅读、情境前书写等内容。研究表明,儿童心理发展的每一个阶段都有明显的本质特征,抓住这些特征对幼儿实施有效的教育,将会收到事倍功半的效果。对于学前儿童来说,两周岁是其口语发展迅速的时期,到了四五岁,随着逻辑思维能力的提高,伴随口语的书面语言已然成为儿童认识世界以及表情达意的重要途径。在对幼儿实施语言教育的过程中,我们要紧紧抓住这些重要的时间节点,借助情境倾听、情境表达、情境阅读和前书写等语言教育活动来丰富其语言核心经验。

2. 因变量

本课题的因变量是创造性思维发展。幼儿园运用情境教育的方式开展语言学习活动，既可以克服传统的单一、注入、抽象和低效的语言教育弊端，又能让幼儿在情境中进入角色，主动倾听，积极思考，思维发散，创意表达。

3. 控制变量

本实验在正常的教学秩序中进行，并采取适当调控，实验班和对照班幼儿出生年月、性别比例、家庭环境基本平衡；班主任能力、任课教师的教学水平及使用的教材、教学进度、教学时间、课外活动大致相等；实验氛围轻松，不存在竞争机制；保证避免幼儿缺席、教师病假等情况。

（三）统计工具

采用统计软件 SPSS16.0 进行录入、统计与分析。

四、实验过程

（一）前期准备（2014.2—2014.5）

一是学习情境教育、创造教育和幼儿园语言教育等文献资料，制定实验方案，成立领导小组，准备实验手册等。二是强化理论探索。学习文献，探寻实验研究的理论精髓，与书本对话。邀请专家学者对课题组成员进行必要的理论指导，组织学术沙龙（每月1期）、课题汇报会（每学期2次）和读书分享会（每周1次），充分利用名师、名校、名家以及江苏情境教育研究所、南通大学创造教育研究所的信息优势，适时了解相关理论动态，确保课题研究高效率地运行。通过参与"在线论坛"（每月2届）、观摩研究课（每两周1次）、观看《课题视窗》（每月1期），加强与总课题组的信息沟通与联系。三是进行探索性实验。以探索性实验的方式进行，优化教育情境，通过情境倾听、情境表达、情境阅读、情境前书写等教育形式促进幼儿创造性思维发展。

（二）实验研究（2014.5—2015.7）

为了使教育实验系统化、科学化，我们以创造教育理论为先导，不断推进学前语言情境教育活动，及时反思总结教育实践成果，归结出语言情境教育基本原则、一般过程、典型类型以及创造性思维发展教育实践策略。

1. 实验教学原则

学前语言情境教育以发展创造性思维为核心，激发幼儿积极情感为纽带，把幼儿带入真、善、美的世界，因而遵循审美熏陶、主体活动、模仿创造、空间延展原则。

（1）审美熏陶原则。苏霍姆林斯基认为，教师只有充分调动学生学习积极性,让他们满怀热情地投入其中,学习才会成为身心愉悦之事[1]。学前语言情境教育通过创设美、智、趣的教育环境,激起幼儿内心的整体美感,从而产生主动参与语言活动的愿望和动机,同时激起强烈的好奇心和表达欲,既可以很好地激发幼儿的学习兴趣,又能够让幼儿在轻松自然的氛围中获得语境与语用之间关系的感悟力。

(2)主体活动原则。人的生存和发展离不开活动,杜威把促进儿童思维发展的原因归结为能引发儿童的兴趣并保持持久热情的活动,皮亚杰认为儿童与外界的积极互动能够促进他们成长。从幼儿的心理发展来看,实际活动能激发幼儿强烈的好奇心,有利于培养幼儿发现问题和解决问题的能力,挖掘其创造潜能,帮助幼儿形成良好学习品质。学前语言情境教育以发展幼儿创造力为核心,通过语言教育活动、游戏活动和生活活动,让他们通过动手、动脑、动嘴等操作活动形式强化感受,训练感觉,培养直觉,从而形成主动探索、富有独创精神等创造性人格特征。

(3)模仿创造原则。儿童的语言不是先天形成,而是通过变通式的仿造来学习语言,儿童喜欢模仿,用积极主动的模仿活动满足自己对语言的需要,模仿的内容来自于幼儿的生活环境,在与周围的人们进行语言交流的时候,他们会主动学习别人的语言表达方式,或模仿其语言范型结构、功能,用于在新语境中表达新的内容,如诗歌、散文的仿编活动;或是用模仿来的语言范型结构进行调整拓展,如变换语序、句子拓展、故事编构等。学前语言情境教育通过为幼儿提供美、智、趣的语言环境,丰富的语言材料,各种各样充满美感和文学性语言范型,让幼儿感受、理解和再造想象。

(4)空间延展原则。学前语言情境教育提倡思维系统的发散性,表现为教学内容的生成性和教学空间的灵活性。在时间上打破幼儿园各年龄段集体活动时间限制,延伸至全天进行语言输出与输入的活动;在空间上打破过去整齐划一的"小学化"桌椅摆放方式,根据课程进展要求转换布局,让语言学习活动步入游戏化、情境化的轨道;让自然资源、人力资源和社区资源为我所用,打破过去正规教学的局限,利用美、智、趣的环境熏陶,让幼儿在广阔的空间里获取、丰富语言经验;方法上注重教学问题思路的发散性,教师抛弃专制思想观念对幼儿创造性、思维多向发散的压抑,通过提出开放性的问题引导幼儿运用想象和联想,寻求独特的、发散的解答,鼓励幼儿积极向教师提出问题、假设和陈述,逐渐形成师幼民主共享的开放式活动氛围。

---

[1] 苏霍姆林斯基.给教师的建议[M].杜殿坤,译.北京:教育科学出版社,1984:88.

2. 教学过程

学前语言情境教育以贴近幼儿生活经验的环境熏陶，调动幼儿多感官参与语言活动，发展幼儿的多元智能，培养其乐于求知、乐于求新的学习品质。

(1) 带入情境，激发动机。学前语言情境教育根据幼儿注意持续时间短，对象的强刺激性等特点，利用新课时的导入环节，利用优化的环境，让幼儿自然地进入情境，产生积极的活动情绪，引发强烈的问题意识和探究需求。教师可根据幼儿的学习特点开展各种形式多样的情境语言活动，或利用情境表演，让幼儿获得真切的情感共鸣，或观察实物、图片，产生探究欲望，或利用问题悬念激发浓厚的学习兴趣。

(2) 优化情境，理解感悟。学前语言情境教学或把真实的生活展现在儿童面前，或出示具体可感的实物进行诱导，或利用生动形象的图画还原作品场景，或选择戏剧表演加深切身体验……多感官、多侧面的感受，使幼儿的情绪始终处于亢奋的最佳心理状态，丰富形象的渲染，真切实感的体验，幼儿能够自然地进入美、智、趣的情境之中，用纯洁美好的心灵去理解、感悟语言文学作品的语言美、韵律美、情感美，创造想象的火花既新颖独特又层出不穷。

(3) 凭借情境，主动创造。在教学过程中，师幼互动离不开质疑和发问，特别是幼儿主动发问，是培养幼儿问题意识的良好契机，而生生互动体现在各种语言操作活动中，是同伴互相学习，能够引发头脑风暴的有利时机。学前语言情境教学借助优化的情境，帮助幼儿不断丰富知识表象，引导幼儿在已有知识经验的基础上进行创造活动，让幼儿通过文学作品编构活动、开展奇特操作、设计情境表演、参与小组辩论赛等方式，让左右脑都能积极参与活动，思维发展优势明显。

(4) 拓展情境，多元渗透。教育活动重在转化，贵在拓展。一节教育活动在结束之时应当使幼儿能带着问题开始新的探索活动。只要做个有心人，语言情境教育活动能够随机展开，我们可以把它融入主题活动的各个领域中，可以利用生活活动得以拓展和实践体验，更是家庭教育活动不可缺少的教育内容。学前语言情境教育紧紧把握全语言教育思想，合理利用语言教育资源，不失时机地开展情境性语言活动，使幼儿智能空间面向多栖发展。

3. 实验教学策略

学前语言情境教育在幼儿语言教育和创造教育之间搭建了一座桥梁，借助美、智、趣的环境，引发幼儿用各种语言表情达意的积极性，培养良好口语交流能力，做好终身读写准备，促进其全面优质发展。其操作层面通过情境倾听、情境表达、情境阅读和前书写等活动，促进幼儿左右脑协调发展，发展幼儿的创造性思维和创造性人格。

(1) 情境倾听背景下的幼儿创造力培养策略。倾听是儿童进行语言交流的前提条件,培养情境倾听能力是基于儿童创造力发展的语言情境教育的目标之一,即通过有意识地创设情境,引导幼儿学会认真倾听,在听懂的基础上初步学会目标性倾听、欣赏性倾听、辨别性倾听,使有意注意、积极语言应对和思维缜密性得到锤炼。其实施策略有进入文学情境仔细聆听,进行再造想象;投入游戏情境认真细听,促发积极思辨;融入生活情境注意倾听,拓展发散思维。

(2) 利用语言情境激发幼儿创造性表达策略。美国心理学家泰勒认为那些因境而生、随性而发的表达行为反而富有创意,并称之为"表达式创造力",其最适合的人群是儿童和青少年。由此可见,情境是引发儿童创造力发生的必要条件,也成为学前语言教育的"内核"之一。其实施途径有设置问题情境,激发创造智慧;提供表达机会,进行讲述活动;创设表演活动情境,促进全面发展。

(3) 基于幼儿创造性思维发展的情境阅读策略。"学前是幼儿成长和发展的关键期,早期阅读对幼儿的成长和发展具有很大的价值,它能开启智慧、丰富知识、发展个性[1]。"情境阅读将早期阅读与其他领域的学习活动有机地整合在一起,完全符合幼儿整体学习的特征,从而让幼儿在潜移默化中学会表达、学会阅读、学会创造,体验阅读的快乐。其操作路径有优化自主阅读情境,在情感愉悦中享受乐趣;优化分享阅读情境,在合作共进中拓宽视野;优化亲子阅读情境,在温情相伴中多元发展。

(4) 创意前书写能力培养贯穿语言情境教育始终。从教育的角度看,创设真实的、丰富的、有意义的书面语言信息环境,引导幼儿通过图画、符号以及类似文字形式学习前书写,帮助幼儿积累丰富早期书写经验,培养幼儿创意书写能力,我们称之为"情境前书写"。情境前书写旨在为幼儿创设真实、温馨的阅读环境,激起幼儿在读"图"及用富有个性的文字表达思想的兴趣;在读写过程中整合学习内容,通过活动整合建立主题网络,鼓励幼儿不断丰富前书写形式;适时提供鹰架支持,培养幼儿创意书写的能力,让前书写能力培养贯穿语言情境教育始终。实施途径有联系实际生活,激发幼儿前书写乐趣;建立主题网络,丰富幼儿前书写形式;提供鹰架支持,培养幼儿前书写能力。

4. 实验情境建构

学前语言情境教育通过言语交际、文学想象、符号操作、游戏活动等情境的创设,发展幼儿的语言核心经验和创造性思维。

(1) 言语交际情境。洪堡特的语言创造性理论告诉我们,人们在言语交际

---

[1] 李吉林.情境教育三部曲(三)[M].北京:教育科学出版社,2013:411.

的过程中,不断地、创造性地使用语言,语言的创造性就会自然地表现出来。因此,生活中教师蹲下身子和幼儿平等对话,了解他们的所思所想,鼓励幼儿主动和周围的人互动;利用区域活动让他们在交往情境中学会倾听他人的言语,模仿学习他人的语言表达方式,获取感兴趣的多种信息,头脑中对事物表象是积累日渐增多,倾吐思想情感的愿望日趋强烈,真情实感就在交往中不断流露出来,思想碰撞中智慧的火花时时闪现。

（2）文学想象情境。文学想象情境是建立在理解文学作品所表达的思想和情感脉络上,熟悉作品题材和语言排列规律,借助图画、音乐和语言情境,把幼儿带入文学作品特定的场景里,并以此为铺垫展开想象,通过故事扩编,结尾续编或者诗歌、散文的仿编活动,进行艺术的再造想象,深化其语言、内容和思想的心灵感悟,增强语言艺术的理解力,从而使其运用多种形式进行语言操作的能力得到充分发展。

（3）符号操作情境。符号操作情境是为幼儿创设一个内容丰实、温馨舒适的阅读环境,让幼儿能够接触到随处可见的文字标记,整齐美观的各类图书,营造一种轻松愉悦的阅读氛围,发展和满足幼儿书写愿望的物质材料,让幼儿通过环境熏陶自然而然地感悟图书和文字的对应关系,对其产生无尽的想象和探索热情,促使幼儿主动读"图",并用较完整的语言和特定图形文字肆意发挥想象,显现独特的思维方式。

（4）游戏活动情境。作为幼儿园基本活动的游戏情境,能够充分满足幼儿语言表达的需要,让幼儿在交往中得到各种练习说话的机会,在语言运用过程中思维得到相应发展。角色游戏情境中,幼儿可以在扮演角色的时候模仿他们的语言,体验角色在特定文学作品情境中拥有的情感,凭借儿童丰富的想象把游戏内容向前推进。而倾听和表达能力的发展离不开听说游戏,幼儿在"听"和"说"的情境中训练发音和吐字,思维的机智性、灵活性得到锻炼。

（三）总结推广（2015.8—2016.11）

1. 课例多磨,深入课题研究

为了更准确地发现有利于幼儿创造力培养的策略,课题组采用多课研磨的方式,进行深入研讨,剖析问题。在每月一次的课例研究课中,课题组成员依次进行课例展示,共计二十余节。《梦姐姐的花篮》利用音乐渲染情境,将孩子们带入诗意般的梦境,任意想象着花园里五颜六色的花朵;《如果我是一片雪花》营造了一个雪花飘飞的世界,让孩子们跟随着小雪花进入思绪的国度;《小兔子分萝卜》给予每个孩子扮演小兔子的机会,头饰的运用,绘本场景的再现,让幼儿自发地产生了规则意识。老师们在课例研讨的过程中明晰了课题研究的方向,厘清了适合于幼儿创造力发展的方式与方法,为深入进行课题研究夯实了基础。

2. 帮扶送教,推广课题经验

任何经验只有在不断实践和推广中才能发挥其最大的价值。随着课题研究逐步深入,教师们有了一些独到见解和认识,于是我们毫不吝惜地将已有经验向姐妹园进行分享。先后承办了多次观摩学习活动,对连云港市赣榆县黑林、厉庄、如皋市西城、高新实验、东燕等多家姐妹园进行研究课开放和送教指导。《月亮》《山丘上的约会》《爱玛过化妆节》《如果我是一片雪花》等活动多次作为送教展示示范课。教师们移情启智的教学方法,引人入境的教学策略,得到了姐妹园的高度认可。

3. 活动纷呈,宣传课题成效

课题研究的成果只有真正地成为促进教育教学的重要力量,课题研究才能实现其最大的效应。秉承以语言游戏为基本活动,在社会交往中拓展思维的原则,我园开展了多样的亲子活动、幼儿展示活动。如童话剧表演、幼儿讲故事、亲子绘本阅读等,每个活动都能够做到全园辐射,并向每个家庭推广和宣传情境教育理念。得益于实验课题的有效应用,在各级各类幼儿讲故事比赛中,20多名幼儿先后获一、二等奖,幼儿园获"南通市优秀组织奖"和"蓝湾景天杯幼儿讲故事比赛优秀组织奖",对课题宣传产生了良好的社会效应。

4. 科研引领,收获课题成果

近三年来,在实验课题的驱动下,我园采取骨干教师示范、专家专题讲座、课题小组剖析等多种科研方法,全方位地开展高效的课题研究,从而迅速提升全园教师的科研水平。在优质课评比、论文案例评比中,全园教师积极参与,并获得了喜人成绩。课题组核心成员陈维维老师的语言活动《颠颠倒》获江苏省课例评比三等奖,《山丘上的约会》获南通市优秀教育资源评比一等奖。课题组核心成员许小洁的论文《故事语言情境及其对幼儿创造力的培养》被人大报刊复印资料全文转载。另外二十多篇课题论文、案例发表获奖。

五、实验结果

(一) 实验班与对照班幼儿创造性思维前测对比

1. A 班幼儿创造性思维前测对比

独立样本 t 检验的结果显示,实验班幼儿思维的精致性和标题抽象性显著低于对照班学生;两个班级幼儿思维的流畅性、沉思性、独创性和总分均不存在显著差异。创造性思维前测检验结果说明研究的取样基本符合实验设计要求(见表 10 - 17)。

表 10-17　实验班 A 与对照班 A 幼儿创造性思维的前测比较

	组别	n	M	SD	t
流畅性	实验班 A	34	17.32	9.26	-0.614
	对照班 A	46	18.50	7.85	
精致性	实验班 A	34	1.85	0.93	-2.810**
	对照班 A	46	2.49	1.06	
沉思性	实验班 A	34	4.86	3.39	-0.935
	对照班 A	46	5.58	3.39	
独创性	实验班 A	34	4.65	2.54	-1.889
	对照班 A	46	5.80	2.83	
标题抽象性	实验班 A	34	0.48	0.68	-2.151*
	对照班 A	46	1.01	1.46	
总分	实验班 A	34	29.17	13.95	-1.404
	对照班 A	46	33.38	12.77	

2. B 班幼儿创造性思维前测对比

独立样本 t 检验的结果显示，实验班与对照班幼儿的思维的流畅性、精致性、沉思性、独创性、标题抽象性和总分均不存在显著差异，说明研究的取样符合实验设计要求（见表 10-18）。

表 10-18　实验班 B 与对照班 B 幼儿创造性思维的前测比较

	组别	n	M	SD	t
流畅性	实验班 B	35	4.31	4.56	-0.798
	对照班 B	36	5.19	4.74	
精致性	实验班 B	35	0.91	0.88	-0.712
	对照班 B	36	1.07	1.00	
沉思性	实验班 B	35	1.53	2.31	-0.313
	对照班 B	36	1.73	3.00	
独创性	实验班 B	35	2.01	2.10	-0.723
	对照班 B	36	2.44	2.80	

续表

	组别	n	M	SD	t
标题抽象性	实验班 B	35	0.25	0.47	-0.889
	对照班 B	36	0.35	0.52	
总分	实验班 B	35	9.02	9.26	-0.747
	对照班 B	36	10.79	10.62	

（二）实验班与对照班幼儿创造性思维后测对比

1. A 班幼儿创造性思维后测对比

独立样本 t 检验的结果显示，实验班幼儿思维的流畅性、独创性、标题抽象性和总分均显著高于对照班，表明实验对实验班幼儿创造性思维及其流畅性、独创性、标题抽象性具有良好促进效果（见表 10-19）。但是结合 A 班前测检验结果（见表 10-17），前测检验显示，实验班的精致性显著低于对照班的精致性，经过实验后，后测的检验结果显示，两个班的精致性不存在显著性差异，实验班的精致性的原有弱势已经消失，说明两年的语言情境教育实施促进了幼儿创造性思维的发展。

表 10-19 实验班 A 与对照班 A 幼儿创造性思维的后测比较

	组别	n	M	SD	t
流畅性	实验班 A	34	26.82	5.81	3.032**
	对照班 A	46	22.35	7.01	
精致性	实验班 A	34	3.35	1.25	0.873
	对照班 A	46	3.09	1.41	
沉思性	实验班 A	34	5.12	1.97	-0.415
	对照班 A	46	5.30	2.01	
独创性	实验班 A	34	20.12	4.89	5.372***
	对照班 A	46	14.39	4.58	
标题抽象性	实验班 A	34	5.15	3.61	5.257***
	对照班 A	46	1.57	1.93	
总分	实验班 A	34	60.56	11.61	5.308***
	对照班 A	46	46.70	11.50	

2. B 班创造性思维的后测对比

独立样本 t 检验的结果显示,实验班幼儿创造性思维的流畅性、精致性、沉思性、独创性、标题抽象性和总分均显著高于对照班,说明两年的实验干预对幼儿创造性思维的促进作用具有全面整体性(见表 10-20)。

表 10-20 实验班 B 与对照班 B 幼儿创造性思维的后测比较

	组别	n	M	SD	t
流畅性	实验班 B	35	21.60	5.67	7.471***
	对照班 B	36	11.92	5.25	
精致性	实验班 B	35	3.31	1.41	2.313*
	对照班 B	36	2.58	1.25	
沉思性	实验班 B	35	3.77	1.54	3.147**
	对照班 B	36	2.43	2.00	
独创性	实验班 B	35	14.97	4.23	6.976***
	对照班 B	36	8.08	4.09	
标题抽象性	实验班 B	35	1.71	1.13	3.573**
	对照班 B	36	0.89	0.79	
总分	实验班 B	35	45.37	9.82	7.907***
	对照班 B	36	25.83	10.95	

(三) 实验班幼儿案例追踪结果分析

情境教学利用优化的教学情境,能够激起儿童最佳的情绪状态,促进儿童整体发展,是促进儿童创造力发展的有效途径。

观察对象:涵涵 性别:女 年龄:5 岁

观察时间:2015 年 5 月—2016 年 5 月

1. 幼儿基本情况

涵涵是个插班生,胆小,很少主动与人沟通。口语表达一般,有一定的词汇量,普通话能基本表达自己的意思,对图书阅读有一定的兴趣,在表达活动中较欠缺想象力,但在绘画方面有较丰富的想象力。从实验前测数据显示,孩子的流畅性是 14,达到较高水平,但独创性为 5.67,标题抽象性为 0,功能固着心理明显,阻碍了创造力发展。

2. 形成原因

涵涵小时说话不清楚,父母会一遍遍地帮助他纠正发音,因为达不到家长的期望值,家长难免流露出失望的情绪,这样孩子与人交流出现了障碍,越来越不愿意说话了,而绘画是她最喜欢的活动,她喜欢用绘画表达自己的想法。

3. 幼儿行为表现、分析与教育策略

观察时间:2016年2月26日

观察内容:老师和涵涵一起读书

活动实录:区角活动时间,涵涵和好朋友一起阅读绘本《我为什么快乐》,他们看得津津有味,我也趁机加入她们的行列。由于我一直给她特别的关注,开始得到了她们的信任。她们接受了我的加入,但涵涵的话仍然不多。

分析:插班生对于新的环境有一个适应过程,中班孩子具有了一定适应性,再加上老师的特别关爱,孩子会很快适应。

教育策略:涵涵已经开始接受我了,接下来我要在语言活动利用有效的情境教育手段,去引导她学会主动表达,增强自信心。

观察时间:2016年3月24日

观察内容:涵涵主动表达了

活动实录:语言区里,涵涵看见其他孩子换上了动物服装,带好了头饰模仿故事中的角色、动作,显得很开心,也举手想参加《春天的电话》故事情境表演,我邀请了她,涵涵选择扮演小白兔,只见她认真地拨着电话号码,清晰地说:"喂,是小花蛇吗?春天来了,河里的冰融化了,快出来散步吧!"

分析:愉快、轻松的语言氛围,吸引幼儿迅速进入故事情境,让涵涵忘记了顾虑,主动表达的积极性被充分激发,成功的体验增强了涵涵的自信心。

教育策略:涵涵已经能够主动表达,但是在活动中她富有想象力的表达还不是很多。接下来我要在语言活动中创设情境利用她绘画的特长,提高她语言表达的想象力。

观察时间:2016年4月8日

观察内容:涵涵创编儿歌

活动实录:在语言活动《说颠倒》中,我创设"去颠倒王国看一看"情境,为了发展孩子的想象力,我请孩子们猜一猜"颠倒王国还会发生哪些事",孩子纷纷表达自己的猜想,涵涵依然不举手表达。于是,我提议把猜到的事画出来,涵涵的表现让人眼前一亮,她画出了许多幅。我试着邀请她表达,这一次她没有拒绝,她看着画说出了:小鱼天上飞、宝宝喂妈妈、小花长在白云上、地上冒出小雨点……

第十章 学前情境教育促进儿童创造性思维发展的实验研究

分析：语言描述情境"去颠倒王国看一看"激发了孩子学习和探究的兴趣，图片的出示让幼儿轻松理解了"颠倒"的意义，儿歌内容情境让幼儿感受到颠倒的趣味。涵涵喜欢用绘画表达想法，借助于画面涵涵能够轻松用语言表达，想象力得到提高。

教育策略：对于想象力发展较慢的孩子，我们要用针对性的教育方法促进其发展，涵涵的进步让我更加坚定了在语言活动中利用情境发展幼儿创造力的信心。

教育效果：通过实验后测发现，流畅性为 23，精致性上升为 3，独创性达到 12，总分 51，创造性思维得到明显提高，证实尊重幼儿的个体差异，给予宽松的心理环境支持能够帮助孩子树立自信心；美、智、趣的语言环境创设能激发他们的表达愿望，充分发挥创造想象。（本案例由许小洁老师提供）

六、对实验结果的讨论

实验研究数据显示，实验班幼儿创造性思维及其流畅性、精致性、沉思性、独创性、标题抽象性均显著高于对照班，说明学前语言情境教育的实施能够极其有效地促进幼儿创造性思维的发展。

（一）优化语言环境，催生创造动机

对幼儿而言，积极的情绪能够调动其活动的积极性，起正向推动作用，而积极情绪的参与正是主动学习的关键。语言情境教育让幼儿被充满美感和教育性的环境包围，自主、自由、宽松、温馨的学习氛围让幼儿脱离思想的桎梏，他们在境中听，境中言，境中读，境中写，利用各种感官对事物直接体验，有足够的空间完成自己的构思，语言稚拙却呈现出精彩纷呈的奇异想象，它既克服传统的单一、注入、抽象、低效的语言教育弊端，又能让幼儿在情境中体验，情境中想象，让一个个创造的萌芽破土而出。

（二）优选学习内容，孕育创造精神

学前语言情境教育的内容呈现生活性、美感性和思维性的特点。表现为：（1）内容贴近幼儿生活，便于幼儿在新知识和大脑中积累的已有旧知识间组合、生成，在已有的知识经验上开出新的花朵。（2）内容富有美感性。幼儿心理具有泛灵性的特点，一切触动心灵的外在事物都能引起幼儿情感活动，陶冶幼儿的心灵。（3）内容蕴含思维性。日本学者认为，在选择内容上要熟悉创造活动过程，内容具有灵活性，能够引发儿童独立思考，并且可以进一步扩展和延伸。这就启发我们，形式多变具有一定伸缩性，富有挑战性又有想象空间的学习内容是适宜的，便于引发幼儿思维发散和培养其敢于面对困难的学习品质。

（三）优质语言活动，发展创造思维

洪堡特把绵延连续、跳跃更迭的语言活动作为其本质特征和创造性的标志。杜威认为，为儿童提供感兴趣的连续活动是刺激儿童思维的前提。不同类型、形式的情境教育活动帮助幼儿掌握并拓宽语言核心经验，他们被带入意境美、心灵美、有创意的氛围中，产生强烈的表达愿望，引发无尽的想象。这种伴随情感的学习活动，让幼儿在连续不断的情境中接受各种挑战，找到尽可能多的解决方法，知识和情感得到不断提升和扩展，为幼儿想象力、直觉、创造精神的培养奠定了基础。

七、实验结论

语言情境教育能够有效提高幼儿的创造性思维发展水平。

作者：尤冬梅

第五节　情境绘本阅读促进幼儿创造性思维发展的实验研究[1]

近年来，绘本阅读在我国许多幼儿园里日趋流行，成为一种十分新颖的儿童阅读行为模式。绘本阅读能够博得广大儿童的青睐，主要由于其鲜艳的色彩、童真的故事内容以及优美的画面画风设计。夸张可爱的图画、生动简洁的文字、离奇曲折的情节，让绘本充满了情境性。在幼儿园中，让幼儿接触有"人生第一本书"之称的绘本，给绘本阅读创设有趣的情境，让阅读拥有轻松愉快的起点，在促进幼儿全面发展的同时，获得创造性思维的深度发展。本研究采用实验法，从优选绘本素材、优化阅读情境、拓展阅读途径等方面，探索幼儿园情境绘本阅读如何影响3—6岁幼儿创造性思维发展。实验结果表明，优选的绘本、优化的情境、多样的阅读策略能有效促进幼儿创造性思维的发展。

---

[1] 本节为国家社会科学基金教育学一般项目"情境教育与儿童创造力发展的实验与研究"（课题批准号：BHA120051）的实验课题"情境绘本阅读促进幼儿创造性思维发展的实验研究"的研究成果。实验幼儿园：南通市通州区通州幼儿园；主持人：张艳梅；课题组成员：张宏云、唐晓燕、赵杏芳、赵锦云、王建琴、刘晓燕、吴小凤、顾甜甜、李扬、竺洁（南通大学）。

第十章 学前情境教育促进儿童创造性思维发展的实验研究

一、问题提出

在儿童成长的过程中,创新能力、创造能力都在经历着显著的提升。事实上,孩子的创造力是与生俱来的。在 19 世纪 60 年代至 70 年代期间,来自美国斯坦福大学的罗斯教授便通过创新能力培养法,为许多儿童量身定制创造力发掘与培养方案,并取得了显赫的成果。我国教育部于 2014 年制定颁布的《少年儿童教育理念与指导方案》中指出,在幼儿时期,教师应当对儿童的学习方法、学习品质进行重点发展,并通过多种不同方式开发儿童的思维想象能力与创新能力。这表明培养幼儿乐学、好想的创造力是幼儿园教师的责任。

对于一个儿童的成长与发展而言,是否拥有正确的阅读方法异常重要。只有拥有了正确的阅读方法,儿童才能够更快速、更有效地通过阅读来获取所需的知识,得到有益的养分,进而不断用知识充实自己,使自己的能力得到不断的拓展。而绘本则是特意为儿童所量身定制的阅读读本。利用丰富多彩的颜色、优美的画面设计以及生动童真的故事情节,结合多种不同的叙述模式,从而达到培养儿童阅读兴趣,提升儿童阅读能力的目的。图面的艺术性、文字的幽默感,以及无处不在的细节,让儿童的想象思维张开,审美情趣提升,情感变得越来越细腻。眼光敏锐的教育者及时捕捉到绘本的价值,在小学、幼儿园中纷纷运用绘本开展活动。在这个过程中,大部分幼儿园把绘本当作培养阅读习惯,发展语言的工具。也有些幼儿园借助某类绘本,培养幼儿相关领域的能力。如江苏省海门市少年宫幼儿园开展"利用科学绘本,培养幼儿科学素养的研究",常州市耕心锦荷幼儿园依托绘本开展剪纸教育等,张家港市万红幼儿园利用绘本开展中班幼儿自主性游戏的案例研究等。利用绘本阅读促进幼儿创造力发展的研究还只在一些经验论文中零星散现。

虽然绘本阅读在幼儿园得到蓬勃开展,但其中存在的问题还是不容忽视。比如,重视绘本的文本故事价值,忽略绘本的图画故事价值。在阅读活动中,强调阅读、理解文字故事,把图画当作阅读的配角、翻阅的对象。殊不知,色彩艳丽、画面生动的图画,才是绘本吸引幼儿的魅力所在。同时,"读"图会让幼儿不受文字的约束,自由的想象、大胆的推理,并运用一定的观察力、想象力、推理能力去联想完整的故事,从而推动着幼儿创造性思维的发展。再比如,阅读的手段重在多媒体展示,忽略了多种阅读情境的创设。我们常常看到,绘本制作成的PPT 电子书是绘本阅读教学的主要教学用具,教师组织幼儿反复欣赏。这虽然给幼儿的集体阅读提供了方便,但是长久的单一的阅读方式,会让幼儿厌烦。同时,情境渲染与情境体验的缺乏,将影响幼儿阅读兴趣的持久、创造性思维的激活和阅读体验的深刻。

源自于小学语文教学研究的情境教育理论,让我们找到了情境阅读与儿童创造力发展的根脉。情境教育理论认为,当儿童身处与课文内容相应的特定情境中,学习动机更强劲、注意力更集中、思维更活跃、联想更积极、想象更丰富。江苏省南通市通州区通州幼儿园从"十一五"期间就对运用情境教育理论优化幼儿文学作品阅读的路径,创设提升阅读质量的情境,促进幼儿语言、思维和情感的全面发展做了理论和实践的探索,为本课题的开展提供了一定的参考经验。

本课题从优选绘本入手,通过优化阅读情境,拓展阅读途径,让幼儿敏锐观察、大胆探索、充分想象、流畅表达,继而发展幼儿的创造力与想象力,让幼儿的思维逻辑得到较大程度的拓展,从而为幼儿今后的发展打下坚实的基础,并为我国幼儿教育提供独树一帜的情境绘本阅读教学模式。

二、理论依据

情境绘本阅读促进幼儿创造性思维发展的实验研究扎根于李吉林的情境教育思想,注重借鉴、运用国内外学者的儿童哲学、创造心理学的研究成果并有机融入教育实践之中,在实践中不断提升课题研究的境界。

(一)张泽涛的幼儿教学理念

该理念指出,幼儿在自身的成长与发展过程中,对于周边环境有着极强的探索与发现的欲望,这也是幼儿能够尽快适应现代社会的一个重要前提。在幼儿成长的过程中,充满了无限的遐想与创作,幼儿十分渴望天马行空,向往自由,这是幼儿所具备的特质。环境的刺激会使儿童处于一定性质的情绪中,而儿童不受清规戒律的束缚,心灵会有较大的自由。这为我们通过丰富的绘本童话刺激,引导幼儿大胆想象、流畅表达、自由创造,以促进其创造性思维的发展提供了依据。

(二)松居直的图画书论

日本的图画书之父松居直撰著的《我的图画书论》《幸福的种子——亲子共读图画书》可谓是世界图画书界的权威论著。他的主要观点有:对幼儿而言,图画书是一种近似玩具的东西,这些东西可以成为幼年儿童进行创作与遐想的灵感起源,儿童可以通过阅读图画,与图画中的人物或事物进行密切的情感交流,从而形成紧密的互动。当儿童多次进行这种图画阅读行为之后,儿童便会拥有更加丰富的想象能力与思维拓展能力[1]。松居直还特别指出,在儿童进行图画阅读的过程中,最好有成年人陪伴在其身边,从而为儿童缔造一个丰富的阅读环

---

[1] [日]松居直.幸福的种子[M].刘涤昭,译.济南:明天出版社,2007:58.

境,这种由成人陪伴儿童进行图画阅读的模式,能够更好地帮助儿童与图画中的事物进行交流和沟通,进行帮助儿童达到情感与想象力的体验实践。而成人为幼儿读绘本,让绘本成为家庭与幼儿园拥有共通的文化、语言和影像的媒介,这对幼儿来说,是不可取代的成长助力。

(三) 李吉林的情境教育理论

该理论始终强调"儿童"和"创新"两个关键词,明确提出"以发展为核心,着眼创造性"。其中,针对幼年儿童的创新发展,李吉林先生重点指出,应当将儿童参与活动作为具体的实现模式,将儿童的情感与思维作为进行创新的桥梁,将儿童的思维逻辑作为创新的关键,并以周边环境作为其创新的灵感来源,进而开展相关的创新能力培养与拓展[1]。该理论不仅指引我们如何创设阅读情境,拓宽阅读的渠道,也为我们利用情境阅读促进幼儿创造性思维的发展提供科学的依据。

(四) 吉尔福特的创造性才能理论

1967年,吉尔福特首先提出了智力结构理论,并通过长期的研究与实践证明,人类进行创新与发明的实质是利用人类的发散性思维进行不断的拓展与创新,而判定人类进行智力开发与结构拓展能力的标准则是人类思维的灵活性、创新性与精细性,并据此提出了"能力结构问题解决模式"[2]。这提示我们,要在儿童创造性思维的培养中更多地关注幼儿对绘本情境问题解决,关注发散性思维的训练。

三、实验设计

本研究采用等组前后测实验设计,通过挑选实验对象,开展实验研究,再通过比对两组对象在实验前后创造性思维的发展水平,总结提炼情境绘本阅读激活幼儿创造意识、发展幼儿创造性思维的心理机制。

(一) 实验对象

实验对象属于自然分班,前后测相距两年的时间。因中途个别幼儿转学、插班和大班升入小学,以及测试时少数幼儿缺席,最终实验班有效数据 A 组 27 人(其中男生 10 人,女生 17 人),B 班 34 人(其中男生 20 人,女生 14 人)。对照班有效数据 A 组 29 人(其中男生 14 人,女生 15 人),B 班 21 人(其中男生 14 人,

---

[1] 李吉林.谈情境教育的课堂操作要义[J].教育研究,2002(3):68-73.
[2] [美]吉尔福特.创造性才能——它们的性质、用途与培养[M].施良方,沈剑平,唐晓杰,译.北京:人民教育出版社,2006:112.

女生 7 人)(见表 10 - 21)。

表 10 - 21　实验班与对照班幼儿的基本情况

实验班					对照班				
班级	人数	男	女	平均年龄	班级	人数	男	女	平均年龄
A组	27	10	17	3岁+7个月	A组	29	14	15	3岁+6个月
B组	34	20	14	4岁+6个月	B组	21	14	7	4岁+7个月

(二) 实验变量

1. 自变量

情境绘本阅读是本课题的自变量。本课题中的情境指在幼儿绘本阅读中，运用情境教育理论，为幼儿展现一个可以运用多种感官与之对话的绘本世界，帮助幼儿通过"境"而想象，通过"象"而思虑，通过"场"而记忆。这里的情境包括物态情境、教学情境和表现情境等。教师充分利用幼儿园的空间，多样化的呈现绘本，随时、随地地满足幼儿阅读的需要。在教学中运用图像、声音、动作等创设引人入胜、催人思考的学习氛围，并为幼儿提供多种展示、表现的平台，让幼儿在被绘本包围的环境中愉悦身心，激起情感，引发创造行为。

绘本，英文称 Picture Book，中文或译做"图画书"。日本对 Picture Book 的汉字书写是"绘本"。因此，我们通常所述的绘本，其实说的就是图画本或者图画书[1]。这种绘本主要利用图画来描绘一个个故事情节与内容，有时候也会附加一些文字的批注，随后利用连续的图画内容来充分地展现出书本中的故事情节。本课题中绘本是幼儿情境阅读的素材，是促进幼儿创造性思维发展的媒介。我们选择绘本的时候既关注到幼儿的年龄特征、知识、情感、能力的发展水平，分年龄段选择合适的绘本；又关注绘本的特征，所选的绘本能充分调动幼儿的感觉系统，幼儿乐意眼看、耳闻、感同身受，获得精神上的享受；同时更关注绘本所内隐的创造性元素，包括绘本情节的曲折、意外，画面情节的多线索、多细节，及适宜多样性阅读等。品质高的绘本，不仅适宜情境阅读，更有助于创造性阅读活动的开展，在促进幼儿创造力发展的同时，获得知情意的全面发展。

绘本阅读是指在幼儿园中以绘本为载体对 3—6 岁儿童开展的早期阅读活动。情境绘本阅读是指在绘本阅读课堂中为幼儿创设丰富的教学情境，巧妙运用语言、图画、音乐、游戏及体验等模式，并将上述几种元素共同呈现给幼年儿童，在儿童的心中留下童真、童趣、美好的印象，从而不断吸引儿童的积极性与阅

---

[1] 方素珍.绘本阅读时代[M].杭州:浙江少年儿童出版社,2013:2.

读兴趣,使其更加愿意投入到绘本的阅读过程当中,进而实现发展幼年儿童想象能力,提升儿童观察能力,拓展儿童探索发现能力,开发儿童创造能力等多种目标。随着绘本阅读的持续开展,幼儿的经验越来越丰富,就通过演出、创作等让幼儿多样地表现绘本,锻炼幼儿的胆量,培养幼儿的自信,进而更深地迷恋上绘本阅读。

2. 因变量

幼儿创造性思维发展是因变量。创造性思维是指以解决问题为前提,用独特的思维方法,创造出具有社会价值的新观点、新理论、新知识和新方法的心理活动过程[1]。包含流畅性、独创性、精致性、标题抽象性、沉思性(抗过早封闭性)五种能力。在本课题中,创造性思维的几种基本能力具有特定的内涵。

流畅性是指个体思维的速度,即在特定问题情境中能够迅速、流利、通畅地产生多种想法。本课题中幼儿思维的流畅性主要体现在阅读情境问题的引导下,能流畅地联想、流畅地用词、流畅地表达、流畅地形成新观念。

独创性是指个体思维的新颖度,即在寻找解决问题和弥补缺陷的方法时能产生新的、首创的思想或观念。本课题中主要指幼儿在情境绘本阅读中发表观点、创作作品等,能够异于同伴,具有个性特征。

精致性是指个体思维的精深度,即在某一方面专心努力,使得它更加精巧、细致。本课题中主要指幼儿在阅读时能用生动形象的话语表达自己的意思,说话富有表情,甚至运用自己发明的词来表达想法和情感,所虚构的故事和叙述非常合情。

标题抽象性是指个体思维的综合度。即在进行标题概括的时候能抓住信息的基本点,知道什么是重要的,引导读者看到反应中更深更透的方面。本课题中主要指幼儿在对阅读内容概括标题的时候不仅能用想象的、表述性的题目,而且能在此基础上表述出抽象又恰当的题目。

沉思性是指个体思维的广度,即思维开放,能够多维思考,获得足够多的新观念,而不是早早将思维方向关住、堵住。本课题中主要指幼儿在情境阅读中能够突破常规思维,天马行空地参与思考,综合运用已有的经验、知识,灵活地解决情境问题,更多地表现在能够围绕阅读主题进行创编、续编。

3. 干扰变量的控制

该实验是自然实验,即在对幼儿进行常规教学的基础上,增加了几种特殊的控制模式。第一,以完全随机分班的方式,挑选实验被试,使得实验班和对照班

---

[1] 王灿明.儿童创造教育新论[M].上海:上海教育出版社,2015:76.

的幼儿男女比例、家庭文化背景、发展水平等基本平衡;第二,选择实验教师时,注意了对照班级与实验班级的教师,在年龄、性格、教育经历、专业能力等方面均大致相同。第三,在进行上述实验期间,除了采取的情境阅读方式及阅读理论应用等层面存在一些不同之外,对照班级与实验班级在教材的使用、教学的进度方面保持一致。

(三)测量工具

主要采取托兰斯创造性思维图画测验对幼儿的创造性思维进行测量。该测验包括图画构造、不完整图画、平行线测验。图画构造测验为被试提供一张椭圆形的彩色纸片和一张空白纸,要求被试将彩色纸片贴在空白纸上,然后借助彩色纸片进行想象添画,画出一个有趣的故事画;不完整图画测验为被试提供一些不规则线条,要求被试以线条为起点,画出简单的物体;平行线测验是为被试提供多组成对的短平行线,要求被试利用一对对平行线做出多样的图画。

本测验的 Cronbach's α 系数为 0.72,各维度之间的相关系数在 0.22～0.72 之间,各维度与总分之间的相关系数在 0.40～0.94 之间,所有相关系数都达到显著性水平,说明该测验具有良好的信度和效度(见表 10-22)。

表 10-22 创造性思维各维度与总分相关分析

	流畅性	精致性	沉思性	独创性	标题抽象性	总分
流畅性	1					
精致性	0.60	1				
沉思性	0.56	0.52	1			
独创性	0.72	0.56	0.33	1		
标题抽象性	0.22	0.40	0.28	0.25	1	
总分	0.94	0.73	0.69	0.82	0.40	1

(四)统计分析

所有数据采用统计软件 SPSS16.0 进行录入、统计与分析。

四、实验过程

本课题研究历经了前期准备、实验研究、总结推广三个阶段。

(一)前期准备(2013 年 9 月—2014 年 6 月)

1. 健全组织,分层研究

在课题立项以后,课题组迅速启动,健全课题研究组织,建立"绘本童年"课题组 QQ 群,形成总课题组和四个子课题,各组落实负责人,定期分层开展研究活动。

2. 研读文献,积淀理论

课题组全体成员对情境教育、图画书论著进行了文献梳理和资料综述。重点参考了《创造力手册》《幼儿创造力与艺术教育》等创造力理论专著 14 本,《李吉林文集》《情境教育三部曲》等情境教育理论专著 9 本,《我的图画书论》《幸福的种子》等儿童图画书论著 12 本。

3. 选择对象,开展前测

根据班级幼儿的综合情况、带班老师的教学水平等,在全园小、中班各选取 2 个班级,分别设定为对照班与实验班,并依托南通大学创造教育研究所开展实验前测,从而掌握幼儿创造性思维的发展水平。

(二)实验研究(2014 年 9 月—2016 年 6 月)

本课题着重进行了情境绘本阅读与幼儿创造性思维发展的实验课程建构、阅读情境创设与阅读教学策略的探索等研究,获得了良好效果。

1. 情境绘本阅读课程建构的原则与方案

本研究通过对所搜集到的海量绘本图画进行阅读与浏览,并进行精心地筛选与大量的探索,从而构建了儿童情境绘本阅读教育课程内容(见表 10-23)。

表 10-23 情境绘本阅读课程方案

周次	课程安排					
	小班(上)	小班(下)	中班(上)	中班(下)	大班(上)	大班(下)
1	馋嘴的小老鼠	小脚丫	咕咚	熊爱蝴蝶	小猪变形记	别再管闲事了,波滋
2	洗澡	衣宝宝的礼物	小爸爸	花格子大象艾玛	爷爷一定有办法	11 只猫做苦工
3	圆	拉呀拉呀拉	蚂蚁和西瓜	艾玛踩高跷	小船	沙伯纳克
4	谁的肚脐眼	制作草莓蛋糕	小老鼠和大老虎	艾玛捉迷藏	母鸡罗斯去散步	天堂的问候
5	我的手掌印	咔嚓咔嚓	云朵面包	彩虹的尽头	小真的长头发	幸运的鸭子
6	你好,点点	点点点	我的连衣裙	月亮的味道	地上一百层楼房	钓鱼的一天

续 表

周次	课程安排					
	小班(上)	小班(下)	中班(上)	中班(下)	大班(上)	大班(下)
7	大灰狼娶新娘	猜猜我是谁	我是彩虹鱼	鸟窝	地下一百层楼房	花园里有什么
8	手手手游戏	气球飘呀飘	我的兔子朋友	变色鸟	一颗超级顽固的牙	我的幸运一天
9	好喝的汤	黑黑的,有个洞	棕熊的神奇事	啊,纸船	淘气小子乖乖女	剪面包的男孩
10	大纸箱	兔子先生去散步	蜡笔小黑	睡吧,大熊,睡吧	搬过来搬过去	贝妮都会干什么
11	啪啦啪啦——砰	要是你给老鼠吃饼干	谁在厕所里	逃家小兔	POLO历险记	讨厌的肥猫
12	早餐,你喜欢吃什么	鼠小弟的小背心	房子里大象太多啦	獾的美餐	失落的一角	狐狐
13	这是什么形状	换一换	棒棒天使	艾玛过化妆节	点	蜡笔盒的故事
14	猜猜我有多爱你	我的妈妈在哪里	不要再笑了裘裘	给天使一对翅膀	克里克塔	天生一对
15	咦,这是什么	妈妈,我要去旅行	冰箱里的猛犸象	是谁嗯嗯在我的头上	齐柏林飞艇	爱心树
16	谁咬了我的大饼	我喜欢我的小毯子	小小理发师	黄雨伞	彩色的鸭子	披着"狼皮"的羊
17	谁的脚印	我爸爸和我	夜黑黑	亚历克斯和璐璐(天生一对)	锡制的森林	胡椒生长在哪里
18	小蓝和小黄	鸡蛋哥哥	猪先生去野餐	小白兔(东方娃娃绘本版)	换弟弟	阿罗有枝彩色笔
19			一园青菜成了精	好饿的老狼和猪的小镇	给天使一对翅膀	旋风

课程建构主要遵循了以下原则：
(1) 文学性原则

文学性原则是指所挑选的绘本其文本要具有文学的美。本课题的绘本阅读不同于一般意义上的早期阅读，作为教材的绘本都要具有积极、明朗的思想内涵和人文关怀精神，语言优美，主题鲜明，有利于儿童生命、心灵的健康成长。以幽默有趣的语言，出人意料的情节，天真稚拙的情感，给幼儿带来快乐的想象。

(2) 生动性原则

生动性原则是指绘本的图像要形象、夸张。同绘本中的文字内容一样，绘本中的图像内容有着十分重要的阅读意义。绘本中的图画内容有着十分鲜艳的颜色，能够暗喻故事情感变化；角色形象夸张，能够引发幼儿的情感；场景有代表性，能够让幼儿身临其境的参与；暗藏着细节的变化，让幼儿的阅读充满挑战。

(3) 适切性原则

适切性原则是指所选择的绘本图画与阅读该绘本内容的各个年龄段的幼儿自身所具备的心理发展状况、成长状态等紧密结合，通过脑科学及幼儿心理科学的深入分析与研究得出，对于处于各个年龄段的幼儿而言，其所具备的思维逻辑模式、语言构造模式都有较大的差异，并呈现出不同的特征。小班是幼儿语言和直觉行动思维发展的飞速期；中班幼儿词汇量和种类不断增加，具体形象思维发展迅速；大班幼儿语言表达能力明显提高、抽象逻辑思维能力启蒙。大班幼儿阅读的绘本，应更多地关注主题立意深刻，语言表达细腻、优美，画面丰富，隐藏着许多细节，充满疑问和悬念的绘本。

基于以上三个原则，课题组以年龄班为界限，以学年度为单位，以《东方娃娃》绘本杂志为主，蒲蒲兰绘本、台湾信谊绘本为辅，从国内外经典绘本中，选择了小班 36 本，中班 38 本，大班 40 本。根据教材特点，进行了教学顺序安排，形成了情境绘本阅读课程。同时，幼儿园的绘本馆和班级的阅读区也摆放足量的、种类丰富的绘本，满足幼儿多样化、自主化的阅读需求。

2. 情境绘本阅读情境创设的原则与类型

情境教育之"情境"是"有情之境"，是"活动之境"，是一个师生互动、有情有趣的网络式的广阔空间[1]。绘本阅读的情境创设遵循以下主要原则：

(1) 立足绘本，择点精构

情境创设强调"择美构境"。这里的"择"，不仅仅是在选择绘本时，要选择图、文兼"美"的绘本，更要针对各个绘本图画中所描绘的故事内容、图画特征、催

---

[1] 李吉林.李吉林文集(卷三)[M].北京：人民教育出版社,2006:209.

生联想的想象点等进行精心地选择与设计，从而有针对性地为幼年儿童创造出一个崭新、充满童真童趣的优美情境，并以此来培养幼年儿童的思维想象能力。

（2）基于幼儿，按龄优构

幼儿是发展的主体，要充分把握幼儿阶段的发展特征和需要，从儿童自身的角度与眼光出发，设立相应的绘本阅读情境。要深思创设的情境与幼儿身心发展需要的关联，考虑幼儿的年龄特征，为所有幼儿创造性思维的发展提供帮助，让不同能力水平的幼儿都能在情境中有思维的空间、探究的深度和创造的广度。

（3）情境交融，人境互动

情境创设不仅强调物质场景的精当，更强调师生情感与环境的融洽。教师不仅自身要全身心投入，更要全方位调动幼儿的情绪，让幼儿以积极的情感和专注的情绪沉浸于情境中。在与绘本角色、情节进行心灵对话中自由地思考、自发地探索和自主地创作。

基于以上原则，幼儿绘本阅读创设的主要情境有：

（1）图画情境，给予视觉冲击

图画情境就是给幼儿呈现绘本画面，以视觉艺术将幼儿带入故事情节发展之中。绘本是通过眼睛来感染幼儿。绘本中的图画是幼儿读书的最初入口，他们的情趣正是通过画面被激活的。图画情境必不可少，且贯穿于每一个阅读活动中。通过大尺寸的绘本书，数字化的幻灯画，动态的Flash，以及教师的简笔画等将绘本的图展示给幼儿，让幼儿在读图中生发想象，在想象故事的内容中找到乐趣。

（2）语音情境，激活听觉创想

语音情境是指通过教师的语言和艺术的音乐营造绘本文学的意境。对于所有孩子来说，为幼儿读绘本，比与他一起看绘本，更受幼儿欢迎。绘本阅读中，教师利用形象的语言，或者鲜明的音乐对整个故事，或故事的某片断作生动的描绘，使幼儿产生身临其境的感觉，充分激起幼儿自由自在的创意和生动的想象。

（3）体验情境，丰富主体感受

体验情境是指通过实践活动或者亲身经历来让幼儿进一步体验绘本的内容。李吉林强调要在活动中训练儿童的创新能力，让儿童在与世界、与生活的互动中，学会创造。在绘本阅读中，教师要通过问题质疑、行为模仿、角色扮演、探究发现等活动，让幼儿与绘本故事中的主角产生密切的情感交流，真正地体会到绘本故事的情节优美，让整个绘本内容变得更加栩栩如生，也让绘本在儿童心中留下更加深刻的印象。

（4）问题情境，诱发创造思路

第十章 学前情境教育促进儿童创造性思维发展的实验研究

问题情境是指通过科学的提问,激发、诱导幼儿在绘本阅读中用新眼光观察问题,从新角度提出问题,用新思路分析和解决问题。问题是创造过程的开始。科学设置问题,可以诱发儿童的好奇心,激活儿童的创造欲望。在绘本阅读中,教师要善于提出发现型、创造型的问题,鼓励幼儿自由探究、积极思维,从而获得创造性思维的发展。

(5) 游戏情境,快乐创意表现

游戏情境是指将绘本知识,尤其是创造性知识寓于幼儿感兴趣的游戏中。弗洛伊德认为每个游戏中的儿童"都是一位具有创造力的作家"[1]。在绘本阅读中,教师通过表演、续编、创作等游戏,让幼儿创造性地表现阅读成果,从而在独创性、精致性等方面异于同伴。

3. 情境绘本阅读教学的原则与策略

确定了培养目标,选定了培养课程,课程目标是否适切、目标能否实现,培养策略就显得尤为重要。为此确立了情境绘本阅读中幼儿创造性思维培养的主要原则。

(1) 情境性原则

情境性原则指开展绘本阅读教学时,要创设情境,以情境感知、情境体验、情境表达等诱发幼儿的想象、激活幼儿的表达。绘本通过图、文共同勾画出一个一个充满情感、想象和矛盾冲突的有趣情境,给读者提供一个宽广的想象世界。运用绘本培养幼儿的创造性思维,首先就要遵循情境性原则,为幼儿创设丰富的阅读情境,这个情境包括物质情境,也包括心理情境,即创设丰富的阅读环境,尊重幼儿的阅读意愿,满足幼儿阅读创作的需要。

(2) 活动性原则

活动性原则指在绘本阅读活动中要通过幼儿的活动,多形式、多途径的与绘本充分接触,主动获得思维的发展。建构主义学者认为,培养创造性思维和行为包括以下一些成人与儿童的互动交流:提供大量交流想法和感受的机会;支持儿童在任务情境中使用材料进行研究和实验;接纳儿童在集体活动和解决问题时不同的方法。在绘本阅读中,教师要调动幼儿全身的感官参与,让幼儿口说、手做、身体演等,从而获得综合发展。

(3) 家园共育原则

家园共育原则是指幼儿园要重视家长的教育作用,引导家长投入孩子早期阅读的指导中来,与教师相辅相成,共同为幼年儿童自身创造力与想象力的开拓

---

[1] [美]John Packer Isenberg,[美]Marry Renck Jalongo.创造性思维和基于艺术的学习(第5版)[M].叶平枝,杨宁,译.北京:高等教育出版社,2012:46.

与发展做出努力。在培养儿童创造力的过程中,教师和父母扮演了同样重要的角色。亲子共读的温暖,让图画书被激活。因此,幼儿园要坚持家园共育,为幼儿构建一个全方位立体化的绘本阅读空间,在家园共建中让绘本之香引领幼儿想象、创造。

基于以上原则,本课题研究逐步探究出以下教学策略:

(1) 问题引领式,发展幼儿思维的流畅性

幼儿是天生的想象家,他们乐意参与一切想象。把他们当成绘本故事的主角,吸引他们与主人公一起去畅游想象,他们就会全身心投入绘本故事情节,尽情享受作品演绎出的天马行空、狂野、纵情与恣意的幻想。问题引领式是在绘本阅读时将幼儿置身于绘本的想象情境中,通过提问,引导幼儿参与猜想,尝试猜测情节发展,将绘本"图说"的那部分转化为语言,流畅地表达出来。

(2) 情境体验式,发展幼儿思维的精致性

幼儿对绘本阅读具有自然而浓厚的兴趣,从绘本中获得快乐是幼儿阅读绘本最直接的动机,寻求情感的体验和心理的慰藉是幼儿绘本阅读的潜在动因。情境体验式是指在绘本阅读中,运用图画情境、表演游戏或者童话剧表演,让幼儿与同伴、成人共同探究绘本细节、扮演绘本角色、诠释角色情感、表达角色语言、表演角色动作中,观察更仔细、表达更丰富、表演更生动。

(3) 冲突解决式,培养幼儿思维的沉思性

绘本对幼儿有足够的吸引力,是因为其角色的矛盾,事件的冲突,情节的悬念,结局的意外。冲突解决式是指在绘本阅读中借助故事情节中出现的矛盾冲突,引导幼儿分析矛盾的核心,用开放式的思维去寻找解决问题的办法,通过小组合作,借助多种材料,多种方法解决矛盾冲突。

(4) 创意活动式,发展幼儿思维的独创性

想象可能比知识更重要。有了想象力才能不受现实的局限,触动奇思异想,才有创造与发明的无限可能。创意活动式是指教师或家长借助充满创意的绘本,让幼儿调动起丰富的想象力,参与绘本的创作,去延续绘本的创意,呈现更多的异于同伴的艺术作品。

(5) 标题概括式,发展幼儿思维的抽象性

书名是"绘本的眼睛",是对绘本艺术性的高度概括。区区几个词,将故事内容的核心要素提炼出来,充满了想象,暗示了线索,勾起儿童阅读的愿望。标题概括式是指在情境阅读活动中,先阅读绘本内容,再鼓励幼儿为故事取题目。让幼儿综合已经获得的阅读知识,并从中抓取出重要的信息,用比较简洁的词句表述出抽象又恰当的题目。

（三）总结推广

1. 建立数字平台，惠及家长

依托南通 e 教育构建了"情境绘本阅读"数字平台（https://bb.ntjy.net:8443/）。将绘本阅读课程、绘本教材 PPT、教学案例、课堂实录分析等近 200 个资源包上传平台，供实验班的家长、幼儿以及实验组全体教师随时享用。

2. 总结经验发表，走向省内外

《情境阅读——幼儿成长路上的美丽风景》《小班语言活动：一园青菜成了精》《幼儿阅读教学的情境式呈现》《基于幼儿创造力启蒙的情境式呈现》《基于为儿童的绘本阅读情境创设》《家园共育：让绘本之香引领幼儿创造》《在情境阅读中发展想象——以绘本〈搬过来，搬过去〉阅读活动为例》等 16 篇论文发表于《人民教育》《早期教育》《山西教育》《内蒙古教育》等省级教育杂志，均被中国知网收录。

3. 借助区域活动，推向同行

本项目多次参与了当地举办的幼教研讨，积极展示科研成果。其中包括：在南通市特级教师带教、南通市学前名师培养读书交流活动、学前创造教育优秀课例展示、南通市学前教育乡村骨干教师领雁站学员优课展示等活动中执教公开课 9 节，专题讲座 4 次。获得南通市幼儿园绘本大赛二等奖 1 人。全市近千名幼儿园教师享用了"绘本情境阅读影响幼儿创造性思维发展的实验研究"研究成果。在通州区级"希望的田野"幼教学科带头人优课展、特级教师团队送教等大型研讨活动中，执教课题研究成果公开课节、专题讲座次 26 次，获得教学比赛一等奖 3 人次，承办通州区江海之光幼儿园教师培训既省市十二五课题成果展示活动，在幼儿园教育科研课题研究中起到很好的示范、指导作用。

本课题积极参与省内各类教育主题论文竞赛，有关论文获江苏省"行知杯""师陶杯""早期教育新视野"论文比赛一等奖 4 篇、二等奖 4 篇，14 篇论文和课例获总课题组颁发的优秀成果特等奖和一等奖。实验班幼儿参加南通市第十二届、十三届亲子诵读绘本剧比赛获得特等奖 1 人、一等奖 2 人。

五、实验结果

（一）实验班与对照班幼儿创造性思维的前测比较

1. 实验班 A 与对照班 A 的幼儿创造性思维前测评分的比较

独立样本 t 检验的结果显示，创造性思维总体而言，实验班 A 的幼儿的创造性思维水平极其显著低于对照班 A。在精致性、标题抽象性上，实验班 A 与对照班 A 无明显差异，在流畅性、沉思性、独创性和创造性思维总分四个维度上实验班 A 极其显著低于对照班 A 水平。检验结果表明研究的被试取样基本符合实验设计要求(见表 10-24)。

表 10-24　实验班 A 与对照班 A 的幼儿创造性思维前测比较

	班级	n	M	SD	t
流畅性	实验班 A	27	3.56	3.43	−4.106***
	对照班 A	30	8.60	5.67	
精致性	实验班 A	27	0.70	0.78	0.325
	对照班 A	30	0.63	0.85	
沉思性	实验班 A	27	0.74	1.10	−4.139***
	对照班 A	30	2.70	2.32	
独创性	实验班 A	27	0.52	0.80	−6.014***
	对照班 A	30	4.77	3.78	
标题抽象性	实验班 A	27	0.30	0.54	0.764
	对照班 A	30	0.20	0.41	
总分	实验班 A	27	5.81	5.05	−4.729***
	对照班 A	30	16.90	11.68	

注：* 表示 $ps<0.05$，** 表示 $ps<0.01$，*** 表示 $ps<0.001$，下同。

2. 实验班 B 与对照班 B 的幼儿创造性思维前测评分的比较

独立样本 t 检验的结果显示，创造性思维总体而言，实验班 B 的幼儿的创造性思维水平显著低于对照班 B。在精致性和标题抽象性上，实验班 B 的幼儿与对照班 B 不存在显著差异；在沉思性、独创性上，实验班 B 的幼儿的思维水平非常显著低于对照班 B 的水平；在流畅性和总分上，实验班 B 的幼儿的水平极其显著低于对照班 B 的水平。检验结果表明研究的被试取样基本符合实验设计要求(见表 10-25)。

表 10-25　实验班 B 与对照班 B 的幼儿创造性思维前测比较

	班级	n	M	SD	t
流畅性	实验班 B	34	7.68	4.25	−7.413***
	对照班 B	21	21.33	7.76	

续 表

班级		n	M	SD	t
精致性	实验班 B	34	1.88	1.04	−1.525
	对照班 B	21	2.28	0.78	
沉思性	实验班 B	34	4.24	2.55	−3.689**
	对照班 B	21	7.84	4.01	
独创性	实验班 B	34	2.29	2.25	−2.829**
	对照班 B	21	4.30	2.73	
标题抽象性	实验班 B	34	1.00	1.44	0.444
	对照班 B	21	0.84	0.98	
总分	实验班 B	34	17.09	9.09	−7.357***
	对照班 B	21	36.60	9.83	

（二）实验班与对照班幼儿创造性思维的后测比较

1. 实验班 A 与对照班 A 的幼儿创造性思维后测评分的比较

独立样本 t 检验的结果显示，沉思性存在显著性差异，实验班 A 的幼儿的思维沉思性显著高于对照班 A 的幼儿。虽然流畅性、精致性、独创性、标题抽象性和总分都无显著差，但是结合前测的检验结果，前测时实验班幼儿的弱势，经过两年的实验干预后，后测时已经完全消失，可见实验促进了实验班幼儿创造性思维及其流畅性、独创性的发展。总之，情境绘本阅读的实施促进了实验班 A 的幼儿创造性思维及其流畅性、沉思性、独创性的发展（见表 10-26）。

表 10-26　实验班 A 与对照班 A 的幼儿创造性思维后测比较

班级		n	M	SD	t
流畅性	实验班 A	27	16.96	8.34	−1.084
	对照班 A	29	19.10	6.38	
精致性	实验班 A	27	3.30	1.10	0.440
	对照班 A	29	3.17	1.00	
沉思性	实验班 A	27	5.81	2.56	2.391*
	对照班 A	29	4.17	2.54	
独创性	实验班 A	27	7.26	5.37	−1.888
	对照班 A	29	9.79	4.67	

续表

班级		n	M	SD	t
标题抽象性	实验班 A	27	3.96	2.94	1.857
	对照班 A	29	2.45	3.15	
总分	实验班 A	27	37.30	16.41	-0.363
	对照班 A	29	38.69	12.14	

2. 实验班 B 与对照班 B 的幼儿创造性思维后测评分的比较

独立样本 t 检验的结果显示，精致性、沉思性、独创性、标题抽象性和总分均存在明显差异，实验班 B 均显著高于对照班 B。虽然流畅性不存在显著差异，但是结合前测中流畅性的检验，说明实验促进了实验班 B 的流畅性的发展。综合前测创造性思维五个维度和总分的检验数据，说明两年的情境绘本阅读对实验班 B 的实验干预有显著促进效应（见表 10-27）。

表 10-27 实验班 B 与对照班 B 的幼儿创造性思维后测比较

班级		n	M	SD	t
流畅性	实验班 B	34	30.50	6.37	-0.848
	对照班 B	21	31.95	5.82	
精致性	实验班 B	34	4.29	1.27	4.418***
	对照班 B	21	2.86	1.11	
沉思性	实验班 B	34	6.62	2.15	2.861**
	对照班 B	21	5.00	1.84	
独创性	实验班 B	34	20.00	6.61	4.896***
	对照班 B	21	12.05	4.33	
标题抽象性	实验班 B	34	2.03	2.40	2.690*
	对照班 B	21	0.57	0.75	
总分	实验班 B	34	63.44	14.61	3.431***
	对照班 B	21	52.43	9.20	

（三）实验班儿童的案例跟踪分析

课题组对实验班的幼儿进行了案例追踪，每班选择了优生、中等生各 2 名，分别对实验的老师进行了访谈，考察实验后幼儿的创造性思维的表现。访谈发现，总体上这几名幼儿较实验前在学习兴趣、好奇心、表达的独创性、流畅性、精致性及面对挑战的坚持性等都有了明显的提高。表现在学习时精神亢奋、注意力集中,观察细致,能够较快速度的发现线索,对教师的提问,反应迅速、思维活跃,能够用有个性化的思想表达对问题的理解。总体来说,情境绘本阅读给幼儿的创造力发展带来良好的效果。

案例1:颜颜小朋友实验前是个内向、腼腆的孩子,能比较认真地倾听,但从不举手回答问题。实验中老师特别关注他,在情境绘本阅读活动中常常把适合他水平的问题抛给他,鼓励他表达自己的想法。在分享阅读环节中,尽可能地给予他机会,让他多在集体面前交流,对于他每一点的进步都给予及时的表扬。经过实验,该幼儿脸上笑容明显增多了,自信开朗了很多,上课时积极举手发言。特别是回答问题时会用非常优美的词语讲述自己的观点,而且详细连贯,富有细节。实验后测创造性思维的流畅性获得26分,与实验前相比有了明显的进步。

案例2:小栋小朋友实验前言语少,不懂倾听,不会主动与人交流,不敢、不愿意去自己动手操作,但是非常喜欢画画。实验前测中各项指标均为0。实验老师采用让他复述别人的回答内容,促使他专心倾听,帮助他逐步发展语言能力。同时,利用他爱画画的兴趣,启发他为阅读过的绘本进行创编画,组织小朋友倾听他讲述自己创编的绘本。经过两年多的实验,小栋阅读时能全身心沉浸在情境中,总是积极表述自己的观点,且常常语出惊人。在续编故事等活动中,他能天马行空,编出一些稀奇古怪的结局。其实验后测中创造性思维的流畅性23分,精致性3分,沉思性6分,独创性15分,标题抽象性3分,总分达到50分。

案例3:熙媛小朋友在实验前测时的表现为,注意力是涣散的,总是游离于阅读活动之外,不能根据要求观察画面,回答问题是人云亦云,没有新意。实验前测总分为5分。女孩天生爱美、爱表演的特性,让熙媛在表演游戏中表现突出。于是,实验老师敏锐把握住这个特点,从小班至大班连续让她参加绘本剧表演,在参与制作简单的道具,讨论怎么表演,磨炼表演技巧的过程中,熙媛发生了明显变化。她在表达自己的观点常常会进出一些成语或新词,舞台表演活灵活现。实验后测中其创造性思维得分流畅性30分,独创性22分,总分66分,进步明显。

案例4:杨俊熙、丁叮小朋友实验前测时在班群体中的表现就比较突出,语言较同伴更丰富,表达也比较流畅,能够参与编简短的故事情节。在进行实验测试之前,测试分数分别为10分与13分,而在进行了实验测试之后,思维逻辑能力、思维创新能力、思维流程能力、语言沟通与组织能力都得到了显著提升,其总分比未参加该测试的儿童有了极大的增加。其中流畅性30分、独创性15分,总分分别为57分,61分。主要表现在学习活动中能全神贯注投入,会积极表述自己的想法,语言流畅而有逻辑性,能观察到一些微小的细节,乐意为故事创编不一样的结尾。

六、对实验结果的讨论

（一）情境绘本阅读有效促进幼儿创造性思维的发展

综合对实验数据的分析,我们发现情境绘本阅读有力地促进幼儿创造性思维的发展。情境教育倡导"以美为境界,在择美构境、赏美悦情中积极地创造美"。其中,"美""境"与创造性思维发展有密切的关系。

情境绘本阅读中的"美"侧重在绘本的"精美"。优秀的图画书本身就是想象力和创造力的结果[1]。它是一个处处都有巧思的"私密花园",优美的图画和文字,它能够带领幼儿进入想象的典雅世界,激发孩子突破时空限制,展开联想。阅读精心选择的绘本,幼儿与作家零距离的"对话",调动自己丰富的想象力,进行知识的再造和创造,这样就提升了感受、思考、观察与想象能力,进而发展了创造力。

情境绘本阅读中利用艺术手段创设富有美感的情境,给幼儿带来审美愉悦的同时,生成了主动学习的动力。在幼儿成长的过程中,其自身的情感与思想有着极强的情境交互性,从而导致幼儿十分容易被其所处的环境,其周边的事务引导。与此同时,即便处于年幼阶段,他们仍然具备十分丰富的思绪与情感,他们内心也经常形成跌宕起伏的情节与内容。所以,在对幼年儿童的学习情境进行优化与引导的过程中,幼年儿童的情感十分容易被转移至其所处的环境或者其他的对象当中[2]。通过更加直接的绘本与图画内容,为幼儿设立更加直观的图画情境,可以为幼儿从现实的思维空间到抽象思维之间搭设起感知的桥梁;生动的语音情境,牵动出幼儿的情绪共鸣;开放的问题情境,让幼儿的抽象思维尽情飞扬;愉悦的游戏情境,让创造行为随时展现。

（二）情境绘本阅读中幼儿创造性思维发展不均衡

从实验结果,我们可以看出实验促进幼儿创造性思维各维度的发展不均衡,实验班 A 的标题抽象性上发展不明显,实验班 B 的情境绘本阅读对创造性思维的促进效应明显优于实验班 A 中的实验效应。

皮亚杰认识发展理论认为,幼儿的思维发展经历了直觉行动思维阶段、具体形象思维阶段和抽象逻辑思维的萌芽阶段。到幼儿期末他们开始借助抽象的概念或词,根据事物本身的逻辑关系来解决问题。虽然实验老师也采用为绘本起题目,为自己的创作取个好听的名字等方式,训练幼儿的抽象概括能力,但实验

---

[1] 彭懿.图画书应该这样读[M].南宁:接力出版社,2012:8.
[2] 李吉林.情境教育三部曲(二)[M].北京:教育科学出版社,2012:221.

干预还是不能很好地跨越幼儿思维发展的阶段特点。

人类的思维是隐性的,而当它以语言表达出来时就变为显性的了。本课题研究中实验班 B 正处于 5—6 岁的幼儿期,在实验的两年时间内,教师借助情境绘本阅读,通过开展丰富的情境活动,诸如提问解答、聆听、观察等,使幼儿拥有了丰富的思维交流与沟通的契机,让幼儿能够更加充分地将自己脑海中形成的思维、思想、内容等表达出来,进而使幼儿创造性思维获得比较显著的发展。

七、实验结论

在实验的两年多时间内,课题组紧扣儿童最具想象力的关键时期,精心挑选"美、智、趣"的绘本,创设"真、活、思"的情境,营造"亲、宽、和"的师生情,让幼儿的思维在最佳的状态下,去感受、体验、创造和表达,不断迸发出智慧的火花,在获得语言发展的同时,促进创造性思维发展。因此,情境绘本阅读能够有效促进幼儿创造性思维的发展。

作者:张艳梅

附录

构筑学前创造教育的"理想国"
——访中国发明协会学前创新教育分会副会长王灿明教授

孙 琪

王灿明,现任中国创造学会副秘书长,中国发明协会学前创新教育分会副会长,江苏省情境教育研究所所长,南通大学创造教育研究所所长、教授。1965年6月出生于南黄海之滨的一个书香家庭,1982年考取南京师范大学教育系,初步接触了曾在这里任教的人民教育家陶行知先生的创造教育思想,并在多位学者指导下,走上儿童创造教育研究之路。曾获全国教育科学研究优秀成果一等奖、中国创造学会创造成果一等奖。

王灿明是儿童创造教育的开拓者,也是儿童创造教育的领头雁。他以14年心血精心书写的《儿童创造教育新论》构建了具有中国特色的儿童创造教育理论体系,主编的《学前儿童创造力发展与教育》为该领域的第一部专著。他不仅在全国高校中开设了第一门儿童创造教育课程,编写了第一部儿童创造教育教材,而且创办了全国高校第一家创造教育研究所、第一个创造教育硕士点。

开垦学前创造教育处女地

"学前期是儿童创造力发展的关键期,学前创造教育却是我国创造教育体系中最薄弱的环节,不能再让这种遗憾继续下去了。"儒雅睿智的王灿明谈到他的学前创造教育研究充满期待。

2005年,他完成专著《儿童创造教育论》,提出亟待探讨学前创造教育课题。并迅速启动了幼儿创造心理发展的专题研究,在2006年召开的"江苏省儿童创造心理发展论坛"和2007年召开的"全国幼儿创造教育高峰论坛"上报告了初步成果,得到了时任日本创造学会副会长徐方启教授、中国创造学会常务副理事长陈成澍教授的高度评价。

倍受鼓舞的他展开了更为深入的研究。"可惜因为学术积累有限，出版一部专著的美好愿景到结题时并未实现，"这成了他心中挥之不去的隐痛。

秉持"结题不结项"的信念，他和自己的团队始终致力于后续研究。2012年，他成功申报国家社会科学基金项目。借此机会，他重整旗鼓，开始撰写《学前儿童创造力发展与教育》。2016年2月，该书由南京大学出版社隆重推出，著名儿童发展心理学家、华东师范大学王振宇教授称赞"这一力作拓展了儿童发展心理学研究的新领域，开辟了学前儿童创造力研究的新天地，为学前创造教育学这一新学科的发展奠定了基础"。

由于对儿童创造教育事业做出的开创性贡献，王灿明得到了学界的充分肯定。去年8月，中国发明协会学前创新教育分会在北京成立，他被推举为副会长。

大会闭幕式上，他做了一个演讲，提出："尽管近年来我国学前创造教育研究进展较快，但还未出版一部《学前创造教育学》，希望通过未来几年的研究，建设具有中国特色的学前创造教育学学科体系。"这一期许得到与会领导和专家的积极回应。儿童创造力发展研究国际联盟执行主席、中国发明协会学前创新教育分会会长程淮教授认为："这是王灿明教授的教育梦，更是我们全体学前创造教育人的中国梦。"

构建学前创造教育新模式

"学前创造教育研究不是'无土栽培'，只有教改一线才是教育科研最肥沃的土壤。"王灿明意识到，唯有扎根基层，脚踏实地，方能寻找真问题，做出真学问。

通过实地调研，他发现了情境教育的独特魅力，想把它从小学拓展到幼儿园，为幼儿创造力培养探寻一条新路。为此，他专门拜访了中国教育学会原副会长、儿童教育家李吉林。

李吉林一生扎根于小学，开展教改实验，她所创立的情境教育被誉为"我国素质教育的一面鲜艳的旗帜"（柳斌语），其成果荣获首届基础教育国家级教学成果特等奖，正是教育部在全国重点推广的教改项目。

李吉林欣赏他的想法，信任他的才华。在她的大力支持下，王灿明申报的《情境教育与儿童创造力发展的实验与研究》获批国家社会科学基金教育学一般课题。

推进情境教育与学前创造教育的深度融合，是一个难得的机遇，更是一次严峻的挑战。5年的实验探索，1825个日日夜夜，从满头青丝到两鬓斑白，他不仅建构情境驱动的基本原理和主要原则,而且开发教学流程和操作要义,形成了儿童创造教育的"情境驱动模式"。这一模式以情境构建为手段,以情境教学为方法,以情境活动为载体,在情境中滋养、激活和生发儿童的创造性活动,从而促进儿童创造力的发展。4所幼儿园的实验研究结果证明,它全面促进了幼儿创造性思维的发展。

2017年6月,全国创造力学术研讨会在华东师范大学召开。王灿明应邀作题为《构建儿童创造教育的"情境驱动模式"》的学术报告,在与会代表中引发强烈反响,中国创造学会副理事长张增常教授认为:"王灿明教授为儿童创造教育构建了一个新模式,为我国创新人才早期培养闯出了一片新天地。"

积蓄学前创造教育新能量

在世界日趋扁平化的新时代,教育研究者要有国际视野。"在一口井里呆得久了,就会觉得这口井就是全世界。只有当你跳出这口井后,才会发现世界原来是那么多姿多彩。"王灿明诙谐地说。

他先后考察了日本、德国、法国、意大利、荷兰、新西兰和我国台湾、澳门地区的儿童创造教育,不断更新教育理念,拓宽学术视野,并在全国率先招收学前创造教育硕士研究生,培养新生力量。

从招收首届研究生至今,他在学生身上几乎倾注了全部心血,精心制定培养方案,毫无保留地和他们分享自己的治学经验,热情温暖地和他们共度佳节,敞开心扉地和他们畅谈人生未来……

"新竹高于旧竹枝,全凭老干为扶持。"现在,他的研究生撰写的论文已先后见诸于《教育研究》《教育研究与实验》等权威期刊,有的获全国高校学前教育专业优秀毕业论文一等奖,有的获中国发明协会中小学创造教育分会优秀论文一等奖,还有的获江苏省大学生挑战杯课外科技作品大赛特等奖。近期,他的一名研究生将赴美攻读儿童创造力发展博士学位,继续追逐儿童创造教育的梦想。

一本著作,一个课题,一批研究生,他就像精卫填海一样构筑着他的学前创造教育"理想国"。

"我最大的心愿,就是我的研究生能更好、更快地成长,为我国创新人才的早期培养多作贡献。"不知不觉,窗外的夕阳映红了西边的云彩,与王灿明畅谈了三个多小时仍意犹未尽。送我们下楼,他依然念念不忘他的学生。

(本文原载于《人民政协报》2019年10月9日第10版)

参考文献

一、著作

[1] [美] Ronald A. Bagot，[美] James C. Kaufman.培养学生的创造力[M].陈菲,周晔晗,李娴,译.上海:华东师范大学出版社,2013.

[2] [美] 戴耘.超常能力的本质和培养:超常教育理论的前沿探索[M].刘倩,等译.上海:华东师范大学出版社,2013.

[3] [美] 霍华德·加德纳.艺术·心理·创造力[M].齐东海,等译.北京:中国人民大学出版社,2008.

[4] [美] 霍华德·加德纳.大师的创造力——成就人生的7种智能[M].沈致隆,等译.北京:中国人民大学出版社,2012.

[5] [美] Kristen Charlotte,[美] Laura Brittan.儿童像科学家一样——儿童科学教育的建构主义方法[M].高潇怡,等译.北京:北京师范大学出版社,2011.

[6] [英] Mary Robinson.0—8岁儿童的脑、认知发展与教育[M].李燕芳,等译.上海:上海教育出版社,2013.

[7] [澳] Peters,[澳] Marginson,[澳] Murphy.创造力与全球知识经济[M].杨小洋,译.上海:华东师范大学出版社,2013.

[8] [美] R.Keitll Sawycr.创造性:人类创新的科学[M].师保国,译.上海:华东师范大学出版社,2013.

[9] [美] Rebecca T.Isbell,[美] Shirley C.Raines.幼儿创造力与艺术教育[M].王工斌,杨彦捷,王景瑶,等译.北京:北京师范大学出版社,2012.

[10] [美] Robert J. Sternberg.创造力手册[M].施建农,等译.北京:北京理工大学出版社,2005.

[11] [美] Russel Jones,Dominic Wyse.课程中的创造性[M].高旭阳,译.石家庄:河北人民出版社,2007.

[12] [美] Robert J. Stenberg.智慧·智力·创造力[M].王利群,译.北京:北京理工大学出版社,2007.

[13] [美] 芭巴拉·荷伯豪斯,[美] 李·汉森.儿童早期艺术创造性教育[M].邓琪颖,译.南宁:广西美术出版社,2009.

[14] [美]道治,[美]柯克,[美]海洛曼.幼儿园创造性课程[M].吕素美,译.南京:南京师范大学出版社,2006.

[15] [美]乔治·S.莫里森.学前教育:从蒙台梭利到瑞吉欧(第11版)[M].祝莉丽,周佳,高波,译.北京:中国人民大学出版社,2014.

[16] [美]乔.L.费罗斯特,[美]苏.C.沃瑟姆,[美]斯图尔特·赖费尔.游戏和儿童发展[M].唐晓娟,张胤,译.南京:江苏教育出版社,2011.

[17] [美]约翰·杜威.民主·经验·教育[M].彭正梅,译.上海:上海人民出版社,2009.

[18] [美]约翰·杜威.经验与自然[M].傅统先,译.北京:商务印书馆,2014.

[19] [美]约翰·杜威.学校与社会·明日之学校[M].赵祥麟,等译.北京:人民教育出版社,2008.

[20] [美]伊森伯格,[美]贾隆戈.创造性思维和基于艺术的学习[M].叶平枝,杨宁,译.北京:高等教育出版社,2012.

[21] 边霞.儿童的艺术与艺术教育[M].南京:江苏教育出版社,2006.

[22] 陈劲,唐孝威.脑与创新——神经创新学研究评述[M].北京:科学出版社,2013.

[23] 程胜.学习中的创造[M].北京:教育科学出版社,2010.

[24] 程淮.婴幼儿潜能发展的理论探索与实践[M].北京:北京师范大学出版社,2011.

[25] 董旭花,刘霞,阎莉,等.幼儿园创造性游戏区域活动指导[M].北京:中国轻工业出版社,2014.

[26] 古秀蓉.理解情境:走近幼儿的理论视界[M].上海:上海人民出版社,2009.

[27] 顾明远.李吉林和情境教育学派研究[M].北京:教育科学出版社,2011.

[28] 黄进.游戏精神与幼儿教育[M].南京:江苏教育出版社,2006.

[29] 郭亦勤,王麒.学前儿童艺术教育活动指导(第3版)[M].上海:复旦大学出版社,2015.

[30] 贾宗萍,励旻琦.幼儿数学发展课程[M].北京:现代教育出版社,2009.

[31] 李吉林.为儿童的学习——情境课程的实验与建构[M].北京:外语教学与研究出版社,2008.

[32] 李吉林.情境课程的操作与案例[M].北京:教育科学出版社,2008.

[33] 李吉林.情境教育三部曲(三卷)[M].北京:教育科学出版社,2012.

[34] 李吉林,王林.情境数学典型案例设计与评析[M].北京:教育科学出版社,2012.

[35] 李吉林.情境教育精要[M].北京:教育科学出版社,2016.

[36] 李吉林.潺潺清泉——李吉林教育随笔[C].北京:教育科学出版社,2016.

[37] 李吉林.激情萌发智慧——李吉林情境教育论文选[C].北京:教育科学出版社,2016.

[38] 李吉林.我在实践中研究教育——《教育研究》发表李吉林论文专集[C].北京:教育科学出版社,2017.

[39] 李庆明.儿童教育诗:李吉林与她的情境教育[M].南京:江苏凤凰科学技术出版社,2014.

[40] 李秀伟.唤醒情感——情境体验教学研究[M].济南:山东教育出版社,2007.
[41] 刘晓东.解放儿童[M].南京:江苏教育出版社,2008.
[42] 刘晓伟.情感教育[M].上海:华东师范大学出版社,2007.
[43] 刘仲林.中西会通创造学[M].天津:天津人民出版社,2017.
[44] 卢家楣.学习心理与教学理论和实践[M].上海:上海教育出版社,2009.
[45] 马祖琳.幼儿创造性思考的表征经验——台中市爱弥儿幼儿园积木活动纪实[M].台北:心理出版社,2009.
[46] 马樟根.李吉林与情境教育[M].北京:人民教育出版社,2007.
[47] 莫雷,陈哲.幼儿科学创造力的微观发生法培养研究[M].广州:暨南大学出版社,2006.
[48] 彭健伯.创新哲学论[M].北京:人民出版社,2006.
[49] 沈之菲.激活内在的潜能:学生创新素养的评价和培养[M].上海:华东师范大学出版社,2012.
[50] 谭小宏.创造教育学导论[M].北京:北京师范大学出版社,2012.
[51] 田友谊.环境营造与儿童创造[M].北京:人民教育出版社,2012.
[52] 裴晓敏,陈锋,张增常.创造方法学[M].成都:西南交通大学出版社,2015.
[53] 王灿明.儿童创造心理发展引论[M].北京:社会科学文献出版社,2005.
[54] 王灿明.儿童创造教育新论[M].上海:上海教育出版社,2015.
[55] 王灿明,陈爱萍,尤素敏,等.学前儿童创造力发展与教育[M].南京:南京大学出版社,2016.
[56] 王灿明,等.情境教育促进儿童创造力发展:理论探索与实证研究[M].北京:中国社会科学出版社,2019.
[57] 王灿明,郭志明.十字路口的顽童[M].上海:华东师范大学出版社,2006.
[58] 王振宇.学前儿童发展心理学[M].北京:人民教育出版社,2015.
[59] 吴念阳.绘本是最好的教科书[M].北京:北京大学出版社,2015.
[60] 杨计明.创造性教学[M].广州:广东高等教育出版社,2009.
[61] 杨莉君.儿童创造教育障碍论.[M].长沙:湖南师范大学出版社,2008.
[62] 俞文钊,刘建荣.创新与创造力[M].大连:东北财经大学出版社,2008.
[63] 虞永平.学前课程与幸福童年[M].北京:教育科学出版社,2014.
[64] 袁爱玲.学前创造教育活动设计[M].北京:北京师范大学出版社,2009.
[65] 张楚廷.数学与创造[M].大连:大连理工大学出版社,2008.
[66] 张宏云.幼儿情境阅读案例[M].北京:中国文联出版社,2011.
[67] 张景焕.创造型教师:心理特征及成长历程[M].济南:山东教育出版社,2010.
[68] 张明红.幼儿园语言教育与活动设计[M].北京:高等教育出版社,2009.
[69] 张庆林,李艾丽莎.创造性培养与教学策略[M].重庆:重庆出版社,2006.
[70] 张世慧.创造力:理论技法与教学[M].台北:五南图书出版股份有限公司,2013.

[71]周加仙.教育神经科学译丛[M].上海:上海教育出版社,2013.

[72]周兢,余珍有.幼儿园语言教育[M].北京:人民教育出版社,2012.

[73]周淑惠.创造力与教学——幼儿创造性教学理论与实务[M].台北:心理出版社,2011.

[74]邹敏.幼儿园语言教育理论与实践[M].北京:化学工业出版社,2014.

二、论文

[75]边霞.促进儿童审美能力发展的支架策略[J].学前教育研究,2009(11).

[76]陈爱萍.浅谈美术教育促进幼儿创造力的发展[J].江苏教育研究,2010(32).

[77]陈爱萍.美术教育促进幼儿创造心理发展的实践与思考[J].江苏教育研究,2008(22).

[78]陈爱萍.美术教育促进幼儿创造心理发展中的教师作用[J].生活教育,2011(20).

[79]陈友庆.学前儿童情绪表征认知发展的实验研究[J].天津师范大学学报(社会科学版),2006(3).

[80]程彩铃.幼儿手工创新教育活动的实验研究[J].学前教育研究,2006(7/8).

[81]程淮.论儿童发展的微环境[J].学前教育研究,2005(7/8).

[82]陈美华.在情境化语言教学中培养大班幼儿的创造力[J].基础教育研究,2015(8).

[83]陈迁.试析艺术技能与创造力协同发展的内涵及其研究意义[J].教育科学,2009(1).

[84]陈培丽.走进情境绽放创造之花——基于幼教中班语言活动《太阳和小鱼》课例研究[J].教育,2016(38).

[85]崔红英.在艺术教育中促进幼儿创造力发展的策略[J].学前教育研究,2008(1).

[86]陈晓娟.解读陶行知解放儿童的六大思想:从生命的角度[J].福建论坛(人文社会科学版),2007(A1).

[87]戴明丽.幼儿园教师关于创造性儿童画特征的内隐观[J].学前教育研究,2012(8).

[88]段海军,白红红,胡卫平.幼儿创造力干预项目的国际发展动态与启示[J].学前教育研究,2015(10).

[89]邓铸,黄荣.情绪与创造力关系研究的新进展[J].南京师大学报(社会科学版),2010(4).

[90]邓铸.创造力的本质及其对基础教育的启示[J].教育研究与实验,2008(5).

[91]杜玉珍,邱学青.大班幼儿追逐打闹游戏行为信息加工过程的假设与分析——基于社会信息加工理论模型的视角[J].学前教育研究,2012(4).

[92]杜悦艳.论学前儿童音乐审美经验的建构[J].南京师大学报(社会科学版),2010(2).

[93]冯天荃.学前儿童道德责任意识的发展研究[J].心理学探新,2008(3).

[94]冯卫东.论李吉林老师的成长[J].南通大学学报(教育科学版),2007(1).

[95]冯卫东.李吉林:在"学、思、行、著"中研究[J].江苏教育研究,2008(19).

[96]方景融.鼓励、欣赏、支持,让创造性游戏"返璞归真"[J].福建教育,2015(16).

[97] 方景融.创造"魔法时刻",探索学习故事——混龄区域游戏中学习故事本土化的思考与尝试[J].福建教育,2015(11).

[98] 顾荣芳.幼儿园教学从儿童出发:应然与实然之差异[J].学前教育研究,2007(12).

[99] 顾荣芳,陈巧玲,陈艳,等.幼儿对身体生长相关概念的认知[J].学前教育研究,2008(7).

[100] 谷传华,韩梅,薛雨康,等.数字创造力:数字技术对创造力的影响[J].中国远程教育,2017(9).

[101] 韩恬恬.南通民间音乐在学前教育视阈下的传承[J].教育评论,2014(9).

[102] 郝宁.创造力的神经机制及其教育隐意[J].全球教育展望,2013(2).

[103] 郝宁,杨静.创造力有其"阴暗面"[J].心理科学,2016(3).

[104] 郝宁,汤梦颖.动机对创造力的作用:研究现状与展望[J].华东师范大学学报(教育科学版),2017(4).

[105] 侯松凤.在美、智、趣的语言情境中发展幼儿的创造性思维[J].文理导航,2015(8).

[106] 侯莉敏.童年的"消逝"与大众媒介对儿童生活的影响[J].广西师范大学学报(哲学社会科学版),2007(1).

[107] 侯莉敏.儿童生活与儿童教育[J].广西师范大学学报(哲学社会科学版),2005(4).

[108] 华弥之,周仁来.学前行为与情绪量表在中国学前儿童中的应用[J].中国临床心理学杂志,2012(3).

[109] 黄海涛.科学与艺术整合教育中幼儿创造力培养的实验研究[J].当代教育科学,2007(16).

[110] 黄贵.陈鹤琴的幼儿游戏观[J].体育学刊,2008(1).

[111] 黄贵,苏永骏.张宗麟幼儿游戏观研究[J].体育学刊,2012(4).

[112] 黄贵,苏永骏.陈鹤琴和蒙台梭利幼儿体育思想之对比研究[J].山东体育科技,2013(5).

[113] 黄贵,苏永骏.福禄培尔幼儿体育观研究[J].体育学刊,2015(5).

[114] 黄贵.张雪门幼儿体育思想及其当代启示[J].南京体育学院学报(社会科学版),2015(6).

[115] 黄进.论儿童玩具的价值变迁[J].南京师大学报(社会科学版),2006(4).

[116] 黄进.童年形象的建构与审思[J].教育研究与实验,2010(6).

[117] 黄进.幼儿园区域活动的来源与挑战[J].学前教育研究,2014(10).

[118] 黄施娟.促进幼儿可持续发展的"体验型"音乐教学模式[J].学前教育研究,2008(1).

[119] 黄琼.对区角活动的性质、功能及指导方法的再认识[J].学前教育研究,2001(3).

[120] 黄琼,蔡蓓瑛."探索型主题活动"的研究与思考[J].早期教育,2002(8).

[121] 季燕,殷伟,王灿明.七巧板训练影响幼儿创造性思维发展的实验研究[J].教育导刊,2012(1).

[122] 季燕.学前儿童守恒能力的发展[J].教育评论,2012(6).

[123] 焦丽霞.学前美术教育与幼儿想象力发展探析[J].上海教育科研,2017(10).

[124] 梁宗保,张光珍,陈会昌,等.学前儿童情绪理解的发展及其与父母元情绪理念的关系[J].心理发展与教育,2011(3).

[125] 李吉林.倘若我们真爱孩子[J].中国教育学刊,2006(2).

[126] 李吉林.28年蹚出一条小路——教育创新需要持久地下功夫[J].中国教育学刊,2006(7).

[127] 李吉林.情境教育与德育[J].中国德育,2006(9).

[128] 李吉林."意境说"给予情境教育的理论滋养[J].教育研究,2007(2).

[129] 李吉林.情境教育的独特优势及其建构[J].教育研究,2009(3).

[130] 李吉林.情感:情境教育理论构建的命脉[J].教育研究,2011(7).

[131] 李吉林.为儿童快乐学习的情境教学[J].课程·教材·教法,2013(2).

[132] 李吉林.情境教育与班主任工作[J].中国德育,2013(13).

[133] 李吉林.学习科学与儿童情境学习[J].教育研究,2013(11).

[134] 李吉林.为儿童学习构建情境课程[J].中国教育学刊,2016(10).

[135] 李吉林.中国式儿童情境学习范式的建构[J].教育研究,2017(3).

[136] 李莉.幼儿田园嬉乐生活的价值与组织[J].学前教育研究,2012(3).

[137] 李海,熊娟,朱金强.情绪对个体创造力的双向影响机制——基于阴阳观的视角[J].经济管理,2016(10).

[138] 李庆明.情境学习论的本体论意蕴[J].教育研究与评论,2017(6).

[139] 李庆明.什么样的理论打动教师?——李吉林情境教育学派的启示[J].教育研究与评论,2017(2).

[140] 李庆明.书写儿童教育的"史诗"——李吉林情境教育流派研究[J].江苏教育,2010(Z1).

[141] 李熙燕,解国红,焦青.构建学前创造教育课程模式实验报告[J].天津市教科院学报,2005(2).

[142] 廖义军.陶行知儿童创造教育思想浅析[J].学前教育研究,2006(11).

[143] 林崇德.创造性人才特征与教育模式再构[J].中国教育学刊,2010(6).

[144] 刘春雷,王敏,张庆林.创造性思维的脑机制[J].心理科学进展,2009(1).

[145] 刘国雄,方富熹,赵佳.幼儿对不同情境中的情绪认知及其归因[J].心理学报,2006(2).

[146] 刘国雄.学前儿童情绪认知发展研究述评[J].南京社会科学,2008(4).

[147] 刘国雄,方富熹.学前儿童朴素情绪理论的发展[J].心理学报,2009(10).

[148] 刘立德,张璐.向世界教育发展贡献中国智慧——中国情境教育儿童学习范式国际研讨会述评[J].教育研究,2018(2).

[149] 刘海岩.幼儿创造教育课程框架的建构及实施[J].中国教育学刊,2005(12).

[150] 刘娟娟.为提高幼儿创造力而进行教学——基于若干社会教育活动的分析[J].福建教育,2014(11).

[151] 刘正奎,程黎,施建农.创造力与注意模式之间的关系[J].心理科学,2007(2).

[152] 刘素萍.美术欣赏活动中幼儿创造力的培养[J].现代中小学教育,2016(4).

[153] 刘文,魏玉枝.混龄教育中幼儿心理理论与创造性人格的关系[J].学前教育研究,2010(8).

[154] 刘文,李明.儿童创造性人格的研究新进展[J].湖南师范大学教育科学学报,2010(3).

[155] 刘文,齐璐.幼儿的创造性人格结构研究[J].心理研究,2008(2).

[156] 刘文,齐璐.3—5岁幼儿创造性人格结构研究[J].辽宁师范大学学报,2006(1).

[157] 罗良.认知神经科学视角下的创造力研究[J].北京师范大学学报(社会科学版),2010(1).

[158] 李英玉,齐璐.论审美教育对创造性人格发展的意义[J].教育科学,2006(3).

[159] 刘晓波.陶行知"六大解放"思想解析[J].中学政治教学参考,2012(30).

[160] 陆小兵,钱小龙,王灿明.国际视野下教育促进创造力发展的分析:理论观点与现实经验[J].新华文摘,2015(5).

[161] 陆晓云.基于创造力发展的儿童绘画研究[J].人大复印资料《幼儿教育导读》,2017(1).

[162] 冉祥华.美育·童心·创造力[J].学前教育研究,2009(8).

[163] 潘丽筠,董恩东,孙中峰.高师学前教育专业的创新教育研究[J].中国成人教育,2010(2).

[164] 浦惠琴,王灿明.儿童创造心理发展的理性思考[J].江苏教育学院学报(社会科学版),2006(6).

[165] 彭杜宏,刘电芝,廖渝.儿童早期工具创新表现及其影响因素与测评[J].学前教育研究,2016(10).

[166] 邱江,张庆林.创新思维中原型激活促发顿悟的认知神经机制[J].心理科学进展,2011(3).

[167] 石雷山,王灿明.大卫·库伯的体验学习[J].教育理论与实践,2009(10).

[168] 舒曾,贺琼,李晓敏,等.母亲养育压力对幼儿创造性人格的影响:教养方式的中介作用[J].心理发展与教育,2016(3).

[169] 邵靖.有效区域材料投放,培养幼儿创新能力[J].上海教育科研,2011(8).

[170] 沈梅丽.情境教育之浅探[J].亚太教育,2016(11).

[171] 石中英.中国传统文化阻碍创造性人才培养吗?[J].中国教育学刊,2008(8).

[172] 师保国,申继亮.创造性系统观及其对创新教育的启示[J].中国教育学刊,2005(8).

[173] 师保国,申继亮.家庭社会经济地位、智力和内部动机与创造性的关系[J].心理发展与教育,2007(1).

[174] 申继亮,师保国.创造性测验的性别与材料差异效应[J].心理科学,2007(2).

[175] 师保国,申继亮,许晶晶.模糊容忍性:研究回顾、现状与展望[J].心理与行为研究,2008(4).

[176] 施建农.人类创造力的本质是什么?[J].心理科学进展,2005(11).

[177] 田友谊.西方创造力研究20年:回顾与展望[J].国外社会科学,2009(2).

[178] 田友谊.创造力系统观及其对创造教育的启示[J].清华大学教育研究,2006(1).

[179] 王灿明.体验学习解读[J].全球教育展望,2005(12).

[180] 王灿明.3—6岁儿童主题画创造性的发展研究[J].南通大学学报(教育科学版),2008(2).

[181] 王灿明.创造性教学的核心理念、路径选择与条件分析[J].当代教育论坛,2008(8).

[182] 王灿明,张海燕.创造力:不该被忽视的盲童教育目标[J].当代青年研究,2009(10).

[183] 王灿明.创新:情境体验的本质[J].中国教育学刊,2010(1).

[184] 王灿明,文云全.中国当代创造教育:探索、困境与对策[J].现代基础教育研究,2011(4).

[185] 王灿明.为什么我们的学校总是发现不了杰出人才?[J].教育测量与评价(理论版),2012(5).

[186] 王灿明.情境教育:中国气派的教育学派[J].教育研究,2013(3).

[187] 王灿明.情境教育视域下的儿童创新教育[J].中国教育学刊,2014(2).

[188] 王灿明,吕璐.幼儿教师创造教育内隐观的调查研究[J].南通大学学报(社会科学版),2015(3).

[189] 王灿明,钱小龙.创新时代的儿童创造教育:理论建构与实践路径[J].教育研究与实验,2016(4).

[190] 王灿明.创新人才早期培养的路径选择——以诺贝尔奖获得者的成长为例[J].创新人才教育,2016(2).

[191] 王灿明,刘璐.植根本土的中国情境教育探索[J].教育研究,2016(11).

[192] 王灿明.情境:意涵、特征与建构[J].教育研究,2020(8).

[193] 王灿明,周思雨.我国学前创造教育研究40年:回溯与前瞻[J].教育理论与实践,2020(8).

[194] 王海英.20世纪中国儿童观研究的反思[J].华东师范大学学报(教育科学版),2008(2).

[195] 王坚红,毛曙阳,James Elicker.中美两国幼儿教师课程观比较[J].学前教育研究,2007(1).

[196] 王昆,郑竞翔.美术教学中幼儿创造性思维的培养[J].学前教育研究,2014(9).

[197] 王伦信.创造教育理论研究回溯——以民国时期为例[J].南京师大学报(社会科学版),2007(4).

[198] 王瑞明,莫雷.论幼儿科学创造力的培养[J].教育研究与实验,2007(4).

[199] 王瑞明,陈红敏,佟秀丽,莫雷.用微观发生法培养幼儿科学创造力的实验研究[J].学前教育研究,2007(7).

[200] 王小英."无为而为"的游戏活动与幼儿创造力的发展[J].东北师大学报,2006(4).

[201] 王小英,李雪艳.运用恰当的刺激模式发展幼儿创造力[J].教育导刊,2006(3).

[202] 王小英.幼儿创造力发展的特点及其教育教学对策[J].东北师大学报,2005(2).

[203] 王懿颖.艺术教育与儿童创造力的发展[J].教育研究,2005(8).

[204] 王烨.体验美 感受美 理解美 创造美——谈生活体验式美术教育对幼儿创造力的提高[J].新教师,2013(4).

[205] 王映学,寇冬泉,张大均.创造力的心理学研究进展与研究取向[J].心理科学,2007(2).

[206] 王湛.让教育与生活走得更近——对李吉林情境教育的三点认识[J].人民教育,2018(2).

[207] 文云全.儿童创造力发展的情境性特征[J].现代中小学教育,2015(11).

[208] 文云全.儿童创造力发展的动力体系及运行策略[J].现代中小学教育,2017(12).

[209] 吴彩霞.我的教育主张:追寻促进幼儿一生发展的"积极体验"[J].福建教育,2017(42).

[210] 吴彩霞.健康游戏中幼儿创造性思维的发展——一次以"软棒"为载体的健康领域同材异构活动[J].学前教育,2016(3).

[211] 吴航.学前儿童游戏研究的新趋向:从分类学到生态学[J].学前教育研究,2008(2).

[212] 吴颖.谈音乐实践活动中幼儿创新意识的培养[J].上海教育科研,2013(5).

[213] 吴雅音.融情境教育于幼儿美术活动中[J].好家长,2018(8).

[214] 邢红军,张喜荣,胡扬洋.创造教育:文化与传统视域下的反思与对策[J].课程·教材·教法,2014(5).

[215] 许凉凉.发展幼儿绘画创造力的教育策略[J].学前教育研究,2010(11).

[216] 许小洁.故事语言情境及其对幼儿创造力的培养[J].人大复印资料《幼儿教育导读》,2015(5下).

[217] 严仲连.幼儿园课程实施适应取向的内涵、特点及影响因素[J].学前教育研究,2010(2).

[218] 严清.从教育装备的演变看儿童学习的情境性规定[J].江苏教育研究 2014(19).

[219] 燕良轼.在生命视野中认识和激发儿童的创造力[J].学前教育研究,2008(11).

[220] 杨娟,李静婷.浅谈陶行知幼儿创造教育理论对当下幼儿创造教育的启示[J].教育教学论坛,2014(27).

[221] 叶平枝,马倩茹.2—6岁儿童创造性思维发展的特点及规律[J].学前教育研究,2012(8).

[222] 叶水涛.情:情境教育的本体论[J].语文世界,2012(5).

[223] 叶水涛.李吉林:爱与智慧改变人生——"情境教育"创新实践的价值与启示[J].教育家,2016(37).

[224] 喻意.音乐创造力的内涵与度量研究述评[J].艺术百家,2017(6).

[225] 于淼,罗玲玲.马斯洛人本主义创造观及现象学方法论审视[J].科学技术哲学研究,2010(2).

[226] 衣新发,蔡曙山.创新人才所需的六种心智[J].新华文摘,2011(21).

[227] 衣新发,王小娟,胡卫平.创造力基因组学研究[J].华东师范大学学报(教育科学版),2013(3).

[228] 杨丽珠,方乐乐,许卓娅,等.音乐学习对幼儿学习品质的促进[J].学前教育研究,2015(11).

[229] 赵慧,庞维国.学前儿童颜色偏好及其与创造力的关系[J].基础教育,2017(1).

[230] 翟艳.创意美术活动与幼儿创新能力的培养[J].山西师大学报(社会科学版),2014(S4).

[231] 赵晓学.创设多样化情境,发展创造性思维[J].科普童话,2016(8).

[232] 张洁.在语言情境教学中促进幼儿创造力发展的途径与方法[J].教育观察,2015(5).

[233] 张建波.浅谈创造型幼儿教师的培养[J].学前教育研究,2006(7/8).

[234] 张海燕,尹建军.美国语言教学的幼小衔接策略及启示[J].东北师大学报(哲学社会科学版),2013(1).

[235] 张宏云.基于幼儿创造力启蒙的情境式呈现[J].江西教育,2015(6).

[236] 张艳梅.指向创造——"情境式"区域活动的创构[J].教育导刊,2018(1).

[237] 张艳梅.情境绘本阅读影响幼儿创造性思维发展的实验研究[J].江苏教育研究,2017(31).

[238] 张严峻.情境中对话、思辨、创想——幼儿园大班创造力情境教学课例研究[J].学园,2015(15).

[239] 张金梅.我国学前儿童戏剧教育的范式分析[J].西北师大学报(社会科学版),2017(2).

[240] 张景焕,金盛华.具有创造成就的科学家关于创造的概念结构[J].心理学报,2007(1).

[241] 张晶,罗玲玲.西方哲学史"创造"概念显现之初探[J].科学技术哲学研究,2012(1).

[242] 张武升,肖庆顺.论文化与创造力培养[J].教育研究,2015(5).

[243] 张武升.关于创新规律与创新人才培养的探讨[J].教育学报,2006(4).

[244] 张武升.学生创新精神与实践能力培养的特点[J].人民教育,2007(9).

[245] 张世慧.创造力教学、学习与评量之探究[J].教育资料与研究(台湾),2011(3).

[246] 周丹,施建农.从信息加工的角度看创造力过程[J].心理科学进展,2005(11).

[247] 周君娥.幼儿美术创新课程的实验研究[J].辽宁教育研究,2006(5).

[248] 周星星,王灿明.七巧板不同训练方式对幼儿创造性思维影响的实验研究[J].教育导刊,2014(4).

[249] 周云.谈学前艺术情境教育的构建[J].好家长,2016(41).

[250] 周云.浅析运用学前艺术情境教育促进儿童创造力发展[J].好家长,2017(45).

[251] 周云.浅谈学前艺术情境教育影响儿童创造力发展的机制[J].早期教育(美术版),2016(11).

[252] 周云凤.例谈数学情境教育促进幼儿创造力发展的实施路径[J].教育导刊,2017(9).

[253] 钟祖荣.近20年西方创造力研究进展:心理学的视角[J].北京教育学院学报(自然科学版),2012(4).

[254] 朱鸿菊.幼儿早期阅读能力培养浅探[J].学前教育研究,2007(3).

[255] 朱小蔓.情境教育与儿童学习[J].课程·教材·教法,2009(6).